KB120161

용서, 화해, 치유는 "공동선"의 실현을 위한 사회적 기본 가치다. 13명의 저자들은 이 책에서 각자의 학문적 경험에 근거하여 이 가치를 깊이 있게 다룬다. 이 책은 철학, 교육학, 역사학, 정치 사회학, 기독교, 불교가 말하는 용서, 화해, 치유를 이야기한다. 그러면서 인종 및 국가 간에 벌어지는 갈등을 미국, 독일, 일본의 사례를 들어 함께 소개함으로써 갈등의 보편적인 해결 방법을 찾고자 한다. 또한 이 책은 현실 문제를 구체적으로 다룬다. 서로 인정하고 먼저 다가감으로써 남북한의 화해를 이루고, 경제 사범에 대한 친재벌적인 관결의 편향성을 극복하며, 공존의 기예를 통해 젠더와 세대 간의 갈등을 해결해갈 수 있다고 본다. 용서, 화해, 치유라는 가치에 마음이 끌리는 독자라면 다양한 전문가들이 현장의 문제를 구체적으로 다루고 있는 이 책에서 여러 실질적인 도움을 받을 수 있다. 특히 그리스도인이라면 신학이라는 나무 너머에 있는 더 큰 숲의 모습을 볼 수 있을 것이다. 학문 간의 통섭적 연구와 융합적인 교류를 강조하는 요즘, 이 책이 지닌 학문적 의미와 실천적인 중요성은 아무리 강조해도 지나치지 않다.

고재길 | 장로회신학대학교 교수

역사, 심리, 법, 경제, 사회학 및 신학을 아우르는 다양한 학문 분야의 저명한 저자 13분이 "용서와 화해 그리고 치유"라는 주제를 놓고 각 분야에서 진행되어온 연구와 논의를 자세히 전달하려는 시도는 절체절명의 위기를 겪고 있는 한국 사회에 시기적절하고도 매우 의미 있는 작업이라고 여겨진다. 사람이 더불어 살아가는 데 가장 중요한 규범은 사랑이다. 전 세계에 큰 영향력을 미치고 있는 사상가 라인홀드 니버에 따르면 "사랑은 용서함"이다. 이 책은 이에 근거하여 온갖 갈등을 부각시키면서 분열을 조장하고 있는 현대 사회에 용서, 화해, 치유라는 나름의 해법을 제시하고 있다. 학문적, 종교적, 역사적인 연구와 통찰을 바탕으로 현실 문제를 다루는 저자들이 전하는 용서와 화해 그리고 치유에 관한 메시지는 독자들의 삶에 작은 변화의 에너지를 전달할 것이다. 더불어 사는 사회를 이루고자 하는 마음으로 삶의 갈등을 해소하고자 노력하는 지식인들이 반드시 읽어야 하는 필독서가 되길 기대하며 이 책을 기쁜 마음으로 추천한다.

김종걸 | 한국침례신학대학교 교수, 한국기독교철학회 차기 회장

이 책은 인간성 안에 작동하는 잔인한 공격성과 타자 약탈적 악을 응시하고 그것을 이해해보려는 학자들의 연구 결과다. 독립적이면서도 유기적인 주제로 묶이는 13편의 글은 시공간을 넘나들며 용서, 화해, 치유를 모색해온 개인과 집단의 노력을 찬찬히 살핀다. 저자의 시각과 전개가 분명히 구별되는 각 글은 용서, 화해, 치유야말로 그리스도인이 세상 학문 및 종교적 기반이 없는 시민들과 연대하여 사회적 진보와 선을 창출할 수 있는 주제임을 잘 보여준다. 우리 사회의 갈라진 틈을 메우고 병든 사회를 치유함으로써 "화평케 하는 하나님의 자녀들"이 되고픈 사람이라면 이 책을 통해 용기와 영감을 얻을 수 있을 것이다.

김회권 | 숭실대학교 기독교학과 교수

"불가능한 가능성(impossible possibility)인가, 아니면 가능한 불가능성인가?" 용서, 화해, 치유라는 주제에 대한 솔직한 느낌을 책 속에 소개된 라인홀드 니버의 표현을 빌려 이렇게 말할 수 있겠다. 나라도, 우리라도 가능해야 현실이 달라진다. 용서, 화해, 치유의 범주를 사람과 역사에만 제한하지 말고 자연과 생태계에까지 확장해야 한다. 21세기 종교 문제 비평가인 카렌 암스트롱의 분석에 따르면 현존하는 종교들의 공통 분모는 "컴패션"(Compassion)이다. 타인의 고통을 즐기기보다는 함께 아파함으로써 사회적 공감을 축적하는 세상을 만들고자 하는 모든 노력이 바로 이 일의 동력이 될 것이다. 이 책은 우리를 이런 노력의 여정으로 초대한다.

박동신 | 대한성공회 부산교구 주교

깨어진 세상에서 각 개인의 자기중심성이 확장되고 강화됨에 따라 "가족 관계"에서 "남과 북"을 거쳐 "세계적"인 단위로 불화와 분노가 폭발하고 갈등과 대립의 늪이 더욱 깊어지고 있다. 심지어 "자기 자신"과도 화목하지 못한 상황에서 우리는 어떻게 회복되어 샬롬(평화)을 이룰 수 있을까? 이해, 관용, 용서, 화해, 치유, 회복, 공존, 평화라는 말은 과연 현실에서도 효용을 지닌 단어일까? "인간 품성의 혁신적인 개혁을 통해 창조세계의 회복이 필요하지 않을까?"라는 고민을 품고 있던 시점에 접하게 된 이 책은, 학문적, 종교적, 역사적 시각으로 본 현실의 갈등 문제라는, 쉽지 않은 내용을 담아내고 있다. 13명의 저자가 각 전문 분야에서 일정한 방향성을 가지고 풀어낸 이야기를 읽다 보면, 거대 담론도 중요하지만 서로 상대의 인격을 존중하고 인권을 보장할 때, 용서와 화해를 넘어서 치유와 회복 또한 가능하지 않을까 하는 희망을 발견하게 된다. 정답과 출구가 보이지 않는 세상에서 지혜를 찾아 헤매는 이들의 흔적은 언제나 아름답다. 이 책을 통해 우리 일상의 삶에서 평화의 씨앗이 자라나길 기대한다.

박종운 | 변호사, 대한법률구조공단 사무총장

대한민국은 경제적으로 풍요로워졌지만 점점 다양한 영역에서 분열과 갈등을 경험하고 있다. 이 책은 기독교 복음의 핵심인 "용서와 화해"를 다양한 학문 분야 및 종교적인 시각으로 구체적인 역사적 사례를 통해 다뤘다는 점에서 매우 의미가 있다. 또한 이 책은 대한민국이 직면한 현안인 남북 관계, 경제적 갈등, 젠더와 세대 문제를 실천적 관점에서 살펴보고 있다. 이 책은 기독교의 복음을 우리 사회 모든 분야에 구체적으로 적용할 수 있는 프로젝트의 초석을 놓았다는 점에서 큰 의의를 지닌다. 용서와 화해라는 가치를 좀 더 깊이 이해하고 삶에서 더 힘있게 실천하고자 하는 분들에게 일독을 권한다.

이경직 | 백석대학교 조직신학 교수

이 책은 용서와 치유 및 화해에 대한 이정표이자 기념비와 같다. 다양한 분야의 학자와 전문가가 모여 각 나라의 여러 사건을 분석하면서 용서, 치유, 화해에 대해 담론을 나누는데, 책을 읽다 보면 사각의 링 안에서 묵직한 카운터펀치를 한 방 맞은 것 같은 느낌이 든다. 이 책은 굉장히 이론적이면서도 실제적이다. 특히 용서가 어떤 단계를 거쳐야 치유와 화해에 이르게 되는지를 구체적으로 설명한다. 또한 각 분야의 전문가들의 예리한 분석과 설명을 따라가다 보면 용서와 치유 및 화해에 대해 나름의 통찰이 생긴다. 이 책을 찬찬히 톺아보다가 마지막 책장을 덮을 때쯤이면, 입가에 옅은 미소가 지어지고 세상을 바라보는 시야가 달라졌음을 느낄 수 있을 것이다.

정한조 | 100주년기념교회 공동담임목사

서로에게 큰 상처를 남긴 적대적 관계에 있는 개인이나 집단, 크게는 국가 사이에서 피해자가 가해자를 용서하는 것은 결코 쉬운 일이 아니다. 세상의 종교들이 저마다 화해를 가르치고 치유가 오늘날 인문학의 주요 주제인 현실이 그것을 방증한다. 인종주의와 성차별, 혐오와 배제가 지배하는 사회, 이스라엘과 팔레스타인, 러시아와 우크라이나 사이의 격렬한 대립이 지속되는 상황에서 용서와 화해와 치유는 과연 가능할까? 이런 문제의식을 바탕으로 머리를 맞댄 저자들이 정리하여 내놓은 이 책이 이론과 실제의 영역에서 용서와 화해와 치유라는 불가능한 가능성을 찾는 독자들에게 한 줄기 빛이 되리라 믿는다.

채수일 | 크리스천 아카데미 이사장, 전 한신대학교 총장

현재 한국 사회는 빈부 격차 및 정파, 이념, 세대, 지역 간 갈등으로 인해 많은 사회적 비용을 지불하고 있을 뿐만 아니라, 4차 산업 혁명 시대의 융합, 공감, 소통의 문화에도 역행하는 모습을 극명하게 보여주고 있다. 이런 시기에 각 분야의 전문가들이 함께 모여 용서와 화해와 치유의 길을 모색하고자 한 시도는 시의적절하면서도 꼭 필요한 일이라고 생각된다. 이 책은 과거를 반추하면서 미래를 전망하는 동시에 현재에 필요한 처방을 제시하는 글들로 이루어져 있으며, 사회 구성원 누구나 깊이 새겨야 할 내용을 담고 있다. 이 책이 불씨가 되어 각 분야의 평화를 만드는 사람들이 일어나 갈등을 치유하고 창조적 공존의 길을 모색해나가는 지혜를 발휘해주기를 기대한다. 상처, 갈등, 복수, 한의 악순환을 끊고 용서와 치유와 화해를 거쳐 평화를 지향하는 세상에 견고한 토대를 놓는 이 책을 기쁜 마음으로 추천한다.

한기채 | 중앙성결교회 담임목사

용서와 화해 그리고 치유

용서와 화해 그리고 치유

책임 편집
고재백
오유석
허고광

새물결플러스

목차

용서와 화해 그리고 치유를 위하여

1. 프로젝트: 용서와 화해 그리고 치유

대한민국은 이른바 "갈등 공화국"이다. 다차원적으로 중첩된 온갖 갈등으로 인한 대립이 연속적으로 분출되는 곳이다. 지난해 영국 킹스 칼리지 런던 정책 연구소와 국제 여론 조사 기관 입소스가 발표한 "문화 전쟁" 조사가 이를 입증해준다. 28개국을 대상으로 조사한 결과에 따르면 우리나라 국민이 느끼는 갈등 강도와 수준은 무려 12개 분야 중 7개에서 가장 높은 순위를 기록했다. 한국인들은 빈부, 이념, 정당, 종교, 성별, 세대, 학력 분야에서 극심한 갈등을 겪고 있다고 답했다. 누구도 이 결과를 부정하기는 쉽지 않다. 오랫동안 많은 사람들이 일상에서 느끼고 있던 바를 숫자로 확인한 결과일 테니 말이다. 관용과 화해 및 공존에 대한 논의를 꺼내기도 어려운 분위기가 상황을 더 심각하게 만들고 있다. 갈등을 유발하는 요소들이 다양한 분야에 걸쳐 다차원적으로 얽혀있기 때문에 정확한 문제를 진단하고 사태를 해석해서 해결 방안을 도출하기가 쉽지 않다.

그래도 갈등 문제를 진단하고 해소 방안을 찾는 것은 연구자의 숙명이 아닐까 싶다. 이 과정에서는 인간과 사회의 다양한 분야를 다루는 연구자들의 협업이 필수적이다. 퍼즐 게임을 하듯이 갈등하는 인간과 사회의 조각들을 맞추다 보면 현실을 진단할 수 있고 거기에 따른 대책도 제시할 수 있다. 인간이란 갈등하는 존재라고 해도 과언이 아니다. 우리는 살면서 언제 어디서든 갈등을 대면하게 되고, 자신이 갈등의 주체이자 대상이 된다. 그 이유는 인간 자체에 있다. 인간은 불완전한 존재이기 때문이다. 또한 인간은 사회적 존재라서 사회속에서 늘 갈등의 가능성을 안고 살아간다. 게다가 소속된 단체와 조직의 논리와 목적과 이해관계로부터 자유로울 수 없다. 그렇게 어디엔가 소속되어 있는 한 갈등할 수밖에 없다. 갈등은 여러 형태로 드러나며, 그 양상과 범위 역시 다양하고 넓다. 개인적이고 일상적인 삶의 영역에서부터 국가 간 관계에 이르기까지 사적, 정치적, 경제적, 사회적, 종교적 이해관계 및 이념적 갈등이 발생한다. 인간과 갈등의 이런 특성에 주목하여 다양한 분야의 연구자들이 함께 갈등과 화해 및 치유를 다루는 프로젝트를 시도하게 되었다.

이 프로젝트는 2021년 봄에 시작되었다. 이음사회문화연구원은 각종 분열과 갈등과 대립의 주체들을 잇기 위한 목적으로, 지역, 계층, 세대, 사회 영역 간 이음 활동을 펼치고 있었다. 에이치투그룹의 회장 허고광 박사님과 연구원의 연구위원인 오유석 교수님이 용서와 화해와 치유를 주제로 연구 프로젝트를 진행하자고 제안해주셨고,

이음사회문화연구원에서 이 제안을 받아들여 공동 프로젝트가 시작되었다.

프로젝트 담당자들은 각자 전문 분야에서 논의된 용서와 화해에 대한 개념과 시각을 갖고 우리 사회의 갈등 문제에 접근해보기로 연구 방향을 정했다. 우선 구체적인 갈등 해소 방안을 도출하고 제시하기에 앞서 각 학문 분야가 갈등과 용서와 화해를 어떻게 이해하고 접근하고 있는지를 살펴보는 것에 방점을 두기로 합의했다. 그런 다음 이론적 논의에서 한발 더 나아가 구체적인 사례를 다뤄보기로 했다. 이를 바탕으로 향후 구체적인 갈등 해소 방법, 용서와 화해 그리고 치유의 방안을 연구하여 문제 해결을 위한 대책을 제시해보기로 했다.

프로젝트를 기획하고 첫 작업을 위한 필자를 섭외하면서 어려움이 적지 않았다. 어떤 분야에서는 용서와 화해를 말할 상황이 아니며 용서를 말하는 것이 섣부르다고도 했다. 쉽지 않은 섭외 과정을 거쳐 글의 방향과 서술 방식을 공유했다. 우선 사회적 갈등에 대해 서둘러 화해를 주장하고 용서를 강요하는 것을 지양하기로 했다. 그렇지만 도저히 용서와 화해를 말할 수 없을 것처럼 보이는 분야와 주제더라도 가능성을 모색해보기로 했다. 당장 실행이 어려울지라도 현재 상황에서 생각해볼 점을 제시하는 것만으로도 의미가 있다고 판단했기 때문이다. 또한 거기에 더해 장기적인 과제를 제시한다면 우리 사회가 한 걸음 진전하는 데 도움이 되리라 생각했다.

2. 용서와 화해 그리고 치유를 위한 다학제간 논의

이번 프로젝트의 결과로 저자 13명의 연구 결과를 모아 책을 출간하게 되었다. 기획과 달리 진행 과정에서 몇 가지 주제를 다루지 못해 아쉽지만, 프로젝트의 성과와 의미는 작지 않으리라고 본다. 우선 다학제간 연구의 의의를 강조하고 싶다. 다양한 분야에 속한 필자들의 연구 결과를 읽으면서 용서와 화해에 관한 각 학제의 고유한 담론을 확인하고 공통점도 발견할 수 있다. 같은 주제에 대해 다양한 연구와 논의의 흐름을 따라가는 재미가 쏠쏠하다. 물론 아쉬운 점도 있다. 코로나 팬데믹 상황에서 비대면으로 공동 작업을 진행하다 보니 중복된 부분도 있고 같은 주제에 대해 서로 상이한 입장이 제시되기도 했다. 그렇지만 이런 상이함 가운데서 발견되는 다양성을 확인하는 것도 의미 있는 작업이라 생각한다. 또한 하나의 주제에 대한 노·장·청년 세대의 다양한 목소리를 한 권의 책에 담아낼 수 있었다는 점을 강조하고 싶다. 다양한 목소리를 담고자 했던 취지에 따른 결과다. 다만 참여자들의 젠더별 균형을 맞추고자 노력했으나 섭외의 어려움 때문에 기획 의도가 제대로 성취되지 못한 것이 무척 아쉽다.

　제1부는 각기 다른 학문 분야에 소속된 저자 다섯 명이 용서와 화해의 주제를 다룬다.

　오유석 교수는 "아킬레우스의 분노에서 아이히만 재판까지"라는 제목 아래 고대 그리스부터 20세기 현대에 이르기까지 철학 분야에서 복수와 용서 개념이 어떻게 전개되었는지를 소개한다. 용서라는 개념은 고대 그리스에서 탄생하여 로마 제국 말기와 중세 초기를 거쳐 윤리적 영역에서 다뤄졌으며 제2차 세계대전을 거치면서 공적·정치적 영역으로 확장되었다. 이 글에서는 역사와 일대일 대인 관계 측면에서 논의된 용서 개념이 어떻게 집단적 개념으로 변화했는지를 구체적으로 제시한다.

심리학자인 오영희 교수는 학교 폭력이라는 구체적인 사례를 기반으로 "체계적인 용서와 화해의 과정을 통한 치유와 외상 후 성장"을 논한다. 학교 폭력의 상처는 피해자에게 오랜 시간에 걸쳐 큰 악영향을 끼치기 때문에 문제를 해결하고 피해자의 고통을 치유하기 위해서는 체계적인 용서와 화해의 과정이 필수적이다. 저자는 체계적인 용서의 과정도 중요하지만 용서와 화해 그 자체로도 피해자와 가해자의 치유와 성장이 일어날 수 있음을 강조한다.

김병로 교수는 정치 사회학의 관점에서 용서와 화해를 다룬다. 그에 따르면 화해는 과거의 부정적 경험으로 형성된 적대적 감정을 극복하는 것을 넘어 현재 당면한 대립적 갈등과 차이를 해결하기 위해 대화, 소통, 협력하려는 태도와 가치를 의미한다. 저자는 과거의 문제를 해결하고 이를 바탕으로 미래에 더 나은 관계를 정립하기 위해 화해가 어떤 과정과 절차를 거쳐야 하는지를 이론적으로 소개한다. 그러면서 과거의 강한 부정적 경험인 한국전쟁을 겪은 남북한의 화해를 위한 선결 과제를 제시한다.

고재백 교수는 세계사의 관점에서 여러 국가의 과거사 문제가 청산되는 과정을 살피고 그 결과로 이루어진 용서와 화해의 사례를 소개한다. "과거사 청산"이란 역사 속에 은폐되거나 왜곡된 진실을 밝히고, 이 과정에서 드러난 가해자를 처벌하고 피해자에 대해 상응한 배상과 보상을 집행하는 것을 뜻한다. 또한 과거사를 사회적으로 기억하고 용서와 화해를 이끌어냄으로써 피해자들을 치유하는 데 그 목적이 있다. 저자는 국가 폭력과 인권 유린 사건을 겪은 나라들이 어떻게 용서와 화해를 이루었는지를 살피고 이 청산 과정이 다음 세대에게 어떤 영향을 미쳤는지를 여러 사례를 통해 설명한다.

법학 분야와 관련하여 오민용 박사는 이론적이고 실제적인 차원에서 법이 어떻게 용서를 실천하고 있는지, 실제로 그렇게 할 수 있는지, 이를 통해 사랑의 구체화로서의 용서와 현실의 법제도 사이의 접점이 마련될 수 있는지를 모색한다. 법의 이념은 정의이며 국가는 이 이념에 적합한 입법과 법집행을 통해 사회의 안정과 통합을 구축한다. 그리고 이에 반하는 주체나 행위는 국가의 공권력을 동원하여 법에 따라 처리한다. 그렇다면 과연 법에 용서가 설 자리는 있는가? 이에 대해 저자는 사랑을 제시하면서 대조적으로만 보이는 법과 사랑이라는 두 개념이 사실은 긴밀하게 연결되어 있음을 확인해 보인다.

제2부는 종교에서 말하는 용서와 화해 및 치유를 다룬다.

이병욱 박사는 용서에 관한 불교의 견해를 살펴보기 위해 자비와 인욕이라는 개념을 상세히 설명하면서 법정 스님의 현대적 용서에 대한 관점을 소개한다. 불교 문헌에서는 "용서"라는 단어가 중요하게 사용되지 않는다. 그래서 저자는 "자비"와 "인욕"이라는 말에서 용서의 의미를 이끌어내고, 그런 용서의 마음을 기르는 실천 방안으로서 자비 명상을 제시한다. 또한 직접적으로 용서를 설파한 법정 스님의 가르침을 살펴봄으로써 구체적인 실천 방안을 모색한다.

성신형 교수는 기독교적 용서 사상을 성서적 개념과 기독교윤리적 실천 개념으로 접근함으로써 화해와 치유의 길을 모색한다. 기독교는 기본적으로 용서와 사랑의 종교이며 이런 특징은 구약과 신약 성서를 통해 확인된다. 저자는 성서가 가르치는 용서가 화해와 치유의 단계로 넘어가기 위한 과정을 윤리적인 차원에서 살피고, 그것이 사랑의 윤리임을 논증한다. 또한 용서를 가능케 하는 공동체적 회복의 가치가 사랑을 통해 드러난다는 점을 강조한다.

제3부는 용서와 화해 그리고 치유가 이루어진 역사적 사례 세 가지를 소개한다. 이를 논하는 것은 인류가 특정 사안과 관련하여 용서, 화해, 치유를 이루어냈던 과거 사례를 통해 현재적 지혜와 미래의 전망을 구하기 위해서다.

진구섭 교수는 미국의 인종주의와 인종 간 갈등 및 인종 화해를 둘러싼 오랜 논쟁을 다룬다. 저자는 미국을 인종주의로 인한 분단국가로 진단한다. 미국에서는 이른바 원죄로 간주되는 노예제로 인한 폐단 때문에 아직도 첨예한 인종 갈등이 빚어지고 있다. 그럼에도 불구하고 인종 간 화해와 치유를 위한 오랜 노력이 진행되었으며, 화해의 출발점으로 노예제와 인종 차별에 대한 실질적 사과와 배상이 이뤄져야 한다는 견해가 점차 힘을 얻고 있다. 그 실행 방식을 놓고 마찰이 있었지만, 결국 일부 주와 연방 의회에서 노예제에 대한 사과 결의안이 채택되는 등 실제적인 결실이 맺어지기도 했다.

최성철 교수는 독일이 그동안 나치의 망령에서 벗어나기 위해 추진한 다각도의 노력을 높이 평가한다. 저자는 제2차 세계대전 이후 현재까지 독일이 과거를 극복하고 주변국들과 화해했던 구체적인 과정과 성과 및 한계를 소개한다. 독일은 오랜 기간에 걸쳐 나치의 불법 행위에 대해 꾸준히 사죄하고 용서를 구하면서 합당한 배상 및 보상을 위해 노력해왔다. 그 노력의 일환으로 국경 분쟁을 최소화하고자 했으며 공동 역사 교과서를 제작하는 등 꾸준한 역사 문화 작업을 펼침으로써 피해국들과의 화해를 시도했다. 물론 그 과정에서 한계와 부족한 점이 드러났지만, 역사적 과오를 결코 망각하지 않겠다고 다짐하며 일관된 태도로 과거사를 청산하려는 독일의 결의와 자세는 본받을 만하다.

정재정 교수는 한·일 간의 역사 문제의 핵심 중 하나인 일본군 "위안부"에 대한 사죄·배상을 둘러싼 두 나라의 충돌과 해결 노력을 다룬다. 첨예한 갈등이 진행 중인 상황에서 현안에 대한 해결이나 화해를 이야기하는 일은 자칫 무모한 행위로 여겨질 수 있다. 그러나 저자는 역사학자의 입장에서 양국 정부가 지난 30년 동안 이 문제와 씨름하며 이룩한 성과를 검토하고 그 내용을 바탕으로 극복 방안을 제시한다. 그러면서 양국 정부가 평화와 공영의 미래를 향해 서로 대화하고 타협함으로써 두텁게 축적한 이해와 신뢰를 기반으로 다양한 협력 사업을 부단히 추진해나갈 것을 촉구한다.

제4부는 대한민국이 직면하고 있는 구체적인 현안을 다룬다.

이찬수 박사는 분단 체제 속 남·북한이 밟아가야 할 화해의 길에 대해 논한다. 남북한의 화해가 이루어지려면 자기중심적 시각을 벗어나 객관적이고 넓은 시각으로 갈등과 대결의 원인을 살펴야 하며, 본격적인 화해의 방식은 사과와 용서여야 한다. 이는 남북 관계뿐만 아니라 한일 문제에도 마찬가지로 적용되는 것이다. 우리가 지향하는 평화와 통일은 화해의 과정이자 결과다. 저자는 여태껏 지속되어온 다양한 노력을 계속 이어가자고 제안하면서, 다른 나라의 과거사 청산 사례에서 배울 수 있듯이 그것을 가능케 하는 힘은 공통된 유구한 역사와 홍익 인간 정신을 공유하는 데서 나온다고 역설한다.

이창민 교수는 경제 문제로서 용서와 화해의 과제를 다룬다. "유전무죄 무전유죄"와 같은 말이 공감을 얻고 재벌 총수 일가의 범죄에 대한 관대한 처벌이 사람들의 공분을 일으키는 것은 어제오늘 문제가 아니다. 저자는 먼저 실증적 통계 연구로 이 문제의 실체를 확인하고, 그 원인을 "대마불옥" 등을 이유로 재벌 범죄를 관대하게 다루는 사법부의 편향성에서 찾는다. 그 결과 재벌 총수의 부의 축적 및 재벌로의 경제력 집중이라는 현상이 드러났다. 저자는 이렇게 현실을 진단한 후 경제적 강자와 약자 사이의 용서와 화해 가능성을 탐색한다. 그래서 피해자에 대한 충분한 물리적, 심리적 보상이 있어야 하고, 그러기 위해서는 사법부의 엄정한 판결을 통한 신뢰 회복이 선행되어야 하며 피해자에 대한 다양한 구제 수단이 마련되어야 한다고 지적한다.

김선기 연구원은 한국 사회의 가장 뜨겁지만 다루기 어려운 현안인 젠더와 세대 이슈를 다룬다. 저자는 이 분야의 수많은 담론과 갈등 속에서 어떻게 화해와 치유를 이끌어낼 수 있는지를 고민하면서, 이에 대한 하나의 답으로 "공존의 기예"를 제시한다. 또한 우선 젠더 및 세대에 대한 기존의 문제 프레임을 의문시해야 할 필요가 있으며, 그런 틀에서 벗어남으로써 타인에게 씌워진 괴물의 형상을 걷어내고 대화의 조건을 마련해야 한다고 이야기한다. 저자의 주장에 따르면 "젠더 갈등"과 "세대 갈등"이라는 문제의 구도 자체를 극복하고 두 갈등의 당사자를 넘어서 일반적인 타자(the other)에 대한 윤리를 발휘하는 일이 "공존의 기예"이며 이것이 갈등 해결의 최종적인 방법이 될 수 있다.

3. 감사의 인사와 독자들에 대한 바람

프로젝트의 제안에서부터 운영 및 재정을 담당해주신 에이치투그룹의 허고광 회장님이 아니었다면 이 프로젝트는 시작될 수 없었을 것이다. 이 자리를 빌려 에이치투그룹과 허고광 회장님께 진심 어린 감사의 인사를 드린다. 그리고 프로젝트를 진행하던 중 재정적인 어려움이 발생했을 때 지원을 통해 응원을 더해주신 고재천 박사님께도 깊은 감사의 마음을 전한다. 인도네시아 선교사이신 고 박사님은 한국인 아빠와 인도네시아 엄마 사이에 태어난 "인도-코리아" 아이들을 헌신적으로 돌보심으로써 직접 화해와 치유를 실천하시는 분이다.

특별히 출판계의 어려운 상황에도 불구하고 한국 사회의 시대적 과제를 해결하려는 노력을 응원하는 마음으로 선뜻 출간을 허락해주신 새물결플러스&아카데미의 김요한 대표님과 책이 나오기까지 힘써주신 직원 여러분께 진심으로 감사드린다. 오랜 작업 기간에도 불구하고 지치지 않고 애정 어린 수고와 협력을 보내준 덕분에 저자들의 오랜 연구 결과를 모은 원고 모음이 훌륭한 작품이 되어 세상에 나올 수 있게 되었다.

이 프로젝트를 시작하면서 우선 갈등을 드러내고 이야기하고자 했다. 접근하기도 어렵고 해결책은 더욱 요원한 "갈등"이라는 거대한 주제 앞에서 서성이는 한이 있더라도 도전해보기로 뜻을 모았다. 우리가 이 시대를 살면서 경험하는 많은 갈등과 문제들은 단칼에 해결할 수 있는 고르기우스의 매듭이 아니기 때문에 그 누구도 속 시원한 답을 줄 수 없다. 이 책에 실린 글을 읽으면서 곧바로 삶에 적용하고 실행할 수 있는 방안을 얻지 못해 안타깝고 답답한 마음을 느낄 독자들도 있을지 모른다. 하지만 그런 안타까움과 답답함을 느끼는 데서부터 역사의 의미 있는 발걸음이 시작되곤 했다. 그러니 실행 가능하고 성취 가능한 대답을 찾는 것은 우리 모두의 숙제로 남겨두고자 한다.

그럼에도 불구하고 이 연구 결과가 우리 사회의 여러 분야에서 용서와 화해와 치유를 이끌어내는 데 조금이나마 기여할 수 있기를 바라는 마음이 간절하다. 우리 사회의 갈등이 해소되고 당사자들이 서로 용서하고 화해하며 모두의 치유를 이뤄내는 일에 이 책이 소중한 밑거름이 되기를 바란다. 또한 이 책을 통해 독자들이 우리 사회의 갈등 상황을 드러내어 이야기하는 일에 참여함으로써 해결 방안을 찾아가는 긴 여정에 동참하고 또 다른 사람들의 동행을 권할 수 있기를 소망하면서 평화를 비는 인사를 전한다.

2022년 9월 13일
고재백 국민대학교 교양대학 조교수
오유석 공주교육대학교 윤리교육과 조교수
허고광 에이치투그룹 회장

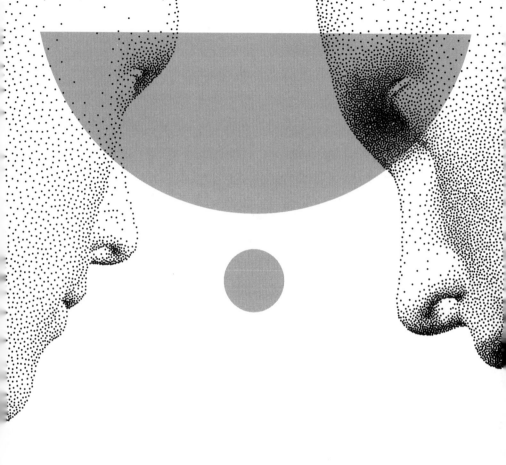

제1부

학문적으로 본 용서와 화해 그리고 치유

아킬레우스의 분노에서 아이히만 재판까지

복수와 용서 개념의 지형도

오유석

1. 시작하는 말

최근 두 명의 전직 대통령이 사망하고 한 명의 전직 대통령이 사면되면서 이에 관해 많은 논란이 있었다. 특히 전두환 전 대통령은 생전에 5.18 등에 대한 책임을 인정하지 않고 사과하지도 않았기 때문에, 그가 사망했을 때 영결식장에서 부인 이순자 씨가 가족 대표로 "남편의 재임 중 고통 받고 상처를 입으신 분들께 남편을 대신해 깊이 사죄드리고 싶다"고 밝혔음에도 불구하고 5.18 유족들과 당사자들은 이를 진정성 있는 사과로 받아들이지 않았다. 이런 한국의 현실은 용서와 화해의 길이 얼마나 멀고 험한지를 단적으로 보여준다.

독일 철학자 프리드리히 니체는 『도덕의 계보』에서 누군가의 잘못을 용서하는 사람은 복수에 대한 욕망과 권력에 대한 의지를 추구하는 데 실패한 패배자에 불과하다고 주장한다. 그에 따르면 용서란 피해자가 자신의 무능력(복수할 능력이 없거나 복수할 의지가 없음)을 인정하는 것으로, 이는 나약함을 칭송하고 권력을 지탱하는 폭력을 포기하는 일이 되므로 결국 도덕적으로 악하고 심리적으로도 나쁘다. 과연 니체의 주장처럼 용서는 도덕적으로 악한가?

20세기 초까지 용서는 주로 종교적 신념과 관련된 개인 간의 이슈였지만 제2차 세계대전 이후로는 공적 담론의 영역으로 확장되었다. 사람들은 용서가 단순한 대인 관계뿐만 아니라 집단(가령 국가) 간의 관계에서도 성립한다는 사실을 깨달았고, 당시 현실이 될 것 같았던 핵전쟁과 같은 파국적인 결말을 막으려면 국가와 민족 간의 용서와 화해 및 평화가 필요함을 알게 되었다.

철학에서도 최근 들어서야 용서를 본격적인 주제로 다루기 시작했다. 가령 『철학자 색인』을 검색해보면 1940년부터 2005년까지 나온 용서와 관련된 출판물이 269건 검색되는데 그중 132건이 2000년 이후 저술된 것이다. 그렇다면 현대 이전에는 용서에 관한 철학적 논의가 거의 없었던 것인가? 서양 철학에서 용서 개념은 언제 탄생했고 어떻게 발전해왔는가? 이 물음에 답하기 위해 우리는 먼저 고대 그리스 문헌에 용서 개념이 있었는지를 확인해보고, 만약 그렇다면 그 의미가 무엇인지를 살펴보고자 한다. 다음으로는 기독교 성립 이후 활동한 기독교 사상가들(초기 교부들)이 기독교적 용서를 어떻게 이해했으며 이것이 어떻게 윤리적 용서 개념으로 완성되었는지를 논하려고 한다. 마지막으로 독일 출신 여성 철학자인 한나 아렌트가 주장하는 정치적 용서의 개념을 살펴보고 용서에 관한 아렌트의 논의가 오늘날 우리에게 주는 시사점에 대해 이야기할 것이다.

2. 용서 개념의 태동

1) 고대 그리스 문학 작품에 나타난 용서 개념

그리스 최초의 문헌인 호메로스 서사시(『일리아스』, 『오디세이아』)를 보면 정의와 법 개념은 등장[1]하지만 용서는 언급되지 않는다. 신들이 인간의 불의나 오만을 무조건적으로 용서하지 않기 때문에, 영웅들에게도 다른 사람을 용서해야 할 종교적 의무가 없다. 가령 『일리아스』 1권 초반부에 등장하는 전염병은 아가멤논의 모독에 대한 아폴론의 심판(신적 정의의 구현)이며, 아가멤논과 아킬레우스 사이의 갈등은 분배적 정의와 관련된 다툼으로 시작된다. 또한 6권에 나오는 트로이 용사 아드레스토스는 자신을 죽이려는 메넬라오스에게 자비(곧 용서)를 베풀어달라고 애원한다. 하지만 메넬라오스의 마음이 움직이려 할 때 그의 형 아가멤논이 동정에 이끌리는 메넬라오스를 꾸짖으며 뱃속의 태아를 포함한 모든 트로이 사람들을 몰살시킴으로써 정의를 구현하라고 명령한다. 마찬가지로 9권에서도 아가멤논이 아킬레우스에게 사절단을 보내 화해를 청하면서 분노를 가라앉히라고 요청하지만 그는 선물과 화해의 요청을 거부한다. 물론 나중에 파트로클로스가 헥토르에 의해 살해당하자 아킬레우스는 친구의 죽음을 복수하기 위해 아가멤논에 대한 분노를 누그러뜨리고 다시 전투에 참여하

---

1   그리스 최고의 신인 제우스의 누이 테미스와 딸 디케는 정의를 상징한다. 테미스는 사회 질서를 인격화한 신인데, 응보적 정의를 관장하는 대지의 여신으로 간주되기도 했다. 한편 디케는 공동체 구성원들 사이의 올바른 관계를 인격화한 신이며 정치적·법적 정의를 상징한다.

지만, 이 행위가 아가멤논을 용서한 것이라고 보기는 어렵다.

이처럼 고대 그리스에서 가해에 대한 일반적 반응은 복수였다. 미틸레네 출신 피타코스(기원전 7-6세기 경)는 "용서가 복수보다 낫다"고 말했지만, 실제로 용서는 고대 그리스 사회에서 주요한 덕목으로 인정되지 않았다. 오히려 엘리트 남성이 자기 잘못을 시인하고 용서를 구하는 행위는 굴복을 인정하는 것으로 받아들여졌고, 피해에 대해 보상받지 않은 채로 복수를 포기하고 흔쾌히 용서하는 것은 자신의 나약함을 입증하는 것으로 여겨졌다.

하지만 기원전 5세기가 지나자 그리스인들은 용서가 이방인들의 가혹함과 반대되는 문명의 증거라고 생각하기 시작했다. 일차적으로 용서는 인간(특히 여성)이 신에게 구하는 것으로 묘사되었다. 서정시 작가인 시모니데스가 남긴 단편에 등장하는 다나에라는 인물은 아기(페르세우스)와 함께 상자에 실려 떠내려가면서 제우스를 향해 마음을 바꾸어달라고 기도한다. 이때 그녀는 자신의 기도가 너무 대담하거나 마땅한 바를 넘어서는 것이더라도 용서해달라고 간구한다. 마찬가지로 에우리피데스의 비극 『타우리케의 이피게니아』에 나오는 이피게니아도 타우리케를 탈출하면서 아르테미스 여신을 향해 자신의 탈출을 도와달라고 읍소하면서 신상을 훔친 일을 용서해달라고 기도한다. 그러면서 아르테미스 여신이 쌍둥이 동생인 아폴론을 사랑하듯, 이피게니아 자신도 남동생 오레스테스를 사랑한다고 호소한다.

그런데 인간은 신에게 용서를 구하는 것처럼 타인 앞에서도 자신을 낮출 수 있다. 가령 소포클레스의 비극 『트라키스 여인들』에서 휠로스는 하인들을 향해 헤라클레스를 장작더미 위에 올려놓음으로써 그의 고통을 끝내주라고 명령하면서 이들에게 큰 용서를 구한다. 또한 에우리피데스의 『헬레네』에서 테우크로스는 자신이 이집트 여성(사실은 진짜 헬레네)을 트로이의 헬레네로 오인한 것에 대해 사과한다. "내가 흥분한 나머지 실수했소. 온 헬라스가 제우스의 딸 헬레네를 미워하기 때문이오. 그러니 여인이여, 내 말을 용서해주시오." 테우크로스의 사과는 잘못의 인정과 회개, 자신이 분노한 이유에 대한 설명 및 용서의 요청이라는 용서의 기본 요소를 갖추고 있다.

한편 기원전 5세기에 창작된 그리스 비극을 보면 응보적 정의가 동정에 의해 순화된다. 가령 아이스킬로스의 오레스테이아 3부작 중 제3부 『에우메니데스』에서는 에리니에스(분노와 복수의 여신들)와 아테나 여신이 오레스테스의 처벌을 놓고 각각 피의 복수와 합리적 정의를 주장하며 논쟁을 벌인다. 그리고 치열한 논쟁 끝에 에리니에스는 응보적 정의의 옹호자(분노와 복수의 여신)에서 치유와 화해의 여신(자애의 여신)으로 변모한다. 마찬가지로 소포클레스의 『콜로노스에 간 오이디푸스』에서 오이디푸스는 자신의 딸 안티고네에게 "단 한 마디 말이 너의 모든 어려움을 사라지게 할 것"인데 그것이 바로 "사랑함"이라고 말한다. 실제로 안티고네는 자기 오빠 폴리네이케스의 장례를 금한 크레온에 맞서 제우스의 정의가 오빠를 매장하는 자비를 허락한다고 주장한다. 이처럼 비극 작가들은 고통스러워하는 자들에 대한 연민과 자비가 응보적 정의의 엄격함을 완화하는 수단임을 이해하기 시작했다.

우리는 기원전 4세기에 작성된 아테네 연설문을 통해 용서나 사면에 대한 요구가 점점 일상화되어가는 것을 엿볼 수 있는데, 이는 법정에서 이루어진 용서가 일상생활에서의 용서를 반영한 결과다. 이를테면 메난드로스의 희극에는 죄를 지은 가장(아버지)이 자신보다 지위가 낮은 남성(아들)이나 여성에 의해 용서받는 장면이 등장하는데, 여기에는 용서를 중재할 제3자(신이나 왕)가 등장하지 않는다. 대인 관계에서 이루어지는 용서 행위(가해자가 자신의 잘못을 인정하고 진심으로 사과하는 동시에 피해자가 가해자와의 관계 회복에 동의하는 것)를 묘사했기 때문이다. 특히 메난드로스는 용서가 이루어져야 할 일차적인 사회적 장소가 가정임을 보여준다.

그럼에도 불구하고 그리스인들이 모든 죄를 용서 가능한 것으로 여긴 것은 아니다. 이를테면 투키디데스의 『펠로폰네소스 전쟁사』에서 클레온은 미래에도 계속 친구로 남을 사람들의 비자발적 행위라면 용서할 수 있어도, 미틸레네 사람들의 행위는 의도적이었으며 이들의 적대감이 줄어들 가능성은 없으므로 용서 없이 모든 남자를 죽이고 여성과 아이는 노예로 삼아야 한다고 주장한다. 여기서 중요한 점은 가해자의 의도다. 가해자가 우발적으로 실수를 저지른 경우에는 용서나 사면이 허락된 반면, 의도적으로 불의(adikia)를 저지른 경우에는 처벌이 유일한 대응책으로 간주되었다. 기원전 4세기 초의 희극 작가 필리피데스의 단편은 히브리스(hybris: 도를 넘어선 행위)와 하마르티아(hamartia: 실수)를 구별한다. 필리피데스는 격렬한 감정이나 잘못된 판단으로 인해 비자발적으로 저지른 하마르티아에 대해서는 용서가 허용되지만, 히브리스는 의도적으로 계산된 가해이므로 용서할 수 없다고 말한다.

2) 그리스 철학의 쉰그노메(syngnōmē)

아리스토텔레스의 『수사학』 2권에 따르면 가해자가 자신의 잘못을 시인하고 후회하는 모습을 보일 때 사람들은 그에 대한 분노의 감정을 누그러뜨린다. 왜냐하면 가해자가 공개적으로 잘못을 시인하고 후회하는 모습을 보임으로써 피해자에게 가한 고통에 대한 벌을 받는다고 생각하기 때문이다. 또한 우리는 자신의 잘못을 부인하는 사람들[2]에 대해서는 그들의 행위를 낱낱이 밝혀 처벌하려고 하지만, 자신이 처벌받아 마땅하다는 사실을 시인하는 자들에 대해서는 분노를 그치며, 겸손한 태도를 취하는 사람(또는 탄원하고 간구하는 자)에 대해서도 화를 누그러뜨린다. 이런 태도는 자신이 상대보다 아래 있으며 상대방을 두려워한다는 표시이기 때문이다. 그렇다면 아리스토텔레스는 용서에 관해 어떻게 말하는가? "용서"에 해당하는 그리스어 단어는 쉰그노메(syngnōmē: 함께 판단하다, 동의하다, 공감하다, 죄를 사면하다 등을 의미함)다. 아리스토텔레스는 『니코마코스 윤리학』에서 이 단어를 크게 두 맥락에서 사용한다.

① 비자발적 행위: 행위자가 관련된 사실에 대해 잘 알지 못하거나 다른 사람의 강압적 요구에 의해 행동할 때, 우리는 그의 잘못에 대해 쉰그노메(syngnōmē)를 허용한다. 즉 그 사람에게 죄를 묻지 않는다.

② 자연적 욕망에 굴복해서 저지른 행위 : 우리가 자연적 욕망에 사로잡혀 잘못을 저지른 사람을 용서하는 까닭은 우리도 그런 욕망

---

2   자신의 잘못을 부인하는 행위는 상대방을 경멸하는 것으로서 분노를 자극하는 주원인이 된다.

에 사로잡힐 수 있기 때문이다. 이는 자기 성찰(다른 사람의 처지에서 생각해 보는 것)과 인류의 동질성에 대한 인식에 기초한다.

기원전 4세기 문학 작품에서 용서 가능한 실수와 용서 불가한 죄를 구분하는 것처럼, 아리스토텔레스도 강요나 무지 또는 욕망으로 인해 어쩔 수 없이 저지른 비자발적 행위에 대해서만 쉰그노메를 허용할 뿐, 자발적·의도적 악행은 용서 불가능하다고 말한다. 그런데 전통적 의미의 용서(가해자가 저지른 잘못이 죄임에도 불구하고 죄를 묻지 않음)는 자발적·의도적 잘못에 대해서도 허용되는 반면, 아리스토텔레스의 쉰그노메는 의도되지 않은 비자발적 행위에 대해서만 허용된다는 점에서 전통적 용서(특히 기독교적 용서)와 다르다. 또한 용서에 관한 전통적 정의는 가해자의 내면적·도덕적 변화(자신의 잘못을 시인하고 진심으로 회개),[3] 피해자의 변화(분노와 복수심을 포기하고 가해자를 도덕적으로 재평가), 죄 때문에 훼손된 피해자와 가해자의 관계 회복 등의 요소를 포함하는데, 아리스토텔레스의 쉰그노메에는 가해자의 진정성 있는 회개와 도덕적 변화 및 피해자와 가해자의 관계 회복이 빠져 있다.

더구나 아리스토텔레스는 지나친 용서를 경계한다. 아리스토텔레스에 따르면 너무 온화한 사람은 쉽게 용서하고 보복하지 않으려는

---

3   특히 회개와 관련하여 유대 철학자 마이모니데스는 다음과 같이 설명한다. 죄인은 자신의 잘못된 행동을 포기하고 잊어야 하며, 다시는 그렇게 하지 않겠다고 결심해야 한다. 그는 마치 "저는 더 이상 과거에 그런 잘못을 저지른 사람이 아니라 새 사람이 되었습니다"라고 말하듯 자신의 이름을 개명할 수도 있다. 이처럼 가해자에게 진정성 있는 정체성의 변화가 생겨날 때 용서하는 자의 마음에도 이에 상응하는 변화가 일어난다.

경향이 있지만, 지나친 온화함을 보이거나 용서하는 것은 노예적인 일이다. 왜냐하면 모욕을 당하고도 쉽게 용서하는 자는 자신과 가족 및 친구를 지킬 수 없기 때문이다. 이런 이유로 아리스토텔레스는 쉰그노메를 덕목에 포함시키지 않는다. 오히려 그가 제시한 완전주의 윤리에 따르면, 완전한 도덕적 탁월함을 지닌 사람은 타인으로부터 용서받을 필요가 없을 뿐 아니라 타인을 용서할 필요도 없다. 즉 포부가 큰 사람(megalopsychos)은 다음 이유로 타인을 용서하지 않는다.

첫째, 그는 탁월하지 않은 사람들의 상황과 잘못에 공감하는 일에 관심이 없다.

둘째, 그는 탁월하지 않은 사람들에 의해 도덕적으로 해를 입지 않고, 친구 외에 다른 어떤 사람이 자신의 인생을 결정하도록 허용하지 않으며, 사소한 일이나 필요로 인해 탄원하지도 않는다. 이는 노예에게나 어울리는 일이다.

셋째, 아리스토텔레스가 이상적으로 여기는 관조적 삶(친구를 제외한 타인과의 관계를 가능한 한 배제한 삶)에는 용서를 위한 여지가 거의 없다. 그는 완전한 관조자를 신이라고 생각했는데, 신은 자신을 제외한 그 누구에게도 관심을 보이지 않기 때문이다. 신은 감정이 없고 용서하지도 않으며 용서를 구하지도 않는다. 마찬가지로 완전한 도덕적 탁월함을 가진 사람도 타인을 용서하거나 타인에게 용서를 구할 필요가 없다.

아리스토텔레스의 경우와 마찬가지로 플라톤의 대화편에 등장하는 주인공 소크라테스 역시 분노한 모습으로 묘사되지 않는다. 소크라테스는 분노를 느끼지 않는다. 그러므로 분한 마음이나 복수하려는 충동을 애써 없앨 필요가 없다. 또한 스토아학파에 따르면 현자는 분노를 포함한 격렬한 감정을 가지지 않는다. 분한 마음이나 복수하려는 생각을 가지지 않으므로 이를 억제할 필요가 없고 악인을 용서할 필요를 느끼지도 않는다. 그런 논리에 따르면 오히려 용서는 정의의 요구를 무시하고 범죄를 용인하는 것이므로 현자는 악인을 용서치 않는다. 가령 로마 시대의 대표적인 스토아 사상가인 세네카는 『관용에 관하여』라는 글에서 "어째서 현자는 용서하지 않는가?"라고 질문한 후 다음과 같이 답한다. 현자는 의도적인 악에 대해 처벌을 면해 주지 않는다. 물론 현자는 가해자의 나쁜 습관을 교정하려고 시도하면서 마치 가해자를 용서(또는 사면)하는 것처럼 행위할 것이다. 그럼에도 불구하고 현자는 용서하지 않는다. 왜냐하면 용서는 자신이 마땅히 행해야 할 의무를 등한히 했음을 고백하는 것과 같기 때문이다.

지금까지 살펴본 것처럼 초기 그리스 문헌은 용서보다 응보적 정의의 실현을 강조했다. 하지만 기원전 5세기 이후 점차 연민과 용서의 필요성이 부각되었고, 4세기에 나온 메난드로스의 희극에는 용서와 화해(가해자의 죄 고백과 진정성 있는 사과 및 피해자와의 관계 회복)가 제3자를 배제한 가해자와 피해자 사이의 대인 관계에서 성립하는 것으로 기술되고 있다. 철학자들도 이런 시대적 흐름을 반영해서 용서의 조건과 한계를 논했다. 하지만 고대 그리스 세계에서 말하는 용서는 의도되지 않은 비자발적 잘못에만 적용되는 것이었고, 완전주의 윤리는 도덕적으로 완전한 사람(현자)의 경우에는 용서가 불필요하다고 간주한다. 즉 진정한 용서는 불완전하고 상호의존적이며 연약한 인간 본성을 전제로 하지만, 고대 그리스 철학은 완전한 탁월함에 도달한 사람이 용서하거나 용서받을 여지를 남기지 않는다. 정리하면, 고대 그리스인들은 용서의 필요성과 의미를 이해하기 시작했지만 용서 개념을 완성하지는 못했던 것으로 보인다.

3. 전통적 용서 개념의 완성: 윤리적 용서와 정서 모델

1) 초기 교부들의 용서 이해

초기 교회 교부들은 용서를 신적 은총과 밀접히 연관된 것으로 이해한다. 알렉산드리아의 클레멘스(기원후 3세기 경)에 따르면, 참된 지혜를 가진 사람은 자신에게 해를 입힌 자들을 용서한다. 의인과 죄인 모두에게 동일한 햇빛을 비추는 신이 죄인들을 용서하듯, 참된 지혜에 도달한 사람 역시 죄인들을 미워하기보다 용서하는 것이다. 하지만 용서가 성립하기 위해 필요한 조건이 있다. 용서가 가능하려면 먼저 죄인이 자신의 잘못을 진정으로 회개하고 새사람이 되어야 한다. 또한 죄인은 자발적으로 회개해야 하는데, 죄인이 회개하고 도덕적으로 개선되려면 스승이자 의사인 그리스도의 가르침과 치유 사역이 필요하다. 클레멘스는 이처럼 진정한 회개와 용서는 가해자의 자발적 회개뿐만 아니라 그리스도의 치유 사역을 통해 이루어진다고 보았다.

오리게네스는 클레멘스의 견해를 더욱 발전시켰는데, 그에 따르면 모든 사람은 여러 방식으로 많은 이들에게 빚을 지고 산다. 따라서 우리는 자신이 신과 다른 사람들에게 크게 빚진 자임을 기억하면서 그 부채를 값도록 노력해야 한다. 그런데 우리가 다른 사람들에게 빚지고 있는 것처럼, 다른 사람들도 우리에게 빚지고 있다. 그러므로 우리는 신이 우리 빚(죄)을 사해준 것처럼 우리에게 빚진 자들의 채무를 면제(죄를 용서)해줄 수 있다. 물론 클레멘스와 마찬가지로 오리게네스도 용서가 무조건적이지 않음을 인정한다. 그는 누가복음 17:3-4[4]을 인용하면서 용서가 가해자의 진정성 있는 회개와 명확한 의사 표현(회개의 말 또는 눈물)을 전제로 한다고 밝힌다. 오리게네스에 따르면 신은 회개하는 자의 울음을 듣고 그를 악에서 구할 것이다. 눈물은 구원으로 인도하는 회개의 상징이다. 어둠(지옥)에 갇힌 자들이 빛을 열망하면서 신께 회개하고 자신을 구해달라는 기도를 드릴 때 비로소 죄인들은 다시 생명을 회복할 수 있다. 그렇기 때문에 오리게네스가 볼 때 영원한 형벌은 존재하지 않으며, 신이 죄인들을 지옥(일종의 속죄소 내지 교도소)에 던진 까닭은 그들이 회개하고 신의 도움을 구함으로써 다시 영생을 얻게 하기 위함이다. 즉 오리게네스에게 있어서 용서받을 수 없는 죄란 존재하지 않으며, 신이 회개하면서 구원을 간구하는 죄인의 죄를 사하는 것처럼 우리도 회개하는 죄인을 용서해야 한다.

니사의 그레고리오스(기원후 4세기 경) 역시 대인 관계에서 이루어지는 용서가 인간에 대한 신의 용서를 모델로 한다(또는 모방한다)고 여긴다. 그레고리오스에 따르면, 우리는 다른 사람들의 죄를 용서하

---

4 "너희는 스스로 조심하라. 만일 네 형제가 죄를 범하거든 경계하고 회개하거든 용서하라. 만일 하루 일곱 번이라도 네게 죄를 얻고 일곱 번 네게 돌아와 '내가 회개하노라' 하거든 너는 용서하라" 하시더라.

고 사람들을 사랑함으로써(philanthrōpoi) 신을 닮아간다. 우리가 타인을 용서할 때 신도 우리 죄를 용서할 것이며, 신은 우리가 타인의 죄를 용서하는 것보다 더 많이 우리를 용서할 것이다.[5] 물론 용서와 구원은 회개(metanoia)[6]를 전제로 한다. 그레고리오스는 회개를 "신이 인간 영혼을 다시 새롭게 함(anakainizein)"이라는 표현으로 규정하며, 인류의 원상태(악으로부터의 자유)가 회복되는 일종의 신비(mystērion)라고 본다. 회개는 죄를 덮어서 무효화한다. 그리고 죄 사함이 바로 용서다.

다른 교부들과 마찬가지로 요안네스 크리소스토모스도 죄와 용서의 문제를 구원론적 관점에서 접근한다. 그에 따르면 온 인류는 죄인이며 우리 모두는 넘어져 땅에 쓰러진 상태다. 하지만 모든 사람은 다시 일어설 수 있다. 다시 말해 죄 사함을 얻을 수 있다. 크리소스토모스는 자신도 죄로 인해 병든 사람 중 하나라고 고백하면서 우리가 동병상련의 마음으로 서로 일어서게끔 도와야 한다고 주장한다. 이때 우리에게 필요한 것은 자신의 죄를 자각하는 일이다. 자신의 죄를 깨닫는 것이 회개와 용서의 전제이기 때문이다. 만약 우리가 회개해서 선을 행한다면 용서 불가능한 죄란 없다. 우리가 이웃에 대한 분노를 삭이고 그를 용서할 때 하늘에 계신 천부도 우리 죄를 사하실 것이다.

그런데 아우구스티누스는 죄와 용서에 관해 그리스 교부들과 다

---

5   오리게네스와 마찬가지로 그레고리오스도 종말의 때에 악마까지 용서받고 구원받을 것이라고 생각했다.

6   죄인은 성화(聖化, sanctification)의 과정을 거쳐 자발적으로 악을 거부하고 선을 택함으로써 회개에 이르고 죄의 오염으로부터 해방되는데(katharsion, 정화), 이 과정에는 신의 은총이 깃들어 있다.

른 입장을 취한다. 그리스 교부들은 궁극적으로 모든 사람(지옥에 간 사람까지 포함해서)이 죄 사함과 구원을 얻게 될 것이라고 생각한 반면, 아우구스티누스는 신이 은총을 허락한 사람과 (응보적) 정의를 적용하는 사람이 나뉜다고 주장했다. 다시 말해 신의 용서를 얻을 수 없는 사람들도 존재하며, 이들은 죽음 이후에 회개하기 때문에 죄 사함과 용서를 받지 못한다는 것이다. 그럼에도 불구하고 아우구스티누스는 대인 관계에서 서로 용서하라고 권면한다. 그는 그리스도가 제자들의 발을 닦아주면서 서로의 발을 닦으라고 가르친 것(요 13:5-15)을 타인을 용서하고 상대방을 위해 기도하라는 뜻으로 해석한다. 아우구스티누스도 회개를 용서의 필수조건으로 여겼다. 하지만 그리스 교부들은 이성적 피조물인 인간이 죽는다고 해서 이성적 사유 능력과 자유 의지를 박탈당할 리 없으며 신의 섭리가 모든 사람에게 (심지어 지옥에서 벌받는 죄인에게도) 동일하게 작용한다고 생각했던 반면, 아우구스티누스는 살아 있을 때 회개하지 않은 죄인은 사후에 다시 회개하고 용서할 기회를 얻지 못한다고 보았다.

아우구스티누스는 신의 은총이 모든 사람에게 적용되는지, 사후에 회개의 가능성이 존재하는지에 관해 그리스 교부들과 다른 견해를 제시했다. 하지만 우리는 죄 사함과 용서에 관한 교부들의 공통적인 견해를 다음과 같이 요약할 수 있다.

① 모든 인간은 죄인이다(인류의 동질성).

② (적어도 대인 관계에서 발생한) 모든 죄는 용서 가능하다.

③ 인간은 신으로부터 죄 사함을 받는 것처럼 서로 용서해야 한다(윤리적 의무).

④ 그런데 용서를 위한 전제 조건(진정한 회개)이 존재한다.

⑤ 회개에 따른 용서와 죄 사함을 통해 관계(신과 인간 간의 관계 및 인간 사이의 관계)가 회복된다.

2) 버틀러가 이해한 분개와 용서: 정서 모델

초기 교부 이래로 기독교는 용서를 인간의 윤리적 의무 또는 덕목으로 간주했으며, 타인을 용서하는 일이 죄인에 대한 신의 사랑과 용서에 기초한다고 여겼다. 이런 용서 개념은 서구 문화와 사상에 많은 영향을 끼쳤는데, 특히 용서가 분노를 삭이는 것이라고 이해한 크리소스토모스를 포함한 많은 이론가들은 용서를 정서(emotion)의 변화로 간주했다(정서 모델). 이 모델에 따르면 누군가 우리에게 해를 끼쳤을 때 이로 인해 우리에게 부정적 정서(분노, 분개, 미움 등)가 생겨나는데 이를 극복(순화, 포기, 제거)하는 것이 바로 용서다. 하지만 분개나 복수심은 저절로 사라지지 않고 특정 조건을 만족시켰을 때 극복된다. 따라서 정서 모델을 주장하는 이론가들은 대체로 피해자가 느낀 분개가 윤리적 이유(예를 들어 가해자의 진정한 참회)로 극복 가능하다고 주장한다. 하지만 이들은 분개가 어떤 것이고 이에 어떻게 대응해야 하는가에 관해서는 다양한 견해를 제시했다. 그 가운데 조셉 버틀러(17세기 말부터 18세기 중반까지 영국 주교로 활동한 정서 모델의 창시자)가 분개와 용서에 관해 제시한 견해가 이 분야의 대표적인 이론이다.

① 분노, 분개, 복수

조셉 버틀러 주교는 런던 롤스 교회에서 했던 15편의 설교(1726년)

중 여덟 번째 설교("분개에 관하여")와 아홉 번째 설교("상처의 용서에 관하여")에서 분개와 용서의 관계를 논한다. 전통적인 관점에서는 상대에 대한 분노나 분개를 모두 포기할 때 누군가를 용서할 수 있다고 본 반면, 버틀러는 분개[7]의 종류를 구분하면서 용서와 양립불가능한 분개도 있지만 양립가능한 분개도 있다고 주장한다.

1) 성급한 즉각적 분개(sudden hasty resentment): 상처 또는 고통에 대한 본능적(즉 도덕과 무관한) 반응이다. 이런 본능적·자연적 분노는 악한 것이 아니라 신이 부여한 선물이며, 자신과 다른 이들을 지키고 보존하도록 돕는다.

2) 숙고된 분개(deliberate resentment): 여기서 "숙고된"(deliberate)이라 함은 도덕적 판단과 연관된다는 뜻이다. 즉 버틀러에 따르면 숙고된 분개는 특정 행위가 올바른지, 어떤 의도로 행해졌는지에 관한 판단을 포함하는 일종의 도덕적 느낌이다. 그런데 분개 자체는 본래 자연적이고 무고하지만, 숙고된 분개가 과도해지면 복수를 추구하게 된다. 다시 말해 본래적 형태의 분개는 창조주가 인간에게 심어준 자연적 정념이지만, 오·남용된 분개(악의 혹은 복수)는 자연에 반하는 악이다.

---

7   버틀러에 따르면, 분개란 타락한 인간 본성이 갖는 비이상적 정념(non-ideal passion)이다. 인간이 완전한 피조물이라면 분개가 불필요하겠으나, 우리는 타락한 세상에서 살고 있기 때문에 미래의 가해로부터 우리를 지키기 위해 부당한 대우에 맞서 반응할 필요가 있다. 이런 반응이 바로 분개다.

② 사랑으로서의 용서

버틀러에 따르면 분개는 더 큰 선(악의 치유와 예방)을 산출하기 위해서만 사용되어야 하며, 이 목적을 달성하려면 무엇보다 복수를 통제해야 한다. 그는 너무 과도하거나 부족하게 분개하지 않도록 중용을 유지함으로써 덕스럽게 분개하는 것(virtuously resentful)이 용서라고 규정한다. 우리는 버틀러가 이해한 분개와 용서의 관계를 다음과 같이 요약할 수 있다.

1) 용서는 적을 사랑할 정도의 선의(good-will)로 타인을 대하라는 도덕적 의무다. 즉 우리에게는 잘못을 저지른 자를 용서해야 할 윤리적 의무가 있다. 버틀러는 원리상 누구든 용서할 수 있다고 주장한다. 이처럼 모든 사람을 용서할 수 있는 이유는 인류가 동질적이기 때문이다. 죄인은 괴물이 아니라 우리와 같은 사람이다.

2) 적을 용서하고 사랑하라는 명령은 가해 또는 가해자에 대한 자연적 분개의 느낌을 갖지 말라는 뜻이 아니라, 자연적 느낌을 과도하게 품거나 남용하지 말라고 경고하는 것이다. 버틀러는 분개의 느낌을 완전히 포기하라고 요구하지 않으며, 우리를 해친 자들에 대해 사랑의 느낌을 품으라고 요구하지도 않는다. 버틀러는 모든 사람에 대한 보편적 선의를 가해자에 대해서도 사심 없이 가지라고 요구할 뿐이다.

3) 분개는 선의와 양립 불가하지 않으며 오히려 공존할 수 있다. 따라서 우리는 적을 사랑하면서도 우리에게 해를 끼친 행위에 대해 분개할 수 있다. 하지만 분개가 과도해져서 자연적 자비를 파괴하면 악의 또는 복수가 된다.

4) 용서하는 사람은 잘못된 행동에 대해 비판할 때 사적 차원에서는 자신이 미래에 그와 유사한 피해를 입지 않도록 주의하며 공적 차원에서는 가해자의 정당한 처벌을 추구한다. 그럼에도 불구하고 분개가 과도해져서 모든 이에 대한 보편적 선의를 완전히 파괴하지 않도록 주의한다.

5) 이렇게 볼 때 버틀러가 말하는 용서란 인간 본성의 두 원리인 자기애(자신의 안전에 대한 합리적 관심)와 자비(가해자에 대한 사심 없는 선의) 사이의 균형을 이루는 것이다.

4. 한나 아렌트와 정치적 용서

초기 교회부터 근대에 이르기까지 용서에 관한 전통적 견해에 따르면, 용서는 윤리적 의무 또는 덕목으로서 이웃에 대한 (기독교적) 사랑에 기초를 두어야 한다. 또한 용서는 가해자와 피해자의 내적 변화(특히 정서적 변화)를 조건으로 하며, 가해자와 피해자 사이의 관계 회복을 최종 목표로 한다. 하지만 한나 아렌트는 기독교적 용서 이해와 정서 모델을 거부하면서, 용서란 사적 영역에서 요구되는 종교적·윤리적 의무나 정서의 변화가 아니라 공적 영역에서 이루어지는 정치 행위라고 주장한다. 우리는 화해와 용서 및 복수에 관한 아렌트의 견해를 크게 세 시기로 구분해서 이해할 수 있다.

1) 『생각일지』에 드러난 용서와 화해

아렌트는 나치의 억압을 피해 독일을 탈출한 후, 1950년에 프라이부르크를 방문해서 과거 자신의 스승이자 연인이었던 하이데거와 재회한다. 이때 아렌트는 나치에 협력했던 하이데거와의 관계를 회복하고, 그해 6월부터 나치 치하에서 행해진 만행에 대한 복수와 용서 및 화해에 관한 다양한 생각들을 기록하기 시작한다. 이 기록은 훗날 『생각일지』(Denktagebuch)라는 책으로 출간되었다. 이 책은 과거의 불의에 대한 성찰로 시작한다. 그녀는 과거에 행해진 불의는 가해자가 어깨에 짊어진 짐(또는 운명)과 같다고 말한다.

그런데 아렌트는 복수나 용서가 과거의 불의에 대한 적절한 대응일 수 없다고 생각한다. 정치 공동체는 인간 평등의 기초 위에서만 성립하는데, 복수나 용서는 정치 공동체를 정초할 수 없기 때문이다. 즉 복수(자신이 받은 고통을 가해자에게 되갚아 주려는 것)는 정치적 평등보다 자연적 평등에 기인하고 있기 때문에 정치 공동체의 기초가 될 수 없다. 또한 아렌트는 용서가 인간 평등에 기초한다(모든 사람은 잘못을 저지를 능력을 공유하므로 용서할 능력도 공유한다)는 기독교 전통의 관점도 거부한다. 아렌트에 따르면 용서란 원리상 상호 간의 질적 차이에 의해서만 성립한다. 신이 인간을 용서하고 부모가 자녀를 용서하는 것처럼 용서는 용서하는 자를 용서받는 자보다 우월하게 함으로써 정치적 평등을 파괴한다는 것이다. 이처럼 전통적 용서는 평등을 파괴함으로써 어떤 정치적 관계도 가능하지 않게 만든다. 물론 기독교적 용서도 일종의 인간 평등에 기초하지만 이는 정치적 평등이 아니라 내세적 평등(모든 인간이 공통의 원죄를 지닌다)이며, 아렌트가 보기에 기독교의 내세적 평등은 모든 인간을 죄인으로 격하시킬 뿐이다. 이런 이유로 기독교적 용서도 복수와 마찬가지로 과거의 죄에 대한 적절한 정치적 대응일 수 없다.

아렌트는 용서나 복수 대신 화해를 과거의 잘못에 대한 적절한 대응으로 제시한다. 이에 따르면 과거의 죄를 무효로 할 방법은 없지만, 설령 불의가 이미 행해졌더라도 피해자가 가해자의 마음의 짐을 함께 짊어지고 동행할 가능성은 존재한다. 화해는 피해자가 가해자의 짐을 함께 지고자 하는 열의를 수반하며, 과거에 행해진 잘못을 "주어진 것"(이미 지나갔기에 인간의 통제를 넘어선 것)으로 받아들이도록 격려함으로써 정치적 연대를 가능케 한다. 다시 말해 화해하는 사람은 세계를 있는 그대로 받아들이며, 불의를 행한 자와 그의 죄를 과거의 사실로 받아들인다.

아렌트가 보기에 정치 영역에서 화해가 중요한 까닭은 공동세계라는 기초 위에서만 정치적 판단이 가능하기 때문이다. 화해는 과거의 죄를 "우리가 이와 함께 살아갈 만한 무언가"로 판단하는 행위다. 그리고 우리는 이런 판단을 통해 죄로 인해 파괴된 공동세계를 다시 건설한다. 화해하는 자는 가해자가 행한 불의를 다른 불의로 갚으려는 복수의 요구를 거부함으로써 자신이 (불의가 생겨나도록 운명지어진) 세계의 한 부분임을 받아들이며 자신과 세계의 연대를 긍정한다.

물론 아렌트는 화해가 모든 경우에 가능하진 않다는 점을 인정한다. 대량 살상 같은 근본악(radikal Böse: 고의적 범죄)은 발생하지 말았어야 할 일이며, 우리는 이에 대해 "그렇게 될 수도 있었다"고 말할 수 없다. 근본악이란 어떤 경우에도 우리의 운명이었다고 인정할 수 없는 것이다. 그렇다면 우리는 근본악에 대해 어떻게 대응해야 하는 가? 이 물음에 대해 『생각일지』는 명확한 답변을 제시하지 않는다.

2) 『인간의 조건』에서 정치적 용서

① 정치적 행위로서의 용서

『생각일지』에서 아렌트는 정치 영역에서의 화해를 상호 용서 (gegenseitiges Verzeihen)와 동일한 것으로 규정하는데, 그런 관점에서 용서와 화해는 동전의 양면이라고 볼 수 있다. 왜냐하면 용서란 불의를 행한 타인이 저지른 죄를 사하는 능동적 행위인 반면, 화해는 과거에 발생한 불의를 있는 그대로 수용하는 수동적 판단이기 때문이다. 아렌트는 『생각일지』에서 전통적·기독교적 용서가 과거의 불의에 대한 적절한 대응일 수 없으며 오히려 정치적 평등을 파괴함으로써 정치 공동체의 기초가 될 수 없다고 주장했지만, 『인간의 조건』 (1958년)에서는 정치적 행위로서 용서에 주목한다. 용서가 과거의 잘못으로부터의 필연적 귀결이 아니라는 점에 집중하면, 용서란 능동적인 정치 행위의 본보기이며 과거에 속박되지 않는 미래의 자발적 재탄생이다. 반대로 복수는 과거의 잘못에 대한 자동적 반응일 뿐이며 복수자를 과거의 덫에 걸리도록 방치함으로써 과거의 잘못에 속박시키는 행위다.

　『인간의 조건』에서 아렌트는 약속과 더불어 용서를 정치 생활에 필수 불가결한 두 능력으로 간주한다. 다른 사람에게 약속을 하고 그 것을 지키는 능력과 함께 용서하고 용서받을 수 있는 능력이야말로 타인과 함께 살아가고자 하는 정치적 의지의 기초가 되기 때문이다. 용서가 정치 영역에서 필수 불가결한 요소인 까닭은 다음과 같다. 많은 개인들이 독립적으로 자유롭게 행위하는 인간 사회에는 갈등과 경쟁 및 우발적 잘못이 생겨날 수밖에 없다. 하지만 사적 윤리를 정치 영역에 개입시키려는 시도는 필연적으로 실패할 수밖에 없는데, 왜냐하면 정치적 행위와 의지의 자유가 왜곡되거나 정치적 독재와 폭력이 야기될 가능성이 커지기 때문이다.[8] 하지만 정치적 용서는 윤리적 명령과 달리 과거의 행위(그 행위의 귀결이 가해자와 피해자 모두를 속박한다)를 무효화한다. 비유적으로 말하면 용서란 짐을 덜어주거나 빚을 탕감하는 행위와 유사하다. 즉 용서는 우리를 자유롭게 하며 과거의 잘못을 치유한다. 용서를 통해 과거 잘못의 귀결들이 정치적으로 무효화되는 것이다. 물론 용서가 과거 행위의 사실 자체나 이에 대한 책임을 완전히 없애는 것은 아니다. 하지만 용서는 과거가 지속적으로 현재를 완전히 결정하는 것(즉 복수의 악순환)을 막아준다. 아렌트가 볼 때 용서하는 행위는 복수와 폭력이라는 비정치적 방법을 포기하고 과거 대적자들과 함께 정치적 토론의 영역으로 복귀하려는 열의를 보여주는 것이며, 토론을 위한 정치적 공간을 유지하는 데 필요한

---

8   아렌트는 나치 치하에서 윤리가 얼마나 쉽게 단순한 관습과 규범의 집합으로 함몰되었는지를 지적한다. 독일 시민들은 자신이 믿도록 배운 바(예. 반유대주의)를 아무런 의심 없이 윤리 규범으로 여겼다. 아렌트는 이런 사례를 보고 보편적 도덕 규범이란 사람들로 하여금 이를 무비판적으로 받아들이게 함으로써 사고하는 도덕 주체로서 행위할 능력을 감퇴시킬 뿐이라고 해석했다. 또한 아렌트는 기독교적 절대 선 개념도 비판한다. 정치적 관점에서 보면 절대적 진리로서의 절대 선은 독재적 성격을 가진다. 정치 영역에서 중요한 것은 복수성과 자유이므로, 선 같은 절대 개념은 늘 해롭다. 결국 (윤리적) 절대 선이란 공적 영역에서 구현될 수 없을뿐더러 공적 영역을 파괴한다.

신뢰를 갱신하는 것이다.

② 사랑이냐 존중이냐: 기독교적 용서 vs. 정치적 용서

아렌트는 인간사의 영역에서 용서의 기능을 발견한 사람이 나사렛 예수라고 주장한다. 나사렛 예수는 용서가 윤리적 의무이며 용서함은 하늘나라에 속한 사람들의 특징이라고 보았다(마 6:14-15). 유대 신학 전통에 따르면 죄란 신에게 빚을 지는 것이며 오직 신만이 이 빚을 면제시킬 수 있다. 그런데 예수는 이런 유대 신학 전통을 사람 사이의 용서 관계에 적용시킨다. 즉 신이 인간의 죄짐을 덜어줄 수 있듯이, 피해자도 가해자의 빚을 면제시켜 줄 수 있다(혹은 가해를 용서할 수 있다)[9]는 것이다. 또한 예수는 용서를 이웃 사랑이라는 계명의 맥락에서 설명한다. 이런 관점에 따르면 우리가 가해자를 용서해야 하는 까닭은 신을 사랑하고 이웃을 사랑하라는 계명(마 22:37-40)에 순종하기 위해서다.

　하지만 아렌트는 개인들을 지나치게 친밀한 관계로 연결시키는 기독교적 용서가 정치 생활에 적합한 공적 영역을 파괴한다고 생각한다. 그녀는 『사랑 개념과 성 아우구스티누스』에서 기독교의 이웃 사랑 개념을 논박함으로써, 이웃 사랑에 기초한 기독교적 용서가 정치 영역에서 과거의 죄 문제를 해결하는 적절한 방안일 수 없음을 증명하고자 했다. 아우구스티누스에 따르면 인류가 서로 용서할 수 있

9　공관복음(마태·마가·누가복음)에서 "용서"를 가리키는 그리스어 단어는 apesis(동사는 aphiemi)인데, 이 단어는 본래 "빚을 면제함"이라는 뜻이다.

는 까닭은 성육신해서 인류의 이웃이 된 그리스도가 용서의 모범이 되었기 때문이다. 하지만 아렌트는 이웃 사랑에 기초한 기독교적 용서를 다음과 같은 구체적인 이유를 들어 비정치적이고 반정치적인 것으로 이해한다.

(a) **이웃 사랑이 예수에 대한 사랑에 함몰된다.** 예수는 신인 동시에 인간의 이웃이므로 예수에 대한 사랑이 다른 모든 사람에 대한 사랑을 흡수해버린다. 그렇기 때문에 기독교인들은 참이웃인 예수의 요구에 완전히 부응할 때까지 다른 사람과 직접 관계 맺는 것을 거부한다. 궁극적으로 신만 바라보고 사랑하게 되는 기독교인들에게는 사람들 사이의 관계가 오히려 간접적인 것으로 여겨질 뿐이다. 결국 내세를 추구하는 기독교 공동체는 공적인 정치 영역에서 유리된다.

(b) **개체성을 해체한다.** 아렌트에 따르면 정치 행위는 사람들 사이의 적절한 거리 두기를 전제로 한다. 각 사람은 서로 구별된 개체이기 때문이다. 하지만 기독교적 사랑은 교회 공동체의 각 구성원들을 그리스도의 지체로 함께 묶음으로써 개체성을 해체한다. 중요한 것은 그리스도뿐이며, 교회 구성원들은 그리스도의 몸의 부분으로서만 의미가 있다. 또한 사람들 간의 상호 사랑은 자기 사랑(내 안에 있는 그리스도를 사랑)으로 전락한다.

(c) **이웃의 무한한 요구에 대한 돌봄이 불가능하다.** 천국에는 무한한 자원이 있을 것이므로 이웃의 끊임없는 요구를 모두 충족시켜 줄 수 있다. 하지만 우리가 살고 있는 세계의 정치 영역에는 그런 무한한 자원이 존재하지 않는다. 따라서 이웃의 끝없는 요구를 돌보아야 할 우리의 과제는 정치적 자유를 방해한다.

이런 이유로 아렌트는 기독교적 사랑이 아니라 존중(respect)으로부터 용서를 도출하고자 했다. 그녀가 제시하는 정치적 용서 행위는 정치 공간을 지탱하는 데 필요한 신뢰를 새롭게 하는 것을 뜻하는데, 용서는 정치 공동체에 참여하는 사람들 사이의 상호 존중과 신뢰에 기초한다.[10] 아렌트에게 정치적 용서는 타인의 존재와 행위에 기초한 상호 의존성을 전제로 한다. 따라서 연약한 세계를 위해 타인을 용서하는 행위는 인간의 도덕적 지위(신의 피조물 또는 이성적 존재)가 아닌 이웃 관계에 기초를 둔다.

③ 용서의 기능

아렌트는 인간 행위로 인해 생겨나는 문제들인 불가역성(irreversibility: 행동이 종료된 이후에는 그것을 실제적으로 무효화할 수 없음)과 예측 불가능성(unpredictability: 행동의 결과가 어떻게 될지 알거나 통제할 수 없음)에 대한 대응 방안으로 용서와 약속을 제시한다. 용서는 과거 잘못의 귀결로부터 우리를 구제하며, 약속은 타인 및 미래와 우리를 이어준다. 또 용서는 우리가 과거의 잘못으로부터 다시 시작할 수 있도록 해주며, 약속은 새로운 동의를 이끌어냄으로써 우리를 과거 행위의 귀결과 이에 대한 반응의 끝없는 반복에서 벗어나게 한다.

전통적 이해에 따르면 용서는 자신의 정당한 권리 주장을 포기하는 것뿐만 아니라 "저 사람이 나에게 해를 가했다"는 분한 생각까지

---

10 아렌트는 존중이 아리스토텔레스의 정치적 우정(philia politike)과도 별반 다르지 않다고 말한다. 정치적 우정은 친밀감이나 근접성을 결여한 우정으로서 각 사람 사이의 정치적 거리를 유지시켜준다.

내려놓는 것을 포함한다. 하지만 우리는 분개심을 쉽게 내려놓지 못한다. 분개심은 타인에게 존중받고 싶은 욕구에서 기인하며, 가해 행위에 의해 훼손된 자신의 도덕적 지위를 회복하고 확증하고자 한다. 따라서 무턱대고 용서하는 것은 죄를 용인하는 일이 될 수 있으며, 진정한 용서란 단순히 분개하는 일을 멈추는 데 그치지 않고 마땅한 도덕적 근거(가령 가해자가 진정으로 회개할 때)를 갖고 분개를 멈추는 것이라고 이해할 수 있다. 이렇게 볼 때 전통적 용서 개념에 따르면 가해자가 자신의 잘못을 진정으로 회개할 때 비로소 용서가 가능하다.

그럼에도 불구하고 용서의 윤리적 조건이나 이유(가해자의 진정성 있는 회개와 사과)를 지나치게 강조하는 것은 용서의 선물과 같은 특성을 간과하는 일이 될 수 있다. 설령 가해자가 용서받을 자격이 없더라도 우리는 가해자의 잘못을 용서하고 그를 다시 공동체로 초대함으로써 관계를 회복할 수 있기 때문이다. 물론 그가 다시 가해할 가능성도 여전히 존재한다. 우리는 용서하려는 결단이 어떤 결과를 가져올지 알지 못하기 때문에, 위험을 감내하면서까지 가해자가 자신의 잘못을 인정하고 그에 상응하는 책임을 질 기회를 주는 것이다. 아렌트가 주장하는 정치적 용서가 바로 이와 같다. 아렌트는 용서받기 위해 만족시켜야 할 특정한 조건을 가해자에게 요구하지 않고, 오히려 피해자의 결단과 연결하여 용서를 설명한다. 즉 아렌트에 따르면 피해자는 가해자의 잘못을 용서함으로써 과거가 현재를 지속적으로 속박(복수의 연쇄)하지 않도록 하는 동시에 가해자를 다시 정치의 장으로 초대한다. 우리는 자신의 행위가 어떤 귀결을 가져올지 알지 못한다. 그럼에도 불구하고 인간의 행위로부터 의도치 않은 잘못과 실수가 생겨나는 것은 필연적이다. 따라서 용서함이 없다면 우리의 행위 능력은 과거 행위에 얽매이게 될 것이며 우리는 영원히 과거 행위의 귀결에서 벗어날 수 없다. 반대로 의도치 않은 잘못을 용서하는 일은 우리와 타인을 행동의 귀결이라는 족쇄에서 해방시켜주고 복수의 연쇄를 중단시킴으로써 새로운 시작을 가능하게 만든다.

3) 악에 대한 대응으로서의 복수, 폭력, 판단

아렌트가 용서 가능한 것으로 인정한 죄는 모르고 저지른 우발적 잘못(trespass)이지 의도된 악(evil)은 아니다. 아렌트에 따르면 의도적 범죄나 악은 드문 일이기 때문에 대부분의 잘못은 용서 가능하다. 반면 인간 영역을 파괴하는 의도된 악과 극단적 범죄에는 용서가 적용되지 않는다. 그렇다면 화해나 용서 불가능한 범죄와 악에 대해서는 어떻게 대응해야 하는가?

『인간의 조건』에서 아렌트는 근본악(의도적인 악)이 인간의 능력을 초월하는 극단적 악이므로 이를 용서할 수도 없으며 처벌할 수도 없다고 말했다. 하지만 그녀는 홀로코스트 실무 책임자였던 아이히만의 재판을 지켜보면서 악의 평범성에 주목한다. 아이히만은 자신이 저지른 모든 죄의 책임은 전적으로 지도자에게 있으며 자신은 그저 상관의 지시와 명령을 충실히 이행한 사람일 뿐이라고 변명했다. 그러면서 자신은 아무도 의도적으로 해치거나 죽이지 않았다고 주장했다. 이에 대해 아렌트는 아이히만이 상관의 명령에 무비판적으로 순종함으로써 자기 자신을 책임 있는 정치 행위자로 인식하는 데 실패했음을 지적한다. 아렌트에 따르면 아이히만은 개인적으로 아무도 죽이지 않았지만, 행위자로서 그가 드러낸 무사유(thoughtlessness)[11]는 용서 불가하다.

아렌트가 보기에 아이히만은 새로운 유형의 범죄자였다. 일반적인 범죄자는 이기적 의도로 공동체의 규범을 어기지만 공동체의 규범 자체를 부정하지는 않는다. 반면 아이히만은 법을 어기지는 않았지만 규범 자체를 폐기하고 더 나아가 인류 공동체를 파괴하고자 했다는 점에서 인류의 적(hostis generis humani)이 되었다. 인류의 어떤 구성원도 아이히만과 이 땅에서 함께 살아가고 싶지 않을 것이므로 그는 마땅히 교수형에 처해져야 한다. 하지만 여기서 의문이 생긴다. 아렌트가 『인간의 조건』에서 제시한 기준에 따르면 용서할 수 없는 죄는 처벌할 수 없으며 반대로 처벌 불가한 죄는 용서할 수 없다. 그럼에도 불구하고 『예루살렘의 아이히만』 말미에서 아렌트는 아이히만의 사형 선고에 동의한다. 그렇다면 과연 아렌트의 입장은 일관적인가?

이 물음에 답하려면 먼저 아렌트가 처벌을 어떻게 이해했는지 살펴보아야 한다. 아렌트에 따르면 잘못된 행위는 일종의 부채를 만들어 내는데, 이를 해결할 방안은 용서와 처벌 두 가지다. 처벌은 연쇄적인 복수에 종지부를 찍고자 하는 동일한 목적을 달성하기 위해 용서의 대안으로 존재하는 것이다. 그런데 처벌은 비록 과거의 범죄를 무효화하진 못하지만, 처벌받은 범죄자에게 공적 영역으로 복귀할 기회를 제공한다. 즉 (일종의 속죄를 거쳐) 죗값을 치른 범죄자는 다

---

11 무사유는 비합리성과 달리 (비판적) 사고 없이 합리적으로 행위하는 것을 뜻한다. 즉 아이히만은 달리 행동할 수 있는 선택의 기회가 늘 있었음에도 불구하고 이를 무시했다. 다른 사람의 관점에서 사태를 파악하는 능력이 완전히 결여되어 있었던 것이다.

시 동료들 사이에서 행위할 자유를 회복하는 것이다. 하지만 보통의 범죄자가 이기적인 의도를 갖고 사회 규범을 어기는 것과 달리, 인류 말살 프로젝트에 무비판적으로 협력한 아이히만은 법적 처벌의 한계를 넘어선 중죄를 범했기 때문에 다시 공적인 정치 영역으로 복귀할 수 없다. 따라서 아렌트에 따르면 아이히만에게 내려진 사형 선고는 처벌이 아니라 제거다.

흥미로운 점은 아렌트의 관점 변화다. 1950년대 출간한 저술을 보면 아렌트는 복수를 과거 잘못에 대한 부적절한 대응으로 치부하고 있지만, 아이히만 재판을 목격한 후로는 복수의 의미와 가치를 재조명한다. 아렌트는 나치의 만행 같은 특수한 상황에서 응보적 정의로서의 복수를 옹호한다. 물론 현대 사법 제도는 법적 처벌에 대한 근거로 복수를 제시하지 않는다. 그러나 아렌트는 아이히만 재판에 처벌에 관한 전통적 정당화가 적용될 수 없다고 생각한다. 아이히만의 범죄가 너무나 중대해서 과거 범죄를 교화하고 미래 범죄를 예방하려는 처벌의 본래 의도를 웃음거리로 만들어버리기 때문이다. 따라서 남은 선택지는 복수에 대한 단순한 열망, 즉 어떻게든 아이히만이 처벌받아야만 한다는 느낌만 남는다. 이로써 아렌트는 아이히만의 사형을 정당화하는 유일한 근거가 복수임을 시사한다. 중대 범죄가 자연의 조화를 훼손했기 때문에 오직 응징만이 자연의 조화를 회복할 수 있다. 우리는 아이히만 재판 이후 나온 아렌트의 저술에서 폭력의 가치에 대한 재조명, 비판적 사고와 판단의 필요성 인식이라는 두 가지 특징을 발견하게 된다.

① 폭력의 가치에 대한 재조명

아렌트는 아이히만의 체포와 재판(1960-61년)을 목격하면서 폭력의 가치와 정당성에 대해 재고하게 된다. 독일이 제2차 세계대전에서 패전하자 아이히만은 사람들의 이목을 피해 아르헨티나로 피신한다. 하지만 결국 이스라엘 정보 기관에 의해 납치되어 예루살렘에서 재판을 받았다. 이스라엘이 그를 납치한 행위는 아르헨티나의 영토적 주권을 침해한 것으로서 명백히 불법 행위에 해당하지만, 아렌트는 그것이 불가피한 선택이었음을 인정하면서 "정의가 법의 목적임을 확신하는 사람들은 납치 행위를 용인할 것"이라고 말한다. 불가피한 경우에 한해 응보적 정의로서의 복수와 폭력을 용인할 수 있다는 아렌트의 생각은 1960년대에 출간된 다른 저술에서도 드러난다. 가령 『혁명에 관하여』(1963년)에서 아렌트는 허먼 멜빌의 소설 『빌리 버드』를 분석하면서 클래가트 하사관과 싸우는 빌리 버드의 폭력적 행위를 덕의 한계를 넘어선 선(goodness beyond virtue)으로 해석한다. 또한 『폭력의 세기』(1969년)에서도 분노와 폭력 행위의 신속함이 불의에 대해 유일하고도 적절한 치유인 경우가 존재한다고 주장한다.

물론 아렌트는 폭력을 무조건적으로 옹호하기보다는 양가적으로 평가한다. 폭력은 궁극적으로 역효과를 낳는다. 또한 일단 발생한 폭력은 그 임의적인 본성으로 인해 다른 폭력을 초래함으로써 세계 전체를 더 폭력적으로 만들 개연성이 크다. 하지만 아렌트는 폭력의 사용이 초래하게 될 부정적 결과를 우려하면서도, 때로 정의의 저울추를 원상태로 회복시키기 위해 폭력이 정당화되는 경우가 있다고 말한다. 그녀에 따르면 폭력이란 그것을 정당화할 목적에 도달하는

데 효율적인 한 합리적이다. 그런데 우리가 행위할 때 행위의 귀결을 확실히 알 수 없으므로, 폭력은 단기간의 목적을 추구할 경우에만 합리적일 수 있다. 아이히만을 납치한 것도 타국의 주권과 개인의 인권을 침해한 일종의 폭력 행위이지만, 이런 폭력과 복수는 두 가지 점에서 긍정적 의의를 가진다.

첫째, 본래 인도·유럽어 어원에서 복수는 공동체를 결속하는 행위를 뜻한다. 일반 범죄자와 달리 아이히만은 특정 종족을 말살하고자 함으로써 인류 공동체 자체를 부정했다. 따라서 아렌트는 인류 공동체를 부정하고 파괴하려 했던 이런 악인을 제거함으로써 인류 공동체의 결속을 회복할 것을 제안한다. 용서나 화해와 마찬가지로 폭력과 복수 역시 훼손된 질서를 회복하고 개혁하는 일종의 정치 행위일 수 있다는 것이다.[12]

둘째, 아렌트에 따르면 모든 시작은 폭력적이며, 폭력을 사용하지 않고는 어떤 정치질서도 시작될 수 없다.[13] 마찬가지로 적절하게 성취된 복수는 전례 없는 악을 응징함으로써 새로운 공적 세계에 기반한 새로운 법적 양심을 선포할 수 있게 한다. 즉 아렌트가 보기에 제2차 세계대전의 악몽과 나치의 만행을 잊고 인류 공동체를 재건하기 위해서는 과거사의 청산이 필요한데, 그러려면 용서나 화해가 불가능한 악에 대한 공권력의 폭력적 개입이 불가피하다.

---

12 엄밀히 말하면 폭력은 정치 공간 안에서 이루어지는 행위는 아니지만, 정치적 목적을 창조하고 추구할 가능성을 정치 공간 밖에서 보조한다는 점에서 정치적이라고 간주할 수 있다.

13 아렌트에 따르면 인간이 성취한 모든 정치 조직은 범죄를 기원으로 한다. 예를 들어 가인은 아벨을 살해했고 로물루스도 레무스를 살해했다.

② 악에 대한 대응 방안으로서의 비판적 사고와 판단

아렌트는 아이히만이 인류의 적이 된 까닭이 그의 무사유에 기인한다고 생각했다. 아이히만이 체포되어 조사와 재판을 받는 모습을 지켜본 아렌트는 그가 동료의 관점에서 사태를 파악할 능력을 전적으로 결여했으며 비판적으로 가치를 판단하고 사고할 능력(자기 자신과 대화할 능력)도 없었다고 말한다.

아렌트에 따르면 정치 공간이란 자유로운 행위자들이 말과 행위를 통해 서로 설득하고자 노력하는 곳이다. 우리는 타인의 말과 행위에 담긴 의미 및 가치를 판단하는 동시에 타인으로부터 판단받는다. 이때 판단하는 자와 판단받는 자를 전제한다는 점에 근거하여 판단이 복수성에 기초를 둔다고 볼 수 있는데, 아렌트는 복수성의 두 유형(사회적 복수성과 자아의 복수성)을 구분한다. 세계가 서로 구별된 여러 사람들로 구성되는 것처럼 자아도 분열 가능하다는 것이다. 즉 아렌트에 따르면 양심의 갈등은 나 자신이 내면적으로 숙의에 숙의를 거듭하는 것이고, 양심이란 나 자신과 평화를 이루는 것이며, 비판적 사고란 일상의 자동적 판단을 중단하고 내적 대화를 시작하는 것이다. 또한 생각함은 단순히 자기 자신과 대화하는 것이 아니라 자신의 내적 대화를 통해 인류 공동체와 연결되는 것이기도 하다. 이렇게 볼 때 비판적으로 사고했다면 대량 학살에 동의할 수 없다. 따라서 아이히만이 유대인 학살에 무비판적으로 순종했다는 사실은 그가 비판적으로 사고하지 않았고 내적 대화를 통해 인류와 연결되지도 않았음을 뜻한다. 이처럼 아이히만은 인류와의 연결 고리를 스스로 끊었다. 바로 이런 이유로 아렌트는 그가 인류로부터 제거되어야 한다고 주장한다. 아이히만은 비윤리적인 법에 불순종하고 저항해야 할 책임이 있었음에도 불구하고 인류 공동체 파괴에 맹목적으로 참여함으로써 자발적 노예가 되었다. 아렌트는 아이히만이 드러낸 악의 평범성을 "판단을 통해 타인과 연결할 능력이 결여된 것"이라고 평가한다.

평범한 악은 궁극적으로 비판적 사고와 판단의 결여에 기인하기 때문에, 이를 교정하는 것도 오직 올바른 판단 행위를 통해서만 가능하다. 하지만 제3제국이 윤리적, 정치적 판단을 위한 기준과 틀을 완전히 파괴해버렸기 때문에 이제 정치 행위자들은 아무런 관습적 규범이나 기준 없이 홀로 사고하고 판단할 수밖에 없다. 다시 말해 행위자는 타인의 판단까지 고려할 수 있도록 자신의 사고를 확대해야 하며 상상력을 동원함으로써 타인의 처지에서 사고해야 한다. 이처럼 다른 사람의 처지와 관점에서 생각해보는 것이야말로 아이히만이 배웠어야 했던 바이며, 이는 오늘날 무한 경쟁과 갈등으로 점철된 대립의 시대를 살아가는 우리에게도 필요한 태도다.

5. 맺는말

지금까지 우리는 고대 그리스에서 용서 개념이 탄생한 이래 윤리적 용서 개념으로 완성되고 공적·정치적 영역으로 확장된 과정을 살펴보았다. 전통적인 종교적·윤리적 용서 개념은 용서를 주로 일대일로 이뤄지는 대인 관계의 측면에서 논했지만, 전쟁을 포함한 국가 간 갈등이나 보상 문제, 인종 갈등과 같은 현대 사회의 다양한 이슈는 용서의 주체나 대상이 개인이 아닌 집단일 수 있음을 일깨워주었다. 이런 이유로 오늘날의 이론가들은 용서를 크게 집단이 개인을 용서, 개인이 집단을 용서, 집단이 집단을 용서, 개인이 개인을 용서하는 네 가지 형태로 구분하기도 한다. 그런데 용서에 관한 정서적 접근은 이 같은 용서의 다양한 주체와 대상 및 형태를 설명하지 못한다. 가령 교황 요한 바오로 2세가 교회에 가해한 자들을 용서한다고 말했을 때, 이는 개인의 감정 또는 교회 공동체의 감정을 말한 것이 아니다.

아렌트는 집단적 죄가 존재하지 않으므로 집단이 용서의 대상이 될 수 없다고 주장하면서도 여전히 집단이 용서의 주체가 될 가능성을 열어둠으로써 공적 영역에서 발생하는 다양한 갈등(개인 간의 갈등, 개인과 집단 간의 갈등, 집단 간의 갈등)을 조정하고 해소할 수 있는 실마리를 제공했다.[14] 흥미롭게도 아렌트는 의도치 않은 잘못(trespass: 용서 가능한 실수)과 고의적인 죄(crime: 용서 불가한 범죄)를 구별하면서 용서가 사랑이 아닌 존중(혹은 정치적 우정)에 기초한다고 보았는데, 이는 그녀가 제안한 정치적 용서가 기독교적 용서보다 고대 그리스의 쉰 그노메(syngnōmē)에 가깝다는 사실을 보여준다. 아렌트의 정치적 용서는 다음과 같은 시사점을 제공한다.

1) 용서의 조건과 한계

용서에 대한 전통적 이해는 피해자가 가해자를 용서할 도덕적 근거

---

14 1940년대에 이미 집단적 책임과 집단적 죄에 관한 아렌트와 야스퍼스의 논의가 진행된 적이 있지만, 집단적 용서 개념과 실천에 관한 본격적 논의는 1980년대 말에 이르러 비로소 시작되었다.

로서 가해자의 진정성 있는 회개와 사과를 요구하지만, 아렌트가 보기에 정치적 용서는 피해자의 능동적 결단이자 행위이며 가해자에게 용서를 위한 어떤 조건도 제시하지 않는 일종의 선물이다. 하지만 과연 회개하지 않는 가해자를 용서하는 것이 윤리적인가 하는 의문이 제기될 수 있다. 특히 아렌트에 따르면 과거의 잘못과 그에 따른 복수의 연쇄를 막기 위한 두 방안이 용서와 처벌인데, 처벌은 범죄자가 자신의 죄에 상응하는 대가를 치르고 교정된 후 정치 공동체로 환원되도록 하는 공적 장치인 반면, 용서는 가해자가 만족시켜야 할 아무런 조건이나 의무도 제시하지 않은 채 일방적으로 피해자가 가해자의 죄짐을 경감해주도록 결단하는 행위다. 그렇다면 처벌과 용서가 과거의 죄 문제 해결이라는 동일한 목적을 달성하기 위한 수단임에도 불구하고, 목적 달성을 위한 과정은 어째서 동일하지 않은가?

어쩌면 용서, 화해, 복수에 대한 아렌트의 견해는 우리로 하여금 용서 불가한 죄가 존재하는지, 만약 그렇다면 용서 가능한 잘못과 그렇지 못한 죄의 기준이 무엇인지, 진정한 용서와 화해를 위해 가해자 및 피해자에게 요구되는 조건이 존재하는지, 아니면 용서는 무조건적이어야 하는지에 관해 비판적으로 생각하고 토론하도록 물음을 던지는 것일지도 모른다. 오늘날 우리는 아렌트가 살았던 시기 못지않게 과거사 문제, 이념 갈등, 세대 갈등, 빈부 갈등, 젠더 갈등 등 각종 이해 관계의 충돌이 불러오는 반목을 경험하는 가운데 각자 자기 입장만 주장할 뿐 상대방을 존중하거나 배려할 생각이 없는 태도로 세상을 살아가고 있다. 이런 상황에서 아렌트는 우리에게 다음과 같은 질문을 던진다. 우리는 어디까지 타인의 잘못을 용서할 수 있는가?

진정한 화해와 용서를 위해 가해자와 피해자에게 요구되는 조건이 존재하는가? 아니면 용서는 무조건적이어야 하는가? 이런 물음에 답하기 위한 심도깊은 사회적 논의와 토론이 오늘날 우리에게 절실히 필요하다.

2) 의사소통 및 비판적 사고 교육의 필요성

아이히만은 가정과 일에 충실한 준법 시민이었지만 유대인 말살 계획에 무비판적으로 복종하고 참여함으로써 결과적으로 인류 공동체를 부정하고 파괴했다. 이런 사실은 민주 시민을 양성하기 위해 도덕 교육, 윤리 교육을 강화하는 것만으로는 부족하며 자신과 타인의 언행에 관해 비판적으로 성찰하고 판단하는 능력을 함양해야 한다는 사실을 일깨워준다.

아렌트에 따르면 아이히만은 타인과 의사소통할 수 있는 능력이 결여된 사람으로서 자신과 타인의 언행을 비판적으로 판단할 능력도 없었고 타인의 입장에서 생각할 상상력조차 전무한 사람이었다. 그리고 이런 의사소통 능력, 비판적 사고력 및 판단력, 상상력의 부재가 결국 아이히만을 평범한 악인으로 만들었다. 우리는 아렌트의 논의를 통해 또 다른 아이히만의 출현을 막기 위해서는 무엇보다도 타인과 의사소통하고 타인의 입장에서 생각하며 자기 언행에 대해 비판적으로 사고하는 능력을 갖추게 하는 데 시민교육의 초점을 맞춰야 함을 알 수 있다.

더 읽어보기

『용서에 대하여』(강남순, 동녘, 2017): 이 책은 용서의 이유, 용서의 정의와 조건 및 과정, 용서의 종류, 용서와 종교의 관계 등을 상세히 논하면서 용서의 다층적 측면을 보여준다. 그러면서 자칫 단순하게 생각할 수 있는 "용서" 개념을 확장하는 데 주력한다. 저자는 용서를 사유해야 하는 이유를 인간의 존재론적 측면(불완전한 존재로서의 인간, 함께 살아가는 존재로서의 인간, 제도 속 존재로서의 인간, 미래를 향한 존재로서의 인간)에서 찾으면서, 진정한 용서란 한 발자국씩 발걸음을 떼어 놓는 여정이라고 말한다. 용서는 완결점이 있는 것이 아니라 점차 확장해나가는 것이므로, 한 사람이 별안간 완벽한 용서를 하는 지점에 이르려고 노력하기보다는 자신이 인식한 만큼 조금씩 용서를 확장해나가야 한다는 것이다.

『인간의 조건』(한나 아렌트, 이진우 역, 한길사, 2019): 아렌트에 따르면 인간은 노동(labor), 작업(work), 행위(action)를 동시에 행하는 존재로서 오랫동안 살아왔다. 하지만 과학 기술의 발달로 인해 인간 실존의 조건이 훼손 또는 상실되었으며 공적 영역과 사적 영역의 경계선이 사라졌다. 이 과정에서 인간은 정신세계를 상실했고 세계의 소외가 생겨났다. 아렌트는 과학과 기술이 지배하는 상황에서 인간이 자연적 조건을 회복하고 인간답게 살아가기 위한 유일한 방법은 철학적 사유라고 말한다. 인간 사이에서만 일어날 수 있는 행위가 가진 다양한 가능성에 대해 진지하게 사유해야 한다는 것이다. 특히 아렌트는 제5장 "행위"에서 과거 행위의 환원불가능성과 미래의 예측불가능성에 대한 치유책으로 약속과 용서를 제시한다.

『예루살렘의 아이히만』(한나 아렌트, 김선욱 역, 한길사, 2006): 이 책은 예루살렘에서 진행된 나치 전범 아돌프 아이히만에 대한 공개 재판 과정을 기록한 책이다. 재판 과정에서 아이히만은 자신이 상관의 명령을 충실히 수행했을 뿐 그 어떤 잘못도 저지르지 않았다는 변명으로 일관한다. 아렌트가 지켜본 아이히만은 개인적으로는 매우 친절하고 선량한 보통 사람이었다. 그런 사람이 어떻게 그토록 엄청난 학살을 자행할 수 있었는가에 관한 의문에 대해 아렌트가 내린 결론은 "악의 평범성"이다. 아렌트가 보기에 아이히만은 말하기와 생각과 판단에 무능했는데, 이처럼 자신이 기계적으로 행하는 일에 대해 비판적으로 사고하지 않는 무사유(thoughtlessness) 자체가 바로 악이었다. 이 책은 용서의 조건과 한계에 관해 많은 시사점을 제공한다.

『신앙과 지식/세기와 용서』(자크 데리다, 신정아 외 역, 아카넷, 2016): 「신앙과 지식」은

1994년 종교에 관해 발표한 발표문이고, 「세기와 용서」는 용서를 주제로 미셸 비비오르카와 대화한 내용을 담은 글이다. 데리다는 얀켈레비치가 『공소 시효 없음』에서 제기한 "인간성에 반하는 범죄" 개념을 용서의 맥락에서 재조명하면서 용서의 한계와 가능성에 관해 논한다. 데리다에 따르면 용서는 상호 간에 주고 받는 교환이나 거래가 아니라 은혜로운 선물이다. 용서란 참된 선물이므로 보답이나 교환을 전제로 해서는 안 되며 용서할 수 없는 것을 무조건적·절대적으로 용서할 때만 그 이름에 합당하게 된다는 것이다.

주요 참고문헌

소포클레스, 천병희 역, 『소포클레스 비극 전집』, 숲, 2008.

아리스토텔레스, 이창우 외 역, 『니코마코스 윤리학』, 이제이북스, 2006.

에우리피데스, 천병희 역, 『에우리피데스 비극 전집』, 숲, 2009.

호메로스, 천병희 역, 『일리아스』, 종로서적, 1987.

Arendt, H., *On Violence*, New York: Harcourt, 1969.

_____, *The Life of the Mind*, 2 Vols., San Diedo & New York: Mariner Books, 1981.

_____, *On Revolution*, New York: Penguin, 1990.

_____, *Love and Saint Augustine*, Ed. J.V. Scott & J.C. Stark, Chicago & London: University of Chicago Press, 1996.

_____, *The Human Condition*, Chicago: University of Chicago Press, 1998.

_____, *Denktagebuch 1950–1973*, Munich: Piper, 2002.

_____, *Eichmann in Jerusalem: A Report on the Banality of Evil*, London: Penguin, 2006.

Bash, A., *Forgiveness and Christian Ethics*, Cambridge: Cambridge University Press, 2007.

Butler, J., *Fifteen Sermons Preached at the Rolls Chapel and other writings on ethics*, Ed., D. McNaughton, Oxford: Oxford University Press, 2017.

Cope, E. M. & Sandys, J. E. (eds.), *Aristotle: Rhetoric*, 3 Vols., Cambridge: Cambridge University Press, 2009.

Garcia, E. V., "Bishop Butler on Forgiveness and Resentment", *Philosophers" Imprint*, Vol.11, No.10, 1-19, 2011.

Griswold, C. L., *Forgiveness: A Philosophical Exploration*, Cambridge: Cambridge University Press, 2007.

Griswold, C. L. & Konstan, D.(eds.), *Ancient Forgiveness: Classical, Judaic and Christian*, Cambridge: Cambridge University Press, 2012.

Hughes, P. M. & Warmke, B., "Forgiveness", in Edward N. Zalta (ed.), *The Stanford Encyclopedia of Philosophy*, Metaphysics Research Lab., Stanford University, 2022. https://plato.stanford.edu/entries/forgiveness/.

Kohn, J.(ed.), *Responsibility and Judgement*, New York: Schocken Books, 2003.

Konstan, D., *Before Forgiveness: The Origins of a Moral Idea*, Cambridge: Cambridge University Press, 2010.

Leigh, D. J., "Forgiveness, pity and ultimacy in ancient Greek culture", *Ultimate Reality and Meaning* 27 (2): 152–161, 2004.

Meineke, A., (ed.), *Fragmenta comicorum Graecorum*, Vol. 4, Berlin: Reimer, 1841.

Murphy, J., & Hampton, J.(eds.), *Forgiveness and Mercy*, Cambridge: Cambridge University Press, 1988.

Mynott, J. (ed.), *Thucydides: The War of the Peloponnesians and the Athenians*, Cambridge: Cambridge University Press, 2013.

Nietzsche, F., *On the Genealogy of Morality*, Ed., Ansell-Pearson, K., Tr. Diethe, C., Cambridge: Cambridge University Press, 2006.Phillips-Garrett, C., *Blame, Forgiveness and Honor in Aristotle and Beyond*, Ph. D. Thesis, Rice University, 2017.

용서를 통한 학교 폭력의 악순환 끊어내기

체계적인 용서와 화해의 과정을 통한 치유와 외상 후 성장

오영희

1. 들어가며

최근 유명 배우나 운동 선수들에 대한 학교 폭력 고발 사례가 언론에 등장하며 큰 화제를 모았다. 실제로 쌍둥이 자매 배구 선수들은 학창 시절에 저질렀던 폭력으로 인해 여론의 질타를 받다가 결국 우리나라 배구계에서 퇴출되었다. 이 사건 외에도 체육계, 연예계 전반에서 학교 폭력 문제가 불거지면서 우리 사회의 초대형 이슈로 떠오르게 되었다.

우리는 이와 같은 학교 폭력 고발 사례를 지켜보면서 ① 학교 폭력의 상처가 피해자에게 매우 오랜 기간에 걸쳐 부정적인 영향을 미치며, ② 학교 폭력에 대한 효과적인 해결 방법으로서 체계적인 용서와 화해의 과정을 적용하는 것이 시급하다는 사실을 깨닫게 된다.

용서와 화해는 학교 폭력 피해자와 가해자 모두에게 필요한 것

이며, 학교 폭력이 발생한 후 최대한 빨리 실행되어야 한다. 현재 우리나라 학교에서는 용서와 화해에 대한 체계적인 과정이 적용되지 않아서 오히려 사태를 악화시키는 경우가 많다. 다음에 나오는 기사를 잘 읽어보고 무엇이 문제인지 생각해보자.

> 2017년 8월 27일 전주에서 한 여중생이 아파트 옥상에서 투신자살하는 비극적인 사건이 발생했다. 학생의 아버지는 학교 폭력이 딸을 죽음에 이르게 한 원인이라고 주장하면서 폭력에 가담한 아이들의 처벌을 원했다. 아버지는 학교에서 화해의 자리를 마련했는데 사과를 받는 자리에서 진정성을 느끼지 못한 딸은 그날 자해를 시도했으며 화해의 자리가 오히려 여중생에게 더 큰 고통을 주었다고 말했다.[1]

이 기사는 학교 폭력이 발생한 후 섣불리 용서와 화해를 시도하려 할 때 생기는 문제점을 잘 보여준다. 학교는 좋은 의도를 갖고 피해자와 가해자를 모아 사과하고 화해하는 자리를 마련했지만, 사과의 진정성을 느끼지 못한 피해 여중생은 더욱 큰 상처를 받고 자살이라는 극단적인 선택을 하게 되었다.

지금까지 많은 심리학 연구에서 밝혀졌듯이 **용서는 대인 관계에서 생기는 깊은 상처를 효과적으로 해결해줌으로써 적극적인 자기 치유와 회복을 도와주는 문제 해결 방법**이다. 더 나아가 상처 받기 전보다

---

1   강인, "딸의 죽음, 진실을 밝혀 주세요" 전주서 옥상 투신 여중생 아버지, 뉴시스, 2017. 9. 12, https://newsis.com/view/?id=NISX20170912_0000093600.

사람을 훨씬 더 성장하고 발달하게 해준다. 김교헌은 이런 **외상 후 성장**을 "위협적인 삶의 위기에 대해 투쟁하여 얻어내는 긍정적 변화"라고 정의한다. 학교 폭력과 같은 위기를 경험하고 그 여파와 상처에서 벗어나기 위해 노력하면서 오히려 자신이 성장하게 되는 것이다. "전화위복"이나 "비 온 뒤에 땅이 굳는다"는 속담은 일상생활에서 우리가 경험하는 외상 후 성장이 무엇인지를 잘 표현해준다.

그러나 그 과정에서 잘못된 용서와 화해를 경험하게 되면 도리어 고통의 악순환이 발생하면서 위의 기사에 언급된 사건과 같은 비극적인 일이 발생하기도 한다. 그렇다면 제대로 된 또는 체계적인 용서와 화해의 과정은 어떤 것이며, 이를 학교 폭력 해결 과정에서 어떻게 잘 활용할 수 있을까? 어떻게 하면 용서와 화해를 통해 피해자와 가해자가 모두 치유되고 성장할 수 있게끔 도움을 줄 수 있을까?

이 글에서는 학교 폭력으로 인해 상처를 입고 고통을 받은 대학생의 사례를 중심으로 학교 폭력의 영향이 얼마나 심각한지를 살펴보고, 어떻게 하면 체계적인 용서와 화해의 과정을 거쳐 악순환의 고리를 끊어내고 치유와 성장을 이룰 수 있는지 알아보도록 하겠다. 이 사례는 해당 학생이 필자의 책 『상처의 덫에서 행복의 꽃 피우기』를 읽고 쓴 용서 보고서를 바탕으로 재구성한 것이며 사례에 나오는 모든 이름은 가명이다.

2. 학교 폭력의 상처는 얼마나 심각한가?

필자는 『상처의 덫에서 행복의 꽃 피우기』라는 책을 활용해 강의를 진행하면서, 학생들에게 책에서 제시된 용서하기 또는 용서 구하기의 과정을 실천한 후 용서 보고서를 쓰게 하였다. 그동안 학생들이 제출한 자신에 대한 심리 분석 보고서를 검토하면서 생각보다 많은 학생들이 대인 관계에서 받은 상처로 힘들어하고 있다는 것을 알게 되었는데, 학생들이 실제로 삶에서 용서를 실천하는 경험을 함으로써 대인 관계에서 받은 상처를 딛고 성장하는 방법을 배웠으면 하는 마음에서 이 작업을 진행하게 되었다.

학생들은 주로 "용서하기"를 골라 보고서를 작성했으며, 자신에게 가장 상처를 많이 준 사람으로 부모를 지목한 경우가 많았다. 그런데 특이한 점은 초·중·고등학교 시절 학교 폭력을 경험하면서 깊은 상처를 받은 경우가 점점 더 많아지고 있다는 것이다. 부모보다 친구의 영향력이 더 큰 시기에 믿었던 친구로부터 배신이나 따돌림을 당하면 학생들은 엄청난 정신적 고통을 받는다. 자아 존중감이 낮아지고 사람을 믿지 못하게 되면서 전반적인 대인 관계에서 늘 불안을 느끼고 심하면 불안 장애나 우울증 같은 정신 장애를 경험하게 된다. 심지어는 자해 또는 자살을 실행하기도 한다.

이 글에서는 최현정(가명) 학생의 사례를 중점적으로 살펴보려고 하는데, 이 사례는 필자의 책 『악마 같은 친구를 보았다』에서 인용한 것이다. 현정이는 초등학교 때 자신에게 모든 잘못을 뒤집어씌우고 따돌린 친구 때문에 큰 상처를 받았다. 현정이가 직접 당시 사건을 서술한 글을 읽어보자.

나에게는 인생의 전환점이 되었을 만큼 큰 상처가 있다. 용서 보고서 쓰기라는 과제가 주어졌을 때 곧바로 그 상처가 떠올랐다. 그러나 그 상처를 준 대상을 용서하려면 큰 결심이 필요했기 때문에, 책을 읽으면서 실천법을 여러 번 적용해보고 나서야 비로소 용서를 결심할 수 있었다. 내가 용서를 시도하겠다고 결심하게 된 결정적인 이유는 다른 그 누구도 아닌 나 자신을 위해서다. 오래전 상처지만 내 인생은 그 사건을 시작으로 상처의 덫에 빠져 악순환의 굴레를 벗어나지 못하고 있기 때문이다.

10년 전 초등학교 때 K라는 가장 친한 친구가 있었다. 어느 날 나와 K는 잘 모르고 학교에서 금지하는 행동을 했다. 그런데 친구들의 신고로 우리가 학교 규칙을 위반한 것이 발각되었다. K는 선생님과 부모님에게 모든 것을 내가 설득했으며 자신의 잘못은 하나도 없다는 식으로 말했다. 친구들에게도 그렇게 말하고 내 험담을 늘어놓아 나를 따돌렸다.

이 일은 내게 많은 상처를 주고 내 인생에 부정적인 영향을 미쳤다. 나는 원래 친구 만나는 것을 굉장히 좋아하는 외향적인 성격이었는데, 이 사건을 겪은 후로는 누군가와 친해지는 것을 두려워하게 되었고 내향적인 사람으로 변해갔다. 당시에는 이런 증상들이 매우 심각했었는데, 점차 나아지기는 했다. 그러나 다시 친구들을 사귀게 되었음에도 불구하고 예전에 생긴 정신적 문제로 인해 이상한 징크스들이 생겼다. 다시 친구가 생긴 것이 좋았고 친구들이 다시 마음을 열어준 것이 너무 소중했지만, 그 친구들이 또다시 갑자기 등을 돌리고 떠나갈까 봐 너무 두려웠다. 주변의 모든 환경을 다시 친구가 생겼을 때의 그 상태로 맞춰놓아야 할 것만 같았다. 예를 들어 전등을 켤 때도 불을 한 번 켜면 다시 친구가 생겼던 그 순간이 틀어질 것만 같은 느낌이 들어서 한 번 더 스위치를 눌러서 짝수로 맞추어놓음으로써 친구를 다시 만나게 된 그 순간의 전등 상태로 돌려놓아야 한다고 생각했다. 그래서 늘 불을 끄고 켜는 행동을 반복했다. 거의 모든 행동에서 이런 이상한 징크스가 생겼다.

이런 행동을 하면서 스스로 정신적인 문제가 있다고 느꼈지만 나 자신이 너무 이상한 사람 같아서 누구에게도 이런 행동을 하는 이유를 말하지 못했다. 부모님은 내가 정수기 물을 따를 때마다 버튼을 여러 번 껐다 켜는 모습을 보고 혼내기도 하셨다. 지금은 시간이 많이 지났고 이런 행동을 고치려고 노력한 덕분에 그런 문제는 없어졌지만, K에게서 받은 상처로 인해 내가 정신적으로 많이 아팠던 것 같다.

나는 성장하면서 이대로 살아갈 수 없음을 깨닫고 하나씩 헤쳐가려고 노력했다. 밝은 척을 하고 사람들에게 착한 말과 좋은 말만 하려고 노력한 끝에 지금은 주변에 친구가 많다. 그러나 여전히 내가 진심으로 마음을 연 친구는 손에 꼽을 정도로 적다. 아니 거의 없다. 나는 과거의 상처로 인해 겉으로 어느 정도 친해지고 나면 그 이상 가까이 가기가 두려워 친구에게 선을 그어버린다. 조용히 있을 때 친구에 대해 생각하기 시작하면 한없이 외롭고 혼자인 것 같은 느낌에 빠져들고는 한다.

그때 받은 상처는 지금도 많은 영향을 미치고 있다. 시간이 많이 지났기 때문에 겉으로는 모두 잊은 것처럼 사람들과 지낼 수 있게 되었지만, 사실 아직까지도 그때 일이 불쑥 떠올라 나의 진실한 인간관계에 영향을 미치곤 한다.

위의 글을 읽으면서 어떤 생각이 드는가? 현정이가 초등학교 시절에 받았던 상처와 고통이 어떻게 악순환을 불러일으키고 부정적인 영향을 미치고 있는가?

현정이는 친구의 배신과 따돌림을 경험하고 너무 힘들어한 나머지 일상생활에서 강박적 사고와 행동까지 하게 되었다. 또한 오래전 초등학교 때 발생한 사건이었음에도 불구하고 이 용서 보고서를 쓰기까지 10년 이상 계속해서 진실한 인간관계를 맺는 데 어려움을 겪었다. 우리는 이 글을 통해 학교 폭력의 영향이 얼마나 심각하고 지속적인지를 확인함으로써 피해자들의 치유와 회복에 장기적이고 적절한 조치가 필요하다는 사실을 깨닫게 된다.

3. 체계적인 용서와 화해의 과정이란 무엇인가?

용서가 오랫동안 철학과 종교 영역에서 다뤄지다 보니 추상적이고 관념적인 개념에 머물게 되었고 그 결과 사람들은 일상생활에서 구체적으로 어떻게 용서를 실천해야 하는지 알 수 없게 되었다. 한마디로 용서가 매우 어려운 일이 된 것이다.

하지만 1980년대 중반부터 용서에 대한 심리학적 접근이 시작되면서 과학적인 경험 자료를 근거로 효과적인 용서의 과정이 제시되었다. 필자는 앞서 언급한 『상처의 덫에서 행복의 꽃 피우기』라는 책에서 지금까지 축적된 심리학적 연구 결과를 모아 용서하기, 용서 구하기, 화해하기로 구성된 체계적인 용서 과정을 제시하였다. 이 과정을 차근차근 따라가다 보면 제대로 된 용서와 화해를 할 수 있다.

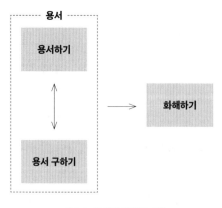

<자료 1> 용서와 화해의 과정

〈자료 1〉은 용서와 화해의 과정을 보여준다. 일반적으로 사람들은 용서라고 하면 나에게 상처를 준 사람을 용서하는 행위라고만 생각한다. 그러나 넓은 의미로는 내가 다른 사람에게 상처를 입힌 경우에 잘못을 인정하고 사과함으로써 상대의 용서를 구하는 것도 포함된다. 화해로 나아가기 위해서는 이런 "용서하기"와 "용서 구하기"가 모두 필요하다.

　이때 가장 바람직한 순서는 상처를 준 가해자가 용서를 구하고 피해자가 이를 받아들여 용서하는 과정을 거친 다음에 화해하기로 넘어가는 것이다. 학교 폭력의 경우에는 왕따를 시킨 가해자가 피해자에게 진심으로 용서를 구하고 피해자가 이를 받아들여 용서한 다음에 두 사람이 화해하는 것이 가장 좋은 과정이다. 그러나 상황에 따라 용서하기와 용서 구하기의 순서가 바뀔 수도 있다. 현정이의 경우에는 용서 보고서를 쓰면서 자신이 먼저 용서하기를 시작했고 나중에 가해자의 눈물 어린 사과를 받고 화해하게 되었다.

여기서 가장 주의할 것은 작업의 순서다. 용서 작업(용서하기와 용서 구하기)은 순서에 상관없이 먼저 할 수 있다. 그러나 화해 작업은 반드시 용서 작업을 하고 난 뒤에 실행해야 한다. 용서와 화해는 다르기 때문이다.

사람들이 용서에 대해 부정적인 반응을 보이는 가장 큰 이유는 용서에 대한 오해 때문이다. 다음 글을 읽으면서 현정이가 용서에 대해 어떤 오해를 하고 있었는지, 혹시 당신도 오해를 하고 있는 것은 아닌지 점검해보라.

> 그동안 다시 친구들을 사귈 수 있게 되었는데 도대체 무엇이 문제일까 생각을 많이 했다. 그 이유는 내가 K를 진정으로 용서할 생각조차 해보지 않고 상처를 묻어두고 살아와서 그런 것 같다. 당시 K가 내게 저지른 일들은 분명히 잘못된 일이었기 때문에 나는 친구를 용서할 수 없다고 생각했다. 상처 체크리스트를 작성하면서 내 상처를 직면하고 나니 그때 겪었던 마음들이 떠올라서 다시 K가 미워지기도 했다.
>
> 그런데 "용서와 정의 실현은 분명히 다른 것이며, 상대가 정의에 어긋나는 일을 해서 나에게 부당한 상처를 입혔다는 것을 확인하는 데서부터 용서가 시작된다"는 문장이 내 명치를 때리듯 크게 와 닿았다. 그래서 다른 사람이 아닌 나를 치유하고 회복하기 위해 더 적극적으로 진정한 용서를 하기 위한 노력을 해보기로 하였다. 나는 그동안 용서와 화해를 통해 문제를 근본적으로 해결할 수 있다고 생각하지 못했다. 그래서 내 상처를 다른 사람들에게 감추고 고통을 억압하면서 회피하는 데만 신경이 쏠렸고 그 결과 정신적인 문제를 겪었던 것 같다. 벽에 구멍이 났는데 구멍을 메울 생각은 하지 않고 구멍 위에 스티커를

붙이면서 한껏 장식만 했었다. 구멍은 그대로 있는데, 나는 그것을 모르고 겉으로만 아무렇지 않게 보이려고 나 자신과 주변 사람들을 속여왔던 것이다.

현정이가 "용서하기"에 대해 오해한 점은 크게 두 가지다. 첫째, 용서하게 되면 가해자의 잘못을 봐주고 덮어줘야 하므로 정의를 실현할 수 없게 된다. 둘째, 용서하기는 잘못한 가해자를 위한 행동이다. 이 두 가지 오해 때문에 현정이는 K를 용서하지 못한 채 계속 고통을 당하고 있었다.

용서의 길에서 가장 먼저 통과해야 하는 관문은 바로 용서를 제대로 이해하는 것이다. 그렇다면 용서란 무엇인가?

4. 용서하기란 무엇인가?

〈자료 1〉을 보면 알 수 있듯이 용서는 "용서하기"와 "용서 구하기"로 나뉜다. 먼저 용서하기에 대해 살펴보자. 용서하기는 "내가 다른 사람으로부터 부당하고 깊은 상처를 받은 후에 생겨나는 부정적인 반응을 극복하고 더 나아가 긍정적인 반응을 보이는 것"이다. 나에게 상처를 준 사람에 대한 분노, 증오, 공격적 행동 등을 극복한 후에 한발 더 나아가 상대방에게 호감이나 측은지심의 감정을 가지고 잘해 주려고 노력하는 것까지 포함된다. 그런데 용서를 방해하는 오해에는 크게 네 가지가 있다.

첫째, 용서하면 잘못을 바로잡지 못함으로써 정의를 실현할 수 없다는 오해다. 가해자를 용서하게 되면 그의 부당한 행동을 묻어주거나 용납해줘야 하므로 정의 실현에 방해가 된다고 여기고 용서를 거부하는 사람들이 있다. 그러나 용서하기와 정의 실현은 별개의 문제이며, 오히려 용서하기의 출발점은 정의 실현의 출발점과 일치한다. 왜냐하면 상대방이 분명 정의에 어긋나는 일을 해서 나에게 부당한 상처를 입혔다는 것을 확인하는 데서부터 용서가 시작되기 때문이다. 현정이의 경우에는 용서를 하려면 먼저 K의 부당한 행동을 직면해야 한다. K가 거짓말로 자신에게 모든 잘못을 뒤집어씌우고 자신을 따돌렸다는 사실을 직시해야 한다. 부득이한 사정이 있을 거라고 짐작하거나 친구니까 참아줘야 한다고 말하는 것은 정의실현은 물론 용서하기에도 도움이 되지 않는다.

용서하기는 내가 부당하게 상처를 받았음을 인정하고 복수보다는 사랑과 자비의 원리로 상대방을 대하려고 노력하는 것이다. 더 나아가 다시는 그런 부당한 일이 일어나지 않게 함으로써 정의가 실현되도록 노력하는 것도 포함된다. 예를 들어 학교 폭력 피해자는 가해자를 용서하면서도, 자신이 당한 폭력의 문제점을 분명하게 지적하고 폭력이 재발하지 않도록 필요한 조치를 취해야 한다. 경우에 따라서는 법적인 조치를 취할 수도 있다.

둘째, 용서하기는 상대방을 위한 것이라는 오해다. 용서하기는 상대방의 잘못을 봐주는 것이기 때문에 내가 아닌 상대방을 위한 것이라고 오해하는 사람들이 많다. 그러나 용서하기는 가장 먼저 나를 위한 것이다. 용서하기는 한 개인이 부당하게 받은 상처를 치료함으로써 건강하고 행복한 삶을 살게 해주는 적극적인 자기 치유와 회복의 방법이기 때문이다. 또한 용서하기를 실행한 사람은 상처를 준 사람에 대한 집착 및 분노, 우울, 불안을 감소함으로써 희망, 자아존중감, 정서적 안정성 및 신체적 건강을 강화한다는 연구 결과도 있다.

셋째, 용서를 하면 무조건 화해를 해야 한다는 오해다. 상대방을 용서하게 되면 그와 다시 만나 잘 지내야 하는 것이 아니냐며 주저하는 사람들이 있다. 예를 들어 학교 폭력 피해자가 가해자를 용서하면 무조건 그 사람을 만나야 하고 그러다가 다시 피해를 볼까 봐 두려워서 용서하지 않는 것이다. 그러나 용서하기와 화해하기는 다르다. 용서하기는 상대방과 관계없이 내 안에서 진행되는 **내적 과정**인 반면, 화해하기는 상대방과 함께 노력하며 상호 신뢰와 관계를 회복하는 **대인관계적 과정**이다. 또한 용서하기는 무조건적으로 할 수 있지만 **화해하기에는 조건이 필요하다.** 다시 말해 용서하기를 통해 피해자가 내적으로 치유되는 데는 조건이 필요하지 않지만, 화해하기 위해서는 피해자의 신체적인 안전이 보장된 상태에서 이루어지는 가해자의 사과가 필요하다.

특히 피해자가 심각한 신체적 위해를 당할 위험이 있는 경우에는 가해자의 진심 어린 반성과 사과뿐만 아니라 폭력의 재발을 방지하는 여러 가지 안전 조치가 확실하게 보장되어야 한다. 그렇지 않은 상황에서 성급하게 화해를 도모하면 피해자가 다시 폭력을 당할 수도 있고 최악의 경우에는 보복 살인이 발생할 수도 있다.

넷째, 용서하기 위해 반드시 상대방의 사과가 필요하다는 오해다. 가해자의 사과나 피해 보상 같은 조건이 충족된 후에야 용서할 수 있다고 생각하는 사람들이 많다. 물론 사과나 보상이 용서하는 데 도움이 되기는 하지만 꼭 그것이 있어야 용서할 수 있는 것은 아니다. 사과와 보상을 요구하는 조건적 용서는 오히려 피해자에게 좋지 않다. 왜냐하면 피해자를 더 깊은 상처의 늪에 빠지게 만들기 때문이다. 만약 현정이가 용서하기 위해 K의 사과가 필요하다는 생각을 고수하고 있었다면, 지금까지도 K를 용서하지 못하고 계속 고통 받고 있었을 것이다. 용서는 무조건적으로 상대방과 관계없이 내 안에서 스스로 만들어내는 자발적이고 자유로운 행동이다. 무조건적 용서는 조건적 용서보다 더 성숙한 용서로서 스스로 자유롭게 용서를 실천할 수 있게 해준다.

이 밖에도 용서를 잊어버리는 것이나 변명/합리화, 참는 것 등으로 오해하는 경우가 많다. 그러나 용서는 잊어버리는 것이 아니라 오히려 상처를 치유하기 위해 그것을 기억하는 "회복적 기억"이다. 그리고 용서는 상처를 변명하거나 합리화하는 것이 아니라 그것을 똑바로 직면하는 것이며, 단순히 참는 것이 아니라 적극적으로 문제를 해결하는 것이다.

5. 용서 구하기란 무엇인가?

용서 구하기는 "내가 다른 사람에게 부당하고 깊은 상처를 입히고 난 다음에 생겨나는 부정적인 반응을 극복하고 더 나아가 긍정적인 반응을 보이는 것"을 말한다. 용서 구하기의 가장 대표적인 활동은 사과다. 그런데 사과는 가해자가 피해자에게 단순히 "미안해. 잘못했어"라고 말하면 되는 것이 아니다. 글 서두에 언급된 기사의 사건을 통해 알 수 있듯이 상황을 모면하기 위한 형식적인 사과는 오히려 상처를 더욱 악화시킨다. 사과의 진정성을 느끼지 못한 피해자는 자살과 같은 비극적인 상황에 이를 수도 있다.

그렇다면 진정한 사과는 어떻게 해야 하는가? **좋은 사과에는 공감 표현, 잘못 인정, 보상, 재발 방지, 용서 부탁이라는 다섯 요소가 포함되어야 한다.** 첫 번째 요소인 **공감(후회) 표현**은 가해자가 피해자의 상처를 공감하고 죄책감과 고통을 표현하는 것이다. 피해자가 상처 때문에 얼마나 힘들고 아파하는지를 충분히 공감해준 다음 양심의 가책을 느끼며 고통스럽게 뉘우치고 있다는 것을 보여줘야 한다. 예를 들어 "미안해. 나 때문에 기분이 나쁘고 화가 많이 났지? 네게 상처를 줘서 많이 후회되고 내 마음이 편치 않아"라고 구체적으로 말하는 것이다.

두 번째 요소인 **잘못(책임) 인정**은 가해자가 핑계나 변명을 대지 않고 자신의 잘못과 책임을 솔직하게 인정하는 것이다. 상처가 발생한 상황에 대한 자세한 설명(해명)도 여기에 포함된다. "~한 것은 내가 잘못한 거야"라고 구체적으로 말하면서 잘못을 솔직하게 인정하는 법을 배우는 것은 책임감 있고 성공적인 어른이 되기 위한 중요한 단계다.

세 번째 요소인 **보상**은 가해자가 피해자에게 입힌 물질적 피해나 정신적 상처를 회복시키기 위해 노력하는 것이다. 여기에는 돈이나 선물을 제공하는 물질적 보상이나 상대방에 대한 배려와 사랑을 표현하는 정신적 보상이 있다.

네 번째 요소인 **재발 방지**는 가해자가 다시는 상처를 주지 않기 위해 필요한 조치를 취하는 것이다. 단순히 말로만 재발 방지를 약속하는 것이 아니라 구체적인 개선과 변화의 시도를 보여주어야 한다.

다섯 번째 요소인 **용서 부탁**은 가해자가 피해자에게 자신의 사과를 받고 용서해달라고 부탁하는 것이다. 용서 부탁은 사과의 마무리 작업이다. 즉 가해자가 앞서 제시한 네 가지 유형으로 사과를 한 뒤에 마지막으로 피해자에게 자신을 다시 받아들여 주고 관계 회복으로 나아가자고 부탁하는 것이다. 어떤 사람들은 사과로 충분하지 굳이 용서를 부탁할 필요는 없다고 말한다. 하지만 피해자가 사과의 진정성을 느끼는지, 그리고 상처를 치유하고 관계를 회복할 의향이 있는지를 확실하게 점검하기 위한 차원에서 용서 부탁은 반드시 필요하다.

이 글에서 분석하고자 하는 최현정의 사례는 용서하기에 초점을 두고 있다. 그래서 다음에는 이 사례를 이해하는 데 필요한 체계적인 용서하기의 단계를 살펴보기로 하겠다. 체계적인 용서 구하기 단계와 화해하기 단계는 지면의 한계 때문에 이 글에서는 생략한다. 여기에 대해서 더 자세히 알고 싶으면 『상처의 덫에서 행복의 꽃 피우기: 용서와 화해 실천서』를 참고하면 도움이 될 것이다.

6. 용서하기는 어떤 단계로 진행되는가?

용서하기는 다음 네 단계로 진행된다.

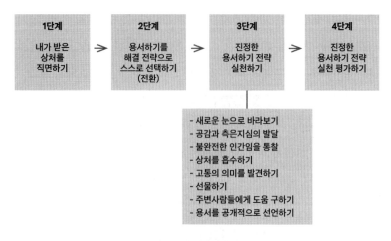

1단계		2단계		3단계		4단계
내가 받은 상처를 직면하기	⇒	용서하기를 해결 전략으로 스스로 선택하기 (전환)	⇒	진정한 용서하기 전략 실천하기	⇒	진정한 용서하기 전략 실천 평가하기

- 새로운 눈으로 바라보기
- 공감과 측은지심의 발달
- 불완전한 인간임을 통찰
- 상처를 흡수하기
- 고통의 의미를 발견하기
- 선물하기
- 주변사람들에게 도움 구하기
- 용서를 공개적으로 선언하기

<자료 2> 용서하기의 단계

1) 1단계: 내가 받은 상처를 직면하기

친구로부터 왕따를 당하거나 부모님으로부터 폭언을 듣고 폭행을 당함으로써 받은 상처를 직면하는 단계다. 이 단계에서는 내가 받은 상처와 그것이 미친 부정적인 영향을 회피하지 않고 분명하게 인식해야 한다. 이 단계는 매우 중요하다. 왜냐하면 내가 받은 상처와 그 영향을 제대로 인식할수록 문제 해결의 필요성을 강하게 느끼면서 용서에 대해 생각해보는 계기가 마련되기 때문이다.

2) 2단계: 용서하기를 해결 전략으로 스스로 선택하기(전환)

인간은 상처를 받으면 회피 또는 복수라는 부정적인 해결 전략을 많이 사용하게 된다. 회피는 상처를 부인하거나 외면하는 방법으로서 상처에 대한 일시적인 땜질 처방이라고 할 수 있다. 사람들은 회피하기 위해 자아 방어 기제를 많이 사용한다. 이는 사람들이 자신의 내적·외적 갈등을 해결하기 위해 무의식적으로 사용하는 심리적 기제로서, 갈등이나 현실을 왜곡시킴으로써 근본적인 갈등 해결을 방해하고 문제를 악화시키는 방식이다. 예를 들어 학교 폭력을 경험한 시기의 기억을 통째로 잊어버리거나(억압) 자신이 잘못해서 왕따를 당했다고 생각(합리화)하는 식으로 대처하는 것이다.

복수는 용서보다 더 쉽고 후련하며 자연스러운 반응일지도 모른다. 누가 나를 때리면 나도 때리고 누가 나를 욕하면 나도 욕하는 것이 당연하고 공평하지 않은가? 그러나 복수는 상처를 해결하기보다는 악순환을 불러올 가능성이 높다. 유명인들이 저지른 학교 폭력을 고발하는 행위는 복수라는 문제 해결 방법을 이용한 것인데, 종종 가해자와 피해자 모두에게 부정적인 결과를 가져올 수 있다. 가해자는 명예와 직업을 잃게 되고 피해자도 명예 훼손으로 고소를 당해 추가적인 고통을 받을 수 있다.

부당하게 받은 깊은 상처를 해결하기 위한 긍정적이고 적극적이며 효과적인 방법은 **용서**다. 용서를 하게 되면 자신에게 상처를 입힌 사람을 동정, 자비, 사랑의 눈으로 바라보도록 노력하는 과정에서 상대방에 대한 부정적인 기분과 생각 및 행동이 사라지게 된다. 용서는 개인의 내적 상처를 치유하고 대인관계를 회복하는 데 가장 효과적인 방법이다. 그러나 용서라는 전략을 선택하기 위해서는 상처 받은 사람의 내부에서 심리학적인 "**전환**"이 일어나야 한다.

전환이란 "중대한 마음의 변화"를 뜻하는데, 구체적으로 정의하자면 지금까지 사용해오던 회피나 복수와 같은 문제 해결 전략이 결국 상처를 악화시키는 부정적인 결과를 낳았을 뿐임을 깨닫고 용서를 바람직한 전략으로 신중하게 고려해보는 관점의 변화를 말한다. **전환의 핵심은 상처 받은 사람이 용서를 스스로 선택하는 것이다.** 당사자는 준비되지 않았는데 주위에서 용서를 강요하면 용서에 대해 거부 반응을 보이거나, 마지못해 용서하는 척하더라도 상처가 치유되지 않고 안에서 곪는 부정적인 결과를 낳게 된다.

3) 3단계: 진정한 용서하기 전략 실천하기

진정한 용서를 돕는 여덟 가지 실천 전략이 있다.

① 새로운 눈으로 바라보기(맥락 속에서 깊이 이해하기)

우선 상처를 준 사람과 사건을 **새로운 눈으로 바라보는 방법**이 있다. 이 전략의 핵심은 자신에게 상처를 입힌 사람과 사건을 삶의 맥락 속에서 폭넓게 다시 바라보고 깊이 이해하는 것이다. 자신에게 상처를 준 사람의 삶을 조사해보는 것도 좋은 방법이다. 용서를 시도해본 학생들은 이 방법이 용서를 이끌어내는 데 큰 도움이 된다고 말했다. 자신에게 상처를 준 사람의 삶을 조사하면서 상대방과 대화를 나누고 그 사람의 입장에서 생각해봄으로써 새로운 눈으로 상처를 바라보게 된다.

② 공감과 측은지심을 키우기

상처를 입힌 사람에 대한 깊은 이해를 기반으로 상대방의 감정에 공감(empathy)하고 측은지심(compassion)을 느끼는 것이다. **공감은 상대방을 깊이 이해하게 될 때 생기는 감정으로서, 상대방의 입장에서 감정을 느끼는 것이다. 상대방이 화날 때 나도 화가 나고 상대방이 행복할 때 나도 행복한 것이 바로 공감이다. 측은지심은 공감을 넘어서 상대방을 불쌍하게 생각하고 그 사람으로부터 편안함과 따뜻함을 느끼는 것이다. 예를 들어 앞서 언급한 사례의 주인공인 현정이는 "자신의 잘못된 행동을 걷잡을 수 없었던 어린 K를 생각해보니, K가 불쌍하게 느껴지기 시작했다"고 말한다.

③ 인간은 모두 불완전한 존재라는 것을 통찰하기

인간은 불완전한 존재다. 상처를 준 사람 역시 인간으로서의 단점과 한계를 가진 불완전한 존재임을 통찰하는 것도 용서에 도움을 준다. 첫 번째 전략인 "새로운 눈으로 바라보기"를 통해 우리는 나에게 상처를 준 사람이 약하고 부족하며 잘못을 저지르기 쉬운 인간이라는 사실을 발견함으로써 용서에 마음을 열게 된다. 덧붙여 나도 상대방처럼 불완전하고 약한 존재로서 언제든 잘못을 저지를 가능성이 있으며 과거에 내가 피해를 입힌 사람의 용서를 받을 필요가 있다는 사실을 깨닫게 되면 용서하기가 더욱 쉬워진다. 상처가 발생하게 된 배경을 이해하는 과정에서 자신도 어느 정도 책임이 있다는 것을 깨닫게 되면 용서하기의 수준이 한 차원 더 높아진다.

④ 상처를 흡수하기

상처를 흡수하는 전략은 내가 받은 상처를 다른 사람에게 되돌려주지 않고 스스로 감내하고 수용하는 것이다. 예를 들어 학교 폭력으로 상처를 받았다면 집에서 엄마나 동생에게 화풀이하는 것이 아니라 스스로 그 상처를 흡수함으로써 자신과 관계를 치유하는 것이다.

그런데 상처를 흡수한다는 것은 **상처를 자기 안에 품은 채로 그것이 곪아 터질 때까지 억압하는 것과는 다르다.** 그렇게 되면 화병이 생긴다. 상처를 흡수하는 것은 내가 자발적으로 상처를 수용하고 난 다음에 여러 가지 건설적인 방법을 사용해서 그 상처를 해소하는 것이다. 앞서 언급한 새로운 눈으로 바라보기, 공감과 측은지심 느끼기를 비롯해 글쓰기, 명상하기, 취미 활동 개발하기, 마음을 터놓을 수 있는 사람과 이야기하기 등은 좋은 해소 방법이 된다.

⑤ 고통의 의미를 발견하기

용서 전문가인 로버트 엔라이트(Robert D. Enright) 박사는 상처가 준 고통의 의미를 발견하는 것이 용서하는 데 큰 도움이 된다고 주장하는데, 이는 **외상 후 성장과 관련이 있다. 내가 찾아낸 고통의 의미가 외상을 경험하고 극복하는 과정에서 생겨나는 나의 변화와 성장을 대표하기 때문이다.**

⑥ 당신에게 상처를 준 사람에게 선물하기

선물을 주는 것은 상대방에 대해 호의와 사랑을 보여주는 대표적인 방법이다. 특히 용서를 시도하는 과정에서 선물을 하는 것은 당신이 상대방을 얼마나 용서하고 있는지를 나타내는 지표가 될 수 있으며, 용서를 더욱 튼튼하게 해주고 화해의 문을 열어주는 방법이 된다. 당신에게 상처를 주었던 사람에게 줄 수 있는 선물 목록을 만들어보라. 선물이라고 해서 큰 것을 생각할 필요는 없다. 상황에 따라서 작은 것부터 시작하면 된다. 상대방을 보고 웃어주기, SNS에서 이모티콘 달아주기 등이 있다.

⑦ 주변 사람들에게 도움 구하기

인간은 사회적 동물이다. 우리는 많은 사람들과 더불어 살아가고 있으며 상처와 용서도 결국 사람들 안에서 이루어진다. **주변에 있는 사람들은 용서하기의 여러 단계에서 도움을 줄 수 있다.** 예를 들어 마음을 터놓을 수 있는 친구나 가족에게 자신의 상처에 대해 이야기함으로써 바른 시각으로 상처를 직면할 수 있으며 과거에 사용해오던 회피와 복수 전략이 비효과적임을 깨닫고 용서를 해결 전략으로 선택하는 데 도움을 얻을 수 있다. 더 나아가 주변 사람들을 통해 자신이 혼자가 아니며 사랑받고 용서받는 존재임을 깨닫게 되면 안전감을 느끼면서 분노를 줄일 수 있고 다양한 용서 전략을 실천해볼 수 있는 용기와 힘을 얻는다. 사랑받았기에 사랑할 수 있고 용서받았기에 용서할 수 있다. 많이 힘들 때는 전문가의 도움을 받는 것도 좋다.

⑧ 공개적으로 용서를 선언하기

용서는 길고 힘든 과정이다. "일보 후퇴 이보 전진"이라는 말은 용서의 과정을 잘 묘사하는 표현이다. 용서는 전진과 후퇴를 반복하면서 조금씩 앞으로 나아가는 과정이다. 이때 용서했다는 것을 자신의 마음속에만 간직하지 말고 말과 행동을 통해 공개적으로 표현하면, 용서에 대한 회의가 생기는 것을 어느 정도 막을 수 있다.

4) 4단계: 진정한 용서하기 전략 실천 평가

지금까지 진정한 용서하기를 위한 여덟 가지 실천 전략을 살펴보았다. 전략을 모두 실천하고 난 다음에는 전략을 잘 수행했는지 점검해본다. 만약에 잘 실천하지 못한 부분이 있으면 그 전략을 다시 한번 실행해볼 필요가 있다.

7. 상처로 인해 생긴 악순환의 고리를 끊으려면 어떻게 해야 할까?

우리는 초등학생 시절 학교 폭력을 경험한 현정이가 용서와 화해에 이르는 과정을 살펴보고 있다. 앞서 친구의 배신과 왕따로 인해 얻게 된 마음의 상처가 어떻게 악순환되면서 현정이의 삶에 부정적인 영향을 미쳤는지를 살펴보았다. 여기서는 현정이가 상처를 직면하고 용서를 해결 전략으로 선택하고 난 뒤에 어떻게 가해자를 용서하고 가해자가 용서를 구했는지 살펴보고, 어떤 화해 과정을 거쳐 외상 후 성장을 경험하게 되었는지 자세히 알아보자.

(1) 진정한 용서하기 전략 실천하기

나에게 상처를 준 K를 용서하겠다는 용서 서약서를 작성하고 나니 용서할 용기가 조금 생긴 것 같았지만, 이때까지만 해도 어떻게 용서를 해야 할지 제대로 알지 못했다. 너무 고맙게도 책에서 그 방향을 제시해주었고, 나는 여덟 가지 용서 전략을 모두 적용해보면서 적절한 방법을 찾아나갔다.

① 새로운 눈으로 바라보기

나는 K의 입장에서, 그 일이 있기 전에 K가 어떤 삶을 살았는지 적어보았다(분석 ⓐ). K는 외동딸로 자랐다. 자녀의 학업에 관심이 많은 부모님을 둔 K는 공부를 잘하고 늘 성적이 좋은 모범생이었다. K는 학교에서 나랑 가장 친한 친구였고, 우리 둘 다 반에서 친구도 많고 인기도 높았다. 나에게 상처를 줄 당시 K는 부모님과 선생님을 실망시키거나 그분들의 기대에 부응하지 못한 적이 한 번도 없었다.

그런데 너무 어려서 잘잘못을 제대로 파악하지 못했던 우리는 학교 규칙을 위반하게 되었는데, 아마도 K는 자신으로 인해 실망할 엄마와 선생님의 반응이 두려웠을 것이다. 분명히 자신의 선택과 결정으로 그런 행동을 했지만 나밖에 탓할 사람이 없었고, 어린 마음에 나 때문에 그런 잘못된 선택을 한 것 같다는 생각이 들어 내가 미웠을 수도 있었을 것 같다. 친구들의 신고로 선생님에게 발각된 것이라 친구들의 시선도 두려웠을 테고 자신의 모범생 이미지를 잃게 되진 않을까 무서웠을 것이다. 그래서 K는 친구와 선생님과 부모님에게 모든 것이 내 탓이라고 돌려 말하면서 본인의 잘못을 감추기 위해 방어적으로 친구들에게 내 험담을 하면서 나를 괴롭히고 따돌렸지만, 우리는 가장 친한 친구였기에 K의 마음도 실제로는 불편했을지도 모른다.

이렇게 K의 입장에서 그 사건을 보니 K가 잘못한 것은 분명하지만 조금이나마 K를 이해할 수 있었다.

* 분석 ⓐ: 이 전략은 자신의 상처를 삶의 맥락 속에서 폭넓게 다시 바라보고 깊이 이해하려는 시도다. 이를 위해 자신에게 상처를 준 사람

의 삶을 조사해보면 도움이 된다. 불편한 상대방과 직접 또는 상상 속에서 진지한 대화를 시도하면서 그 사람의 입장에서 사건을 새로운 눈으로 바라보고 이해하게 된다.

② 공감과 측은지심의 발달

빈 의자를 놓고 K의 입장에서 생각하고 말을 해보니 다음과 같은 생각이 들었다. K는 그동안 주변 사람들을 실망시킨 적이 없었는데 그런 일이 생기고 나니 어떻게 대처해야 할지 잘 몰랐고, 우정을 잃는 것보다는 주변 사람들을 실망시키는 것이 더 두려워 어린 마음에 잘못된 해결 방법을 생각해냈다. 그 과정에서 K도 우리가 함께 쌓아 온 우정이 무너지고 소중한 친구였던 나에게 상처를 주는 것 같아 슬픔과 두려움을 느꼈을 것이다. 자신의 잘못된 행동을 돌이키거나 멈출 수 없던 어린 K를 생각하니 K가 불쌍하게 느껴지기 시작했다.

　나는 이 책을 읽으면서 상대에 대한 용서를 시도하는 동안 K에 대한 증오의 마음이 들 때면 자비명상을 함으로써 불편한 마음을 덜어내고 상처를 다독였다.

③ 인간은 모두 불완전한 존재임을 통찰하기

"그때 우리는 둘 다 너무 어려서 인생 경험이 적었기 때문에 문제에 어떻게 대응해야 할지 몰라서 그런 잘못을 경험함으로써 옳고 그름을 깨우치던 시기였을 수도 있겠구나. 너 또한 불완전한 인간이어서 그런 잘못된 해결 방안을 떠올렸을 수도 있겠구나"라고 생각하게 되었다.

④ 상처를 흡수하기

내가 K에 대한 용서를 시도해보고 싶다고 생각하게 된 이유는 그때 받은 상처가 아직도 나의 인간관계에 영향을 미치는 악순환의 고리를 끊고 싶어서였다. 나는 친구들에게 상처를 받은 뒤로 마음의 문이 닫혀서 사람과 깊은 관계를 맺는 것을 두려워하게 되었다. 누군가가 나를 친구로서 좋아해주고 다가오면 먼저 선을 긋고 등을 돌렸다. 나중에서야 그런 나의 행동이 그 친구에게 상처가 되었을 수도 있겠다는 생각이 들었고, 뒤늦게 당시 조건 없이 내게 다가와주던 친구의 마음이 고맙게 느껴져서 이제는 내가 달라져야겠다고 생각하게 되었다. 내 닫힌 마음 때문에 누군가가 또 상처를 받을 수 있음을 깨달았기 때문이다.

그래서 나는 두려운 마음이 들 때면 일기장에 솔직한 심정을 적은 다음 스스로 괜찮다고 다독여주는 버릇을 들였고, 그런 마음을 친구에게 말로 표현하기보다는 일기를 쓰면서 풀기로 했다. 그러면서 친구들에게 먼저 연락도 하고 약속도 잡는 등 마음을 열고 변화를 만들기 시작했다.

⑤ 고통의 의미 발견하기

나에게 등 돌린 친구들이 나를 싫어하기 위해 안 좋은 점들만 과장해서 말하긴 했지만, 그래도 덕분에 사람들을 대할 때 나오는 나의 안 좋은 점들을 극대화된 형태로 직면할 수 있었다. 나는 그 일을 계기로 사람들의 기분을 좋게 해주는 말과 실례가 되는 말을 분명하게 구분하게 되었고, 말을 하기 전에 다시 한번 생각하는 버릇을 들일 수 있었다. 그 사건으로 인해 내 속마음은 외롭더라도 적어도 겉으로는 주변에 사람을 많이 둘 수 있는 사람이 되었다. 그때 일이 나에게 해만 끼친 것은 아니라는 생각이 드니, 상처 받은 마음이 조금은 누그러드는 것 같았다(분석 ⓑ).

* 분석 ⓑ: "고통의 의미 발견하기" 전략을 통해 용서의 가장 큰 혜택인 자기 치유와 성장을 경험하게 된다. 지금까지 부정적으로만 생각했던 상처가 지닌 긍정적인 의미를 되짚어보고 위로를 받음으로써 외상 후 성장을 할 수 있는 전화위복의 발판을 마련하게 된다.

⑥ 상처 준 사람에게 선물하기

이 전략은 너무 어려웠다. 오래전 일이라 이미 K와는 먼 사이가 되어버려서 K가 아직도 나를 떠올리기는 하는지, 어떻게 다가가야 하는지 두려움과 고민이 많았다. 그래도 선물을 하게 된다면 K를 용서하기 위한 대화를 나눠볼 수 있을 것 같아 시도해보았다.

내가 생각한 선물은 먼저 안부 물어보기, 카톡으로 이모티콘 보내기, 카페에 가서 맛있는 케이크를 사주고 재밌는 하루를 보내기 등이 있었는데, 첫 번째는 괜찮은 것 같았고 나머지 방법은 별로 내키지 않았다.

그래서 일단 마음이 편안한 첫 번째 방법부터 시도해보기로 했다. 정말 오랜만에 용기를 내어 K에게 어떻게 지내냐는 카톡을 보냈는데, 걱정했던 것과 달리 K는 빠르게 답장을 하면서 내 안부를 물었다(분석 ⓒ). 이렇게 K와 다시 대화해보니 사건이 있기 전 둘도 없는 친구였을 때가 떠오르기도 하고, K 역시 아직 나를 생각하면서 미안해하고 있다는 것이 느껴져서 미움이 사라지고 큰 벽을 하나 넘은 것 같은 마음이 들었다.

* 분석 ⓒ: 내가 먼저 상처를 준 사람에게 연락하는 일은 매우 어렵다. 그럼에도 불구하고 용기를 내어 먼저 연락을 시도했을 때 의외로 상대방이 빠르게 반응하는 경우가 많다. 상대방도 자신이 잘못한 것을 알고 있지만 미안함이나 죄책감을 크게 느껴서 감히 먼저 연락을 시도하지 못하고 있기 때문이다. 그래서 "상대방에게 연락하기"는 용서와 화해에 가장 도움이 되곤 한다.

그러나 상대방이 내 선물을 받지 않을 수 있다. 먼저 용기를 내서 연락했는데 응답하지 않을 수도 있다. 그런 반응에 다시 상처를 받지 말고 상대방이 아직 준비되지 않았거나 성숙하지 못해서 그렇다고 여기면 된다. 어쨌든 나는 최선을 다한 것이니까.

⑦ 주변 사람들에게 도움 구하기

이 전략은 내가 오래전부터 고통을 극복하기 위해 사용해왔던 전략이라 어렵지 않았다. 친구들이 모두 내게 등을 돌렸을 때도 내 편이 되어준 것은 엄마였다. 엄마는 항상 무슨 일이 있어도 내 편이라고 말해주었는데 그 말만으로도 엄청난 힘이 되었다. 덕분에 엄마에게만큼은 마음을 열고 모든 일을 털어놓으면서 친구들의 비난으로 인해 낮아진 자존감을 조금이라도 회복할 수 있었고 친구 관계를 회복하는 데도 큰 도움을 받았다. 이 지점에 이를 때쯤

나는 K를 많이 용서할 수 있게 되었다.

⑧ 용서를 공개적으로 선언하기

용서하고자 하는 마음을 후퇴시키지 않기 위해 나는 용서하기 증서를 작성하고 상처 극복에 많은 도움을 주었던 엄마를 증인으로 세웠다.

　진정한 용서하기 전략 여덟 가지를 모두 실천한 후에 내가 전략을 제대로 수행했는지 확인하기 위해 〈진정한 용서하기 전략 실천 점검표〉를 작성했다. 점검 결과를 보니 용서하기 전략 중 "선물하기"가 잘 수행되지 않은 것 같아서 K에게 지속적으로 연락하여 조금 더 서로의 마음을 확인하고 경계심을 푼 후에 카페에 가서 맛있는 케이크를 선물로 사주고 직접 이야기를 하는 등의 노력을 해야겠다고 다짐했다.

(2) 화해하기

K와 다시 연락한 후 대화를 나누면서 서로의 마음이 어느 정도 풀어져 있음을 확인했다. 가능성이 충분히 있을 것 같아서 화해를 시도해보기로 했다. 한 번 더 다짐하고 의지를 확인하는 차원에서 책에 나와 있는 〈화해 시도 결심 서약서〉를 작성하였다.

　K와 대화하다 보니 그 친구가 나에게 죄책감과 미안한 마음을 많이 갖고 있다는 것이 느껴졌고, 아무래도 K의 자존심 때문에 우리가 제때 화해할 수 없었던 것 같았다. 나는 K에게 안부를 물어보면서 대화를 시작했고, 우리

는 서로의 이야기를 들어주려고 노력했다. K는 나와 연락을 하던 도중 그때 일에 대해 용서를 구했다. 나는 더 마음을 열고 화해를 하기 위해 내 입장에서 K의 행동을 어떻게 받아들였고 그 후 어떤 일들이 있었는지 또 내 감정이 어땠는지를 구체적으로 말했다.

그러자 K는 눈물을 터트리며 다음과 같이 말했다. "나도 내가 잘못 행동하고 있다는 것을 알았지만 내 잘못을 들키는 것이 두려워서 감추려고 하다 보니 어쩔 수 없었어. 나도 그 뒤로 계속 죄책감에 시달리며 살았어. 동네에서 너를 마주칠 때마다, 친구를 통해 네 소식을 들을 때마다 죄책감에 몸 둘 바를 몰라서 맨날 피해 다니기만 했는데, 이렇게 먼저 연락해줘서 정말 고마워"(분석 ⓓ).

우리의 화해는 서로 적극적으로 노력하고 마음을 연 덕분에 생각보다 수월하게 이루어졌다. 내가 K를 용서하더라도 K가 마음을 다시 열어줄지 두려운 마음이 컸는데 용기를 내어 다가와 준 K가 고마웠고, 무엇보다도 용기를 내고 노력한 내 자신을 칭찬해주고 싶었다(분석 ⓒ). 화해하기의 과정을 거치면서 상처의 정확한 원인을 찾아 문제를 풀어낸 것 같아 정말 시원한 느낌이 들었다. K와는 절대 화해를 할 수 없다고 믿었는데, 미워하는 마음 또한 상대방에게 어느 정도의 관심과 좋아하는 마음이 남아 있어야 생기는 것이라는 말이 정말인지, K의 이야기와 진심 어린 사과를 들으니 미웠던 마음이 녹고 친구를 되찾은 것 같았다.

화해하기를 실천하고 난 후 나에겐 아주 작지만 큰 발전 가능성을 담은 변화가 생겼다. K에게 먼저 용기를 내어 다시 다가간 끝에 화해에 성공하고 나니, 친구에게 먼저 다가가는 일이 덜 두렵게 느껴졌다. 이번 화해로 인해 다시 용기를 얻은 것이다. 한동안 어느 정도 선을 그으며 친구를 대하는 것이 익숙해진 바람에 아직 적극적으로 다가가는 방법이 어색하지만, 이번 용서와 화해하기의 경험을 통해 큰 용기를 얻음으로써 내 성격을 예전처럼 바꾸어 놓을 수 있는 큰 전환점을 만들었다. 앞으로 한층 더 너그럽고 관대한 마음을 가지고 여유롭게 상대를 대할 수 있을 것 같다.

항상 어딘가 불편했던 나의 인간관계의 원인이 진정한 용서와 화해가 이루어지지 않아서였다니!! 전혀 생각지도 못했다. 나는 그동안 상처에 머물러 있으면서 현재의 소중한 관계를 놓치고 있었다. 이제 나는 용서가 상처와 아픔에서 나를 치유하고 옛사랑과 우정을 회복시켜줄 수 있다는 깨달음과 용기를 얻게 되었다.

* 분석 ⓓ: 잘못을 인정하기가 두려웠다는 K의 말은 용서 구하기가 얼마나 어려운 일인지를 잘 알려준다. K가 겁을 먹고 사과하지 않은 바람에 가장 친했던 두 사람을 비롯해 주변 사람들의 관계까지 10여 년 동안 부정적으로 변질되었던 것이다. K가 용기를 내어 현정이를 만나고 진심으로 사과한 순간 두 사람은 용서와 화해의 길로 들어서게 되었다. 우리는 이 사례를 통해 용서의 과정을 통해 가해자도 치유되고 성장할 수 있음을 확인함으로써 진심으로 사과하는 것의 중요성을 되새기게 된다.

* 분석 ⓔ: 화해는 두 사람 사이의 상호 과정이다. 이 사례에서 현정이와 K 모두 마음을 열고 적극적으로 용서에 참여했기 때문에 진정한 화해가 이루어질 수 있었다. 화해는 피해자와 가해자 간에 진정한 용서하기와 용서 구하기가 이루어지고 난 뒤에야 가능하다는 점을 항상 명심해야 한다.

(3) 치유와 외상 후 성장에 대한 종합 분석

초등학교 때 가장 친한 친구의 배신과 왕따로 인해 10여 년 동안 고통을 받던 현정이는 용서하기를 체계적으로 시도하면서 상처에서 치유되고 성장하게 되었다. 현정이의 "외상 후 성장" 단계에서 드러난 변화를 분석해보면 다음과 같다.

① 인간관계에서 악순환의 고리를 끊어내고 자신감을 획득함

사람으로부터 다시 상처 받는 것이 두려워서 깊은 인간관계 맺기를 두려워했는데, 용서의 과정을 거치면서 자신이 혼자 힘들어했던 원인을 발견해낼 수 있었고, 그걸 통해 악순환의 고리를 끊어낼 수 있었다. 그리고 인간관계에서 자신감을 가질 수 있게 되었다.

② 자신의 단점을 알고 개선함

그 사건 이후 친구들이 떠나가면서 현정이의 단점을 이야기해주었다. 덕분에 현정이는 대인 관계에서 표출되는 자신의 단점을 극대화시켜 직면할 수 있었다. 그 일을 계기로 사람들의 기분을 좋게 해주는 말과 실례가 되는 말을 분명하게 구분할 수 있었고, 말을 하기 전에 다시 한번 생각을 하는 습관을 만들 수 있었다.

③ 관대함을 학습하게 됨

용서의 과정을 직접 경험하면서 무슨 일을 겪어도 타인을 너그러운 마음으로 대하고 관계에서 상처를 덜 받을 수 있는 관대함을 얻게 되었다.

④ 자신을 더욱 사랑하게 됨

현정이는 힘든 용서의 과정을 거치고 화해를 하게 되자 자신이 기특하고 고맙게 느껴졌다. 인간관계에서 오는 두려움이 없어졌으며, 그에 따라 한층 더 너그럽고 관대한 마음을 가지고 여유롭게 상대를 대할 줄 아는 사람으로 변화하게 된 자신을 더욱 사랑하게 되었다.

8. 나오며

유명인들에 대한 학교 폭력 고발이 빈번해지는 가장 큰 이유는 이렇다. 학교 폭력을 당한 피해자들은 오랫동안 엄청난 고통을 받고 있는데, 아무런 사과나 반성 없이 대중들의 찬사를 받으며 잘사는 가해자들의 모습이 피해자들의 고통을 가중시켰기 때문이다. 학교 폭력 고발은 복수라는 문제 해결 방식의 하나인데, 결과적으로는 가해자와 피해자 양쪽에 부정적인 영향을 미치고 상처로 인한 악순환을 심화시킬 수 있다. 예를 들어 가해자들은 모든 것을 잃고 자신의 직업에서 퇴출되는가 하면, 피해자들은 명예 훼손으로 고소당하면서 더욱 고통 받는 경우가 종종 발생한다.

반면 현정이의 사례에서 볼 수 있듯이 체계적인 용서가 이루어진다면 피해자와 가해자가 모두 상처를 치유하고 성장할 수 있다. 용서는 학교 폭력이 일어난 직후 최대한 빨리 실행하는 것이 좋다. 그렇기 때문에 어릴 때부터 가정과 학교에서 체계적인 용서에 대한 교육을 실시함으로써 용서를 습관화할 수 있도록 도울 필요가 있다. 아이들이 체계적인 용서를 습관화하게 되면 애초에 상처가 생길 일을 줄일 수 있으며, 상처를 받더라도 그로 인한 영향을 잘 소화할 수 있기 때문에 결과적으로 학교 폭력을 예방하고 치유하는 데 큰 도움이 된다.

다행히 우리나라에도 체계적인 용서 과정에 대한 교육/상담 프로그램들이 개발되어 있다("더 읽어보기" 참고). 앞으로 더욱 적극적으로 용서에 관한 이런 프로그램을 활용하여 학교 폭력을 효과적으로 예방하고 치유할 수 있게 되기를 바란다. 아울러 가정 폭력과 우리 사회에서 점점 더 심화되고 있는 이념적·경제적·종교적 갈등을 해결하기 위해서라도 체계적인 용서 과정을 적극적으로 받아들이고 활용할 필요가 있다.

분노는 당신을 더 하찮게 만드는 반면

용서는 당신을 예전보다 뛰어난 사람으로 성장하게 한다

- 셰리 카터 스콧

더 읽어보기

『상처의 덫에서 행복의 꽃 피우기』(오영희, 학지사, 2015): 용서와 화해 실천서라는 부제가 붙은 이 책에는 용서하기, 용서 구하기, 화해하기에 대한 자세한 설명과 구체적인 사례 및 활동지 등이 포함되어 있다.

『악마 같은 친구를 보았다』(오영희, 학지사, 2022): 용서, 치유, 외상 후 성장에 대한 사례집이라는 부제를 갖고 있는 이 책은 가족과 학교 폭력 가해자들을 용서함으로써 치유되고 외상후 성장을 이룬 일곱 가지 사례를 상세히 소개한다.

『용서를 통한 치유와 성장』(한국 용서와 화해 연구회, 학지사, 2016): 이 책에는 8회기의 용서 프로그램이 제시되어 있다.

『사과를 통한 치유와 성장』(한국 용서와 화해 연구회, 인싸이트, 2020): 5가지 좋은 사과에 대한 설명, 4회기의 사과 교육 프로그램, 사과 카드, 보드게임이 포함된 교구다.

주요 참고문헌

김교현 등, 『젊은이를 위한 정신건강』, 학지사, 2010.

오영희, 『상처의 덫에서 행복의 꽃 피우기』, 학지사, 2015.

오영희, 『악마 같은 친구를 보았다』, 학지사, 2022.

한국 용서와 화해 연구회 편, 『사과를 통한 치유와 성장』, 인싸이트, 2020.

과거의 부정적 집단 갈등 경험 다루기

정치 사회학의 관점에서 보는 용서와 화해

김병로

1. 노트르담 대학교 크록 연구소의 가치 실험

미국 시카고에서 자동차를 몰고 동쪽으로 2시간쯤 가다보면 가톨릭을 배경으로 설립된 노트르담 대학교가 나온다. 이 학교 안에 국제 평화 문제를 전문적으로 가르치고 연구하는 크록 연구소(Kroc Institute)가 있는데, 이 연구소는 세계적인 패스트푸드 업체 맥도날드 회장의 미망인인 조앤 크록(Joan Kroc)이 내놓은 자선 기금으로 1986년에 세워진 곳이다. 그런 연유로 그분의 이름을 따서 크록 국제평화연구소(Joan B. Kroc Institute for International Peace Studies)라는 공식 명칭을 사용하고 있다. 크록 연구소는 세계적으로 가톨릭의 평화 사상과 평화 운동의 방향을 이끌고 있으며, 평화학을 공부하는 수많은 학생과 교수들이 이곳을 찾는다.

수년 전 크록 연구소에서 매년 진행하는 국제 여름 학교

(International Summer Institute)에 참여한 적이 있다. 강좌 자체도 유익했지만, 프로그램 시작 전 진행한 활동이 매우 흥미로웠다. 참가자들에게 분쟁, 다툼, 갈등을 해결하는 데 가장 필요한 원리나 가치가 무엇이며, 무엇 때문에 갈등과 분쟁이 해결되지 않는다고 생각하는지를 물은 다음, 각자 자기가 가장 중요하다고 생각하는 가치를 하나씩 선택하도록 했다.

보기로 주어진 가치는 평화(peace), 정의(justice), 자비(mercy), 진실(truth)이었다. 갑자기 받은 질문이라 깊이 숙고할 겨를은 없었지만 급한 대로 생각해보았다. 뭐가 가장 중요하지? 갈등과 분쟁을 해결하기 위해 가장 필요한 것은 뭘까? 그렇게 생각을 거듭해보니 평화나 정의, 자비보다는 진실이 가장 필요한 것 같았다. 다툼이 일어나면 대부분 누구의 말이 사실인지 제대로 밝히지도 않은 채 각자 상반되는 주장만 우기기 때문에 싸움을 그치기 어렵다. 나는 모든 싸움과 분쟁에 대해 도대체 무엇이 진실이고 누가 무엇을 잘못했는지를 따져봐야 속이 시원할 것 같은 생각이 들었다. 그래서 진실을 선택했다.

참가자들은 각자 선택한 가치에 해당하는 테이블로 가서 앉았다. 나는 진실 팀으로 자리를 옮기면서 다른 사람들은 뭘 선택했는지 궁금했다. 그런데 사람들이 선택한 결과를 보고 놀랐다. 어느 한쪽으로 쏠림이 없이 평화, 정의, 자비, 진실 그룹에 골고루 앉은 것이 아닌가! 순간 나는 탄성을 내뱉고 말았다. 바로 이거구나! 사람들의 생각이 이렇게 다르구나. 이렇듯 추구하는 가치가 다양하게 나뉘어 있기 때문에 사람들 사이의 갈등이 완전히 해결될 수 없구나. 정의를 소중히 생각하는 사람이 있는가 하면 평화가 더 중요하다고 여기는 사람이 있다. 진실을 파헤쳐야 한다고 주장하는 사람이 있는가 하면 자비를 베푸는 것이 훨씬 더 낫다고 여기는 사람이 있다. 사람들의 생각이 이 정도로 다르다는 사실도 그렇거니와 네 개의 가치에 고르게 분포된 모습도 놀라웠다.

평화, 정의, 자비, 진실 네 팀으로 나누어 간략한 토론을 진행하면서 우선 왜 그 가치를 선택했는지 팀별로 설명하는 시간을 가졌다. 또 자기 팀 입장에서 어떤 팀(가치)이 가장 문제가 되는지, 즉 무엇 때문에 갈등이 해결되지 않고 문제가 악화되는지를 지적하면서 상대 팀을 비판하는 논쟁도 하였다. 이와 반대로 자기 팀과 함께 협력할 만한 팀을 선택하여 지지 발언을 하는 순서도 있었다. 이때 정의가 진실과 한 편을 이뤄 자비나 평화를 비판하거나, 자비와 평화가 하나가 되어 진실과 정의를 비판하는 모습을 볼 수 있었다. 이를 통해 정의와 진실은 실체의 변화를 중시하는 가치임에 반해, 평화와 자비는 관계를 중시하는 가치로 짝을 이룰 수 있음을 알게 되었다. 또한 사람들의 가치관은 근본적으로 불완전하게 나누어진 상태이기 때문에 서로 이해하고 협력해야만 갈등을 해결하고 평화를 이룰 수 있다는 평범한 진리를 다시금 깨닫게 되었다.

2. 이상과 현실, 개인과 집단

신앙인이라면 용서와 화해에 관한 말씀을 귀가 따가울 정도로 들었을 것이다. 예수께서 형제의 죄를 몇 번이나 용서해야 하는가를 묻는

베드로에게 일곱 번을 일흔 번까지라도 용서하라고 하신 일이나, 제단에 예물을 드리려다가 형제에게 원망들을 만한 일이 생각나면 먼저 가서 형제와 화해한 다음에 다시 와 예물을 드리라고 권면한 성서의 말씀은 그리스도인들에게 상식처럼 받아들여지고 있다. 그런데 이런 말씀이 제대로 실천되지 못하고 헛바퀴를 도는 이유는 무엇일까? 여러 이유가 있겠지만 용서와 화해를 액면 그대로 적용하고 실천하기 어려울 정도로 우리 삶의 현실이 복잡하게 얽혀 있기 때문일 것이다. 실제로 용서하고 화해하며 살겠다는 굳은 다짐만으로는 삶의 현장에서 맞닥뜨리는 복잡한 갈등과 문제를 해결하기 쉽지 않다.

한국전쟁이나 금강산 관광객 피살 사건, 천안함 피격 사건 등 남북 간에 얽혀 있는 굵직한 사건들을 떠올려보면 용서와 화해가 그리 쉬운 일이 아니라는 사실을 충분히 짐작하게 된다. 만만치 않은 대상을 상대로 씨름해야 하기 때문이다. "원수도 사랑하라"는 말씀을 기독교의 핵심 가치로 믿고 있는 와중에 "때려잡자, 김일성!"이라는 정치적 구호를 만나면 도대체 어떻게 행동할지 난감하다. 신앙은 신앙이고 정치는 정치이므로 원수도 사랑하라는 말을 정치와 이념으로까지 연결시켜 해석하면 곤란하다고 말하는 사람이 있을 것이고, 반대로 정치적 상황이나 이념과는 상관없이 누구든 용서하고 화해해야 한다고 주장하는 사람도 있을 것이다.

이런 생각의 차이는 이상과 현실의 괴리에서 생기는 것으로서 둘 사이의 간극은 쉽게 메워지지 않는다. 이상주의자는 용서와 화해를 통해 평화가 실현될 수 있다는 확신을 갖고 있는 반면, 현실주의자는 그런 생각이야말로 현실을 직시하지 못한 환상에 불과하다고 비판한다. 이상을 추구하는 사람은 내면의 진실된 변화를 통해 용서와 화해 및 평화를 이룰 수 있다고 믿지만, 현실을 잘 아는 사람은 개인의 신념과 비전만으로는 용서와 화해를 실현하기가 불가능하며 권력의 중재와 이익 조정 같은 집단적 노력이 있어야만 가능하다고 생각한다.

이상과 현실의 간극이 개인에서 집단으로 옮겨지면 용서와 화해는 훨씬 더 다루기 어려운 주제가 된다. 집단적 수준에서는 개인의 공감과 신념을 넘어서는 제도와 구조의 역학이 작동하기 때문이다. 개인적 차원에서는 용서와 화해의 가치에 눈물을 흘리며 공감하더라도, 정치적이고 사회적인 차원에 이르면 공감과 신념을 집합적으로 동원·활용해야 하기 때문에 더 많은 노력과 전략적 지혜가 요구된다. 용서와 화해의 문제를 집단과 국가 수준에서 적용하고 실천하려면 그것이 적용되는 정치 사회적 상황과 맥락을 주의 깊게 따져보아야 하는 이유가 여기에 있다.

이 글에서는 이런 점에 주목하여 용서와 화해가 이루어지는 정치 사회적 공간에 주목하려고 한다. 용서와 화해는 다양한 관계와 맥락 속에서 이루어지므로 갈등과 문제가 발생하는 현장이 어디인가를 파악하는 일이 중요하다. 그 관계의 수준이 개인과 소그룹인지, 아니면 국제 사회와 같은 큰 단위인지도 중요하다. 신념과 태도 변화는 화해를 다루는 데 중요한 역할을 하기 때문에 그 집단의 성격과 수준을 명확히 정의해야 화해의 특징을 이해할 수 있다. 이 글에서는 이런 문제 의식을 갖고 정치 사회학의 시각에서, 즉 정치 사회의 공간에서 용서와 화해의 문제를 어떻게 다루어야 하는지를 논의해보고자 한다.

3. 화해, 과거의 부정적 경험 다루기

『스탠퍼드 철학 백과사전』(Stanford Encyclopedia of Philosophy)에 의하면 화해는 갈등 관계에 있던 행위자들이 관계를 개선하는 과정이며, 용서는 화해를 이루는 가장 중요한 요소 중 하나다. 이런 정의에서 짐작할 수 있듯이 용서와 화해는 현재나 미래보다는 과거의 문제에 초점을 맞추고 있다. 용서와 화해는 결과적으로 평화롭고 공정한 미래의 관계를 지향하지만, 일반적으로 과거의 갈등과 부당한 경험에 의해 생겨난 악의적인 감정, 의심, 피해와 같은 문제를 다루는 것이 특징이다. 따라서 우리는 과거의 정서적, 인식론적, 실질적 경험이 만족스럽게 해결되어 미래에 더 좋은 관계가 보장되는 그것을 화해라고 말한다.

노르웨이 평화학자 요한 갈퉁(Johan Galtung)은 이런 점에 집중하여 화해를 과거의 부정적 경험인 트라우마를 해소하는 과정으로 정의한다. 실질적인 이익 갈등이라는 현재의 문제를 다루는 갈등 해결과 달리 과거의 폭력적인 경험으로 인해 형성된 부정적인 감정과 정서의 문제를 해소하는 과정을 화해라고 말한다.

일각에서는 화해를 더 적극적 의미로 해석하기도 한다. 영국 브래드퍼드 대학교의 평화학자 톰 우드하우스(Tom Woodhouse)는 근본적인 차이에도 불구하고 적대적 관계를 회복하고 비폭력적으로 공존하는 방법을 배우는 것으로 화해를 정의한다. 단순히 과거의 부정적 경험을 기반으로 형성된 적대적 감정을 극복하는 것을 넘어 현재 당면한 대립적 갈등과 차이를 해결하기 위해 대화, 소통, 협력하려는 태도와 가치를 화해라는 개념으로 포괄하는 것이다.

이처럼 화해는 소극적 의미에서 적극적 개념으로 발전하는 일련의 과정으로 볼 수 있다. 즉 서로 적대적이던 집단 구성원들이 서로를 받아들이는 구조와 심리적 과정으로 이해할 수도 있는 것이다. 예컨대 폭력이 부재하고 법이 준수되는 소극적 상태를 낮은 수준의 화해 또는 약한 화해로 볼 수 있고, 서로 차이가 있지만 그것을 존중하고 인정하며 비전을 공유하는 상태를 더 높은 수준의 화해 또는 강한 화해라고 말할 수 있다. 이를 종합해보면 서로에 대한 신뢰와 긍정적 태도, 상대방의 요구와 이익을 민감하게 고려하는 진정한 수용이 이루어진 상태를 화해라고 정의할 수 있겠다. 한마디로 화해는 갈등을 경험한 당사자들이 함께 공존하며 살아가는 방법을 배우는 과정으로서 매우 근본적인 태도의 변화가 있어야 가능하다.

따라서 부정적·소극적 관계에서 긍정적·적극적 관계로 진행되는 과정이라고 생각하면, 싸움과 다툼을 종식하는 단계, 양극화를 극복하는 단계, 대립을 관리하는 단계, 다름을 인정하는 단계로 발전해 나간다고 정리할 수 있다. 이런 맥락에서 톰 우드하우스는 『현대 갈등 해결』(Contemporary Conflict Resolution)이라는 책에서 다툼을 종식하기 위해서는 가장 먼저 정치적 분리를 단행해야 하며, 다음 단계로 당사자가 타협할 수 없는 갈등이 무엇인가를 파악한 후 그것을 극복해야 한다고 말한다. 양 당사자가 상대를 악마화하고 자신만 피해자라는 확신을 고수하는 한 더 깊은 화해의 단계로 들어가기는 어렵다. 양측이 모두 피해자라는 사실을 공감하고 상대를 인간적으로 받아들여야 한다. 그 후에도 갈등이 여전히 존재하겠지만, 서로 다른 정치적, 경제적 요구와 차이를 연결시키는 노력을 지속함으로써 관계가 더욱 돈독해지도록 해야 한다. 문화에 따라서는 이 과정에 속죄와 용서가 수반되기도 하는데, 일반적으로 과거의 잘못에 대해 진심으로 사과하고 상대에 대한 과거의 관념을 수정함으로써 상대를 나와 같은 인간으로 받아들이게 된다.

1) 이행기 정의와 회복적 정의

과거의 문제를 해결하고 이를 바탕으로 더 나은 관계로 발전해나가는 과정으로 화해를 정의하다보면, 과거의 문제를 "어떻게" 해결함으로써 미래의 건강한 관계로 나아갈 수 있는가라는 문제에 이른다. 특히 과거에 행한 잔혹 행위를 어떻게 처리하는 것이 좋은가라는 난제에 부닥친다. 르완다나 유고슬라비아처럼 내전으로 대량 학살을 경험한 나라를 보면 알 수 있듯이 과거의 심각한 문제를 해결하지 않고는 평화롭고 공정한 미래로 나아가기 어렵다. 이행기 정의(transitional justice)는 바로 폭력적 갈등을 겪은 사회가 민주사회로 발전하는 과정에서 과거의 문제를 어떻게 다루어야 하는가의 고민을 담고 있다.

화해는 이행기 정의에서 중요한 개념으로서 갈등 후 평화 구축이나 제도화 및 민주화를 이뤄가는 과정에서 과거사(국가 기관에 의한 폭력)를 어떻게 처리해야 하는지와 밀접하게 연관되어 있다. 화해 논의에서 이행기 정의에 관한 접근법은 크게 세 가지로 정리된다. 응징적(retributive) 접근과 화해적(reconciliatory) 접근, 이들을 결합한 전체론적(holistic) 접근이 바로 그것이다. 응징적 접근을 주장하는 사람들에 따르면 잘못된 행동에 대해 응당한 처벌을 가하는 것이 바로 정의기 때문에 범법자는 그에 상응하는 처벌을 받아야 한다. 이들은 과거의 잘못을 공정하게 처리하는 과정을 밟아야 평화롭고 공정한 미래를 설계할 수 있다는 관점을 유지한다. 그러나 화해적 접근이나 회복적 정의를 강조하는 사람들은 과거의 진실을 밝히되 더 나은 미래를 위해 과도한 처벌 대신 화해를 중시해야 한다고 말한다. 남아프리카공화국은 이런 접근을 취한 대표적인 사례다. 그들은 정의를 추구하는 과정에서 화해가 매우 중요하다고 여기고 구체적으로 진실과 화해 위원회(TRC)를 구성함으로써 과거의 범죄를 밝히되 미래를 위한 화해에 무게를 두는 방식으로 문제를 해결하였다.

4. 화해는 어떻게 이루어지는가? 화해의 과정과 절차

화해는 다양하고 복합적인 일련의 과정으로 진행된다. 화해의 구성 요소 및 바람직한 절차를 놓고 심도 있는 논의가 진행되어 왔다. 학자들은 대체로 화해를 위한 몇 가지 핵심 요소가 존재한다고 생각하며, 화해에 필요한 일련의 과정을 9단계 혹은 12단계로 설명한다. 앞서 언급한 『스탠퍼드 철학 백과사전』은 "사과, 추모, 진실 확인, 사면, 재판과 처벌, 법적 과거 말소, 배상, 용서, 참여"라는 9단계 과정으로 화해를 설명한다. 이와 더불어 적대적 관계에 있는 행위자 사이의 화해는 서로에게 피해를 입힌 부분에 대해 사과를 하는 데서부터 시작됨을 강조한다. 사과와 추모를 통해 화해가 어느 정도 진전되면 진실 확인 작업을 거쳐 화해를 더 증진해나간다. 진실을 확인한 다음에는 상황과 맥락에 따라 사면, 처벌 및 배상 등이 적절히 이루어지도록 한다. 그리고 적극적 화해 과정의 필수 요소라 할 수 있는 용서를 통해 신뢰 회복과 정서적 화해를 도모해나가며, 마지막으로 행동을 통해 온전한 화해를 이룬다.

요한 갈퉁은 화해를 위한 12가지 차원의 접근을 제안했다. 이는 구체적으로 ① 모든 사람(집단)이 피해자임을 강조하는 면죄부 접근, ② 가해자가 피해자에게 실행하는 유무형의 배상과 보상, ③ 가해자의 사과와 피해자의 용서, ④ 가해자의 죄책과 참회(기독교적 접근), ⑤ 재판과 처벌, ⑥ 모든 사람이 가해자임을 강조하는 불교적 접근, ⑦ 사실과 역사를 있는 그대로 접근 ⑧ 피해자의 주관적인 경험에 초점을 맞추는 진실과 공개적인 접근, ⑨ 많은 사람들이 슬픔을 공유할 수 있는 행사, 기념일, 기념 공간 마련, ⑩ 갈등 집단이 함께하는 재건 노력, ⑪ 정치적 엘리트에 의한 협상과 문제 해결, ⑫ 복합적 접근으로 구성된다.

1) 사과, 화해의 시작

앞서 설명한 것처럼 구체적인 단계에는 차이가 있을 수 있지만, 화해가 이루어지려면 복합적인 과정과 절차가 필요하다. 그중 무엇보다도 화해의 시작이 어떻게 이루어지느냐가 중요하다. 일반적으로 화해는 과거의 잘못을 인정하는 사과(apology)에서 출발한다는 데 동의하는 학자들이 많다. 사과는 자신이 잘못을 저질렀음을 상대에게 인정하는 것인데, 문제는 그 사과에 얼마나 진정성이 담겨 있느냐를 놓고 화해가 더 진전되지 못한 채 맴도는 경우가 허다하다는 것이다. 진정성이 담긴 사과에는 응당 어떤 부분이 잘못되었는지를 밝히면서 그에 대한 책임을 인정하고 그 잘못을 뉘우친다는 말이 포함되어야 한다. 주변에서 흔히 접할 수 있듯이 그 실수가 무엇인지 밝히지 않은 채 단순히 "실수가 있었다"라든지 "유감을 표한다"라고 명시하는 정도로는 상대가 진정한 사과라고 여기기 어렵다.

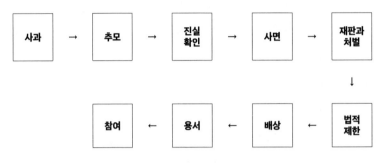

<자료 1> 9단계의 화해 과정

그러나 반드시 명확하고 진실된 사과를 해야만 화해가 가능한지에 대해 의문을 제기하는 사람도 있다. 문화와 정치적 상황에 따라서는 과거의 잘못을 구체적으로 적시하지 않고 두루뭉술 넘어가는 것도 현명한 방법일 때가 있기 때문이다. 과거를 묻고 넘어가는 것도 하나의 대안이 될 수 있으며, 때로는 과거를 인정하더라도 그에 대해 더 캐묻지 않고 넘어가는 것이 화해를 위해 더 효과적인 방법이 될 수도 있다. 구체적인 행동을 특정하지 않더라도 "미안하다"는 한마디 말속에 진정성 있는 사과의 마음이 담겨 있을 가능성도 있다. 이처럼 무엇을 어떻게 사과해야 하는가는 문화와 상황에 따라 다를 수 있으므로 유의할 필요가 있다.

이런 점에서 피해자의 관점을 갖고 화해를 시작하는 갈퉁의 접근이 매우 유용하게 쓰일 수 있다. 가해자가 피해자에게 말로 사과를 표현하거나 유무형의 피해 보상을 하기 전에 "가해자와 피해자 모두 어떤 피해를 입었는가"라는 시각으로 문제에 접근하다 보면 화해를 이뤄내기 용이해진다. 즉 "누가 가해자인가"보다 "누가 피해를 입었는가"라는 시각에서 문제를 푸는 것이 더 도움이 된다는 주장이다. 구체적으로 "누가 범죄를 저질렀는가"(who is guilty) 대신 "누가 피해를 입었는가"(who is harmed)라고 질문하면서 가해자보다 피해자에 초점을 맞추는 것이다.

칼 스토퍼(Carl Stauffer) 교수는 화해를 위해서는 서로가 피해자라는 생각을 갖고 문제를 풀어나가는 자세가 가장 중요하다고 거듭 강조한다. "누가 가해자인가"라고 질문하면 가해자와 국가라는 두 행위자만 관련자(stakeholder)로 드러나지만 "누가 피해자인가"라고 물으면 가해자와 국가, 피해자와 시민 사회라는 네 행위자가 구체화되기 때문에 화해의 가능성이 높아진다고 말한다. 또한 책임과 처벌은 실체(특정인이나 집단)에 초점을 맞추는 경향이 있는데, 처벌을 받는 사람들은 대부분 처벌이 불공평하다고 인식하기 때문에 교정 효과가 발생하지 않는다. 이처럼 처벌과 문책은 특정한 상황에서만 기능할 가능성이 크다. 따라서 화해를 가능하게 하려면 피해자의 입장에서 경험한 사건을 말하게 하는 스토리텔링(story-telling)이 효과적이다. 서로의 경험을 말하고 듣는 데서부터 출발해야 공감이 생겨날 수 있기 때문이다.

두 번째 단계인 추모(memorials)는 기념비, 박물관, 아카이브 구축,

비극적 사건이 발생한 장소 보존, 행사, 교육 활동과 같은 다양한 형태로 이뤄진다. 기념비 건설과 여러 기억 활동은 과거의 사건을 보존하고 기억을 되살림으로써 가해자가 과거 사건을 아예 부정하는 가능성을 차단하는 역할을 하며 과거의 집단 기억을 보존함으로써 집단 정체성을 재구성하는 데 도움이 된다. 또한 기념 행사를 진행하면서 가해자 집단의 반성을 이끌어내고 그런 불법 행위를 반복하지 않겠다는 다짐을 하도록 돕는다. 동시에 피해자들의 명예를 회복시키고 인간으로서의 존엄을 확인시켜줌으로써 자존감을 북돋아 준다. 그러나 이런 추모 활동은 이에 반대하는 사람들의 불쾌감과 냉소를 자극하여 또 다른 갈등을 야기하는 계기가 되기도 한다. 게다가 시간이 지남에 따라 추모의 의미가 달라지고 재해석되는 경우도 있어서, 추모를 한다고 해서 화해가 자동적으로 이뤄진다고 단정할 수는 없다.

2) 진실 규명 및 사면과 처벌

그다음으로 필요한 절차는 진실 규명(truth-finding)이다. 과거 사실을 규명하는 것은 화해를 위해 매우 중요한 일이다. 과거에 발생한 중대한 사건의 전모를 제대로 파악하지 못하면 피해자들은 다음 단계로 나아가지 못한다. 그러므로 희생자에게 정확히 무슨 일이 일어났으며 그들이 어떤 고통을 겪었고 누가 어떤 명령을 내려 그런 폭력이 발생했고 어디에 시신이 묻혀 있는지 등의 사실을 구체적으로 밝힐 필요가 있다. 진실 규명 행위는 그 자체만으로도 생존자의 고통을 해소할 수 있을 만큼 절대적이며 중요한 과정이다. 진실 규명을 위해서는 가해자와 피해자가 자기 입장에서 진실을 말하거나(truth-telling) 경험을 진술(story-telling)해야 한다. 그러나 가해자가 자기 입장을 정당화하는 방식으로 사건을 진술하면 피해자는 그 내용을 받아들이기 어려우므로 양측의 진술을 통해 진실을 규명하고 책임 소재(accountability)를 확인할 필요가 있다. 이를 보완하기 위해 일반적으로 진실 위원회(truth commission)를 설치하여 공개적인 조사를 통해 진실 규명 절차를 진행한다. 그럼에도 불구하고 어떻게 진실을 확보하느냐는 여전히 어려운 과제다.

진실을 확인한 후에는 그 결과에 따라 법적 절차를 밟는다. 사면(amnesty), 재판 및 처벌(trials and punishment), 법적 제한(lustration), 배상(reparation)은 화해 과정에서 거치는 법적 절차다. 사면은 가해자에게 법적 처벌을 면제해주는 방식으로서 분쟁을 종식하거나 화해를 촉진할 때 사용한다. 그러나 사면은 자칫 정의를 훼손할 우려가 있어서 가급적 마지막 수단으로 사용할 필요가 있다. 기소와 처벌은 법의 지배와 규범적 표준을 재확인해줌으로써 사회의 화해 분위기 조성에 기여하며 피해자의 권리를 보호하고 존엄성을 되찾는 데 도움을 준다. 다만 처벌이 과거의 진실 확인 차원이 아닌 범죄자의 죄책감 증가에 집중하거나 사법 제도가 공정하지 않은 사회에서 행해질 때는 화해를 촉진하기보다 도리어 갈등을 증폭하는 경우가 있다.

법적 제한은 과거 억압 정권과 협력했는지를 확인하기 위해 개인에 대한 조사를 요구하는 법적 조치를 말한다. 배상은 분쟁으로 인한 피해를 복구하기 위한 노력을 지칭하는 것으로서 물질적 보상 외에 사과나 진실 말하기 같은 행위도 포함된다. 배상은 사망이나 부상과 같이 대체 불가능한 손실을 보전해주는 행위여서 상징적 의미가 강하다. 성의가 담긴 최소한의 물질적 배상은 진정성 있는 사과를 담보해주며 희생자에 대한 존중을 상징적으로 드러낸다. 그러나 인명 손실을 돈이나 다른 물질적 상품으로 대체할 수 있는가에 대한 회의론도 존재한다.

3) 용서 없이도 화해는 가능한가?

용서는 화해의 마지막 관문이다. 용서는 지은 죄나 잘못을 너그럽게 보아주는 행위로서 화해를 이루는 가장 중요한 과정 중 하나다. 화해는 과거의 폭력으로 인해 발생한 파괴와 상처를 치유하고 회복하는 행위다. 정치 사회학자 한나 아렌트(Hannah Arendt)는 『인간의 조건』에서 진정한 화해를 위해서는 용서가 필요하다고 강조한다. 상처를 치유하지 않은 채로 과거에 잘못을 행한 사람이나 집단을 처벌하는 정도에서 끝난다면 가해자나 피해자 모두 그 사건의 희생자로 머물고 말 것이기 때문이다. 화해한다는 것은 상처를 용서한다는 말과 같다. 그렇기 때문에 새로운 관계를 시작하기 위해서는 용서가 필수적으로 이루어져야 한다. 용서는 복수하려는 마음 또는 되갚아주려는 마음을 내려놓는 데서 출발한다. 이해완은 『용서와 화해에 대한 성찰』에서 용서란 "갈등을 겪는 사람들의 깊은 상처와 고통을 치유하고 그들을 악순환의 굴레에서 해방시킴으로써 새로운 미래를 함께 열어가게 하는 반전의 기적을 내장하고 있는 능력"이라고 말한다.

그러나 용서와 화해는 상당히 다루기 어려운 주제다. 예를 들어 범죄를 저지른 가해자가 피해자로부터 용서를 받지 않고도 과연 화해할 수 있을까? 또는 화해하지 않고도 용서를 할 수 있을까? 당사자들이 용서를 거부하면 화해는 불가능한가? 용서를 하지 않고도 화해를 할 수 있는가? 피해자가 가해자를 용서하면서도 관계 회복은 거부한다면 그 용서는 가짜인가? 이런 어려움을 반영하듯 실제로 범죄자를 용서해야 한다는 주장에 대해 강력히 반대하는 목소리가 많다. 만약 범죄자들을 그냥 용서해주게 되면 잔혹한 잘못을 저지르고도 뉘우치지 않는 사람들이 많아질 수 있기 때문이다. 그러나 상황에 따라서는 용서를 하지 않고도 화해를 이끌어내는 것이 더 긍정적인 방안이 될 수도 있다.

특히 정치적인 문제를 다루는 영역에서 화해와 용서의 가치가 회의론으로 귀결되는 경향이 있다. 독재자나 전쟁을 일으킨 통치자들은 자신들이 드러내는 공격성을 거두지 않으면서 화해라는 가치를 쉽게 언급한다. 이들이 화해라는 말을 상투적으로 사용한 결과 화해의 가치에 대한 회의가 커졌다. 비판론자들은 화해라는 이름으로 희생자들에게 부당한 요구를 강요하고 평화라는 이름으로 정의를 희생하는 경향이 있다고 주장한다. 이처럼 화해에 대한 명확한 이해와 확실한 규범적 표준을 갖고 있지 않으면 화해는 무기력한 가치로 전락해버리기 쉽다.

끝으로 화해는 여러 관계 회복 증진 활동에 관련 당사자들이 적극적으로 참여하는 가운데 마무리된다. 희생자는 지금까지 설명한 사과, 진실 확인, 기념비 추모, 배상과 같은 모든 과정에 적극적으로 참여함으로써 자신의 분노와 두려움을 털어내는 기회를 얻고 삶에 대한 자신감을 회복할 수 있다. 가해자도 피해자 배상에 적극 나서는 과정에서 관계를 회복할 수 있다는 기대감과 자존감을 높일 수 있는 가능성을 경험한다. 특히 정치적 갈등이 있을 때는 피해자와 가해자의 역할이 분명하게 구분되지 않아 모두가 함께 참여하는 화해의 최종 과정에 이르기 어렵다. 그러나 여러 이해 관계자들이 다방면으로 참여할 수 있도록 노력하는 것은 공동체의 미래를 중시하는 가치 있는 행위이며 평화롭고 공정한 방식으로 갈등을 해결하는 실질적 규범을 수립하기 위한 매우 중요한 과정이다.

5. 화해가 이루어지는 공간

앞서 화해가 일련의 과정으로 진행된다고 설명했지만 우리가 화해의 대상으로 다루는 현재의 갈등은 말처럼 쉽게 해결되는 것이 아니며 순차적으로 진행되지도 않는다. 갈등의 특성에 따라 더 이상 해결할 수 없는 난관에 봉착하는 경우도 허다하다. 화해가 이루어지는 삶의 현장에는 실제로 쉽게 해결하기 힘든 여러 문제들이 중층적으로 얽혀 있기 때문이다. 즉 화해가 이루어지는 공간은 여러 집단의 요구와 상호 모순되는 가치들이 충돌하는 현장이다.

우선 갈등은 상당 부분 인접한 집단 사이에서 발생하는 특징을 지닌다. 갈등 집단은 지리적으로 근거리에 살고 있으며 폭력을 동반한 분쟁이 여러 세대에 걸쳐 발생한 경우가 많아 서로에 대한 적대감과 원한의 뿌리가 깊다. 역설적으로 갈등의 상대 집단은 가장 가까운 이웃으로 살아가는 "잘 아는" 사람들이다. 지리적으로 인접한 이웃들 사이에 분쟁과 폭력이 반복적으로 발생하면서 적대적인 상호 작용으로 인한 악순환이 구조화되는 바람에 상대에 대한 적개심, 공포, 고정관념이 뿌리 깊게 자리하는 경우가 많다.

또한 그 갈등은 실질적, 감정적 문제라는 두 차원을 함께 갖고 있다. 갈퉁의 주장처럼 표면적으로 실질적인 이익 갈등이 일어나는 동시에 심층에서 정서적이고 감정적인 문제가 대립하고 있는 것이다. 현실주의자들은 냉혹한 정치 세계에서 권력 다툼, 군사적 문제, 경제적 이익이라는 실질적 문제를 먼저 다루어야 한다고 주장한다. 그러나 관계를 중시하는 평화학자들은 갈등 이면에 깔린 트라우마를 해결해야만 화해가 가능하다고 주장한다. 화해가 현실화되기 위해서는 실질적 이익을 놓고 적당히 협상하는 수준을 넘어서는 창의적이고 혁신적인 아이디어가 필요하다. 즉 요한 갈퉁이 제안하는 "트랜센드"(transcend)라는 초월적 방법이 아니고서는 갈등의 복합성을 풀어낼 수 없다.

1) 진실, 자비, 정의, 평화

노트르담 대학교의 평화학자 존 폴 레더라크(John Paul Lederach)는 평화, 정의, 자비, 진실이 화해의 핵심 요소라고 강조한다. 또 윌리엄 롱(William Long)과 피터 브레케(Peter Brecke)는 양측의 행위에 대한 진실 말하기(truth-telling), 상대방에 대한 새로운 견해를 필요로 하는 용서, 보복에 대한 포기와 완전한 정의, 새로운 긍정적 관계 형성 등의 네 가지 요소가 필요하다고 주장한다. 이처럼 여러 학자들이 다양한 개념으로 화해의 과정을 설명하는데, 대체로 배려, 안보, 존중과 인정 및 협력을 기본 개념으로 꼽는다.

레더라크는 화해가 이루어지는 공간에서 모순적인 가치들이 충돌한다고 보았다. 이 공간은 진실과 자비가 충돌하고 정의와 평화가 부딪히는 장소다. 〈자료 2〉에서 볼 수 있듯이 자비는 받아들임, 용서, 지지, 연민, 힐링을 말하며, 진실은 과거에 대한 열린 조사, 인정, 투명성을 의미한다. 정의는 평등, 바로잡음, 배상 등을 포괄하며, 평화는 조화, 일치, 안전, 존중, 웰빙 등을 포함한다. 이 모형은 이토록 복잡한 층위를 지닌 네 가치가 만나는 화해가 얼마나 어려운 일인가를 단적으로 보여준다. 진실은 상대가 잘못을 인정함으로써 자신의 고통스러운 손실과 경험이 확인되기를 기대한다. 그러나 이는 수용과 초월 및 새로운 시작의 필요성을 원하는 자비와 짝을 이루어야 한다. 정의는 개인과 집단의 권리, 사회의 재구성, 손해 배상을 추구한다. 그러나 이 역시 상호 의존성, 삶의 행복과 평안, 안보의 필요성을 강조하는 평화와 연결되어야 한다. 레더라크는 구약성서 시편 85:10을 인용하여 이런 모순된 가치가 만나는 자리를 "긍휼과 진리가 같이 만나고 의와 화평이 서로 입 맞추는" 공간으로 승화시켜야 한다고 말한다. 그렇지만 현실은 엄연히 모순된 가치가 충돌하는 형태로 우리 눈 앞에 드러난다.

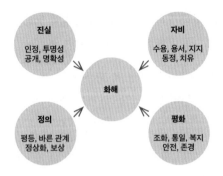

<자료 2> 화해가 이루어지는 공간

(출처: J. P. Lederach, *Building Peace: Sustainable Reconciliation in Divided Societies*
[Washington, D.C.: USIP, 1997], p. 30)

이처럼 화해가 이뤄지는 현장은 역설적인 가치가 부딪히는 역동적인 공간이다. 화해는 고통스러운 과거를 털어놓는 한 측면과 상호 의존적이며 장기적인 미래를 추구하는 다른 측면 사이의 만남이기 때문이다. 또한 양립하기 어려운 진실과 자비가 만날 수 있는 여지를 만들고, 정의와 평화를 위해 잘못을 수정하면서도 서로 연결된 공동의 미래를 그릴 수 있는 시간과 공간을 부여하는 것이 화해의 역할이다.

레더라크는 이 난제를 풀어내는 작업이 화해임을 강조한다. 이는 매우 창의적인 방법이 아니고서는 풀기 어려운 작업이다. 따라서 현상적으로 나타난 갈등에만 집중하기보다는 그 갈등을 야기하는 관계에 초점을 맞춰야 한다. 레더라크에 의하면 갈등은 장기적으로 거대한 하나의 체계이므로 그 체계 안의 관계에 초점을 맞추어야 화해가 이뤄질 수 있다. 그 관계 안에서 갈등하는 집단을 서로 만나게끔 중재하는 것이 바로 화해다. 화해를 위해서는 갈등하는 두 집단이 상호 배타적 존재가 아니라 상호 의존적 존재임을 확인해야 한다. 사람들은 상실에 대한 트라우마와 그로 인한 슬픔, 불의에 대한 기억과 고통을 동반하는 분노를 표현할 수 있는 기회와 공간을 필요로 한다. 이런 점에서 레더라크는 인정(acknowledge)이 화해의 역학 관계에서 결정적인 역할을 한다고 말한다. 우리는 다른 사람의 이야기를 듣고 그 안에서 경험과 감정을 확인함으로써 관계 회복을 향해 첫걸음을 떼게 된다.

2) 화해의 중층적 구조

화해는 그 사건에 참여하는 행위자의 수준에 따라 개인-집단이나 국가-시민 사회의 차원으로 분류해 설명하기도 한다. 개인 또는 집단 간 화해의 과정은 다를 수 있다. 마찬가지로 국가 차원에서 진행하는 화해와 시민 사회 수준에서 해결해야 하는 화해는 문제의 성격이 조금 다를 것이다. 현실주의, 자유주의, 구성주의가 각각 다른 관점에서 해법을 제시할 것이며 징벌적 정의 또는 회복적 정의 중 강조점이 어디에 있느냐에 따라서도 다른 방안이 나올 것이다.

레더라크는 『평화는 어떻게 만들어지는가』(Building Peace)라는 책에서 화해에 참여하는 행위자를 세 층위로 구분한다. 최상층에는 정치·군사·종교 분야의 고위 지도자가 있다. 화해는 대체로 갈등과 분쟁을 종식하는 휴전에 초점을 맞추어 인지도 높은 지도자들 간의 고위층 협상으로 진행된다. 여기에 참여하는 행위자는 극소수다. 대중적 관심은 이런 지도자에게 쏠린다. 대중적 관심은 지도자의 기반과 정당성을 강화하므로, 지도자는 이 화해 과정에서 집단의 문제를 대변하면서도 지도자로서의 영향력을 확보하기 위해 고심한다. 잘 보이지는 않지만 이들 못지않은 영향력을 미치는 지도자들이 있다. 계급 구조의 대표자들과 그들의 약속 이행을 전제로 가시적인 지도자 간의 협상을 통해 평화 조약이 맺어지는 것처럼 보이지만, 실제로는 눈에 띄지 않으면서도 영향력 있는 지도자의 존재로 인해 상당히 복잡한 방식으로 화해가 진행된다.

그 아래로 중간 수준의 지도자 간 화해가 있다. 널리 존경받는 개인, 교육·상업·의료 분야에서 권위를 갖고 있는 사람들, 종교 집단, 학문 기관, 인도주의 기관에서 일하는 사람들이 대표적이다. 때로는 유명한 시인이나 노벨 평화상 수상자 같은 인사들이 여기에 포함된다. 이 지도자들이 문제 해결 워크숍이나 갈등 해소 트레이닝 혹은 평화 위원회 등에 참여하여 화해가 진행된다. 이들은 위로는 최고위층 인사와 연결되고 아래로는 풀뿌리 지도자와 긴밀한 관계를 맺고 있다. 그러나 고위층 지도자들처럼 정치적 계산에 얽매일 필요가 없으며, 동시에 풀뿌리 지도자들과 달리 생존 문제에서 자유롭기 때문에 이들의 역할은 매우 중요하다.

맨 아래 층위는 지역 지도자, 원주민 NGO 지도자, 공동체 개발자, 지역 보건 공무원, 난민 캠프 지도자와 같은 풀뿌리 지도자들 사이에서 진행되는 화해다. 풀뿌리 지도자는 대중과 사회의 근간을 대표한다. 이들은 때로 음식과 물, 피난처를 제공함으로써 사람들의 안보와 생계를 직접 해결해주어야 하는 위치에 있다. 또한 지역 정치에 대한 전문적 지식을 갖고 있으며 갈등 상대방을 개인적으로 잘 알고 있기도 하다. 풀뿌리 지도자들은 최고위층이나 중간 수준 지도자와 달리 일상의 삶에 깊이 뿌리 내린 증오와 적대감을 가장 먼저 목격한다. 이 풀뿌리 지도자들 간의 대화에는 지역 평화 위원회나 트라우마 치유 전문가들이 직접 참여하여 다수의 지역 주민을 대상으로 화해를 진행한다.

6. 화해의 쟁점과 성찰적 논의

위에서 살펴본 바와 같이 화해가 이루어지려면 서로 다른 요구와 이해로 야기되는 갈등을 해소해야 하며 그 저변에 깔린 감정과 정서를 제대로 다루어야 한다. 이런 문제를 해결하는 데는 시간이 소요되며 일정한 과정과 절차가 필요하다. 또 화해의 과정에 참여하는 여러 행위자의 수준(개인, 시민 사회, 국가 체제, 국제기구)에 따라 화해의 성격과 해결 방법이 전혀 달라질 수 있다. 구체적으로 화해의 과정 안으로 들어가면 진실을 규명하고 가해 책임을 확인 및 처리하는 주체는 누구여야 하며, 평화 구축이나 민주화 같은 체제 전환의 흐름에 가장 효과적으로 기여하는 최적의 방식은 무엇인가와 같은 어려운 질문들이 존재한다. 이런 질문은 몇 가지 근본적인 쟁점과 연관되어 있다.

1) 분리와 융합

첫째, 분리와 융합의 문제다. 화해를 위해 당사자들을 분리하는 것이 나은가? 아니면 함께하는 것이 도움이 되는가? 이에 관한 문제는 상당히 논쟁적이다. 좋은 이웃이 되기 위해서는 의외로 멋진 담을 쌓는 일이 도움이 될 수 있듯이 갈등하는 당사자들이 서로 적당한 거리를 두고 관계를 유지할 필요가 있을 때도 있다. 그러나 세계화가 확산되고 국가나 집단 사이의 의존성이 높아지는 상황에서는 상대의 차이를 받아들이고 함께 살아가는 것이 무엇보다 중요해졌다. 논리적으로는 초기 단계에서 분리를 통한 안정을 추구하고 시간이 지남에 따라 융합을 시도하는 것이 타당하다. 하지만 정체성의 분리와 융합 사이에서 무엇이 화해에 도움이 될지는 갈등의 상황과 맥락 및 화해의 수준에 따라 다르게 판단해야 할 것이다.

2) 실체와 관계

둘째, 실체와 관계의 문제다. 갈등과 폭력의 원인을 당사자의 본질적 문제나 존재의 문제로 보는 입장과 어그러진 관계로 보는 입장이 대립한다. 이때 실체적 변화와 관계 개선 사이에서 무엇을 더 중시하는가에 따라 처방이 달라진다. 레더라크의 주장에 따르면, 실체의 문제 즉 실제 갈등하는 내용을 다루는 일은 단기적 합의와 즉각적인 해결을 목표로 하는 반면, 관계의 문제를 다루는 일은 장기적으로 문제의 근원을 해결하려는 목적이 강하다. 실체적 변화를 중시하는 사람들은 진실 확인과 정의 실현에 무게를 두고 문제 해결을 도모하는 반면, 관계를 중시하는 사람들은 용서와 평화 실현에 중점을 두고 화해를 시도한다. 레더라크가 설명한 화해의 공간에서도 실체와 관계의 가치를 두고 정의와 평화가 충돌하고 진실과 자비가 부딪힌다. 실체(본질)의 문제를 더 중요하게 보는 "정의와 진실"이 관계를 더 중시하는 "평화와 자비"와 맞닥뜨리는 것이기 때문에 그만큼 해결하기도 어렵다.

3) 정의와 화해 그리고 평화

셋째, 화해가 정의와 평화 사이에서 어떤 위치를 차지하고 있으며 이 두 가치와 어떤 관계를 맺고 있는지에 대한 문제다. 정의는 과거의 잘못에 합당한 형벌을 가하는 데 초점을 맞추는 반면, 화해는 미래의 좋은 관계를 이끌어내는 데 관심을 둔다. 과거의 잘못을 밝히고 형벌을 가함으로써 정의를 세워야 한다는 입장과 더 나은 미래를 위해 관계를 개선하고 화해를 우선적으로 추진해야 한다는 입장이 팽팽히 맞선다. 공동체가 평화를 중히 여기면서 처벌의 방법을 회피할 때 정의와 화해의 충돌이 일어난다. 체제 전환 사회에서 과거의 잘못을 처벌하지 않고 화해를 추진할 때는 상당한 도덕적 비용을 감수해야 한다. 그러나 정의는 소극적 평화에서 적극적 평화로 나아가기 위해 필요한 과정이다. 이처럼 정의와 화해를 한꺼번에 실현하는 일은 쉽지 않다.

"회복적 정의"(restorative justice)는 이런 점에서 의미가 크다. 이는 관계 회복과 정의를 동시에 추구하려는 시도다. 물론 관계를 상대적으로 더 중요시하는 입장이지만 궁극적으로 과거의 잘못을 밝히고 정의를 세우려는 목적을 갖고 있다는 점에서 중요하다. 회복적 정의는 범죄를 단순히 가해자의 잘못으로 인한 결과가 아닌 피해자와의 관계 속에서 발생하는 것으로 보고, 범죄로 인해 깨어진 관계를 어떻게 회복할 것인가라는 시각에서 접근한다. 따라서 처벌 위주의 해결 방법을 찾기보다는 보상금 지급이나 대면 대화 같은 실질적인 조치를 강구하는 쪽으로 해법을 모색한다.

4) 트라우마 치유와 화해

넷째, 트라우마 치유와 화해의 문제다. 과거의 부정적 경험과 감정인 트라우마가 화해의 과정에 결정적인 영향을 줄 수 있기 때문이다. 갈퉁의 주장대로 과거의 폭력적 경험으로 형성된 부정적 감정이 화해를 방해하므로 이를 제대로 다루어야만 화해가 가능하다. 그렇지만 적극적인 화해를 위해서는 실질적인 이익 갈등을 해소하는 일도 중요하다. 화해를 증진하고 서로를 결속하는 힘은 경제적 이익을 서로 나누는 과정에서 생겨나기 때문이다. 프리실라 헤이너(Priscilla Hayner)는 『국가 폭력과 세계의 진실위원회』에서 화해 증진을 위해 관련 집단이나 당사자 사이에 존재하는 사회 경제적 불평등을 시정하고 양측이 개발 사업이나 재건 사업에 함께 참여하는 것을 권장한다. 이는 심리 정서적 트라우마를 치유하는 일 못지않게 구조적으로 차별을 해소하고 이익을 공유하는 행위가 화해 증진에 크게 기여함을 보여준다.

5) 잊어버리기, 사면, 처벌: 화해에 얼마나 도움이 되는가?

마지막으로 "반드시 화해를 해야만 하는가?"라는 문제가 있다. 갈등과 분쟁을 겪었어도 화해를 하지 않고 문제를 해결하는 경우가 종종 있기 때문이다. 과거의 잘못을 구체적으로 따져서 응당한 벌을 주거나 보상을 받는 방식을 택하지 않을 수도 있다. 많은 경우 과거의 사건을 용서하고 잊어버리자(forgive and forget)고 제안하는 "기억 지우기"(amnesia)가 하나의 대안이 되기도 한다. 그러나 이런 방식이 화해에 도움이 된다고 생각하는 사람들이 있는 반면, 그것을 잊지 않고 기억해야만 과거의 잘못이 되풀이되지 않는다고 여기며 공식적 기억 사면에 반대하는 사람들이 있다. 물론 과거의 잘못을 철저히 처벌하는 방법과 국가적 차원에서 과거를 문제 삼지 않고 사면해주는 방법 사이에 "제3의 길"이 있다는 처방이 가장 합리적이라고 이해는 하지만, 상황과 문화적 맥락에 따라서는 잊어버리는 방법이 화해의 대안이 될 수도 있다.

또 다른 차원에서 보면 개인적인 복수가 화해를 위한 하나의 방법이 될 수 있다. 적절한 보복이 화해를 위해 필요한 경우도 있다. "눈에는 눈, 이에는 이"라는 함무라비 법전이 제시하는 보복의 법칙처럼, 생명에는 생명으로 보상하도록 하는 철저한 보상의 법칙을 적용하면 정의가 보장될 수 있으며 사람들이 만족을 느낄 수도 있다. 그런 이유에서 정의를 위해 사법적 방법에 의존하고자 하는 것이다. 하지만 이 역시 사회와 문화에 따라 다른 원칙이 적용될 수 있다.

7. 독일과 폴란드의 화해

독일과 폴란드의 화해는 아픈 과거를 극복하고 국가 간 화해를 이룬 모범 사례로 거론된다. 독일과 폴란드는 역사적으로 독일 중세 기사단의 역할, 18세기 말 폴란드의 분할, 나치 독일의 폴란드 침공, 전후 독일의 영토 상실, 피추방자 문제 등으로 대립하면서 적대와 갈등을 지속해왔다. 유대인 학살로 악명이 높은 아우슈비츠 수용소는 애초에 독일이 자국에 저항하는 폴란드 정치범을 수용하려고 만든 곳이다. 폴란드는 제2차 세계대전 당시 독일의 지배를 받는 상황이었고 15만 명이 정치범으로 몰려 아우슈비츠에 수용되었으며, 전체 인구의 16%에 달하는 560만 명이 죽는 엄청난 피해를 입었다. 당시 폴란드인이면 누구나 한 명 이상 가족을 잃었다는 말이 있을 정도로 끔찍한 학살로 기억되는 참극이었다.

이런 과거사로 얽힌 독일과 폴란드는 어떻게 화해를 할 수 있었을까? 1960년대에 들어서면서 폴란드와 독일의 지식인과 종교인들이 나서 화해를 조심스럽게 거론하기 시작했으나, 철저히 전쟁 책임을 물어야 한다는 분위기가 지배적이었던 폴란드 국민들의 마음은 풀리지 않았다. 그런데 수교를 위해 1970년에 폴란드를 찾은 빌리 브란트 서독 총리가 폴란드인들 앞에서 무릎을 꿇고 사과를 하면서 분위기가 반전되었다. 이날 브란트 총리는 폴란드 바르샤바의 추모지에서 무릎을 꿇고 과거를 참회하며 눈물을 흘렸다. 독일과 폴란드의 화해는 바로 이 지점부터 시작됐다. 미안하다고 사과하는 행위가 화해의 시작이라는 이론이 현실에서 힘을 발휘하는 순간이었다.

독일 또한 말뿐만인 반성에 그치지 않았다. 그들은 화해의 이론에서 말하는 배상과 보상을 실천함으로써 사과의 진정성을 보여주었다. 전쟁으로 폴란드에 빼앗긴 땅을 반환해달라고 요구하지 않고 그대로 폴란드 땅으로 인정했다. 또한 재단을 만들어 피해자들에게 40억 유로를 배상했다. 그 후로도 독일과 폴란드의 관계 정상화 노력은 오랜 기간 계속되었고 2008년에는 공동 역사 교과서를 발간하기로 합의했다.

독일 지도자들은 지속적으로 사과를 표현함으로써 신뢰를 쌓았다. 1999년 12월 17일, 요하네스 라우 독일 대통령은 과거 독일 정부와 기업이 저지른 범죄를 인정하고 독일 민족의 이름으로 용서를 구하는 사과를 발표했다. 2015년에는 앙겔라 메르켈 독일 총리도 "독일인들은 범죄자였고 공모자였으며 만행을 못 본 척했고 침묵했습니다. 독일은 '홀로코스트'라는 문명 파괴 행위에 대해 영구적으로 책임을 져야 합니다"라고 말했다. 독일의 계속된 사과는 결국 폴란드인들의 마음 문을 열었다. 독일은 일찍부터 역사 교육의 중요성을 인식한 결과 전후 끊임없는 역사 대화를 통해 가해와 범죄 사실을 인정하고 고통과 희생에 대해 공감을 표현함으로써 역사를 정치적으로 악용할 수 있는 민족주의가 아닌 인권과 평화의 보편 가치가 국제적으로 정의의 기준이 되고 있음을 증명하고 있다.

이런 노력에도 불구하고 독일의 화해 방식을 비판하는 사람들도 있다. 특히 가해자의 책임 인정이 포함되지 않았다는 점이 비난의 표적이 되고 있다. 나치 정권에 공모했던 많은 독일인과 오스트리아인들은 죄를 자백하기보다는 편의적으로 기억이 없다고 주장하면서 과거에 대해 거짓말을 일삼았다. 그리스 몰살 부대에 연루된 사실을 숨겼던 전임 유엔 사무총장 발트하임(Kurt Waldheim)이나 게슈타포와 연계된 친위대 가입을 뒤늦게 인정했던 소설가 그라스(Günter Grass) 등이 이런 사례에 속한다.

수많은 분쟁 사례에 비해 턱없이 적은 화해의 결과를 보면 화해가 그만큼 어렵다는 사실을 체감하게 된다. 또 앞서 설명한 이론과 달리, 문화에 따라서는 진실 규명이나 처벌을 명확히 하기 힘든 경우도 많다. 1970년대 후반 캄보디아에서 크메르 루주에 의해 자행된 집단 학살 사건처럼 국내외 정치 상황이 맞물려 진상 규명이 어려운 사례도 있고, 인도네시아처럼 민주화가 진전되었음에도 불구하고 공산주의 토벌 명목의 대규모 학살에 대한 이행 정의나 화해가 해결되지 않은 채 묻혀 있는 경우도 있다. 아르헨티나에서는 "실종자 진상조사 국가위원회"가 과거 정권의 인권 유린에 대한 진실을 규명하면서 독재자들의 권력 포기를 대가로 기소 면제를 보장하고 그들의 악행을 공표하지 않는 방식을 택함으로써 화해를 이끌어내기도 했다.

8. 한반도 분단과 화해

한국전쟁 이후 군사적 긴장 관계가 지속되고 있는 한반도에서 화해만큼 절실한 주제는 없다. 2백만 명의 목숨을 앗아간 한국전쟁은 남북 주민의 마음에 커다란 상처를 남겼으며 그 참상의 기억은 지난 70년간 남북 갈등의 근원이 되었다. 전쟁 이후에도 남북 간에 수없이 많은 폭력과 분쟁이 있었다. 심지어 남과 북 안에서도 크고 작은 폭력이 발생했다. 해방 공간에서는 좌우 이념 갈등으로 인해 수많은 폭력과 테러가 자행되었고 전쟁 이후에는 이념을 명분으로 한 국가 폭력이 남과 북의 구성원들에게 가해졌다.

그동안 남북이 화해의 노력을 기울이지 않은 것은 아니다. 1972년에 발표된 "7.4 남북공동선언"과 1991년 12월 13일에 나온 남북기본합의서, 2000년의 6.15 공동선언과 2007년의 남북관계발전과 평화번영을 위한 10.4 선언, 그리고 2018년에 합의된 4.27 판문

점선언 및 9.19 평양공동선언에 이르기까지 남과 북은 화해를 실천하기 위한 여러 제안을 제시하고 협력을 추진하였다. 아쉽게도 번번이 남북 간에 가로 놓인 갈등과 골 깊은 감정이 작동하여 대화가 깨지고 말았지만, 상호 인정과 미래 협력의 필요성에 대해서는 많은 부분 공감이 이루어졌다.

특히 화해와 관계 회복의 첫걸음으로서 남북이 국가 수준에서 상호 실체를 인정한 점은 대단한 성과다. 1991년 12월에 타결된 "남북기본합의서" 제1조는 "남과 북은 서로 상대방의 체제를 인정하고 존중한다"라고 명시하였다. 물론 이런 합의에 후속 조치가 수반되지 않아 기반이 취약한 상태다. 그러나 분리와 융합의 측면에서 남과 북이 분단 평화에 머물지 않고 통일을 통한 평화로 나아가야 한다는 통합 의식을 갖고 있다는 점에 주목하면 이 합의의 잠재력은 매우 크다.

다만 남북한은 아직 과거의 문제를 꺼내 진지하게 논의한 경험이 없다. 과거에 발생한 잘못에 대해 남북 모두 국가적 수준에서 사과를 한 적이 한 번도 없는 것은 심각한 문제가 아닐 수 없다. 화해의 9단계 과정 중 첫 단계에도 진입하지 못한 것이다. 화해를 위해서는 남과 북이 서로 분단의 피해자라는 인식을 공유하고 피해자의 관점에서 화해를 시작해야 하는데, 그 부분에 관해서는 아직 구체적인 논의가 이루어지지 않고 있다.

화해에 가장 큰 걸림돌이 되는 한국전쟁만 해도 그렇다. 2백만 명이 살육을 당하는 과정을 겪은 남과 북이 각자 어떤 경험을 했는지에 대해 진지하게 경청하는 과정이 전혀 없었다. 남과 북의 지도자가 화해 선언을 하는 자리에서도 과거 한국전쟁 당시 서로에게 많은 피해를 주었다는 사실을 인정하지 않고 있을 뿐만 아니라 공식적으로 사과를 한 적이 없다. 6.15 공동선언이나 판문점선언 등 남북의 국가적 선언을 보면 과거의 잘못에 대한 인정이나 사과보다는 미래지향적 관계 개선과 협력을 약속하는 내용이 대부분이다. 과거에 대한 진정어린 사과가 없기 때문에 조금만 부딪쳐도 관계가 금방 깨지고 만다. 사실 남북은 무엇을 어떤 수준에서 사과해야 하는지에 관해서도 진지하게 성찰해볼 여유 자체가 없었던 것 같다.

과거의 잘못을 어느 정도로 공개해야 화해에 도움이 되는지는 문화와 정치적 상황에 따라 다를 수 있다 하더라도, 최소한의 진실을 밝히는 작업은 매우 중요하다. 진실과 정의가 화해에 얼마나 실질적인 도움을 주는지는 여전히 논쟁적이다. 정의가 실현되지 않은 상태에서 피상적으로 진행하는 화해의 과정에 대해 우려를 표하는 사람들이 많다. 대량 학살과 고문, 인종 청소와 같은 잔인한 폭력을 저지른 사람들에 대해 그에 상응하는 처벌을 내리지 않으면 미래에 비슷한 문제가 되풀이될 우려가 있으므로 일벌백계의 차원에서 반드시 처벌하여 폭력의 남용을 억제해야 할 필요가 있다. 그러나 특수한 형태의 위원회를 통해 진실을 밝히고 용서하는 방식을 통해 화해를 촉진하는 회복적 정의가 더 효과적인 경우도 있다. 사람들의 마음속에는 처벌을 통해 범죄에 상응하는 보복을 원하는 생각과 용서해야 한다는 생각이 동시에 자리 잡고 있기 때문이다.

또 국가 지도자 간의 화해와 시민 사회 구성원들 간의 화해라는 두 측면을 살펴보아야 한다. 남북의 경우에는 국가 지도자 수준에서 여러 공동 선언으로 화해의 노력을 진행한 반면 중간 지도자나 풀뿌리 지도자 및 시민 사회의 참여는 부재하였다. 제주 4.3 사건과 광주 5.18 민주화항쟁와 같은 국가 폭력이 시민의 참여를 바탕으로 진상 조사와 보상을 진행하며 화해를 성공적으로 추진한 것과는 대조적이다. 이런 관점에서 보면 향후 평화 조약 체결과 통일 국가 구성 같은 부분은 국가 지도자 수준에서 쉽게 타결될 수도 있다. 그러나 시민 사회 차원으로 내려오면 그 안에서 벌어지는 대립과 갈등을 다루기가 어려울 가능성이 크다. 실제로 지난 30년 동안 국제적으로 49건의 평화 조약이 체결되었으나 평화가 안정적으로 구축된 경우는 거의 없다. 국가 수준에서는 평화 조약을 체결했어도 그것을 받아들이는 시민 사회는 더 치열하게 갈등하고 분열되고 있는 현실을 보여주는 사례라 하겠다. 한반도에서도 이런 상황이 벌어질 여지는 충분하다.

이런 점에서 화해를 실행할 수 있는 역량 강화는 매우 중요하다. 국가 지도자 차원에서도 그렇고 시민 사회에서도 화해를 가능하게 하는 개인적, 집단적, 제도적 역량이 절대적으로 필요하다. 새로운 관계를 만드는 것은 기존의 질서나 구조를 파괴하는 것보다 훨씬 어렵고 복잡한 과제다. 사회의 관계와 질서가 흐트러지고 갈등이 증폭되기는 쉽지만, 다시 관계를 회복하고 재건하는 데는 많은 시간과 노력이 필요하다. 화해를 어떻게 해야 하는지, 그 과정에서 가해 집단에 어떤 처벌을 가해야 하는지에 대해 보편적으로 적용 가능한 해결책은 없다. 그러나 궁극적으로는 화해가 필요하다는 점에는 큰 이견이 없을 것이다. 그리고 평화로운 미래의 관계를 추구하는 과정에서 진실을 밝히는 작업을 가능하게 하는 기본 역량, 즉 레더라크가 주장하는 도덕적 상상력(moral imagination)과 같은 화해 역량이 필수적으로 요구된다.

더 읽어보기

용서와 화해의 주제를 포함한 평화학의 전반적인 내용을 공부할 수 있는 책으로 는 사회과학 분야에서 평화에 관한 교과서로 널리 사용되는 톰 우드하우스 의 *Contemporary Conflict Resolution*(Polity Press, 2011)을 추천한다.

화해에 초점을 맞추어 쓴 책으로는 폴 레더라크의 *The Moral Imagination*(Oxford University Press, 2005)과 그의 또 다른 책 *Bilding Peace*를 번역한 『평화는 어떻 게 만들어지는가』(김동진 역, 후마니타스, 2012)를 추천한다.

공공 영역에서 종교가 용서와 화해에 어떻게 기여할 수 있는가를 논의한 *Forgiveness and Reconciliation: Religion, Public Policy, and Conflict Transformation*(Templeton Foundation Press, 2001)은 종교의 가치와 정신을 현 실 정책으로 구현하는 문제를 해결하는 데 실제적인 도움을 주는 책이다.

용서와 화해를 한반도 문제에 적용한 책으로는 『용서와 화해에 대한 성찰』(전우 택 외, 명인문화사, 2018)을 추천하며, 저자가 평화와 화해의 이론으로 한반도 의 분단과 통일을 조명한 『한반도發 평화학: 통일이 평화를 만나다』(박영사, 2021)를 권한다.

세계 현대사 속 과거사 청산과 역사 화해의 노력들

세계 과거사 청산의 역사

고재백

1. 과거사 청산, 용서와 화해의 노력들

과거사와 관련된 소식들이 곳곳에서 들려온다. "과거사"란 청산되어
야 할 오욕의 역사를 말한다. 국가와 지배 권력이 행한 억압과 폭력에
대해 왜곡하고 은폐시킨 진실에 관한 것이다. 청산은 잘못된 것을 바
로잡고 극복한다는 말이다. 따라서 "과거사 청산"이란 역사 속에 은
폐되고 왜곡된 사실의 진상을 밝힘으로써 과거의 잘못을 역사적으로
확인하고 기록하며 사회적으로 기억하는 일을 뜻한다. 그리고 이 과
정에는 피해자에 대해 정당한 보상과 가해자에 대한 적절한 처벌을
집행하는 가운데 용서와 화해에 이르러 당사자들이 치유되는 단계가
포함된다. 여기서 역사적 의미의 화해란 역사 속 갈등의 당사자들과
그 후손들이 겪었던 가해와 피해의 역사를 현재 대면하여 극복함으
로써 이를 바탕으로 미래의 관계 회복과 협력 및 치유를 지향하는 행

위를 말한다.

　과거사 청산과 관련된 소식을 듣다 보면 역사에 대한 희망과 동시에 실망을 느끼게 된다. 독일 대통령과 수상은 해마다 히틀러의 나치당 집권기에 자행된 인종 학살과 반인륜 범죄에 대해 사과한다. 나치 전범에 대해서는 공소 시효가 없기 때문에 2021년에도 홀로코스트에 연루된 4명이 기소되어 처벌되었다. 이들은 90세 이상의 노인들이었으며, 그중 한 명은 100세였다. 반면 같은 나라에서 나치를 공공연하게 지지하는 정당이 약진하고 있고, 일부 정치인들이 반유대주의를 옹호하기도 한다. 나치 시대 간부와 동조자를 돕는 "보이지 않는 손길"이라는 모임이 있으며, "나치의 자식들"로 불리는 나치 시대 1급 전범의 후손 중 일부는 여전히 아버지를 추앙하고 있다. 아르헨티나의 수도 부에노스아이레스의 중심부에서는 군부 독재 시절의 희생자 가족들인 "5월의 광장 어머니들"이 하얀 두건을 쓰고 수십 년째 매주 목요일 3시에 집회를 열고 있다. 얼마 전에는 한 가톨릭 신부가 군부 독재자들에게 협력한 혐의로 종신형을 선고받았다. 이에 대해 아르헨티나 가톨릭교회는 이를 교회 전체의 책임으로 받아들이며 희생자와 유가족들에게 용서를 구했다. 그런데도 근래에 과거사를 부정하고 군부의 책임을 희석함으로써 역사를 되돌리려는 움직임이 여러 차례 포착되었다고 한다. 미국에서는 오래전부터 흑인 노예의 후손들을 상대로 한 배상 및 보상 논의가 진행되고 있다. 캐나다와 덴마크에서는 과거 원주민을 상대로 자행된 학살에 대해 반성하고 사과하며 배상 및 보상을 논의하고 있다. 동아시아에서도 구 식민지 시대의 과거사를 중심으로 역사 청산과 화해를 위한 노력이 진행 중이다. 이렇게 역사는 전진과 반동의 과정을 거치고 있다.

한국의 근현대사는 과거사와 관련하여 세계의 유례를 찾아보기 어려운 사례다. 한반도는 "국가 범죄의 박물관"이라 불릴 정도로 다양한 형태의 과거사 사건이 중첩되어 발생한 비극의 땅이다. 일제 식민지 강점과 반민족적 부역, 내전과 학살, 군부 독재와 인권 탄압의 역사가 이 땅에 아로새겨져 있다. 그 비극을 청산하는 과정은 지난했고 결과는 여전히 불완전하다. 과거사의 가해자와 후손들은 진실한 반성과 사죄 없이 여전히 부와 권세와 천수를 누리고 있다. 반면 피해자와 후손들은 가해자에 대한 용서와 화해를 통한 치유의 기회를 갖지도 못한 채 한을 안고 죽어가거나 죽음 같은 삶을 산다. 이분들에 대해 부채 의식을 지닌 이들은 과거사의 무게에 눌려 고뇌하고 있다.

그럼에도 불구하고 역사에 대한 희망이 전무한 것은 아니다. 지난 반세기 동안 과거사의 깊은 상처가 남은 이 비극의 땅에서 놀라운 정치적, 경제적, 문화적 발전이 이루어졌다. 과거사는 온전히 청산되지 못했지만 청산 노력은 꾸준히 지속되고 있다. 물론 여전히 숙제가 남아 있고 그 해결의 과정이 지난해 보이는 점에서 마냥 낙관하기 어렵다. 그렇기 때문에 세계 역사가 주는 교훈과 반면교사에 더욱 주목할 필요가 있겠다. 따라서 이 글에서는 우리의 역사를 세계사의 거울에 비추어 볼 수 있는 길을 모색해보려고 한다.

2. 세계 과거사의 사례들

20세기 이후 오늘에 이르기까지 세계 여러 나라에서는 과거사와 그에 대한 청산 문제를 놓고 많은 갈등이 빚어졌다. 나라마다 과거사의 내용과 그 청산 과정은 다양하다. 사례마다 유사점과 차이점이 있기 때문에 주요 사례를 일정한 범주로 분류하여 정리할 필요가 있겠다. 여전히 과거사의 망각을 강요하거나 침략과 강점의 역사를 부정하고 진실을 왜곡하는 나라의 사례는 이 논의에서 제외한다. 우선 연구자들에 따르면 과거사는 국제관계적 사례(침략과 지배, 외세의 강점 시기의 부역 문제)와 국내적 사례(내전과 독재, 인권 탄압)로 분류된다. 다음으로 청산 과정과 결과를 기준으로 보면 과거사의 적극적 청산 사례와 소극적 청산 사례 및 청산이 이루어지지 않은 사례로 나누어진다. 이런 분류 중에서 대한민국 현대사와 관련하여 교훈이 되거나 반면교사가 될 만한 사례들을 주목해보자. 우선 국제관계의 측면에서 적극적인 과거사 청산을 이룬 독일과 프랑스, 국가 내에서 청산 과정을 밟은 스페인과 아르헨티나 및 남아프리카 공화국의 역사를 살펴보겠다.

독일(여기서는 통일 전 서독과 통일 이후의 현재 독일을 지칭)은 전범 국가로서 자국뿐만 아니라 여러 나라에 깊은 상흔을 남겼다. 히틀러와 나치당이 집권한 후 전체주의 국가로 재편된 독일은 제2차 세계대전을 일으키면서 주변국을 침략하고 수많은 전쟁 범죄를 저질렀다. 특히 홀로코스트는 약 600만 명의 유대인을 학살한 인류 역사상 최악의 반인륜 범죄였다. 그 과정에서 집시, 장애인, 동성애자, 전쟁 포로 등을 포함한 민간인을 500만 명 넘게 살해했다. 또한 외국인 약 8백만 명을 강제 노역에 동원했다. 여기에는 모집된 외국인 노동자, 전쟁 포로, 강제 수용소 수감자(소수의 정치범, 일반 범죄자, 반사회범, 유대인, 집시, 동성애자, 적대 국가 국민), 강제 노동 의무화로 동원된 동유럽 유대인 등이 포함된다. 강제 수용자와 강제 노동자 및 학살 희생자의 통계가 중첩되어 있어서 단순 합산으로 판단하기는 어렵지만, 그 점을 고려하더라도 독일의 전쟁 범죄로 인한 희생자의 규모는 전무후무하다.

한편 프랑스는 국경을 접한 이웃 국가에 의한 침략과 분열로 인한 "암울했던 시절"에 점령국에 부역했던 과거사를 경험했다. 제2차 세계대전 시기에 독일의 침략을 받은 프랑스는 전투에서 패배한 뒤 휴전 협정을 맺었다. 사실상의 항복 조약이 체결된 후 프랑스는 독일군이 점령한 북부 지역과 비시를 수도로 삼은 비시 정부가 관할하는 남부의 "자유 지역"으로 분할되었다. 비시 정부는 제1차 세계대전 때 프랑스의 영웅이었던 패탱 원수를 수반으로 한 국민의회를 통해 압도적인 지지를 받아 합법적 절차에 따라 세워졌다. 1940-1944년 독일 강점기에 비시 정부와 북부 지역의 프랑스인들은 나치 독일에 적극적으로 협력했다. 나치 독일에 맞서 싸운 레지스탕스의 역사를 자랑스러워하는 프랑스지만, 그 이면에는 이런 부역의 과거사가 있다.

프랑스인들은 다방면에서 적극적으로 점령국 독일에 부역했다. 남부 지역의 비시 정부는 점령국에 대해 물적 자원과 더불어 65만 명에 이르는 노동자를 제공했다. 나치 독일의 적에 해당하는 레지스탕스, 공산주의자, 프리메이슨 단원, 유대인을 체포해서 처벌하고 제거하는 일에도 적극적으로 나섰다. 비시 정부 입장에서 이들은 사실상 "자유 지역"의 적이었다. 그래서 정규 경찰과 함께 준군사 조직인 프랑스 민병대를 동원하여 이들을 탄압했다. 북부 지역에서는 "파리의 부역자들"이 더욱 적극적으로 활동했다. 이들 중에서 정치인들은 친독 정당을 중심으로 반민족적 정치활동을 전개했으며 언론인과 문필가들은 언론 매체를 통해 나치즘을 전파하고 나치 독일을 위해 선전 선동을 펼쳤다.

스페인은 우리나라와 비슷한 과거사를 겪었다. 군부 쿠데타와 내전, 긴 군사 독재와 지난한 민주화 과정, 오랫동안 진척되지 못한 과거사 청산 등이 그 예다. 1931년에 입헌 군주제가 무너지고 제2공화정이 탄생했지만, 귀족과 지주, 군부, 가톨릭교회, 사업가와 같은 전통 엘리트 세력은 이런 역사의 변화에 저항했다. 결국 1936년 7월에 프란시스코 프랑코 장군이 이끄는 군부가 이들 우파 세력의 지원을 받아 쿠데타를 일으켰고, 그 결과 19세기 이후 심화된 우파와 좌파 혹은 보수와 진보 간의 오랜 대결의 연속선상에서 내전이 벌어지게 되었다.

동족상잔의 결과는 참혹했다. 파블로 피카소의 작품 "게르니카"는 이 전쟁의 비극성을 잘 묘사하고 있다. 1937년 4월 26일 오후, 독일 공군은 인구 5,000여 명이 거주하는 스페인 북부의 작은 도시 게르니카에 폭격을 가했다. 프랑코가 히틀러에게 공화파를 지지하는 게르니카에 대한 공격을 요청했기 때문이다. 폭격으로 주민 1,600여 명이 사망하고 900여 명이 부상당했으며 도시 건물의 3/4이 파괴되었다. 전쟁터뿐만 아니라 후방에서도 많은 민간인이 희생되었다. 전쟁터에서 30만 명이 사망했으며 전쟁으로 인한 질병과 영양 실조로 63만여 명이 죽었다. 해외 추방자와 망명자는 30만 명을 넘었다. 잔혹한 학살과 테러로 많은 민간인이 희생되었다. 프랑코의 쿠데타 세력이 장악한 지역에서는 저항 세력을 상대로 "백색 테러"라 불리는 무차별적인 살상이 자행되어 10만여 명의 희생자가 발생했다. 공화국 정부군이 장악한 지역에서는 우파 세력에 대한 "적색 테러"가 발생하여 대략 55,000-80,000명이 희생되었다. 적색 테러가 쿠데타와 무자비한 학살에 분노한 민중이 대응하는 과정에서 발생한 살상이라면, 백색 테러는 쿠데타 세력이 처음부터 계획적이고 조직적으로 진행한 학살로 보인다.

1939년 4월, 내전에서 쿠데타 세력이 승리함으로써 공화정이 종식되고 프랑코의 군부 독재가 시작되었다. 그러자 프랑코 체제에 대한 저항 운동이 광범위하게 일어났다. 게릴라 활동, 노동자 파업, 대학가의 반정부 시위, 반체제 세력과 체제 내 온건 반대 세력의 운동 등이 펼쳐졌다. 집권 이후 "국민당"을 앞세운 독재자 프랑코와 소위 "국민 진영"은 온갖 초법적인 방법을 동원하여 저항하는 국민을 탄압했다. 그 일환으로 각종 법을 만든 다음 합법을 가장하여 반정부 세력 구금, 직장 박탈, 재산 몰수, 강제 노동 동원, 국외 추방, 처형과 같은 행위를 일삼았다. 여기에 더해서 불법 구금과 고문, 저항 세력 가족의 영유아 납치, 사적 보복, 경찰이나 군인 및 파시스트 조직인 팔랑헤 당원들에 의한 무자비한 폭력 등 불법 행위가 자행되었다. 독재 정부의 폭압은 집권 초기에 집중적으로 일어났는데, 초기 10년 동안 5만 명 이상이 살해되었다. 35년에 이르는 독재 시기에 처형된 사람이 15만 명이었고, 수용 시설에서 질병과 굶주림으로 죽은 인원도 수만 명으로 추정된다. 이 긴 암흑기는 1975년 11월 독재자 프랑코의 죽음으로 끝났다. 이후 1982년에 사회노동당이 집권할 때까지 민주주의로의 이행기를 거쳤다.

아르헨티나는 우리나라에서 볼 때 지구 반대편에 위치한 나라인데, 이토록 먼 지리적 거리와 달리 우리와 역사적으로 많은 공통 경험을 갖고 있다. 군부 쿠데타와 암울한 독재 시대를 거쳐 지난한 과거사 청산 과정을 겪은 것이 두 나라의 공통점이라 할 수 있다. 아르헨티나에서는 1930년부터 1976년까지 군사 정권과 민선 정부 간 정권교체가 총 아홉 번 이루어졌으며, 그때마다 수많은 폭력과 테러 및 암살 사건이 발생했다. 1976년부터 1983년까지는 군부가 군사 통치위원회를 통해 국가 재건을 이유로 공포 정치를 실시했다. 이 시기를 이른바 "추악한 전쟁"이라 부른다. 1982년 4월에 아르헨티나 군부가 경제 위기의 돌파구를 찾기 위해 영국을 상대로 무모하게 말비나스(영어식으로 포클랜드) 전쟁을 벌였고, 이 전쟁에서 대패함으로써 군부 통치가 종식되었다.

"추악한 전쟁"은 현대사에 기록된 모든 군부 정권의 폭정 가운데 가장 잔혹한 탄압 행위로 알려졌다. 군부는 이 전쟁에 군과 경찰 및 정보 기관뿐만 아니라 "아르헨티나 반공 동맹" 같은 극우 무장 단체를 동원했다. 좌파 척결을 명분으로 내세웠지만, 실제로 희생자들 대부분은 평범한 시민이었다. 이들은 마르크스 사상을 접한 대학생과 교사 및 지식인, 해방신학에 영향을 받은 가톨릭 성직자와 신자, 언론인과 사회주의자, 쿠데타 이전의 페론 정부 지지자, 인권 단체 활동가로서 테러나 게릴라와 무관한 시민들이었다. 이 시기에 3만 명 이상이 처형되거나 실종됐다. 많은 이들이 납치되어 비밀 구치소에 불법 구금된 채로 고문을 당했다. 그런 시설이 340여 곳에 이른다. 고문 피해자는 수만 명, 해외로 추방되거나 망명한 사람도 수십만 명이다. 고문을 당한 후 일부는 석방되었지만 다수는 학살되거나 실종되었다. 많은 실종자들이 비행기에 태워져 산 채로 바다나 강에 유기됐다. 일부는 살해된 후 무연고자로 처리되어 전국 각지의 공동묘지에 매장되었으며, 특정 지점에 암매장되거나 외딴곳에 방치된 사람도 있다. 비밀 구치소에 수용된 임신부들이 낳은 아기들은 군인 집안 등으로 강제 입양됐다. 그렇게 운명이 뒤바뀐 아이들이 500여 명에 달했는데, 최근까지 친가족을 되찾은 사람은 120여 명에 불과하다.

남아프리카 공화국(이하 남아공)의 흑인들은 20세기 들어서 소수 백인 정권이 추진한 아파르트헤이트(인종 분리 정책)에 의해 45년간 차별과 억압을 당하면서 잔혹한 폭력을 겪어야 했다. 이들은 250여 년 동안 노예로 살아야 했는데, 거기에 더해 1948-1994년에 사회 각 영역에서 시행된 아파르트헤이트라는 차별의 가혹한 경험을 이어가야 했다. 그 실상에 대해 흑인 인권운동가 넬슨 만델라는 이렇게 증언한다. "아프리카 흑인 아이는 일반적으로 흑인 전용 병원에서 태어나 흑인 전용 버스만 타고, 흑인 거주 지역에서만 살아야 하고, 흑인 전용 학교에만 다녀야 했다.…흑인은 밤낮을 가리지 않고 수시로 통행증을 제시하기 위해 가던 길을 멈춰야만 했고, 통행증을 제시하지 못하면 경찰서에 연행되었다." "분리"를 뜻하는 이 용어는 식민지 시대에 소수 백인 지배 세력이 흑인과 혼혈인 및 인도인을 포함한 다수의 유색 인종을 분리하고 차별하는 정책을 뜻한다. 특히 흑인이 차별과 억압의 대상이 되었다. 이후 1934년에 창당된 순수국민당이 이

정책을 다시 전면에 내세웠고, 국민당으로 개명하여 선거에 승리한 1948년부터 이를 공식 정책으로 추진했다. 그러다가 1994년에 첫 흑인 대통령 만델라가 이끄는 아프리카민족회의(약칭 ANC)가 선거에서 승리하여 집권함으로써 공식 폐지되었다.

아파르트헤이트는 "분리에 의한 발전"이라는 목표 아래 1950년대에 제정된 각종 법률을 통해 제도화된 뒤, 억압적이고 폭력적인 방식으로 작동되었다. 몇 가지 주요 사례를 보자. "주민등록법"(1950)은 공화국 국민을 인종에 따라 백인, 혼혈인, 흑인, 인도인, 아시아인으로 구분하고 주민등록증에 자신의 인종을 명시하도록 했다. "인종간혼인금지법"(1949)에 이어 "부도덕방지법"(1950)은 인종 간 결혼을 금지할 뿐만 아니라 이미 혼인한 부부가 각각 다른 인종인 경우 강제로 분리시켰다. "인종별거주지역제한법"(1950)과 "인종별시설분리법"(1953)은 거주지, 식당과 상점 및 버스, 학교, 해변 등 각종 시설을 인종별로 분리하여 사용하도록 했다. 인종별로 구분된 거주 지역이 아닌 곳에 살던 사람들은 강제로 이주 당했다. 또한 제국주의 식민지 통치 시기에 도입된 "통행제한법"이 1958년에 더욱 강화되었다. 통행자가 다른 인종 구역을 지날 때는 반드시 통행허가증을 지참해야 했으며 경찰의 불시 검문 시 허가증이 없으면 체포되었다. 백인 정부는 1951년부터 혼혈인과 흑인의 선거권을 박탈하려고 시도했으며, 그 결과 1956년에 "인종별분리투표법"이 제정됨으로써 이들의 공민권이 박탈되었다.

1960년대와 1970년대에는 아파르트헤이트가 더욱 강화되면서 흑인의 저항이 본격화되었다. 정부는 자기 구역이 아닌 곳에 사는 흑인들을 대거 강제 이주시킨 뒤 흑인 자치 구역을 만들어 그 안에서만 참정권을 행사하도록 했다. 그리고 군경을 동원해 흑인들에 대한 감시를 강화했다. 이에 대해 흑인의 저항 운동이 거세지자 경찰과 자경단은 납치와 구속, 강간과 총살 등의 잔학 행위를 서슴지 않았다. 대표적인 흑인 저항 운동의 사례로 세 가지 사건을 주목할 만하다. 1960년 3월 21일, 샤프빌 사건이 흑인 저항 운동의 시작을 알렸다. 흑인 거주 지역인 샤프빌에서 통행제한법에 항의하는 시위가 일어난 것이다. 그 과정에서 아파르트헤이트 체제 폐지, 인종 차별 반대, 민주화를 외치는 평화 시위대를 향해 경찰이 발포함으로써 69명이 사망했고, 어린이를 포함하여 289명이 부상당했다. 이 사건을 계기로 남아공 내에서 인종 차별에 반대하는 항쟁이 이어졌는데, 정부는 이를 불법 행위로 간주하고 강력하게 진압했다. 이 시기에 넬슨 만델라도 흑인 인권 운동을 벌이다가 반역죄로 체포되어 결국 종신형을 선고받았다(1964년). 1976년에는 소웨토 지역에서 아프리칸스어(흑백 혼혈의 보어인이 사용하는 네덜란드어) 수업을 반대하는 시위를 벌이는 흑인 학생들을 경찰이 무자비하게 진압하면서 많은 사상자가 발생했다. 1983년에는 흑인 노동자 투쟁이 발발하여 56만여 명의 사상자와 구속자가 발생했고, 그다음 해에는 1,300여 명의 사상자가 발생했다. 남아공의 과거사 청산을 담당한 "진실과 화해 위원회"는 바로 이 샤프빌 사건을 진실 규명을 위한 과거사의 시작점으로 삼았다. 위원회의 조사 결과에 따르면 1960년 이후 1994년까지 약 305만여 명이 국가 폭력으로 부상을 당하거나 사망하였다.

3. 세계 과거사 청산의 역사들

"과거사 청산"은 여러 사례에서 확인되듯이 대체로 진상을 규명하고, 가해자를 처벌하며, 피해자에 대해 배상 및 보상을 실시하고, 과거사를 기억하고 역사화하려는 교육과 문화적 활동으로 진행된다. 이 네 가지 과정은 피해자와 가해자 사이의 용서와 화해를 이끌어냄으로써 한 사회를 치유하고자 하는 목표를 지향한다. 과거사 청산의 대표적인 사례들을 통해 청산 작업에 수반되는 공통적인 문제점과 사례들 간의 차이점을 살펴보자.

1) 독일: 나치 시기 과거사 청산과 화해의 역사[1]

우리는 독일이 나치 시기의 과거사를 청산하고 화해를 위해 노력한 과정을 주목할 필요가 있다. 이 주제에 대해서는 우리나라의 여러 연구자들(송충기, 한운석, 이진모, 이동기 등)이 잘 소개한 바 있다. 히틀러와 나치 권력이 저지른 반인륜 범죄는 세계사 최악의 사건이었으나, 전후 독일의 과거사 극복과 화해 노력은 전 세계의 인정을 받았다. 1970년에 빌리 브란트 서독 총리가 폴란드를 방문해 나치가 만든 유대인 집단 거주지에 설립된 기념비 앞에서 무릎을 꿇고 홀로코스트에 대해 사죄했는데, 이는 독일의 과거사 청산 노력 중 가장 상징적인 장면으로 회자된다. 브란트 이후 서독 총리들은 재임 중 주기적으

---

1   본서의 최성철 교수의 글 "나치의 망령에서 벗어나기: 독일의 과거사 극복과 역사적 화해"가 이 주제와 관련된 내용을 일목요연하게 잘 정리하고 있다. 이 글에서는 중복을 피하고자 독일의 과거사 청산에 대해 축약한다.

로 유대인 관련 지역을 찾아 사죄했다. 독일은 제2차 세계대전 때 침략한 나라들과도 적극적으로 화해를 이루기 위해 노력했다. 진상 규명과 사죄, 가해자에 대한 단죄, 희생자와 피해자에 대한 보상과 배상, 과거사에 대한 지속적인 교육과 기억 노력, 이 모든 과정에 담긴 진정성은 가히 과거사 청산의 모범적인 예라 평가할 만하다. 하지만 그 과정은 순탄하지 않았다.

　제2차 세계대전의 전범국인 독일의 과거사 청산은 승전국에 의한 사법적 청산으로 시작되었다. 1945년 독일을 점령한 연합군은 사법적 청산, 탈나치화의 이름으로 진행된 정치적 숙청을 비롯해 재교육을 목표로 한 문화적 청산 작업을 시작했다. 그해 11월에는 독일 뉘른베르크에서 열린 국제 군사 법정을 통해 나치에 협력한 주요 인물에 대한 사법적 청산이 이루어졌다. 물론 이 뉘른베르크 재판은 승전국들이 주도했다는 점에서 "승자의 재판"으로 해석되기도 하지만, 긴 과거사 청산의 시작을 알렸다는 의미가 크다. 또한 역사상 최초로 "반인륜 범죄"가 국제법으로 규정되었다. 전쟁 전이나 전쟁 중에 민간인을 상대로 살해, 절멸, 노예화, 추방과 같은 비인간적 행위를 저지르거나 정치적, 인종적, 종교적 이유로 박해하는 것이 여기에 해당된다. 재판 과정에서 히틀러 정권의 참혹한 악행들이 폭로되면서 독일 시민들을 탈나치화하는 재교육의 효과가 발생했다. 이 재판에서는 자살한 히틀러를 제외한 24명의 주요 나치 지도자들이 기소되어 처벌을 받았다. 이들 중 12명에게 사형이 확정되었는데, 나치 정부의 이인자인 괴링이 자살했고 나머지는 교수형이 집행되었다. 또한 기소된 나치의 6개 조직 중 3개 조직이 범죄 집단으로 규정되었다.

뉘른베르크 재판 이후에 승전 국가로서 독일을 분할 통치하고 있던 미국 군정과 영국 군정 및 프랑스 군정은 각 자체 관할 구역에서 주요 나치 지도자와 전쟁 범죄 현장 책임자에 대한 사법 처리를 진행했다. 가해자에 대한 사법적 단죄와 더불어 행정적, 사법적 청산도 진행되었다. 우선 헌법수호청을 통해 헌법적 가치를 수호하고 나치의 부활을 통제하는 장치를 마련했다. 나치를 계승하고자 했던 사회주의 제국당이 1956년 불법화되고 해산되었으며, 유사한 정당을 설립하는 것이 금지되었다. 나치와 히틀러를 옹호하거나 하켄크로이츠라 불리는 나치 문장을 공개적으로 내세우는 것이 금지되었고, 홀로코스트를 부정하는 발언은 위법으로 간주되었다. 연합군은 사법적 청산과 함께 탈나치화 작업을 진행했다. 그 과정에서 공직자에 대한 심사가 진행되었고, 그 결과 나치당원 약 14만 명이 해직되었으며, 미국 군정 지역에서만 종전 이후 10년에 걸쳐 10만 명이 구금되었다.

그런데 1949년 9월에 서독 정부가 수립된 이후 진행된 과거사 청산 작업 과정은 우여곡절을 겪으며 진척되었다. 1950-60년대에는 국제적으로 냉전과 체제 대결이 중요한 이슈였다. 또한 국내적으로 전후 복구와 재건 및 국민 통합이 우선 과제였다. 이런 상황에서 과거사에 대한 관심이 약화되면서 청산 작업이 후퇴하는 듯 보였다. 그래서 이 시기에 재나치화가 이루어졌다는 비판을 받기도 했다. 새로운 국가를 건설하는 과정에서 나치 시대의 관리 방식과 인력이 필요했기 때문이다. 그러다가 1960년대에 들어서 독일인이 스스로 과거사를 본격적으로 청산하기 시작했다. 나치 시기의 책임에서 벗어난 새로운 세대와 문화가 등장함에 따라 나치 청산에 대한 요구가 커졌던 것이다. 때마침 1960년대 초 예루살렘에서 유대인 집단 학살의 책임자인 아이히만에 대한 재판이 진행되었다. 세계의 이목을 끈 재판을 통해 유대인 집단 학살과 강제 수용소 문제가 쟁점화되었고, 이와 관련된 책임자들을 사법적으로 단죄해야 한다는 국민적 압력이 커졌다. 이후 1990년까지 총 98,042건의 기소와 심리가 진행되었고, 6,486명이 유죄로 확정되었다. 내용을 보면 12명이 사형, 162명이 종신형, 6,197명이 징역형, 114명이 벌금형 판결을 받았다. 재판이 진행되는 동안 홀로코스트의 참상이 숨김없이 알려졌으며, 그 내용을 바탕으로 희생자와 피해자 및 이들의 후손에 대한 배상과 보상이 지속적으로 이루어졌다.

1989-90년에 냉전이 종식되고 독일이 통일되면서 과거사 청산 작업의 기류가 변하는 듯했다. 역사의 도도한 흐름에 맞선 비판과 저항도 만만치 않았다. 역사학계 안팎으로 과거사 문제에 대한 여러 논쟁이 발생했다. 나치 시대의 역사화를 주장한 작가 마르틴 발저를 둘러싼 논쟁이 대표적인 사례다. 그는 나치 시대에 대한 자기반성이 이미 충분히 이루어졌으니 과거사에 대한 독일 사회의 "습관적인 죄의 고발"을 멈추고 "참혹한 기억의 의무"를 내려놓음으로써 "우리의 수치를 끝없이 드러내는 일"에서 벗어나 이 문제를 더 이상 현재가 아닌 과거의 문제로 인식할 시점이 되었다고 주장했다. 그런데 이런 논란에도 불구하고 1990년대 이후 독일의 과거사 청산의 범위는 지속적으로 확대되고 있다는 점이 주목을 끈다. 초기에는 유대인의 홀로코스트가 과거사 청산의 주된 대상으로 다루어졌다. 그래서 과거사 청산 작업이 오히려 홀로코스트의 산업화를 부추긴다는 비판이 제기

되기도 했다. 그런데 점차 피해자의 범위가 집시, 성 소수자를 비롯해 당시 8백만 명에 이르는 외국인 강제 노역자로 확대되었다.

과거사 청산 노력은 역사를 기억하고 성찰하며 기념하는 문화 영역으로 확대되었으며 피해를 당한 주변국들과의 화해를 위한 외교 정책까지 포함되었다. 2000년에는 "기억, 책임 그리고 미래" 재단이 설립되어 과거사와 관련한 보상과 기억을 위한 다양한 활동을 펼치고 있다. 재단은 물질적인 보상뿐만 아니라 국가, 사회, 기업의 정치적이고 도덕적인 책임을 상기시키는 취지의 사업을 지속적으로 시행한다. 사업 내용은 주로 나치 피해자들과 강제 노역자에게 의료 지원을 제공하고, 피해국과 가해국 사이의 상호 이해를 높이기 위한 역사교육 프로그램을 진행하며, 희생자 유가족 및 다음 세대의 교육을 증진시키는 것이다. 독일은 국민들이 과거사를 기억하고 기념하는 일이나 주변국들과 공동으로 연구하고 공동의 역사 교과서를 출판하며 청소년을 교육하는 사업에 적극적이다.

독일의 과거사 청산 과정이 충분하거나 완벽한 것은 아니지만, 여러모로 주목할 부분이 많다. 진행 과정에서 여러 차례 굴곡이 있었고 초기의 한계도 분명했다는 점을 기억해야 할 것이다. 다만 역사 연구 결과와 시민 사회의 요구에 따라 청산과 배상 및 보상 대상의 범위가 점차 확대되었다는 점은 높이 평가할 만하다. 이처럼 독일이 전후부터 지금까지 진정한 태도로 체계적이고 광범위한 과거사 청산 작업을 진행한 모습을 목격한 주변 국가들이 독일의 노력을 인정하게 되었다. 이는 독일이 유럽에서 리더십을 획득할 수 있는 토대로 작용했고, 이때 얻은 신뢰를 바탕으로 동-서독 통일 역시 순탄하게 진행될 수 있었다.

2) 프랑스: 대독일 부역자에 대한 숙청의 역사

프랑스의 과거사 청산에 대해 한때 우리 사회의 관심이 컸다. 프랑스가 대독 협력자를 청산하는 과정이 친일 부역자에 대한 논의가 한창이던 우리에게 일종의 교훈이자 귀감으로 여겨졌기 때문이다. 대독 항전에 참여해 조국의 해방에 크게 기여한 레지스탕스가 과거사 청산의 주도 세력이었다는 점도 주목할 만하다. 이들의 활약 덕분에 과거사 청산이 프랑스인의 주도로 철저하게 이루어질 수 있었다는 평가를 받는다. 그런데 일각에서는 프랑스의 과거사 청산이 그다지 성공적인 사례가 아니며 우리의 비교 대상이 되기 어렵다는 주장도 있다. 물론 두 나라의 구체적인 과거사 내용과 청산 과정이 다르지만 공통점과 유사점도 있기에 프랑스의 경험을 눈여겨볼 필요가 있겠다.

이 분야의 대표적인 연구자(이용우)에 따르면, 프랑스의 대독 협력자 청산은 주로 숙청이라는 방식을 통해 역동적으로 진행되었다. 이 청산 과정은 세 시기에 걸쳐서 네 가지 방식으로 이어졌다. 첫 번째는 초법적 숙청, 두 번째는 사법적 처벌, 세 번째는 공공 기관의 행정 숙청, 네 번째는 기타 사회 영역의 숙청 조치다. 기존 연구를 바탕으로 과거사 청산의 과정과 방식을 시기별로 살펴보자.

먼저 초법적 숙청 시기는 제2차 세계대전이 끝나기 전부터 시작되었다. 공식적인 사법적 조치가 시행되기 전부터 숲속이나 거리에서 부역자들에 대한 약식 처형과 린치, 공개 삭발식과 같은 초법적 숙청이 진행되었다. 한편 약식 처형은 해방 전인 1941년부터 이미 대독 협력 선전가, 협력주의 정당 간부나 밀고자 등에 대한 암살 방식으로 행해졌다. 1943년 이후에는 레지스탕스가 주도하여 비시 정부 고위 관료, 친독 정당 간부, 비시 경찰관, 민병대원, 밀고자, 암거래 상인을 약식으로 처형했다. 해방 이후 드골 장군이 이끄는 임시 정부가 사법적 숙청을 진행하면서 약식 처형이 감소하기는 했지만, 사법 처리가 더딘 상황에 대한 반발로 여전히 계속되었다. 약식 처형 대상자가 3-4만 명 또는 10만 명에 이른다는 주장이 있었지만, 최근 연구 결과에 따르면 8천 명 내외로 추정된다. 다른 한편으로 부역자 삭발식도 전국적으로 진행되었다. 아주 소수의 남성도 대상이 되었지만 대부분 여성 부역자들을 체포한 후 강제로 머리를 깎고, 때로는 옷을 찢거나 구타한 다음 거리를 끌고 다니면서 공개적으로 모욕을 주는 행위가 벌어졌다. 1943년부터 4년간 다양한 연령대와 직업군의 여성 약 2만 명이 그렇게 응징을 당했다. 대다수는 독일군과 애정 관계를 맺었다는 이유였고, 적국에 협력했다는 비난의 대상이 된 사람도 소수 있었다. 레지스탕스 대원과 시위 군중이 주도한 이런 초법적 숙청은 강점기 동안에 대독 협력자에 대해 쌓여 있던 분노와 증오가 폭발한 결과로 볼 수 있다.

또한 프랑스의 과거사 청산에서 두 번째 시기에 해당하는 사법적 숙청을 주목할 만하다. 1944년 6월 노르망디 상륙 작전의 성공으로 연합군이 승리하고 드골이 이끄는 임시 정부가 수립되자, 곧바로 정식 재판을 통한 합법적 숙청이 시작되었다. 대독 협력자 처벌 문제를 다루는 "부역 행위 처벌에 관한 명령"이 첫 법령으로 발표되었다. 이 명령은 전쟁 중에 자행된 반민족적 행위와 연합국의 전쟁 수행을 방해한 행위를 전쟁 전의 형법에 따라 단죄한다고 규정했다. 이어서 "국민부적격죄"가 신설되었다. 이는 "프랑스 국내외에서 자발적으로 독일과 그 동맹국들에 직간접적인 도움을 주거나 국민 통합 혹은 프랑스인의 자유와 평등에 해를 끼친" 행위를 말한다. 여기에는 대독 협력 행위를 넘어서 인종주의와 전체주의를 옹호하는 행위까지 포함되었다. 법률에 따라 "부역자재판소"가 설치되었고, "국민부적격자"를 다루는 "공민재판부"가 세워졌으며, 또한 대독 협력의 최고 책임자들인 비시 정부의 주역들을 처리하기 위한 "최고재판소"가 설치되었다. 하지만 프랑스의 사법적 청산은 법적 취지와 대중적 기대에도 불구하고 신속하고 철저하게 진행되지는 못했다고 한다. 재판이 시작되던 시기에 아직 전쟁이 끝나지 않았고 많은 부역자들이 은둔하거나 국외로 도피 중이었기 때문이었다. 더욱이 경찰과 사법 기구 구성원 다수가 심사의 대상이었던 상황에서, 소수의 사법 인력으로 수십만 명에 달하는 부역자들을 신속하게 처리하는 것이 사실상 어려웠다.

그럼에도 불구하고 사법적 청산을 통해 단기간에 이룬 성과는 결코 적지 않았다. 대독 협력 혐의로 심사를 받은 자는 35만여 명으로 추정된다. 이들 중 12만 명 이상이 재판에 회부되었으며 실제로 11만 명 이상이 재판을 받았다. 9만 8천여 명이 유죄 선고를 받았고, 약 3만 8천여 명이 유·무기의 징역이나 금고형을 선고받았다. 이들 중 1,500명은 사형에 처해졌다. 공민권박탈형만 선고받은 이는 약 5만 명이었다. 비시 정부의 요인 108명은 최고 재판소의 재판 대상자였는데, 18명만이 법정에서 사형 선고를 받았고 그 중 3명만 처형되었다. 10명은 체포되지 않았고 나머지 8명 중 5명은 모두 종신형으로 감형되었다. 최고 책임자인 페탱은 사형을 선고받았으나 고령을 이유로 종신형으로 감형되었다가 수감 중 사망했다. 비시 정부의 이인 자이자 정부 수반(총리)이었던 라발은 사형 선고를 받고 처형 직전에 음독 자살을 시도했으나 결국 총살되었다. 다른 재판소에서 유죄 선고를 받고 수감된 사람들은 대부분 복역 중에 형기를 채우지 않고 석방되었다. 1947년 8월에 첫 사면법이 통과된 후 1951년과 1953년에도 사면법이 공포되었다. 이에 따라 수감자가 급격히 줄어들다가 해방 20주년이 되던 1964년에는 부역자로 수감된 사람이 하나도 남지 않았다.

과거사 청산은 이 외에도 다양한 숙청 방식으로 진전되었다. 국가 기구 쇄신 작업의 일환으로 공직자들에 대한 "행정 숙청"이 이루어졌다. 이로 인해 공무원과 공기업 및 국영 기업의 직원 2만 8천여 명이 해직되었다. 이들에 대한 처벌은 상대적으로 약한 편이었다. 이들은 직무상 명령에 따를 수밖에 없는 상황에 있었기 때문에 이들의 활동을 부역 행위로 판단하기 쉽지 않았기 때문이다. 오히려 고위직의 경우 협력 덕분에 일반 국민의 피해가 줄었다는 주장도 제기되었고, 일부는 레지스탕스 활동에 직간접적으로 관여했던 정황이 밝혀지기도 했다. "경제적 숙청"도 동반되었다. 총력전 상황에서 독일에 대한 프랑스의 경제적 협력이 중요했기 때문에 이때 부역한 프랑스 기업도 중요한 청산 대상으로 간주되었다. 해당 기업과 상하부 구성원 모두가 심사 대상이 되었고, 유죄 판결을 받은 경우 기업과 개인에 대해 국유화, 체포, 각종 징계 및 재산 몰수 등의 조치가 취해졌다. 그런데 이 분야에서는 숙청의 강도가 상대적으로 약했다. 생존을 위해 협력했다거나 기업을 유지함으로써 노동자들의 실업이나 독일 공장으로의 차출을 막을 수 있었다는 변명이 통했고, 또한 부역여부 판단이 어렵다는 현실적인 이유가 받아들여졌기 때문이다. 숙청 과정에서 가장 엄격하게 처벌받은 대상은 언론인과 문인들이었다. 왜냐하면 이들은 강점기에 가장 큰 증오의 대상이었고, 말과 글이 부역의 명확한 증거로 남아 있었으며, 이들의 사상과 활동이 국민들에게 끼친 영향이 컸던 만큼 그들의 역할과 책임에 대해 엄격한 단죄가 필요했기 때문이다. 일부 신문사의 발행인과 편집인 및 주요 필자들이 사형, 금고형 및 재산 몰수형에 처해졌다. 또한 정치 영역에서는 부역한 정치인의 출당 및 피선거권 박탈 조치가 취해졌다.

1990년대에 전후에는 반세기 만에 과거사 청산의 새로운 흐름이 나타났다. 이 세 번째 시기에 "반인류 범죄"라는 죄목으로 대독 협력자에 대한 재판이 이루어진 것이다. 프랑스는 독일의 뉘른베르크 재판에서 처음 규정된 이 죄목을 1964년에 이미 국내법에 도입했었다. 그런데 세기말에 반인류 범죄 재판이 재개된 것은 과거사 청산이 여전히 현재에도 진행되고 있음을 보여준다. 이 사실은 해방 직후의 청산이 미완성이었음을 말해주지만, 또한 그때 단죄되지 않았거나 간과된 죄상을 끝까지 확인하고 단죄한다는 의지를 확인시켜주기도 한다.

반인류 범죄에 대한 재판 사례 세 가지를 자세히 살펴보자. 첫 사례는 벨 디브 사건이다. 1942년 7월에 프랑스 경찰이 외국계 유대인 13,152명을 체포하여 동계 경륜장(벨 디브)에 수용했는데, 이들 중

12,884명이 아우슈비츠 수용소로 보내져 학살되었다. 1978년에 비시 정부의 "유대인 문제 총국" 국장이 인터뷰를 통해 유대인 학살 사실 자체를 부정하면서 모든 것이 유대인의 조작이라고 주장했다. 이를 계기로 벨 디브 사건이 재조명되고 관련자들이 고소되어 재판을 받았다. 그러나 관련자의 사법 재판이 제대로 이루어지지 않음으로써 사법적 청산이 무산되었다가 1992년이 되어서야 "42년 벨 디브 위원회"를 중심으로 역사적 청산이 진행되었다. 프랑스인 르게는 반인류 범죄로 기소된 첫 번째 대상이었으나 재판이 시작될 무렵 급사했다. 이 죄목으로 첫 재판을 받은 자는 "리옹의 도살자"로 불린 독일인 글라우스 바르비였다. 그는 1942-44년 리옹 지역에서 게슈타포 지휘관으로 일하면서 레지스탕스 탄압, 유대인 검거 및 수용소 이송을 주도한 자로 악명이 높았다. 그는 74세의 나이에도 불구하고 종신형을 선고 받은 후 수감 생활 중에 사망했다. 두 번째 재판 사례는 전 민병대 간부 폴 투르비에 건이다. 이 죄목으로 재판을 받은 첫 프랑스인인 그는 리옹에서 민병대 국장으로 레지스탕스와 유대인을 무자비하게 탄압하여 악명이 높았던 학살자이자 약탈자였다. 그는 해방 직후 결석 재판에서 사형 선고를 받았음에도 불구하고 도피 생활을 하다가 1972년에 언론을 통해 발각되었다. 사형 선고는 공소 시효 만료로 해제되었고 다른 형벌들은 대통령에 의해 비밀리에 사면된 상태였다. 이런 사실과 그의 악행이 언론을 통해 폭로되자 항의 시위가 이어졌다. 우여곡절 끝에 1994년이 되어서야 비로소 재판이 완결되었고, 그 결과 그는 종신형을 선고받고 수감 중 사망했다. 세 번째 사례는 1997년에 열린 반인류 범죄 재판이다. 피고인 모리스 파퐁은 비

시 체제 말기에 레지스탕스 활동에 관여한 공을 인정받아 해방 직후부터 행정 관료와 정치인으로 승승장구했고 장관직에도 올랐다. 그런데 그는 전쟁 당시 보르도 지역 행정 관료로서 그 지역의 유대인 1,600여 명을 수용소로 보낸 책임이 있었다. 이런 사실이 신문 보도로 폭로된 후 유대인 희생자 가족들의 노력이 이어져 재판이 가능해졌다. 그는 16년간의 긴 재판 끝에 10년 금고형을 선고받았다.

프랑스에서 진행된 과거사 청산 작업의 특징과 역사적 의미를 기존 연구 결과를 바탕으로 정리하면 다음과 같다. 우선 주목할 만한 특징이 몇 가지 있다. 첫째, 해방 직전에 시작되어 1950년대 초까지 진행된 대독 협력자 숙청의 규모가 상당히 컸다. 둘째, 초법과 사법을 포함하여 매우 다양한 방식으로 숙청이 이루어졌다. 셋째, 숙청 기간이 길었다. 대부분의 사법적·행정적 숙청이 1944-45년에 이루어졌지만, 비시 정부의 고위직에 대한 재판은 1950년대 중반에도 진행되었고, 반인륜 범죄에 대한 단죄는 20세기 말까지 이어졌다. 다음으로 역사적 의미도 주목할 만하다. 첫째, 사법적 숙청은 부역자들에 대한 처벌을 통해 정의를 실현했다는 의미가 크다. 나치 강점기에 희생당하거나 저항했던 모든 이들에게 숙청은 반민족적, 반민주적, 반인륜적 가해자를 처벌한 행위로 받아들여졌다. 둘째, 과거사 청산은 독일 강점기에 억눌렸던 프랑스인의 분노를 배출시킴으로써 더 큰 폭력을 막는 역할을 했다. 셋째, 과거사 청산은 비민주적, 권위주의적, 인종주의적 대독 협력 체제에서 공화주의적이고 민주적인 독립국 체제로 이행하는 과정에서 새 체제에 대한 정통성을 부여했다는 의의가 있다. 넷째, 이런 과정이 위가 아닌 아래로부터 시작되었고 동력을 제공

받았다는 점이 긍정적으로 평가받는다. 비록 초법적이었으나 숙청을 시작한 것은 시민들이었다. 사법적 숙청 과정에서 당시 정치인과 사법 당국은 혐의자들의 사법 처리를 최대한 지연시키거나 회피하려고 했던 반면, 유대인을 비롯한 희생자의 가족들과 일부 언론인 및 시민들은 과거사 청산 과정에서 적극적이고 주도적인 역할을 했다.

3) 스페인: 망각의 시대에서 기억의 시대로 이행한 역사

스페인의 과거사 청산 과정은 이미 우리의 반면교사 사례로 소개되었다. 이 주제에 대한 독보적인 연구자(김원중)도 바로 이 점에 초점을 맞추고 있다. 스페인은 과거사에 대해 오랫동안 침묵과 망각의 시대를 보내다가 1975년 11월에 독재자 프랑코가 죽고 나서야 비로소 "민주주의로의 이행"이 시작되었다. 스페인의 민주화는 초기에 조심스럽게 진행되다가 80년대 후반 이후에는 유럽에서 성공 사례로 인식될 정도로 빠르게 진척되었다. 초기 이행기는 대체로 성공적이었다. 프랑코의 뒤를 이은 인물은 미리 후계자로 지목됐던 후안 카를로스 1세였다. 비록 군주제로의 복귀였지만 정당 활동의 자유를 보장하는 등 민주주의 개혁이 실시되었다. 4-5년이라는 비교적 짧은 기간 동안 큰 혼란과 희생 없이 민주주의가 진전되었으며, 1980년대 후반에는 전통적인 민주주의 국가들 못지않게 완성되었다는 평가를 받는다. 그렇지만 그것은 과거사에 대한 침묵과 망각 속에서 이루어진 것이었다.

침묵과 망각의 시대는 1977년 "사면법"의 제정과 함께 시작되었다. 이 법은 "1976년 12월 15일까지 저질러진 모든 정치적 의도를 가진 행위는, 그로 인해 어떤 결과가 초래되었는지와 관계없이 모두 사면 대상에 포함된다"고 명시한다. 이것은 가해자의 죄를 묻지 않고 피해자의 망각을 강요하는 법이었다. 결국 정치적 민주화를 위해 소위 "침묵 협정" 혹은 "망각 협정"을 채택한 것이다. 피해자들이 이 협정에 동의한 것은 내전의 경험 때문이었다. 프랑코 사후 정치 상황은 여전히 불안했다. 군부와 보수 강경 세력 등 과거사의 가해자들이 여전히 영향력을 행사하고 있었다. 이런 상황에서 가해자들을 처벌하게 되면 다시 내전이 발생할지 모른다는 우려가 컸다. 그래서 내전의 재발을 막아야 한다는 사회적 합의가 작용했다. 물론 논란의 여지는 있지만 이 법 덕분에 스페인이 빠르게 정치적 안정을 이루고 민주 사회로 진입하면서 외교적으로도 발전할 수 있었다는 평가가 있다.

2000년 이후 망각의 시대가 가고 이른바 "기억의 시대"가 도래했다. 스페인의 과거사 청산 논의가 본격적으로 시작된 것은 1990년대 말이었다. 영화나 문학 작품이 과거사에 대해 다루기 시작했고, 이어서 대학 연구자들이 집단 학살지를 조사하고 희생자들의 유골을 발굴하는 작업을 진행했다. 그러자 TV 방송이 더욱 적극적으로 이 시기를 조명했고 이어 발간되는 학술서도 큰 반향을 얻게 되었다. 이때까지 진보 정당을 포함한 정치권에서는 이 문제를 쉽게 거론하지 못했다. 그러나 역사적 불의에 침묵하는 망각 협정을 더 이상 유지할 수 없다는 인식이 확산되었다. 이런 변화에 따라 희생자의 후손들이 피해자들의 매장지를 찾는 운동을 시작했고, 이는 2000년대에 들어 "예전의 기억을 회복하자"는 움직임으로 발전했다. 결국 정치권도 이러한 변화를 수용하게 되었다. 2002년 스페인 의회는 프랑코를 자유를 탄압한 통치자로 그리고 그의 집권을 쿠데타로 규정하고, 더 나아가 피해자 유해 발굴 및 보상에 대한 대정부 요구안을 의결했다. 이에 힘입어 일부 지방 자치단체가 희생자 유해 발굴을 시작하고 프랑코의 동상을 철거하면서 과거사 청산 작업을 진행했다. 2004년 사회노동당이 집권에 성공하면서 과거사 청산 작업이 국가적 차원에서 본격화되었다. 내부적으로는 내전과 독재를 경험하지 않은 새로운 세대가 출현하고 시민 사회의 노력이 축적되었으며, 외부적으로는 칠레, 아르헨티나 같은 스페인어권 라틴 아메리카를 비롯해 세계 곳곳에서 진행된 과거사 청산의 영향 때문에 이런 역사적 전환이 이뤄질 수 있었다.

스페인의 과거사 청산의 역사를 이 장의 서두에서 언급한 청산의 여러 단계에 따라 다각도로 검토해보자. 첫째, 다른 나라의 과거사 청산과 비교할 때 진상 규명 노력이 많이 부족한 것으로 보인다. 사회노동당 정부가 2004년에 과거사 진상을 규명하는 위원회를 설치했고, 역사기억법을 준비하기 시작했다. 이와 함께 프랑코 체제의 동상과 기념 조형물을 철거하는 법안을 통과시켰다. 그리고 정부가 제안한 법을 의회가 의결함으로써 2006년이 "기억의 해"로 선포되었고, 2007년에는 "역사기억법"이 제정되었다. 그런데 이 법안에도 불구하고 진상 규명 작업이 지지부진했다. 이 법안은 진실 규명 의지보다 화해, 화합, 연대, 단결을 앞세우면서 국민 분열을 더 경계했다. 가해자와 희생자의 진정한 화해가 아니라 과거의 기억이 이들 간의 불화와 대결을 불러올 것을 더 주목했던 것이다.

이런 상황에서 그나마 실종자 집단 매장지 발굴 활동이 활발하게 펼쳐졌다. 이 활동은 2000년경부터 실종자의 가족과 이들을 지원하는 시민 단체의 주도로 시작되어 오늘에 이르렀다. 초기부터 지금까지 몇몇 지방 단체장들의 협력이 있기는 했으나 자원 봉사자들의 협조를 받아 민간 시민 단체가 이 운동을 주도하고 있다. 이 운동과 더불어 과거사 문제에 대한 스페인 사회의 관심이 커짐에 따라 관련 연구가 진행되고 이 문제와 관련된 여러 단체가 결성되었다. 결정적으로 "역사적 기억 회복 운동"을 불러일으켰다. 관련 단체와 활동가들은 정부가 집단 매장지 조사를 주도할 것을 지속적으로 요구했다. 최근까지도 정부의 반응은 부정적인 것으로 보인다. 2007년에 제정된 역사기억법이 이런 활동을 개인적인 문제로 간주하는 이전의 경향을 그대로 유지하면서 정부와 국가의 역할을 회피하고 있기 때문이다. 국제사면위원회는 역사기억법 제정 1주년에 즈음하여 "국가가 해야 할 일을 여전히 시민 단체와 희생자 가족에게 떠넘기고 있다"고 지적했다.

둘째, 희생자와 피해자에 대한 배상 및 보상과 이들의 명예 회복이 점진적으로 추진되었는데 그 한계도 분명했다. 초기 민주주의 이행기에 배·보상 문제가 지속적으로 다뤄지면서 대상자의 폭도 점차 넓어졌다. 그런데 실제 배상의 실행이나 희생자에 대한 정당성의 인정이 매우 더디게 진행되었다. 36년에 걸친 독재 기간에 혹독한 탄압과 불이익을 받아 온 사람들은 물질적 보상뿐만 아니라 합법적 정부를 수호하고 민주주의를 위해 싸워온 명분과 정당성을 인정받고 싶어 했다. 즉 그들은 새로 들어선 민주주의 체제가 과거 독재 정부에 의해 짓밟힌 자신들의 명예를 회복시켜주기를 기대했다. 1980년대까지 피해자가 처한 부당한 상황을 시정하려는 입법적 조치들이 취해졌지만 정부는 가해자의 인권 유린 행위 및 피해자들의 정당성과 명예에 대해서는 침묵했다. 1990년대 후반에 들어서야 프랑코 정권의 부당성이 직·간접적으로 언급되고, 희생자와 피해자들이 자유와 민주주의를 위해 투쟁했다는 점이 명시되기 시작했다. 그러다가 2007년의 "역사기억법"이 결정적인 변화를 이끌어 냈다. 이 법은 경제적 배·보상 대상자를 개인뿐만 아니라 단체와 조직으로 한층 확대하면서 희생자들의 명예를 분명히 인정했다. 이는 이전의 망각 협정과 사면법에 비하면 큰 진전이지만 여전히 논쟁의 불씨를 품고 있다. 무엇보다 희생자와 피해자에 대한 경제적 보상에 초점을 맞추다 보니, 가해자의 잘못을 거의 다루지 않았고 진실 규명 의지를 전혀 보여 주지 못했다.

셋째, 화해와 위령 사업에 대한 평가도 후하지 않다. 민주주의 이행 시기에 화해와 위령에 관련된 법률 제정이나 활동은 극히 미미했다. 다른 나라에서 찾아볼 수 있는 국가적 "기억의 장소"나 기념물이 세워지지 않았다. 내전과 독재 시대에 희생된 사람들을 추모하고 이 시기의 투쟁을 기념하는 기념일이나 기념관도 없었다. 그나마 화해와 위령 사업의 일환으로 해석될 수 있는 것은 2000년대에 시작된 "독재 상징물" 철거 활동이다. 프랑코 시대에는 전쟁과 독재를 정당화하고 내전 승리를 대내외에 과시하며 독재자와 그의 이념을 찬미하는 작업이 꾸준히 진행되었다. 많은 기념물을 세워서 프랑코와 추종자들의 이름을 새겨 놓았고 전쟁 기념일을 국경일로 삼았으며 프랑코 군대의 전몰자들을 칭송하고 기리는 사업을 벌였다. 가장 대표적인 상징물이 "전몰자의 계곡"이다. 내전 시기 프랑코 군대의 전몰 장병들을 기리기 위해 세워진 이곳은 유럽에서 가장 거대한 납골 기념물이다. 거기에 프랑코의 시신과 함께 약 4-6만 명 전몰 장병의 유해가 안치되었다. 2004년에 독재 시대의 상징물을 즉각 철거하는 법안이 제정되었으나 실행되지 못했고, 그나마 2005년 이후에야 비로소 곳곳에 세워진 프랑코의 청동 기마상이 철거되기 시작했다. "역사 기억법"이 독재 유물들의 강제 철거를 규정하고 "전몰자의 계곡"을 화해의 공간으로 전환한다고 명시했으나 구체적인 실현 방안이 부족했다. 2010년에 들어서야 화해와 민주주의 교육을 위해 범국가적인 기념물을 세워야 한다는 논의가 시작되었다.

마지막으로 과거사 청산과 관련해 역사를 기억하고 후세대에 교육하는 것이 매우 중요하다. 이를 위해 역사적 증거를 모으고 보관해야 한다. 현재 세대와 미래 세대가 진실을 제대로 알게 함으로써 과거사를 극복하고 궁극적으로 정의가 승리하는 사회를 만들 수 있다. 이를 위해서는 과거사와 관련된 각종 자료를 잘 보관하고, 피해자와 그 가족, 역사가와 일반 시민들이 그 자료에 쉽게 접근할 수 있어야 한다. 스페인 정부는 1979년부터 이 사안과 관련하여 어느 정도 법과 제도적 조치를 마련했다. 2005년에 국립역사기억문서보관소 설립이 결정되었고, 관련 입법을 통해 문서 자료를 수집하여 역사 연구 및 희생자 돕기에 활용하는 방안 등이 준비되었다. 그런데 망각 협정은 이 부분과 관련하여 큰 폐해를 낳았다. 사면법을 통해 인권을 유린하고 탄압을 자행한 책임자들이 어떤 수사도 받지 않게 되는 바람에 그들이 저지른 구체적인 범죄 내용 대부분이 어둠 속에 놓이게 된 것이다.

바로 이런 점 때문에 스페인의 과거 청산 역사가 유사한 경험을 가진 국가에 반면교사의 역할을 한다. 가해자와 피해자 간 타협의 산물인 침묵과 망각 협정이 결국 적극적인 과거사 청산을 가로막은 셈이기 때문이다. 초기의 부적절한 타협 때문에 독재 시대의 주역들이 여전히 기득권을 유지하고 있는 반면, 희생자와 피해자들은 망각 속에 봉인될 수밖에 없었다. 결국 과거사 청산 작업은 여전히 불완전한 역사로 남게 되었다.

4) 아르헨티나: "추악한 전쟁"에 대한 과거사 청산의 지난한 역사

아르헨티나를 생각하면 무엇보다도 먼저 "5월 광장 어머니들"이 먼저 떠오른다. 우리나라의 "광주 어머니들"과 마찬가지로 이들 희생자의 어머니들이 엄혹했던 시절에 과거사 진실 규명 활동에 앞장섰다. 이런 역사적 경험의 유사성으로 인해 아르헨티나의 과거사 청산 작업이 우리의 관심을 끌었다. 이 주제에 대한 대표적인 역사가(박구병)의 연구는 우리의 역사적 안목을 키워준다.

아르헨티나의 과거사 청산 역사는 "5월 광장 어머니회"를 빼놓고 말할 수 없다. 1977년 4월 30일에 실종자 어머니들이 5월 광장에서 첫 시위를 시작한 이래 지금도 매주 목요일 오후 3시가 되면 어김없이 집회가 열린다. 자식을 잃은 어머니 몇 명이 대통령에게 편지를 보내 면담을 요청하기 위해 모인 것이 어머니회의 시작이다. 이들은 대통령 집무실이 있는 카사 로사다 앞의 "5월 광장"에 모여 "내 자식을 찾아내고 진실을 밝히라"고 목청껏 외쳤다. 모임에 참여한 어머니들의 수가 늘고 신문 광고로 탄원서와 실종자 명단을 알리는 활동이 시작되었는데, 그 무렵 세 명의 어머니가 납치되어 살해당하는 등 경찰의 탄압이 거세졌다. 이 어머니들의 활동이 과거사 청산의 원동력이 되었다. 아르헨티나에서 과거사를 기억하고 희생자를 추모하는 일이 비교적 수월히 이뤄질 수 있었던 것은 바로 한 맺힌 당사자들의 이런 오랜 노력 덕분이다.

1983년 12월에 라울 알폰신 대통령이 취임하면서 시작된 문민 정부는 "추악한 전쟁"이 남긴 상흔을 치유하는 일을 시작했다. 그런데 과거사 청산의 과정은 순탄하지 않았다. 진상 규명은 소기의 성과를 거두었지만 사법적 단죄는 성공하지 못한 것으로 평가된다. 문민 정부가 출범한 직후 "실종자진상규명국가위원회"를 설치하고 과거사의 진상 규명에 착수했다. 위원회는 9천여 건의 실종 사건을 조사한 후 5만 장에 달하는 조사 보고서를 작성했다. 이 보고서는 『눈까마스』(Nunca Más, "절대 다시는 안 돼")라는 제목의 단행본으로 출간되었다. 이 조사를 통해 실종자 규모를 추산하고 9천여 명의 신원을 규명했으며 비밀 구치소 340여 개를 확인함으로써 실종자들이 죽음에 이른 과정을 밝혀냈다.

진상 규명을 위한 노력에도 불구하고 과거사 책임자와 가해자들에 대한 사법적 청산은 쉽지 않았다. 우선 군부가 문민정부를 여전히 견제하고 있는 상황에서 인권 유린의 책임을 일방적으로 추궁당한 중·하급 장교들이 강력하게 반발했다. 문민정부는 인권 유린 행위의 위법성을 인정하면서도 기소 범위를 축소하고 재판을 신속하게 종결지으려 했다. 정부가 집단 사면을 통해 정치적 타협을 시도함으로써 청산 작업을 마무리 지으려 했다. 이에 따라 많은 납치와 학살 책임자들이 처벌을 면했다. 알폰신 대통령은 "추악한 전쟁"이 남긴 상흔의 치유와 경제 회생이라는 두 가지 과제를 안고 문민정부를 시작했으나 결국 심각한 경제 침체 때문에 임기가 6개월 남은 상태에서 퇴진하고 말았다. 후임 대통령인 카를로스 메넴은 두 차례에 걸쳐 "추악한 전쟁" 관련자 전원에 대한 사면령을 발표했다. 이로써 공식적인 과거사 청산은 성과 없이 중단되었다. 그러다가 2003년 5월에 중도 좌파 성향의 네스토르 키르츠네르가 대통령에 취임한 뒤에야 청산 작업이 재개되었다. 정부는 우선 군부의 면책을 번복할 수 있는 새로운 입법 활동을 추진했고, 이에 따라 아르헨티나 의회가 1980년대 민선 정부의 사면법과 사면령 폐기를 천명했다. 이에 따라 2005년에 대법원이 사면법과 사면령에 대해 위헌 판결을 내림으로써 사법 정의 확립에 기여하였다. 이후 지속적으로 가해자들을 찾아내서 처벌하는 청산 작업이 진행되고 있는데, 최근까지 2400여 명의 가해자들을 처벌했고 1200여 명이 구속됐으며, 그중 군부 지도자 일부에게 종신형이, 다른 일부에게 25년형이 선고되었다.

　　정부는 『눈까 마스』의 권고안에 따라 인권 침해 피해 당사자와 그 가족, 친척에 대한 배상 정책을 실시했다. 몇 차례 법률안을 마련하여 이들에 대한 경제적 후원, 학자금 및 연금 제공, 고용 지원을 시행했지만, 무엇보다 배상 범위나 금액뿐만 아니라 배상금의 수령 자체가 타당한지를 둘러싸고 피해자 단체 간에 뜨거운 논란이 벌어졌다. 대표적으로 5월 광장 어머니회 회원들은 자녀들의 핏값이 실종된 자녀들의 귀환을 대체할 수 없다는 이유를 제시하며 모든 형태의 배상금 및 보상금 수혜를 거부했다. 이런 방침과 지도부의 정치적 견해에 불만을 품은 일부 회원들은 1986년 1월에 별도로 "5월 광장 어머니회-설립자 노선"을 구성하기에 이른다. 이런 갈등에도 불구하고 피해자 단체들은 차츰 경제적 보상의 정당성을 인정하고 배상 및 보상 자체가 국가의 당연한 책무라는 점에 공감하게 되었다. 그러나 2001년 말 대규모 경제 위기가 발생함에 따라 아르헨티나 정부가 약속한 배상금의 지급은 사실상 중단되었다.

반면 과거사를 기억하고 추념하려는 노력은 상당한 진척을 보였다. 군부 독재에 희생된 이들을 추모하는 장소가 여럿 마련됐다. 부에노스아이레스시의 라플라타강 근처에 자리 잡은 기억 공원이 대표적인 예다. "추악한 전쟁"의 현장이었던 이 강변에 인권 단체의 주도로 희생자들의 이름과 사망 연도가 새겨진 거대한 네 개의 벽이 세워졌다. 이 벽은 전체 희생자 숫자를 상징하는 3만 개의 돌로 이루어졌다. 벽에는 "국가 테러에 희생당한 실종자와 사망자들, 정의와 평등의 원칙을 지키기 위한 투쟁에서 희생된 이들을 기리는 기념물"이라는 문구가 새겨져 있다. 기억 공원에서 멀지 않은 곳에 있던 해군 기술 학교는 시 정부에 의해 기념관으로 사용되고 있다. 애초에 중앙 정부는 이 학교 건물을 부수고 새로운 평화 공원을 세우려고 계획했는데, 시민들의 강력한 항의로 무산되면서 원형이 보존될 수 있었다.

아르헨티나는 과거사 진상 규명과 책임자 처벌의 근거를 확실히 하기 위해 기억 보존과 기록 보관에 힘썼다. 이 두 활동은 과거사 청산에서 중요한 영역이다. 진상 조사 위원회의 조사 활동이 시작되기 전부터 여러 인권 관련 비정부 기구와 피해자 단체들은 이 분야의 작업에 집중했다. 이들은 실종 또는 살해되었다고 알려진 희생자들에 관한 각종 자료를 수집했고, 비밀 구금 시설에서 생환한 이들의 증언과 그들을 통해 확인한 정보를 보관하였으며, 피해자들을 위한 법적, 사회적, 의료적 지원을 제공했다. 그리고 지속적으로 인권 교육 및 연구 등의 업무를 수행했다. 민간 차원의 이런 활동이 이후 공공 기관 설립의 추동력이 되었다. 해군 기술 학교 부지에 자리 잡은 국립기억자료보관소가 대표적인 사례다. 2003년 설립된 이 보관소는 군부 가해자를 심판한 모든 재판의 영상 기록을 비롯해 정부가 수집한 모든 자료를 보관하고 있다. 이 부지에는 시민 단체 연합체인 "열린 기억"의 아카이브도 자리하고 있다. 과거사 관련 8개 단체가 모인 이 조직은 각자 모은 관련 기록물을 통합해 관리하는 한편, 국가가 외면한 생존자들의 기억을 스스로 보존하기 위한 취지로 직접 진행한 희생자 인터뷰를 담은 영상 기록 2만여 건을 보관하고 있다.

아르헨티나의 사례는 한편으로 우리에게 귀감이 된다. 아르헨티나에서는 "추악한 전쟁" 시기부터 민선 정부에 이르기까지 과거 청산을 저지하려는 수많은 회유와 압력 및 방해 공작이 펼쳐졌다. 그런데 그때마다 수많은 희생자 가족과 인권 단체들이 이를 결사적으로 저지하면서 과거 청산의 동력을 제공했다. 또한 청산 과정에서 다양한 절차와 방식이 모색되었으며 가해자인 군부가 배제된 채 시민 사회가 주도적 역할을 담당했다는 점에서 모범 사례로 인식될 만하다. 또한 국가의 공식적인 책임 인정과 유감 표명뿐만 아니라 배상 및 보상이 청산의 중요한 요소이며 청산 작업의 궁극적 목적이 희생자와 피해자의 명예 회복에 있다는 점을 일깨워주었다.

다른 한편으로 아르헨티나의 과거사 청산은 우리에게 반면교사로서 경각심을 불러일으킨다. 과거사의 진실과 가해자 책임에 대한 규명이 불완전한 상태에서 정치적 타협이 이루어진 경우 오히려 갈등과 혼란의 골이 깊어질 수 있다는 점을 확인해주고 있다. 근래에 과거사를 부정하고 군부의 책임을 희석하려는 "역사 되돌리기" 움직임이 여러 차례 포착됐다고 한다. 일례로 우파 성향의 마우리시오 마크리 대통령은 취임하자마자 "독재 시절 희생자 3만 명이라는 숫자는 과장된 것"이라고 발언해 논란을 일으켰다. 그리고 국내 치안에 군을 투입하는 방안을 추진하면서 군의 민간인 학살이라는 과거의 악몽을 불러내기도 했다. 이런 퇴행의 움직임에도 불구하고 시민 사회는 "역사 바로 세우기" 운동을 지속하고 있다. 아르헨티나의 과거사 청산은 실종자 문제의 진상 규명과 배상 및 보상을 우선시하는 바람에 "화해"를 위한 활동에 소극적이었다는 특징을 지닌다. 청산 과정에서 화해라는 용어가 공식적으로 등장한 경우는 드물었으며 "화해"라는 명칭을 지닌 공공 기관이나 민간 단체도 거의 없었다. 진실 규명과 가해자 처벌, 피해자에 대한 보상 없이는 정의나 화해가 있을 수 없다는 견해가 강했기 때문이다. 이런 점이 과거사 청산의 최종 목적이 용서와 화해 및 당사자의 치유에 있다는 것을 일깨워준다.

5) 남아프리카 공화국: 과거사 청산을 통한 용서와 화해의 역사

남아공의 과거사 청산은 정부 기구인 "진실과 화해 위원회"를 중심으로 용서와 화해를 순조롭게 이끌어낸 모범적 사례로 널리 알려져 있다. 이들은 "고백 없이 용서 없고 용서 없이 미래 없다"는 정신에 입각하여 전 과정을 진행하면서 "용서하되 잊지 않는다"는 교훈을 남기기도 했다. "가해자의 진실 고백에 대한 사면과 용서 그리고 화해"로 요약되는 남아공의 "보복 없는 과거사 청산"은 이미 한국에서도 여러 연구자들(이남희, 김광수, 김영수)에 의해 소개된 바 있다.

남아공에서는 1994년에 역사적인 정권 교체가 이뤄지면서 소수 백인의 독재 체제가 종식되고 "국민통합정부"가 수립되었다. 그해 4월에는 모든 인종이 참여한 첫 총선이 실시되었으며, 그 결과 46년간 반정부 세력으로 취급받던 아프리카민족회의(ANC)가 선거에서 승리하게 되었다. 하지만 현실은 아직 과거사를 논할 상황이 아니었다. 아프리카민족회의가 비교적 높은 지지율을 획득했으나 정치 상황은 불안정했다. 흑인 자치를 주장하는 세력, 백인 정부에 협조해온 인카타 자유당, 전 집권당인 국민당이 여전히 영향력을 갖고 있었다. 정권은 바뀌었지만 여전히 소수 백인이 경제력과 군부 및 치안 병력의 핵심을 장악하고 있었다. 그런 상황에서 정권 교체는 이른바 "협상된 혁명"에 머물 수밖에 없었다. 새 정부는 "국민 통합"을 앞세웠다. 만델라가 대통령이 되었으며, 드 클레르크와 음베키가 각각 백인과 흑인 부통령으로 취임했다.

"협상된 혁명"은 이미 1980년대 말부터 준비되었다. 국민당 정부는 백인 우월주의와 반공주의 이데올로기를 기반으로 통치했다. 정부는 반정부 활동이나 인종주의 반대 운동을 모두 공산주의자들의 음모로 몰아 탄압했다. 그런데 1980년대 말 공산권이 해체되고 공산 국가가 연이어 붕괴되면서 통치 수단이 사라졌다. 인구의 10%밖에 되지 않는 소수 백인이 80%에 달하는 흑인과 유색 인종을 억압하면서 체제를 유지하기가 쉽지 않게 되었다. 결국 1989년에 취임한 드

클레르크 대통령은 만델라 석방, 아프리카민족회의를 포함한 저항 운동 세력의 해금, 흑인에 대한 총선 선거권 부여를 골자로 한 개혁 방안을 수립했다. 그 결과의 하나로 "몽플레 대타협"이 이루어졌다. 그런데 1990년에 백인인 클레르크 대통령이 인종 차별 정책 종식을 선언한 뒤 대혼란이 발생했다. 백인과 흑인, 극우와 극좌, 기업과 노조 사이에 내재된 갈등이 일시에 폭발했다. 이런 상황을 타개하기 위해 모든 정파와 세력이 몽플레 컨벤션 센터에 모여 2년간 토론을 진행하면서, 40여 년에 걸친 갈등을 극복할 수 있는 건 대화뿐이며 모든 정파와 세력의 대타협만이 해결책임을 확인하게 된다. 이런 타협을 바탕으로 1994년에 총선거를 실시할 수 있었다. 이처럼 드 클레르크와 만델라는 아파르트헤이트를 평화적으로 해체시킬 조건을 마련한 공로를 인정받아 1993년 노벨평화상을 공동 수상했다.

인권 투쟁과 25년간의 긴 투옥 끝에 남아공의 첫 흑인 대통령이 된 만델라가 이끄는 정부는 1995년 말 과거사 청산과 사회 통합을 본격적으로 추진했다. 첫 작업으로 "진실과 화해 위원회"를 12월에 공식 출범시켰다. 만델라는 "우리는 용서할 수는 있지만 잊어버릴 수는 없다"는 말로 위원회의 방향을 제시했다. 위원회를 이끌었던 이는 바로 데스몬드 투투 대주교였다. 투투 위원장은 "우분투"(ubuntu)를 위원회의 주요 정신으로 삼았다. 이 말은 "나는 다른 사람들을 통해 존재한다"는 뜻을 가지고 있어서 "서로의 용서와 화해를 통한 공동체의 복원"이라는 위원회의 정신을 잘 표현하고 있다. 처벌과 보복에 갇혀서는 앞으로 나아갈 수 없으니 용서와 화해, 치유와 조화를 이룸으로써 불균형을 바로 잡고 깨진 관계를 회복하자는 것이다. 그는

"고백 없이 용서 없고 용서 없이 미래 없다"는 말로 흑인과 백인을 모두 설득했다.

위원회는 3년에 걸쳐 과거사 청산 작업을 진행했다. 위원회의 설립 목적은 진실과 화해를 통한 민주주의 체제로의 이행이었다. 진실은 과거 역사의 규명과 회복을, 화해는 새로운 국가의 미래를 의미한다. 위원회가 정한 원칙은 다음 세 가지였다. 첫째, 샤프빌 학살 사건이 일어난 1960년부터 만델라 대통령이 취임한 1994년 사이에 일어난 사건만 조사한다. 둘째, 정치적 동기에 의해 일어난 사건만 다룬다. 셋째, 사면을 청원하는 사람은 그 사건에 관련된 진실을 모두 충분히 밝혀야 한다. 위원회는 "국민 통합과 화해 증진법"에 따라 세 개의 소위원회 조직을 구성했다. 피해자와 증인의 진술을 취합하는 "인권침해위원회", 사면 신청을 처리하고 허용 여부를 결정하는 "사면위원회", 그리고 배상안을 정부에 권고하기 위한 "배상위원회"가 각각 역할을 분담했다. 인권침해위원회와 사면위원회는 진상 규명 작업을 적극적으로 추진했고 소기의 성과도 거두었다. 1996년 4월 15일부터 1997년 8월 15일까지 총 76회에 걸쳐 진행된 공개 청문회에서는 21,200명이 증언에 나섰다. 방송으로 생중계된 청문회 조사와 증언 과정은 국내외의 큰 관심을 모았다.

그런데 사면위원회의 활동은 제법 논란이 되었다. 소위원회는 가해자가 과거 범죄에 대해 구체적으로 고백하고 그 일이 정치적 동기에서 비롯되었다는 사실을 입증하면 사면을 허용했는데, 다만 단순히 인종 차별로 저지른 범죄나 국가 혹은 상사의 지시가 아닌 상태에서 자행된 범죄, 진실을 다 털어놓지 않는 경우 등은 사면에서 제외되었다. 실제 범죄를 저지르지 않았는데 억울하게 고발당해 형을 살고 있는 경우에도 사면 위원회 신청 대상에 포함되지 않았다. 위원회가 재심 기관이 아니었기 때문에 저지르지 않은 죄에 대해 사면할 권한이 없었기 때문이다. 이런 경우는 정식 재심 절차를 거쳐 판결이 번복될 수 있었다. 위원회 활동 기간 동안 가해자 7,112명이 증언하고 사면 신청을 했으나 그중 5,392건은 사면이 거절되었고 849건만 완전 사면을 받았다. 사면이 되지 못하고 형사 처벌을 받은 사례는 300여 건에 달했다. 또한 그 외에 실종자 수는 약 1000여 명으로 밝혀졌다. 위원회는 약 3년간의 활동을 마친 후 그 결과를 3,500쪽에 달하는 5권의 보고서로 종합했고, 이후 두 권의 보고서를 추가로 발간했다.

위원회는 진상 규명에 이어서 피해자들이 인간과 시민으로서의 존엄성을 회복하고 적절하게 보상을 받을 수 있도록 후속 조치를 취해야 한다는 권고안을 정부에 전달했다. 위원회는 배상 및 보상 방안으로서 ① 폭력 발생 이전으로 원상 회복 조치, ② 경제적 차원의 물질적 보상, ③ 법적, 의학적, 심리적인 차원에서 치료와 명예 회복, ④ 재발 방지를 위한 기억의 보존과 기념 문화 활동 및 인권 강화를 위한 기관과 제도의 개혁 네 가지를 제시했다. 그런데 남아공의 경제 상황 악화로 인해 피해자들에게 충분한 보상이 이루어지지 못했다. 이로 인해 위원회는 과거 청산과 국민 통합의 교두보 역할을 수행했음에도 불구하고 애초의 목표를 달성하지는 못했다.

"진실과 화해 위원회"의 활동에 대한 평가는 다양한데, 긍정적 평가와 비판적 평가가 비등하다. 위원회는 가해자를 처벌하는 응보적 정의보다는 피해자와 가해자 모두의 화해와 회복을 추구한 회복적 정의를 국가적이고 정치적인 차원에서 수행한 대표적 사례로 평가받는다. 또한 위원회 활동이 민주주의 이행시기의 과도적인 정치 협상으로서 남아공의 사회적 통합과 인권 의식의 강화에 기여한 업적이 있음을 인정받기도 한다. 한 여론 조사(2005)에 따르면 위원회의 활동과 기여에 대해 남아공 국민의 79%가 긍정적으로 평가했다. 그렇지만 과거 범죄에 대한 조사에 집중한 사법적 보복에 그쳤다는 부정적 평가도 있다. 또한 국가 폭력의 가해자들을 면책하고 용서와 화해만 추구했을 뿐 새로운 인종 차별을 구조화했고 구조적 문제를 희석시켰다는 강한 비판도 있고, 단기간 활동한 후 서둘러 종결됨으로써 과거사를 제대로 정리하지 못했다는 분석도 있다. 특히 남아공의 과거사 청산은 가해자와 관련해서 뚜렷한 한계를 보였다. 과거 국가 권력 기구의 책임자였던 대다수의 백인 가해자들은 사면을 신청하지도 않았으며, 과거 행위를 부인하거나 기억 상실을 이유로 증언을 거부하면서 온갖 변명을 내세웠다. 특히 과거의 활동이 "합법적"인 "통치 행위"의 일부였기 때문에 개인이 책임질 일이 아니라고 강변하면서 과거사 조사를 회피했다. 이런 방식으로 이들은 "우분투" 정신에 정면으로 맞섰다. 그에 비해 가해 행위를 인정하고 사면을 신청한 사람의 80%는 흑인이었다. 백인 독재 정권의 말단 행동대원으로 참여한 흑인들이 주로 인권 침해 행위를 고백하고 사면을 받았다. 결과적으로 위원회는 국가 폭력 및 인권 유린의 전체 사건 중에서 약 42%만을 조사하는 데 그쳤다고 한다. 이런 한계가 있었기 때문에 남아공의 과거 청산 모델은 절반의 성공으로 평가되기도 한다.

그럼에도 불구하고 당시 남아공은 다양한 측면에서 사회적 과제에 직면해 있었는데, 이런 과제에 비추어볼 때 위원회는 과거사 청산을 넘어서 남아공의 정치적, 사회적인 발전에 기여했다는 평가를 받는다. 위원회는 인종 갈등을 치유하는 과정에서 "민주주의의 실현"과 "사회 통합"을 동시에 추구했다. 남아공 국민들도 이런 위원회의 취지와 활동을 인정하면서 능동적으로 협력했다. 그 결과 위원회가 아파르트헤이트의 과거사를 상당 부분 청산할 수 있었고, 그 성과를 기반으로 용서와 화해를 위한 주춧돌을 놓을 수 있었다. 그리고 과거사 청산 작업은 국민들로 하여금 합의와 참여라는 민주주의의 핵심 요소를 경험하게 함으로써 민주주의 이행 시기에 중요한 영향을 미쳤다. 그리고 위원회가 국민의 인종적, 사회적 통합과 국가 정체성 강화를 위해 사회적 하부 구조를 개혁하고 사회 경제적 모순을 해소하려고 애썼던 점도 높이 평가받을 만하다.

4. 과거사 청산, 다시 용서와 화해 및 치유를 위하여

세계 각국에서 이뤄진 과거사 청산의 과정을 보면, 역사가 정체되거나 퇴보하는 것처럼 여겨지는 때도 있다. 우리나라뿐만 아니라 세계 각 나라의 과거사 청산은 그 자체로 굴곡진 역사를 가졌다. 전진과 지체, 후퇴와 재개를 거치며 진행되는 가운데 반대와 저항 역시 만만치 않았다. 과거사 청산을 반대하는 이유는 다양했다. "당시 시대 상황에서는 어쩔 수 없는 선택이었으니 당사자들을 용서하자." "과거사 청산 작업이 국론과 국민을 분열시킨다." "사회, 경제 문제 해결이 시급하니 역사 문제는 다음으로 미루자."희생자와 피해자가 충분히 보상받았으니 이제는 화해하자.""이제 과거는 역사가에 넘겨주고 미래로 나아가자." 이런 저항들로 인해 진실 규명이 더뎌지고, 사실이 왜곡되며, 과거사가 망각되기도 했다.

이런 저항에도 불구하고 역사는 더디더라도 전진하기 마련이다. 우리는 과거사 청산을 경험한 각 나라의 사례를 통해 청산 활동의 동력과 성공 조건을 가늠해볼 수 있다. 무엇보다 중요한 것은 시민과 시민 사회의 적극적인 역할이다. 나라마다 성숙한 시민과 시민 사회가 역사를 일보 진전시켰다. 여기에는 세대 교체의 흐름도 한몫했다. 과거사에 책임 있는 세대에 이어 등장한 새로운 세대가 직접적이고 적극적으로 과거사를 대면하고자 했다. 둘째, 성숙한 시민들의 비판적 역사 의식과 민주적 정치 문화의 영향도 주목할 만하다. 대표적으로 독일의 경우에는 역사 연구와 교육이 민주 시민을 만들고 성숙한 시민 정신을 함양하는 데 큰 역할을 했다. 셋째, 정치적 리더십의 역할도 간과할 수 없는 요소다. 앞에서 다룬 사례들을 보면 과거사 청산이 이루어지게 된 결정적인 계기는 정권 교체인 경우가 많았고, 정치 지도자의 확고한 리더십이 뒷받침될 때 비로소 청산 작업이 적극적으로 실행될 수 있었다.

우리 시대가 과거사를 잊을지도 모른다며 걱정하는 사람이 많다. 우리나라에서는 과거사 문제가 정치 지형의 변화에 따라 직접적인 영향을 받아왔고, 그런 부침이 발생할 때마다 과거사 청산 작업이 미래를 향한 길목의 장애물로 취급되곤 했기 때문이다. 그런데 과거사 청산은 과거에 얽매이는 것이 아니라 현재와 미래를 지향하는 일이다. 과거사 청산의 역사를 경험한 많은 나라가 공통적으로 추구한 목표는 용서와 화해 그리고 치유였다. 진실이 규명되지 않고 가해자의 사죄와 피해자의 용서 및 양자 간의 화해와 치유가 없다면 여전히 과거가 현재와 미래의 발목을 붙잡게 되고 같은 역사가 반복되기 쉽다. 세계사 속 과거사 청산의 사례들이 말해주듯이 국가와 사회의 미래는 과거사를 어떻게 청산하느냐에 달려 있다. 과거사가 제대로 청산될 때 비로소 역사는 전진하고 밝은 미래가 모습을 드러낼 것이다.

주요 참고문헌

김광수, 「남아프리카 공화국의 국가 건설: 진실과 화해 위원회가 역사 청산, 국민 화합 그리고 민주화 과정에 기여한 역할을 중심으로」, 『Asian Journal of African Studies』 15(2002.12), 29-80.

김광수, 「남아프리카 공화국의 인종 갈등과 화해 그리고 공존을 향한 평화 개념 맥락화에 대한 역사적 고찰: 우분투(Ubuntu)와 진실과 화해 위원회(TRC)를 중심으로」, 『한국아프리카학회지』 53(2018.6), 3-43.

김영수, 「남아공 시민 사회와 진실 화해 위원회」, 『역사비평』 109(2014), 94-118.

김영수, 「남아공의 진실과 화해 위원회와 개혁적 사회 통합: 민주주의 이행 과정으로서의 과거사 정리 정책」, 『국제지역연구』 제12권(2009), 67-88.

김원중, 「스페인의 과거 청산은 아직도 망각 협정인가?」, 『민주주의와 인권』 16호 (2006).

김원중, 「역사 기억법(2007)과 스페인의 과거사 청산 노력에 대하여: 배·보상 화해 위령의 측면을 중심으로」, 『이베로아메리카研究』 21(2010), 193-220.

박구병, 「진실·화해 위원회 이후: 아르헨티나와 페루의 배·보상과 추모 정책」, 『이베로아메리카研究』 21(2010).

송충기, 「독일의 뒤늦은 과거 청산: 나치하 외국인 강제 노역자에 대한 보상을 중심으로」, 『역사비평』 73(2005), 271-93.

안병직 외 10인, 「프랑스의 대독 협력자 숙청」, 『세계의 과거사 청산』, 푸른역사, 2005.

이동기, 「"독일 배우기"와 독일 과거 청산의 함의」, 『내일을 여는 역사』 52(2013), 158-73.

이용우, 『프랑스의 과거사 청산: 숙청과 기억의 역사 1944~2004』, 역사비평사, 2008.

이용우, 『미완의 프랑스 과거사 독일 강점기 프랑스의 협력과 레지스탕스』, 푸른역사, 2015.

정현백, 「글로벌 시각에서 본 과거 청산의 의미」, 『역사비평』 93(2010), 61-90.

한운석, 『독일의 역사 화해와 역사 교육』, 신서원, 2008.

법과 용서

법철학의 관점에서 본 법과 용서

오민용

I. 법과 용서는 양립 가능한가?

문재인 대통령은 2021년 12월 31일에 박근혜 전 대통령을 사면·복권했으며, 1997년 김대중 대통령 당선인은 당선 다음 날인 1997년 12월 20일에 김영삼 대통령과의 협의를 거쳐 전두환과 노태우를 사면·복권하였다. 또한 대한민국 역대 정부는 대통령 취임, 신년, 3.1절, 광복절, 성탄절 등 기회가 있을 때마다 사면을 실시해왔다. 사면은 법의 효력을 상실시키는 것으로서 한편으로는 법을 약화시키는 기제로 작동할 수도 있다. 그렇다면 "사면"이 무엇이기에 현재 우리의 법 제도에 존재하고 있는가? 이 글은 대통령의 사면"권" 행사가 아닌 "사면" 그 자체에 집중하여 그 안에 담긴 법과 용서의 지평을 밝혀보고자 한다.

　법이 수호하고자 하는 이념은 정의다. 국가는 이 이념에 적합한 입법과 법 집행을 통해 사회의 안정과 통합을 이루고 평화를 구축한다. 그리고 이에 반하는 주체나 행위는 국가의 공권력을 동원하여 법에 따라 처리한다. 현대 사회에서는 국가가 법에 따라 이런 폭력을 독점적으로 보유하고 있다. 국가가 폭력을 독점한다는 개념은 서구 사상의 신학적 주장에 그 기원을 두고 있다. 예를 들어 국가의 폭력 독점은 루터의 두 왕국론에 언급되는데, 이 이론은 서구 사회 윤리와 법 문화를 형성하는 데 중요한 기원이 된다. 루터는 아우구스티누스의 『하나님의 도성』에 근거하여 세상 나라는 지상에 "평화와 정의"(*pax et justitia*)를 실현하기 위해 긍정적인 제도를 갖고 있다고 보았다. 이 제도 중 하나가 법이다. 그러나 루터에 의하면 세상에 참된 신앙을 가진 그리스도인만 있다면 왕도 법도 필요 없다. 왜냐하면 참된 그리스도인은 법보다 높은 도덕 기준을 갖고 살아가기 때문에 법의 강제에 구속받지 않고도 세상의 평화와 질서를 위해 법을 준수할 수 있기 때문이다. 그러나 세상에는 참된 그리스도인뿐 아니라 미성숙한 그리스도인과 이교도들이 존재한다. 따라서 참된 그리스도인이 되지 못한 이들로 이루어진 세상 가운데서 폭력을 억제하고 "정의와 평화"를 구축해야 한다. 이를 위한 제도가 세속적인 국가와 법이다. 따라서 한 나라 안에서 국가는 폭력의 정당한 행사를 독점하고 사인에 의한 폭력 행사는 금지된다. 이것이 근대 국가의 원칙이다. 사인에 의한 폭력 금지는 재판을 받을 권리로 이어진다. 국가는 이를 통해 사회의 통합과 안정을 확보한다. 따라서 권리는 사적 폭력을 포기하는 대가로 부여받은 국가 공권력의 발동 조건이 된다. 국가의 독점적인 폭력 행사는 합법성이라는 형식적 측면과 윤리성이라는 내용적 측면으로 구성된다. 즉 국가의 폭력 행사는 정의로운 폭력에 국한된다.

그렇다면 이때 필요한 윤리성은 무엇일까? 폭력의 정반대되는 가치를 사랑으로 이해한다면 폭력 행사에 대한 윤리성을 정의할 수 있을 것이다. 그리고 이를 통해 올바른 법이 무엇인지 탐구할 수 있을 것이다. 왜냐하면 자연법론에 따르면 실정법은 영원법에 그 기반을 두는데, 이때 사랑은 영구법으로서 삶의 하나의 기준이자 질서의 원리가 되기 때문이다. 사랑의 시피니앙은 정의의 언어로서 탄생부터 죽음까지 인간의 위엄과 비참함에 관여한다. 법은 사랑에 기반한 공통감을 획득하지 못하면 공적인 질서로 자리하기 어렵기 때문이다.

전통적으로 자연법은 법과 도덕의 결합을 인정한다. 법철학자인 존 피니스(John Finnis)에 따르면 자연법의 입장에서 가장 중요한 도덕의 원리는 다음과 같다.

> 그렇다면 가장 높은 또는 중요한 도덕 원리는 무엇일까? 아퀴나스에 의하면 도덕 원리에서 추론된 결론으로서의 자연법의 도덕 금언은 다음과 같다.…"어떤 인간도 다른 인간에게 해를 가해서는 안 된다(*nulli debet homo malefacere*).…이웃을 네 자신처럼 사랑하라(*proximum tuum*)".…아퀴나스에 의하면 이 원리는 자연법에서 최우선적인 공통 원리다. 그리고 인간 이성에 자명한 것일 뿐만 아니라 모든 도덕 원리와 규범의 원리다. 특별히 다른 사람에 대한 관심은 이 원리로부터 그 결론을 추론해낼 수 있다. 또한 모든 다른 도덕 규범의 목적(*finis*)이다(*Aquinas: moral, political, and legal theory*, 1998, 126).

피니스에 의하면 "이웃을 네 자신처럼 사랑하라"는 것은 자연법의 도덕이며 다른 모든 도덕 규범의 원리이자 목적이다. 따라서 법과 도덕의 결합을 인정하는 자연법의 입장에서 법은 이 자연법의 도덕에 충실해야 한다. 하지만 이 문장을 관념이 아닌 행위라는 실천적 차원에서 이해할 필요가 있다. 왜냐하면 법과 도덕은 인간의 행위를 대상으로 삼고 있기 때문이다. "이웃을 네 자신처럼 사랑하라"는 도덕 원리는 "어떤 인간도 다른 인간에게 해를 가해서는 안 된다"는 도덕 원리와 함께 이해될 때 구체화될 수 있다. 이를 상세히 설명하면 다음과 같다. 논의의 편의와 실천적 맥락을 명확히 드러내기 위해 전자를 "이웃 사랑의 원리"로, 후자를 "이웃 무해(無害)의 원리"로 칭하겠다.

A. 이웃 무해의 원리는 해를 가해서는 안 된다는 행위의 금지를 지시하는 소극적 측면의 규정이다. 이에 반해 이웃 사랑의 원리는 행위의 허용 또는 적극적인 허용을 지시하는 적극적 측면의 규정이다. 그러나 이것은 원리상의 소극적 측면과 적극적 측면의 구분일 뿐이다.

B. 행위의 실행 차원에서 두 원리는 분리되어 존재하지 않는다. 왜냐하면 사랑은 "이웃에게 해를 가해서는 안된다"는 무해의 원리를 한계로 지니기 때문이다. 즉 이웃에게 해를 가하지 않는 방식으로만 사랑할 수 있다. 따라서 이웃에게 해를 가하지 않는 방식은 "이웃 사랑의 원리를 행위로서 실현하는 방식"이다.

C. 또한 무해의 원리가 무관심한 방조로 전락하지 않기 위해서는 이웃을 자신처럼 사랑하라는 사랑의 원리가 있어야 한다. 따라서 이웃을 자신처럼 사랑하는 방식은 "이웃 무해의 원리를 행위로 실현하는 방식"이다.

D. 실천적 맥락에서 볼 때 이 두 원리는 도덕이 요청되는 상황에서 도덕의 구체화를 지시하는 지도 원리일 뿐만 아니라 동등하게 서로를 규정하고 구체화하며 실행 가능하게 만드는 원리로서, 분리된 관계가 아닌 "상호적 원리의 관계"다.

E. 따라서 법과 도덕이 결합된 자연법의 입장에서는 도덕 규범뿐만 아니라 법규범 역시 "이웃 사랑의 원리"와 "이웃 무해(無害)의 원리"를 준수해야 하며, 실천상 이 두 원리의 "상호적 원리의 관계"를 준수해야 한다.

이렇게 실천적 맥락에서 사랑을 도덕 규범으로 이해한다면, "이웃 사랑의 원리"와 "이웃 무해의 원리"는 "정의와 평화"의 조건 중 하나가 된다. 왜냐하면 평화는 사람 또는 집단 사이의 일치를 꾀하려는 상태일뿐만 아니라 각 개인의 욕구가 서로 조화를 이루고 있는 상태이기 때문이다. 이를 위해 인간의 법은 사람들 사이에서 사랑을 가능하게 하는 방향으로 관심을 기울여야 한다. 또한 정의에 의해 평화를 유지할 수 있는데, 이 때 정의는 사람들 사이의 사랑에 토대를 두지 않는다면 이런 역할을 수행할 수 없다. 서로에게 폭력을 가하고 적대시하며 당파성에 치우쳐 있는 상태에서는 정의가 공정하게 작동할 수 없기 때문이다. 따라서 이런 평화의 관점에서 법이 보장해야 할 "공동의 좋음"(public good)은 평화에 반하는 부도덕한 행위와 말을 규제하는 것이다. 예를 들어 불안한 치안 상황을 수습하고 싸움과 전쟁을 방지하는 것이다.

그러므로 국가의 폭력을 다룰 때 사랑을 호출하지 않고서는 작업을 할 수 없다. 또한 사랑을 이념이 아닌 실천적 차원에서 다룰 수 있어야 한다. 왜냐하면 폭력은 그 자체가 이미 실천적 문제이기 때문이다. 그렇다면 실천적 차원에서 사랑은 무엇인가? 라인홀드 니버(Reinhold Niebuhr)에 따르면 사랑의 본질적 표현은 용서다. 용서는 "가장 어렵고 불가능한 도덕적 성취"다. 그렇기 때문에 인간에게 용서는 "불가능한 가능성"(impossible possibility)이다. 용서가 있는 곳에는 폭력이 존재할 수 없다. 용서가 없는 곳에 폭력이 존재한다.

　이 글에서는 데리다의 이론을 통해 용서를 이론적으로 탐구해보고자 한다. 데리다는 용서에 대한 숙고를 포스트모던의 해체적 지평까지 밀어붙인 학자다. 흔히 용서를 많이 말하지만, 용서와 용서한다는 것 그 자체가 무엇이며, 어떤 상황에서 가능하고, 누가 용서를 할 수 있으며, 용서의 대상은 누구와 무엇인지에 대한 탐구는 부족했다. 데리다는 이 부분들을 더 생각할 수 없는 지점까지 사유하면서 용서에 대한 흔한 관념들을 해체한다. 이를 위해 데리다는 현실의 법적 문제를 소재로 다루었다. 이런 점에서 볼 때 법과 사랑의 관계를 기획하기 위한 서론적 작업에 적절한 학자라고 판단하였다. 따라서 이론적 차원에서 데리다의 용서론을 살펴본 후 실천적 차원에서 법이 어떻게 용서를 실천하고 있는지 또 어느 정도까지 할 수 있는지를 살펴본다. 이 작업을 통해 사랑의 구체화로서의 용서와 현실의 법제도 사이의 접점을 모색해보고자 한다.

II. 데리다의 용서론

정의와 평화는 그에 관한 말, 글, 이론, 철학, 담론이 궁극적 목적이 아니다. 현실 세계에서 정의와 평화가 실현되는 것이 정의와 평화에 내재된 궁극적 목적이다. 부정의하고 평화롭지 않은 상황일수록 사람들은 더 강렬하게 정의와 평화를 찾기 때문에, 정의와 평화는 실천되어야만 한다. 그것이 정의와 평화의 숙명이다. 칸트가 제시한 이성의 준칙, 즉 "너의 의지의 준칙이 항상 동시에 보편적 법칙 수립의 원리로서 타당할 수 있도록 그렇게 행위하라"는 말과 더불어 "당위"(當爲)를 다리로 삼아 사회를 규율한다는 법의 특성을 상기해보면, 법 역시 실천을 숙명으로 삼는다는 것을 알 수 있다. 정확히는 법 자체가 실천이다. 실천하려면 대상이 필요하다. 법은 "정의와 평화"를 실현하기 위해 "정의와 평화"에 반하는 "적"을 문제 삼는다. 이때 법은 합법화·정당화된 폭력인 공권력으로 작용함으로써 "적"에 대항한다.

데리다는 블라디미르 장켈레비치(Vladimir Jankelevitch)가 1967년에 내놓은 대표작 『용서』(Le pardon)와 1971년에 발표한 『공소 시효 없음』(L'Imprescriptible)을 통해 자신이 생각하는 용서를 이야기한다. 블라디미르 장켈레비치는 『용서』라는 작품에서 용서를 사랑의 절대적 요청과 법률 및 규범 또는 의무 너머를 향한 "과장된 윤리"로 표현한다. 이 "과장된 윤리"는 윤리 너머에 있는, 윤리가 찾을 수 없는 용서의 장소다. 또한 그는 『공소 시효 없음』에서 인간성에 반하는 범죄에 대한 공소 시효 폐지(L'Imprescriptible)를 결정한 프랑스의 법안에 대해 이야기한다. 장켈레비치는 홀로코스트를 예로 들면서 "인류에

반하는 범죄", 즉 "정치적·종교적·이데올로기적"이 아닌 인간성에
대한 범죄는 용서의 역량 밖의 일이므로 용서할 수 없으며 또한 가해
자들이 용서를 요청하지 않았기 때문에 용서받을 수 없다고 주장했
다. 인간성에 반한 범죄는 "정상을 초과한 범죄"(exorbitant crime)로서
문자적으로 표현하면 "형이상적 범죄"(metaphysical crime)이기 때문
이다. 장켈레비치는 누가복음에 나오는 예수의 말(눅 23:34)을 뒤집어
표현한다. "아버지, 저들을 용서하지 마옵소서. 저들은 저들이 무엇을
행하였는지 정확히 알고 있습니다." 그러나 데리다는 장켈레비치가
주장하는 용서란 가해자가 구하는 용서에 기반을 둔 "교환의 조건적
논리"이기 때문에 이런 경제적 교환 원리에 기반을 둔 용서가 진정한
용서인지에 대해 의문을 제기한다.

1. 용서의 종류

1) 무조건적 용서

데리다는 『신앙과 지식/세기와 용서』라는 책에서 용서(forgiveness)를
무조건적 용서와 조건적 용서로 나누어 설명한다.

> 무조건적 용서와 조건적 용서라는 이 두 극단은 절대적으로 이질적이
> 며 서로에 대해 환원 불가능한 것으로 남아 있어야 합니다. 하지만 그럼
> 에도 불구하고 이 둘은 분리 불가능합니다. 사람들이 바라는 대로 또 그
> 래야만 하는 대로, 용서가 효과적이고 구체적이며 역사적이 되어야 한

다면, 또한 용서가 발생하고 사태를 변화시키기를 바란다면, 용서의 순수성이 모든 종류(심리 사회학적, 정치적 등)의 조건들 안으로 들어가야만 합니다. 화해 불가능하지만 분리 불가능한 이 두 극단 사이에서 결정이 내려지고 책임이 지워지는 것입니다.

데리다는 용서에 본래 한계, 계측, 절제가 없다고 본다. 따라서 용서는 계산 불가능하다. 그렇기 때문에 용서는 계산 가능한 주제인 사과, 후회, 사면, 시효 등과 같이 형사법에 속하는 것들과는 구분된다. 또한 용서에 아브라함 종교의 장면, 형상, 언어 등의 종교적 유산을 끼워 넣으려는 시도들이 있지만, 서구 종교와도 구분된다. 이것이 무조건적이고 순수한 용서다. 순수하고 무조건적인 용서는 자신만의 고유한 의미를 갖기 위해 어떤 의미나 목적성 또는 명료성을 지니면 안 된다. 조건을 요구하지 않는 순수한 용서는 불가능한 것의 광기이며 아포리아다.

2) 조건적 용서

반면 조건적 용서는 역사, 법, 정치, 실존 자체에 기입된 것이다. 사과, 후회, 사면, 시효는 용서와 이웃한 주제들이다. 즉 경제처럼 계산 가능한 것들로서 명시적으로 용서를 구하는 죄인이 잘못에 대해 인정하고 참회와 회심을 갖는 정도에 "비례"한다. 비례라는 계산 가능함에는 용서의 수행뿐만 아니라 용서의 대상도 포함된다. 하지만 무조건적 용서와 조건적 용서는 서로에 대해 이질적이며 자리바꿈을 할 수 없다. 그러나 서로 분리될 수도 없다.

무조건적이고 순수한 용서의 사건이 현실에 구체화되려면 조건적인 용서를 거쳐야 한다. 그리고 조건적 용서는 무조건적 용서를 통해 용서로서의 의미를 갖는다.

2. 용서의 장소

1) 용서와 말

죄인이 명시적으로 용서를 구한 다음 잘못을 인정하고 참회, 회심한다면, 이때 죄인은 철저한 의미에서 죄인이 아니라 죄인보다 좀 더 나은 다른 사람이 된다. 그렇기 때문에 이 조건과 기준에 부합하는 자를 용서하는 일은 더 이상 범죄자를 용서하는 일이 아니다. 따라서 용서는 "수행적으로 해석되고 재정립"되어야 한다. 왜냐하면 "용서한다"(pardon)와 "용서를 구한다"는 말은 수행적 발화(performative utterance)이고 수행적 언어(performative language)이며 수행적 문장(performative sentence)이기 때문이다. 용서는 말을 통해 나타나고 전달된다.

2) 용서할 수 없는 것을 조건 없이 용서함

데리다는 장켈레비치가 『공소 시효 없음』에서 주장한 교환적 논리에 기반을 둔 용서에 대해서는 반대하지만 그가 『용서』에서 주장한 용서는 수용한다. 장켈레비치는 용서가 "사랑의 절대적 요청"이며 법률과 규범 그리고 의무를 넘는 윤리 너머의 윤리라고 주장한다. 바로 그

"너머의 자리"가 "찾을 수 없는 용서의 자리"다. 무조건적 용서는 "용서는 의미를 가져야 한다"는 지배적인 명제에 반대하기 때문이다. 이때 용서의 의미는 구원과 화해, 속죄와 희생의 바탕 위에서 결정된다. 용서가 의미의 수단이 되어서는 안 된다. 용서가 용서로서 수행되지 않고 다른 목적을 위한 수단으로서 행해진다면 그것은 용서가 아니다. 따라서 용서가 이루어지려면 죄인의 회심, 개선, 뉘우침이 있어야 하며, 기약 없이 반복되는 죄가 용서의 대상이어야 한다. 정확히 표현하자면 용서할 수 없는 지점에서 용서해야 하는, 즉 "용서할 수 없는 것을 조건 없이 용서하는 것"이어야만 한다.

3. 용서의 아포리아

1) 용서 불가능의 아포리아

(1) 용서 수행의 어려움

데리다는 이어서 용서의 수행에 대해 다음과 같은 질문을 던진다.

> 제가 만일 "나는 네가 용서를 구함으로써 변화되었고, 예전과 동일한 사람이 아니라는 조건하에서 너를 용서한다"고 말한다면, 저는 용서하는 것일까요? 저는 무엇을 용서합니까? 누구를? 무엇과 누구를? 어떤 것 혹은 어떤 사람을?

용서를 수행할 때 "누구?"와 "무엇?"에 관해 어려움이 생긴다. 예를 들어 범죄(crime)자로 기소된 사람은 현행법에 의하여 나쁜 사람이 된 것이다. 그리고 종교적 죄(sin)나 도덕적 죄(moral wrong)를 범한 사람은 종교와 도덕에 의하여 나쁜 사람이 된 것이다. 그렇다면 용서는 나쁜 행위 그 자체에 대한 용서인지, 나쁜 행위의 동기에 대한 용서인지, 아니면 행위자에 대한 용서인지 등이 문제가 된다. 심지어 현행법, 종교, 도덕이 서로 일치하여 나쁜 사람이 된 것이 아니라, 이 셋 중 하나 또는 둘의 영역에서만 나쁜 사람일 뿐 다른 영역에서는 나쁘다고 판단할 수 없을 때 더 큰 문제가 된다. 예를 들어 현행 형법은 간통죄를 범죄로 보지 않는다. 다만 민법상 불법 행위로 간주되기 때문에 손해배상은 가능하다. 이것은 계약의 이행 문제이지 범죄가 성립되느냐의 문제가 아니다. 그러나 종교나 도덕의 입장에서는 간통이 종교적으로 선하거나 도덕적으로 옳은 행위는 아니다. 그렇다면 간통은 현행 형법에 의해 범죄가 아니기 때문에 종교나 도덕적으로도 옳은 것인가? 그렇지 않을 것이다. 그렇다면 간통을 행한 사람은 상간자의 배우자에게 용서를 구할 필요가 없는 것인가? 만약 간통자가 자신이 믿는 신에게 용서를 구하고 그 신이 용서해주었다고 하면 간통죄에 대한 죄 사함을 받는 것인가? 따라서 이런 문제에 있어서 용서의 주체, 객체 및 대상을 섬세하게 구분할 필요가 있다.

(2) 용서할 수 없는 범죄에 대한 용서

만일 용서해야 하는 무언가가 있다면, 그것은 종교적 언어로 사람들이 대죄라고 부르는 것, 최악의 것, 용서할 수 없는 범죄나 과오일 것입니다. 바로 거기에서 메마르고 무자비하며 가차 없는 형식으로 기술할 수 있는 아포리아가 나옵니다. 즉 용서는 오직 용서할 수 없는 것만을 용서합니다. 우리는 용서할 수도 없고 용서해서도 안 되겠지만, 만일 용서라는 게 있다면 오직 용서할 수 없는 것이 존재하는 곳에서만 있을 것입니다. 용서는 불가능성으로 자신을 알려야만 한다고 말해도 과언이 아닙니다. 용서는 오직 불가능을 행하기 위해서만 가능할 수 있습니다.

용서를 구해야 할 죄는 경범죄처럼 가벼운 죄가 아니다. 장켈레비치의 말처럼 악마적(diablo)인 행위, 법률적 용어의 한계로 인해 죄의 의미를 다 담지할 수 없는 죄여야 한다. 종교의 언어를 빌려야 비로소 표현할 수 있는 "정상을 초과한 범죄", 즉 용서할 수 없는 범죄여야 한다. 그러나 무조건적 순수한 용서는 "용서할 수 없는 것을 조건 없이 용서하는 것"이다. 회개라는 조건을 요구하지 않는 일이다. 용서는 "미친 짓이며 그것은 불가능한 것의 광기로 남아야 한다." 따라서 무조건적 용서는 혁명처럼 도래하며 역사와 정치와 법의 일상적 흐름을 불시에 습격하는 유일한 것이다. 이 습격은 정치와 법을 넘어서는 것으로서 "도래할 민주주의"다. 하지만 무조건적 용서는 정치와 법의 질서와는 다른 이질적인 것이기 때문에 무조건적 용서에 토대를 둔 정치와 법은 현실적으로 불가능하다. 그렇다고 해도 무조건적 용서를 계산된 거래, 조건, 협상이나 칸트식의 가언명령처럼 용서가 오용된 결과로 이해해선 안된다. 무조건적 용서는 오히려 이에 저항한다. 용서(forgiveness)는 선물(gift)과 같다. 용서의 영어 단어인

"pardon"과 "forgive"는 "par"와 "don", "for"와 "give"로 이루어졌다. 여기서 "par"는 불가능(impossible)을 나타내는 아포리아(aporia)다. 또한 선물(gift)은 선물(present)과도 같다. 그렇기 때문에 선물은 항상 현재(present)다.

2) 불가능의 아포리아

(1) 언어의 아포리아

아포리아의 두 번째 측면에서 볼 때 용서는 범죄자와 희생자에게 공유된 언어가 있을 때 비로소 보편화의 매체인 언어에 의해 가능해진다. 언어가 공유된다는 것은 "단순히 같은 국어를 쓰거나 관용어를 공유하는 것뿐만 아니라, 단어들의 의미와 공시적 의미, 수사법, 참조 사항의 목적 등에 관해 동의를 공유"하는 일이다. 희생자와 범죄자가 어떤 언어도 공유하지 않고 심지어 공통적이거나 보편적인 매체도 서로 이해할 수 없을 때, 그리고 용서가 의미를 잃은 것처럼 보일 때 용서는 절대 불가능한 것이 된다. 범죄자와 희생자 간의 용서라는 수행 행위(performative act)는 언어를 통해 이뤄질 수 있다. 하지만 이 언어가 서로를 이해지향으로 인도하지 못하거나 의미 생성, 의미 표현 및 의미 소통의 단계로 인도하지 못할 때, 언어는 사용될 수 있으나 기의를 잃은 기표 곧 하나의 펄럭이는 깃발의 천 조각으로만 남는다. 이 경우에는 잘못의 본질에 대해 동의할 수 없으며 용서를 구하는 것도 용서를 행하는 것도 불가능하다.

(2) 용서의 아포리아

하지만 바로 이 지점이 하나의 역설이자 아포리아다. 희생자가 가해자를 이해하면서 대화를 나눌 때 거기서 의미가 통한다면 그 순간부터 화해가 시작이 되며 더불어 진정한 용서가 아닌 일반적인 용서가 시작된다. 희생자와 가해자의 이해불가능성, 비동일성과 같은 환원불가능한 특성이 진정한 용서의 조건이기 때문이다. 희생자와 범죄자가 서로를 이해하고 의미를 소통할 수 있으면 그 순간 순수한 희생자와 순수한 범죄자도 없다. 희생에서 어느 정도 회복된 희생자와 범죄에서 어느 정도 회개한 범죄자만 있기 때문이다. 이때 말해지는 용서는 이미 서로의 이해 속에서 행해지는 일반적인 용서이며, 대면할 수 없어서 얼굴을 몰랐던 범죄자에 대한 무조건적이고 순수한 용서는 아니다.

3) 용서라는 광기

(1) 보답의 선물이 없는 선물로서의 용서

그래서 용서는 "미친 짓"이다. 이 미친 짓은 데리다에 의하면 "이해할 수 없는 밤 속으로, 그러나 명철한 정신으로 빠져들어 가는 것"이다. 즉 무의식이 아닌 "비의식"이다. 용서는 "용서가 불가능해 보이는 바로 그 순간부터만 가능"하고 "용서의 이야기는 반대로 용서할 수 없는 것과 함께 시작"된다. 용서할 수 있는 자를 용서하는 일은 "하나의 경제이자 용서를 부패하게 만드는 계산"이다. 오히려 용서는 "보답의 선물이 없는 선물"이다.

(2) 불가능성 속에서의 용서 가능성

용서는 정신분석학에서 말하는 자아의 무의식 단계에서 진행되는 일이 아니다. 용서는 자아가 인식하는 가운데 자아 밖으로 표현되는 행위다. 하지만 용서는 수행자가 스스로 이해할 수 없는 밤으로 들어가는 일과 같다. 그가 내린 기존의 판단은 중지되지만 새로운 판단이 진행된다. 용서할 수 없는 불가능성 속에서 용서의 가능성이 이뤄진다. 이 광기는 반주체적인 일이 아니라 비의식적이고 탈주체적인 일이며, 동시에 명철한 정신을 갖고 이해할 수 없는 밤으로 들어가는 주체적인 일이다. 따라서 용서의 광기는 탈주체적 자아와 주체적 자아의 입맞춤이라고 할 수 있다. 이때 탈주체적 자아는 자아를 습격하는 하나의 사건이 되며, 주체적 자아는 탈주체적 자아의 습격을 받아 이전의 주체와는 다른 자아가 된다. 이 다른 자아는 "이해할 수 없는 밤으로, 그러나 명철한 지식으로 빠져들어 가는" 광기를 "명철한 지식으로, 그러나 이해할 수 없는 밤으로 빠져들어 갔다 나오는 일"로 수용한다.

4) 주권의 이름으로 행해지는 것들

(1) 사면권

용서는 법적, 정치적 범주와 이질적인 상태로 존재함으로써 매 상황마다 절대적인 예외로 남아 있다. 하지만 이 예외의 예외가 하나 존재하는데, 바로 서양에서 주권자에게 무제한의 권리를 부여한 신학적 전통인 "사면권"(le droit de grâce, pardon, clemency)이다. 사면권은 권리의 범주에 속하지만, 법 안에서 법을 넘어서는 권력을 기입하는 권리다. 구체적으로 사면권은 국가의 이름으로 법률을 초월하고 중지시키며 용서를 시행한다. "법률의 예외, 법률에의 예외"인 이 절대적 예외는 법과 정치의 꼭대기 또는 근원에 위치한다. 주권자의 기관(헌법 제79조 대통령)을 통한 이 사면권은 법의 구성, 조건, 실행 보증, 국가 통일성의 토대가 되며, 법과 국가의 통일성을 지지하고 더 높은 차원으로 이끈다. 이런 원칙은 체계를 초월해 있으며 체계에 낯선 예외다. 물론 칸트는 사면권이 법과 정치보다 더 위에 있음을 인정하면서도 사면권이 유동적이거나 모호하고 임의적이지 않도록, 주권자가 법을 따르고 법치 국가의 원리를 준수하며 국가의 보장을 확보할 때만 사면권 행사가 가능하다는 엄격한 제한을 둔다. 이는 사면권 역시 법 안에 있다는 주장이다.

(2) 용서의 주체

용서는 죄인과 피해자라는 두 단독자에 의해서만 가능하다. 두 단독자 외에 제삼자가 개입하는 순간, 사면, 화해, 배상 등을 말할 수는 있어도 순수한 용서는 아니다.

(3) 절대적 범죄와 희생자 만들기

주권이 "피해자로서" 또는 "피해자의 이름"으로 피해자의 고유한 자유와 용서의 능력을 부당하게 가로채는 일이 벌어질 수 있다. 이때 "절대적인 희생자 만들기" 같은 일이 벌어진다. 피해자의 삶, 말할 수 있는 권리, 용서를 허용할 수 있는 자유 및 힘과 권한을 박탈하는 일은 허용될 수 없다. 이렇게 되면 피해자는 피해와 용서에 대한 모든 것을 말할 수 있는 권리를 비롯해 말을 통해 의사를 표명하고 증언할 수 있는 기회를 박탈당하기 때문이다. 피해자가 용서 불가능한 것을 용서하도록 잠재적으로 생각해볼 최소한의 가능성마저 빼앗는 것은 절대적인 범죄다. 절대적인 범죄는 살인의 형상으로만 도래하는 것이 아니다. 또한 순수한 용서는 권력이 없고 주권이 없는 무조건적인 용서다. 따라서 순수한 용서를 위해 가장 필요한 일은 주권과 무조건성을 분리하는 것이다.

III. 용서의 장소로서의 법

1. 사면

1) 현행법상 사면

용서는 법에서도 낯선 주제가 아니다. 법은 이미 체계 내부에 용서를 사면법이라는 제도적 형태로 수용하고 있다. 우선 사면의 정의 (definition)에 따르면 협의의 사면은 형사소송법 및 기타 형사 법규의 절차에 의하지 않고 형의 선고의 효과 또는 공소권을 소멸시키거나 형 집행을 면제시키는 행위를 말한다. 광의의 사면은 협의의 사면 외에 법원에 의한 형의 선고와 그 부수적 효과 및 행정 기관에 의한 징계 처분의 효과 전부 또는 일부를 면제시키는 행위까지 포함한다. 또는 대통령이 갖는 사법에 관한 정책적 권한의 하나로서, 형사소송법이나 그 밖의 형사 법규의 절차에 의하지 아니하고 형의 선고의 효과 또는 공소권을 소멸시키거나 형 집행을 면제시키는 것을 의미한다. 한마디로 정리하면 사면은 법 밖에서 법의 효력을 무위화하는 일이다.

사면법은 구체적으로 사면(赦免), 감형(減刑) 및 복권(復權)에 관해 규정하고 있다. 사면의 종류는 죄를 범한 자를 대상으로 한 일반 사면, 형을 선고받은 자를 대상으로 한 특별 사면, 형의 선고로 인해 법령에 따른 자격이 상실되거나 정지된 자를 대상으로 한 복권으로 나뉜다. 사면의 효력에 관해 일반 사면을 받으면 형 선고의 효력이 상실되며, 형을 선고받지 않은 자는 특별 규정이 없는 한 공소권(公訴權)이 상실된다. 특별 사면은 형의 집행이 면제되며 특별한 사정이 있을 때 형을 변경할 수 있다. 일반(一般)에 대한 감형은 특별 규정이 없는 한 형을 변경하고, 특정한 자에 대한 감형은 형의 집행을 경감하며, 특별한 사정이 있을 때 형을 변경할 수 있다. 복권은 형 선고의 효력에 위해 상실되거나 정지된 자격을 회복시킨다. 일반 사면은 "하나의 죄"를, 특별 사면은 특별한 "사람"을 그 대상으로 한다. 따라서 일반 사면은 사안의 고유성이 아니라 대상되는 죄의 일반성을 기준으로 삼으며, 특별 사면은 사람의 고유성인 개성을 그 중심에 둔다.

일반 사면은 ① 특정한 상황에서 법의 교정 가능성의 표현으로 허용될 수 있는 경우, ② 정의의 실현으로 정향된 경우, ③ 범죄 행위나 형사 소추의 증대에 대한 국가적·사회적 공동 책임의 인식을 표현하는 경우, ④ 사회 구성원이 평화와 화해를 요구하고 관련 범죄자와 사회 모두가 사면을 통해 새로운 출발이 가능한 경우, ⑤ 법적으로 잘 정돈된 사회적 상황에서도 충분하게 파악되지 못한 개별 사례의 특수한 불법과 책임을 제대로 평가할 수 있게 해주는 경우에 고려된다.

법의 보편성과 사안의 고유성 사이에서 결단 내려지는 사면은 형법학의 분과인 범죄인에 대한 형사 정책, 특히 적극적 일반 예방과 특별 예방의 관계에 동일한 문제 의식을 갖게 한다. 일반 사면은 일반 예방적 고려, 특별 사면은 특별 예방적 고려와 대응되며, 전자는 행위의 사회 유해성에 대한 평가, 후자는 행위자의 사회 위험성에 대한 평가와 관련되기 때문이다.

사면권은 대한민국 헌법 제79조에 대통령의 권한으로 명시되어 있다. 대통령의 사면권은 국가 원수로서 행사하는 통치권이다. 이 통치권은 국가 사법 작용에 대한 예외 조치이자 사법부의 판단을 변경하는 제도로서 권력 분립 원칙에 대한 예외로 작용한다.

하지만 사면권에 대해서는 사전 통제 장치가 미흡하고 사면권 행사가 남발될 수 있으며 사면 대상이 불명확하고 법치주의와 상충된다는 등의 비판이 제기되기도 한다. 사면권은 예외적이며 비상적 통치 행위이기 때문에 법치 국가적 관점에서 한계를 설정하기 어렵다는 주장도 있다. 그리고 대통령의 사면권은 권력 분립과 법치 국가의 원리를 침해한다는 주장도 있다. 일반적으로 이런 문제를 해결하기 위해 사면권에 대한 절차적 통제를 시행함으로써 사면권을 법치 국가의 원리에 구속하려고 한다.

살펴본 비판과 해결책은 사면"권"의 구체적 행사 방식에 대한 비판이지 "사면" 자체에 대한 이해와 비판은 아니다. 사면권은 비록 권력 분립 원칙에 대한 예외이나, 이 예외를 통해 법치 국가나 법의 지배가 갖는 불합리성을 보완·보충함으로써 합리성을 조정한다. 또한 사면은 헌법을 통해 법치 국가의 원리 안에 규정된 상태로 권력 분립의 원리 속에 존재하지만, 법치 국가의 원리와 권력 분립의 원리가 비이성적으로 작동할 때 이를 바로잡는 교정 추의 역할을 담당함으로써 이 원리들이 이성적으로 완벽할 것이라는 믿음과 신화를 이성적으로 계몽하는 데 기여하기도 한다.

2) 사면과 용서의 구분

법철학적으로 엄밀하게 이야기하면 용서와 사법의 범주는 구분된다. 때로 법의 처벌을 피하기 위해 용서의 장면을 연기(演技)할 수도 있다. 그러나 무엇보다도 재판과 용서는 근본적으로 상관이 없다. 용서는 사법적 정의인 법과 관련이 없기 때문에 정당하다. 국가나 법관 또는 가족은 용서의 주체가 될 수 없다. 절대적 피해자인 당사자만 용서의 주체가 될 수 있다. 누구도 희생자의 이름을 대리할 수 없다. "불가능한 것의 광기"로서 발현되는 순수하고 무조건적인 용서는 아포리아로만 존재할 수 없다. 법으로 용서를 수용한다는 것은 무조건적이고 순수한 용서에 대한 하나의 광기일 수 있다. 하지만 "불가능의 가능"을 향한 끊임없는 시도만이 불가능을 불가능으로, 무조건적이고 순수한 용서를 무조건적이고 순수한 용서로 확인하는 길이다.

2. 사면과 판결

1) 법이념의 긴장 해소로서의 사면과 판결

"사면 없는 법은 불법이다"(Recht ohne Gnade ist Unrecht)"라는 독일의 격언이 말해주듯이 사면은 법의 체계나 제도 차원에서 정의를 보장해주는 수단이다. 법이념 간의 긴장 관계는 판결이나 사면에 의해 해소된다. 이때 사면은 실정법에는 정의의 법이념을, 정의의 형식화된 평등에는 개별화된 합목적성을 적용시키는 사명을 지닌다. 판결이 보편타당한 의지를 갖고 법률을 새롭고 구체화된 법규범으로 생성한다면, 사면은 개별적 사안에서 법이 지배하도록 한다. 따라서 사면은 현재의 법률과 재판의 불완전성을 보충하는 역할을 한다.

2) 법과 동등한 가치의 연결로서 사면

하지만 사면은 단순히 법 내부의 긴장을 안정시키는 데 머물지 않고 오히려 법과 동등한 가치들이 법에 적용되도록 연결해준다. 예를 들어 광복절에 경범죄에 대한 사면이 행해진다고 할 때, 이는 경범죄에 대한 사면을 가능하게 하는 어떤 특별한 법 가치가 새로 입법되었기 때문이 아니다. 이런 것은 오히려 법 가치에 기초하지 않는 경우다. 사면이 법률을 생성하는 법 규범의 형식을 취하게 되면 역설적으로 사면의 권능은 중지된다. 입법의 영역이 되기 때문이다. 고유한 사안을 고려하는 형평이 일반 법률의 정립에 도달한 순간 형평이 정의가 되는 것과 같다. 사면만이 사안의 고유성과 개별 인간의 단독성을 그 자체로 존중한다.

3. 사면과 법

1) 법칙 없는 기적으로서 사면

사면은 "법적 자선"이 아니다. 사면은 정의에 지배당하지 않는다. 사면은 어떤 강제, 심지어 정의의 강제에서도 비껴나 있다. 사면은 법보다 우월한 형식이며 "법의 영역과 전혀 다른 법 밖의 세계에서 비춰들어와 법의 세계의 추운 암흑을 바라볼 수 있게 하는 밝은 광선을 의미하기도 한다. 기적이 자연 세계의 법칙을 깨뜨리는 것처럼 사면은 법적 법칙 세계 안에 있는 법칙 없는 기적(gesetzlose Wunder)이다." 따라서 사면은 예링(Jhering)의 표현처럼 "법의 안전판"에 머물지 않고 법보다 더 깊은 곳에 토대를 둔 채 법보다 더 높은 곳에 도달하는 가치의 상징이다.

2) 은총의 법으로서 사면 .

사면은 "법률(gesetz)의 효력이 풀어진(lösen) 것"이다. 법률이 효력을 발휘해 범죄인을 지배하고 있었는데, 범죄인에게 채워진 그 법 효력의 쇠사슬을 풀어버린 것이다. 그래서 사면은 기적이다. 사면은 법의 이름으로 행해지지만 법의 효력을 풀어버리기 때문이다. 사면(le droit de grâce, pardon, clemency)이라는 기적은 "은총(grâce)의 법(droit)"이다. 은총의 법은 법으로부터 실천적으로 나오는 은총이지만, 이 은총은 법철학적으로 법을 향해 법의 자기 반성과 성찰이란 은총을 제공한다.

3) 사면과 이성법

용서가 하나의 잠정태라면 법의 사면은 용서의 현실태다. 용서는 법의 일상적 흐름인 폐쇄성에 대한 성찰과 반성의 기제를 제공한다. 헤겔은 자신의 저서 『법철학』에서 사면은 "오로지 근거 없는 결정"이라고 표현한다. 그리고 이 "근거 없는 결정"은 "근거 있는 결정"인 법을 광기처럼 가르고 지나가며 틈을 만든다. 그렇게 이성법을 해체한다. 법률 완벽주의를 해체한다. 이성법이 도그마와 제도를 통해 자기 완결성을 갖고 계속적 분화를 통해 개별법 또는 전문법으로 성장해나갈 때, 법은 법 밖의 것을 그 대상으로 삼음에도 불구하고 법 안의 논리로 법의 왕국을 형성해나간다. 이 왕국은 권리와 책임의 분배, 대칭적이고 비례적인 권리, 의무 관계에 의해 성립된다. 용서는 법의 이 견고한 왕국에 대한 습격이다. 데리다의 용어를 비틀어 표현하자면 "도래할 법"이다. 그것은 법이 믿어왔고 의심하지 않았던 법체계 내부의 논리성에 대한 "회의"이며, 법체계 내부의 계산인 논리가 배제한 다른 것들의 도래다. 무조건적이고 순수한 용서는 법체계 내부의 논리를 천천히 그리고 서서히 해체하지 않고, 순간적으로 번뜩이는 번개처럼 해체한다. 따라서 법에서 무조건적이고 순수한 용서는 순간적인 진리의 사건이라고 할 수 있다. 그래서 용서는 현재에 나타나는 선물이다.

IV. 용서의 인식론적 두 지평(결론을 대신하여)

사랑의 실천적 요소는 용서다. 사랑은 실천적으로 "정의와 평화"의 조건이다. "정의와 평화"는 국가에 자리한 문제다. 따라서 실천적 지평에서 사랑은 단순히 개인의 행위 지평에만 함몰되지 않고 오히려 국가를 자신의 장소로 삼는다. 현대 사회에서 입법, 사법, 행정과 같은 국가의 모든 행위는 법에 근거를 두고 집행된다. 따라서 사랑을 다룬다는 것은 법을 직접적으로 그 대상으로 삼을 수 있음을 의미한다. 법과 사랑을 다룰 때 관념 철학 차원에서 대조할 수도 있지만, 행위의 실천적 차원에서 법과 사랑의 관계를 살펴볼 수도 있다. 그렇기 때문에 법은 사랑과 만나는 장소다. 법이라는 장소를 통해 사랑을 용서로 구체화하며 법에 적용해볼 수 있다. 그러나 무엇보다도 사랑의 장소나 실천의 매개체로서 법이 중요한 이유는 사회적 대화의 구조이기 때문이다. 모든 갈등과 다툼은 법에 의해 처리된다. 따라서 법을 통해 사회적 대화를 할 수 있으며 폭력의 문제를 실천적으로 해결할 수도 있다. 사적이든 공적 차원이든 대화가 끝나는 곳에서 유무형의 폭력이 시작되고, 대화가 있는 곳에서 사랑과 평화가 시작되기 때문이다.

　이 글에서는 데리다의 이론을 통해 이론적 차원에서 사랑을 용서로 구체화하고, 실천적 차원에서 용서를 법의 자리에 구체적으로 적용해보았다. 물론 법과 사랑의 관계를 깊게 조망하고 탐구하여 구성하기에는 미흡한 수준이다. 이 시도가 완전해지려면 법과 사랑을 인식론, 가치론, 인지주의, 감정과 이성, 정의와 감정과 같은 사회 철학적 관점으로 검토할 필요가 있다. 하지만 이 작업은 본인의 능력이 아직 부족하기 때문에 손을 댈 수 없었다. 추후의 연구 과제로 남겨둔다.

또한 법에서 사랑이 필요한 이유는 법의 규범적 속성 때문이다. 판단의 기준으로 삼을 자신에 대한 성찰과 반성이 필요하기 때문이다. 법은 "적법"과 "불법"이라는 이항 코드로 작동한다. 이항 코드는 적법과 불법을 명확히 할 수는 있지만, 적법과 불법의 기준이 되는 법 자체에 대한 성찰과 반성의 공간은 거의 제공하지 않는다.

용서를 수사학적으로 표현하면 "그럴 수도 있지 않을까?"라는 다른 가능성에 대한 숙고를 제공해주는 것이라 하겠다. 이를 오래된 표현으로 바꾸면 관용일 수도 있고, 현대적 표현으로 말하면 환대일 수도 있다. 하지만 사랑은 이미 관용과 환대의 지점을 넘어선다. 왜냐하면 관용은 중립성이라는 미명하에 그 자체를 무관심하게 인정하는 수준에 머물기 쉽고, 환대는 타자를 손님으로 맞이하면서 주인이 인내할 수준에 이른 자나 손님의 자격을 갖춘 자에게만 잠긴 문을 여는 행위기 때문이다. 따라서 관용과 환대에는 이미 비대칭적인 관계가 전제되어 있다. 그러나 사랑은 자신과 반대되고 대적하며 이질적인 적이라는 존재에 대해 용서를 수행한다. 따라서 현실적인 실천으로서의 용서는 "그럴 수도 있지 않을까?"라는 인식론적 전제에서 출발한다.

이 인식론은 두 차원을 지니고 있다. 과거를 이해하는 것으로서의 "그럴 수도 있지 않을까?"와 미래의 가능성으로서의 "그럴 수도 있지 않을까?"이다. "그럴 수도 있지 않을까?"는 관용이나 환대와 달리 비대칭적인 관계나 존재론적인 자격에 기반을 두지 않는다. 용서라는 사랑은 "그럴 수도 있지 않을까?"라는 이해 가능성과 미래의 가능성에 기반을 두고 있다. 이것은 현재의 인식 지평에서 과거에 발생한 일을 "그럴 수도 있지 않을까?"라는 미래의 가능성으로 이해하고 평가한다. 이 가능성은 한 인간의 선택을 통한 인격의 실현 가능성에 기반을 둔 것이다. 이는 전통적인 법학 용어로 표현하자면 바로 "인간의 존엄성"이다. "인간의 존엄성"은 개념에 의해 현실화되지 않는다. "인간의 존엄성"은 구체적인 한 인격에 대한 지속적인 믿음 속에서 비로소 실현된다. 왜냐하면 범죄자는 적이 아니라 여전히 인간의 존엄성을 지닌 사람이자 시민이기 때문이다.

더 읽어보기

오민용, "법과 용서" 法學研究 29.2 (2018), 23-50: 이 글은 충북대학교 법학전문
대학원에서 발간하는 法學研究에 먼저 발표되었다. 이 책을 위해 본 논문의
사용을 허락해준 충북대학교 법학연구소에 깊은 감사의 인사를 표한다. 이
글에서는 가독성을 위해 원 논문에 있던 각주와 추가적인 서술을 삭제하였
다. 더 깊은 읽기를 원하는 독자는 해당 논문을 참조하면 된다.

철학의 관점에서 용서에 대해서 더 깊이 알고 싶다면 『세기와 용서』(자크 데리다,
신정아·최용호 역, 아카넷, 2016)를 추천한다.

기독교 윤리의 관점에서 정의와 사랑의 관계를 설명하고 용서를 통해 사랑을 설
명하는 관점에 대해 더 알고 싶다면 『기독교 윤리의 해석』(라인홀드 니버, 곽인
철 역, 종문화사, 2019)를 추천한다.

철학과 윤리를 넘어 사회과학, 특히 법학에서 용서와 관련해 다루는 여러 주제인
국가형벌권의 정당화, 사회 안전, 범죄피해자, 위험형법, 적대형법 및 사랑
의 형법, 죄와 벌 등의 의미에 대해서 깊고 넓게 알고 싶다면 『형법질서에서
의 사랑의 의미』(김일수, 세창출판사, 2013)를 추천한다.

제2부

종교적으로 본 용서와 화해 그리고 치유

불교 사상에 나타난 자비, 인욕, 용서

용서의 개념으로 불교를 살펴본다

이병욱

1. 불교란 무엇인가

불교는 기원전 6세기 또는 5세기에 인도에서 활동했던 석가모니(釋迦牟尼, Śākyamuni)에 의해 창시된 종교다. 석가모니는 석가족(釋迦族) 출신의 성자라는 의미다. 석가모니는 히말라야 산맥에 있는 작은 나라인 석가국(釋迦國)의 왕자로 태어났다. 29세에 출가하였고, 6년 동안 수행한 다음 35세에 깨달음을 얻었다. 그 후 인도 여러 지역에서 교화를 펼치다가 80세에 열반에 들었다.

불교는 인도에서 탄생한 종교다. 그래서 불교를 이해하기 위해서는 인도불교의 전개 과정을 아는 것이 중요하다. 일반적으로 인도불교의 전개 과정은 4단계로 나누어서 설명한다. 그것은 첫째 단계인 초기불교, 둘째 단계인 부파불교, 셋째 단계인 대승불교, 넷째 단계인 밀교다.

초기불교는 석가모니가 활동한 시대부터 불교의 부파(部派)가 형성되기 이전의 시기를 말한다. 초기불교의 사상이 후대의 여러 불교 사상의 기본이 되기 때문에 초기불교의 사상을 아는 것이 불교 사상을 이해하는 데 중요하다.

그리고 부파불교에서는 석가모니가 열반에 들어간 지 약 100년 뒤에 계율(戒律)의 문제를 두고 보수파와 진보파로 나누어진 것을 출발점으로 삼는다. 여기서 계(戒)와 율(律)을 구분할 필요가 있다. 계(戒)는 5계(五戒: 살생하지 않을 것, 도둑질하지 않을 것, 음행하지 않을 것, 거짓말하지 않을 것, 술 마시지 않을 것) 등을 의미하며, 근본적 도덕률에 해당하는 것이다. 그에 비해 율(律)은 승려 공동체의 규칙과 같은 것이다. 그러니까 율(律)은 시대가 바뀜에 따라 변할 수 있는 것이다.

보수파와 진보파로 나누어진 데는 10가지 사항의 대립이 있었다고 하는데, 그 가운데 중요한 것은 금과 은을 보시(기증)받을 것인지의 여부다. 석가모니가 활동하던 때에도 상업 경제가 발전하긴 했지만, 그 뒤 100년이 지나서 상업 경제가 더 활발해졌고 그에 따라 금과 은을 보시받는 것도 자연스러운 일이 되었다. 이런 시대 상황에 맞춰 초기불교 시대에 금지하였던 금과 은을 보시받자는 쪽이 대중부(大衆部)고, 석가모니가 정한 규칙(율)을 바꿀 수 없다는 쪽이 상좌부(上座部)다. 이처럼 대중부와 상좌부로 나워진 뒤에 다시 대중부와 상좌부에서 더 갈라지게 되어서 모두 20개 분파가 존재하였다. 그리고 상좌부의 가르침이 동남아국가, 곧 스리랑카, 미얀마, 태국, 캄보디아, 라오스에 전파되었다.

그런데 기원전 1세기에서 기원후 1세기 즈음에 힌두교가 약진하였고, 이런 흐름에 대응하기 위해 새롭게 일어난 것이 대승불교(大乘佛教)다. 그래서 대승불교는 많은 사람을 불교의 세계로 이끄는 것을 목표로 하였고, 힌두교의 영향을 받아 상좌부불교(전통불교)보다는 더 대중적인 노선을 추구했다. 힌두교는 타력 신앙을 통해 대중에게 많은 영향력을 발휘하였는데, 대승불교도 그런 힌두교의 타력 신앙적 요소에 일정 부분 영향을 받았다고 할 수 있다. 이 대승불교가 동아시아, 곧 중국, 한국, 일본, 베트남에 전파되었다.

기원후 7세기와 8세기가 되면 인도에서 힌두교가 주류 종교로서 완전히 주도권을 장악하였고, 이런 종교계의 변화에 적응해 불교를 일으키고자 했던 흐름이 밀교(密敎)라고 할 수 있다. 대승불교에서는 이론 불교도 아울러 발전했는데, 밀교에서는 이러한 이론 불교의 측면보다는 실제의 생활에 적용될 수 있는 종교적 측면에 의미를 두었다. 그래서 밀교는 인도판 실천 불교라고 말할 수 있다. 나아가 밀교는 대승불교보다 더 힌두교의 영향을 많이 받은 불교라고 할 수 있다. 이런 밀교는 티베트, 부탄, 네팔에 전래되었다.

인도에서는 12세기와 13세기(1203) 즈음에 이슬람교도가 침입함에 따라 불교의 핵심 세력인 승려가 죽거나 티베트와 네팔로 망명가면서 불교가 사라졌다. 대신 주변의 동남아, 동아시아, 티베트 등에서 융성하였다.

현대에 들어서는 불교가 미국과 유럽에도 전파되어 지식인 사회에서 적지 않은 영향력을 발휘하고 있다. 한국에도 잘 알려진 인물인 IT 기업 애플(Apple)의 공동 창업주 스티브 잡스(1955-2011)도 불교인이라고 하며, 자신의 이름을 내건 TV 방송을 25년 동안 진행한 오프라 윈프리도 명상을 통해 마음의 평정을 찾을 수 있었다고 한다.

이 글의 주제는 불교의 "용서"에 대한 견해를 살펴보고자 하는 것이다. "용서"에 대한 사전적 정의는 지은 죄나 잘못에 대해서 꾸짖지 않고 덮어주는 것이다. 그런데 대부분의 불교 문헌에서 "용서"라는 단어가 중요한 위치를 차지하고 있지 못하다. 그래서 "용서"라는 단어 대신에 연관되는 단어인 자비, 인욕에 대해 검토하고자 한다. 이 단어들에서 용서의 의미를 발견할 수 있다. 그리고 현대에 들어서서 법정 스님이 용서라는 단어를 사용하고 있으므로 법정의 용서에 대한 견해를 살펴보고자 한다.

2. 불교의 자비(慈悲)의 정신

여기서는 불교의 자비 개념을 소개한 다음 자비명상을 알아보고, 자비명상에 의거한 심리 치료에 대해 살펴보고자 한다.

1) 불교의 자비(慈悲) 개념
초기불교의 대표적 경전의 하나라고 할 수 있는 『법구경』에서는 자비의 관점에서 원한을 풀라고 말한다. 여기서는 원한을 원한으로 갚지 말고 그 원한을 버릴 때 그 원한이 풀린다는 점을 강조한다. 이는 다른 사람의 잘못을 덮어준다는 용서의 관점으로도 해석될 수 있는 대목이다. 『법구경』에서는 다음과 같이 말한다.

"그는 나를 욕했다. 그는 나를 때렸다. 그는 나를 이겼다. 그는 내 것을 빼앗았다"라고 이렇게 생각하는 사람은 그 증오가 사라지지 않는다. "그는 나를 욕했다. 그는 나를 때렸다. 그는 나를 이겼다. 그는 내 것을 빼앗았다"라고 이렇게 생각하지 않는 사람은 그 증오가 사라진다. 이 세상에서 원한은 원한에 의해서는 결코 풀리지 않는다. 원한을 버림으로써 풀린다. 이것은 영원한 진리이다(『법구경』 1장, 3, 4, 5게송).

또 『법구경』에서는 자비의 관점에서 중생에게 폭력을 행사하거나 중생을 죽이지 말라고 말한다.

모두 폭력을 무서워한다. 모두 죽음을 두려워한다. 자기 자신을 남의 입장에 놓아보고 죽이지도 말고 죽이도록 하지도 말라. 모두 폭력을 두려워한다. 삶은 모두에게 사랑스럽다. 자기 자신을 남의 입장에 놓아보고 죽이지도 말고 죽이도록 하지도 말라(『법구경』 10장, 129, 130게송).

그리고 또 다른 초기불교의 대표적 경전의 하나라고 할 수 있는 『숫파니파타(숫따니빠따)』에서는 어머니가 자신의 외아들을 지키듯이, 증오 없이 온 세상의 존재에 대해 자비의 마음을 가지도록 노력해야 한다고 말한다.

어머니가 자신의 외아들을 목숨을 걸고 지키듯이, 그처럼 모든 존재에 대하여 한량없는 자비의 마음을 닦아야 한다. 위로, 아래로, 옆으로, 장애 없이, 원한 없이, 증오 없이, 온 세상에 대하여 한량없는 자애(慈愛)

의 마음을 닦아야 한다(『숫타니파타』 1장, 149, 150게송).

또 『숫타니파타』에서는 모든 존재의 행복을 바라고 있다. 이것도 자비의 개념에 속한다.

> 어떤 살아 있는 존재들이건, 동물이거나 식물이거나 남김없이, 길거나 크거나 중간이거나, 짧거나 조그맣거나 거대하거나, 보이는 것이나 보이지 않는 것이나, 멀리 사는 것이나 가까이 사는 것이나, 태어난 것이나 태어날 것이나, 존재하는 모든 것들은 행복하라(『숫타니파타』 1장, 146, 147게송).

그리고 『범망경』은 대승불교 경전 가운데 계율 사상을 전하는 경전인데, 불교인이라면 큰 자비의 마음을 일으켜야 한다는 점을 말한다. 그래서 불교인은 중생이 보리심 곧 깨달음을 구하는 마음을 일으키도록 해야 한다고 한다. 『범망경』의 내용은 다음과 같다.

> 불자는 항상 대비심을 일으켜야 한다. 성읍과 집에 들어가서 중생을 만나면 그대들은 삼귀의(三歸依: 부처, 가르침, 승가에 귀의함)와 십선법(十善法: 열 가지 착한 행위)을 받아야 한다고 말해야 한다. 또한 소, 말, 돼지, 양 등의 동물을 본다면 그대들은 축생에 속하는 존재이니 보리심을 일으켜야 한다고 가르침을 주어야 한다. 나아가 불자는 산림과 냇가와 들판 등의 모든 곳에 갔을 때에도 중생이 보리심을 일으키도록 해야 한다(제45경계).

불자는 화내는 것을 화내는 것으로 보복하지 말고, 폭력을 폭력으로 보복하지 말 것이다. 만약 부모와 형제와 육친이 살해당했다고 할지라도 복수하지 말아야 할 것이다. 나라의 임금이 다른 사람에게 살해당했다고 할지라도 또한 복수하지 말아야 한다. 살생에 대해 살생으로 복수하는 것은 효도의 길이 아니다(제21경계).

덧붙여, 『범망경』에서는 전쟁 무기와 사냥 도구를 주변에 두지 말라고 하며, 불자는 부모를 죽인 사람에게도 복수하지 않아야 하는데 하물며 중생을 죽여서는 안 된다고 말한다(제10경계).

앞에서는 자비의 맥락으로 경전에 제시된 내용을 살펴보았는데, 이제 자비의 본격적 정의에 대해 알아본다. "자비"는 "자"(慈)와 "비"(悲)로 나누어 설명할 수 있다. "자"(慈)는 모든 중생이 행복하기를 바라는 것이며 중생에게 이익과 행복을 주기를 바라는 것이다. "비"(悲)는 중생이 괴로움에서 벗어나기를 바라는 것이며 중생의 삶에서 불이익과 괴로움을 없애려는 것이다.

또 다른 문헌에서는 "자"(慈)가 중생에게 자애(慈愛)의 마음을 일으키는 것이며 분노가 없는 상태를 말한다고 한다. 또한 "비"(悲)는 중생에게 연민의 마음을 일으키는 것이고, 이는 중생을 해치려는 마음이 없는 것이라고 말하기도 한다.

2) 자비명상

자비명상은 자비를 기르기 위한 명상법이다. 이 자비명상은 방해받지 않고 편안히 있을 수 있는 곳을 찾아서 시작한다. 처음에는 "내가 행복하기를, 즐겁기를, 사랑을 주기를, 평화롭기를"과 같은 구절을 반복한다. 이 구절을 천천히 그리고 부드럽게 반복한다. 처음에는 이 구절을 소리 내어 말할 수도 있다. 점차 이 구절들이 부드러워지면서 마음속에서도 되뇌어질 때까지 기다리면 된다. 당신이 할 일은 편안함을 느끼면서 이 구절을 반복하고 그 속에서 일어나는 감정과 경험을 섬세하게 느끼는 것이다.

그다음에는 점차 자비의 범위를 확장한다. 소중한 친구나 당신을 도와준 사람을 향해 자비를 확장한다. "당신이 행복하기를, 즐겁기를, 사랑을 주기를, 평화롭기를"이라고 구절을 바꾸어 활용한다. 이어서 모든 사람으로 자비의 범위를 확장한다. 이때는 "모든 사람이 행복하기를, 즐겁기를, 사랑을 주기를, 평화롭기를"이라고 구절을 바꾼다.

마지막에는 모든 사람뿐만 아니라 모든 존재를 포용하는 쪽으로 전개된다. 이 단계에서는 "모든 존재가 행복하기를, 즐겁기를, 사랑을 주기를, 평화롭기를"이라고 구절을 바꾸어 사용한다.

간혹 이 자비명상을 실천하고서 실망하는 사람이 있다. 그 이유는 그 효과가 빨리 나타나기를 기대하기 때문이다. 그런데 이 자비명상은 훈련이기 때문에 결실을 맺기까지 시간이 걸릴 수밖에 없다. 처음에는 효과가 매우 작아서 느끼지 못할 수도 있다. 하지만 시간이 지남에 따라 그 효과가 축적되면서 자신이 성장한다.

이 자비명상의 장점은 어느 곳에서도 할 수 있다는 것이다. 회의 중에 지루함을 느낀다면 회의실 안에 있는 사람들을 둘러보고서 그 사람들을 향한 자비의 구절을 생각해보라. 그러면 당신의 감정과 상황이 상당히 바뀔 수 있다.

『7가지 행복명상법』의 저자인 로저 월시(Roser Walsh)는 캘리포니아 대학교의 철학, 정신 의학, 인류학 교수인데, 이 책에서 자신의 자비명상 체험을 소개하고 있다. 로저 월시가 캘리포니아 연안의 작은 도시에서 열린 회의에 참석하러 갔을 때였다. 그는 작은 공항에 도착해서 비행기에서 내린 다음에 60킬로를 더 가야 회의장에 도착할 수 있었다. 마침 화창한 봄날이었기 때문에 그는 해변을 따라 멋진 풍광을 볼 것이라는 기대감이 있었다. 그러나 다섯 시간이 지나도록 버스가 오지 않았다. 그래서 그는 히치하이크를 하기로 결정을 했다. 거기서 차를 얻어타는 것이 그다지 어렵지 않을 거라고 생각했던 것이다. 그러나 이 생각은 잘못된 것이었다. 차는 속도를 늦추지 않고 요란한 소리를 내며 지나갈 따름이었고, 그는 점점 분노의 감정에 빠져들었다. 결국 그는 자비명상을 떠올렸고 차에 탄 사람이 그를 무시하고 그냥 지나칠 때마다 투덜대고 불평하는 대신에 그들의 행복과 즐거움과 평화를 기원했다. 그 효과는 대단했다고 한다. 근처를 통과하는 차들이 그를 무시하고 지나갈 때마다 그는 점점 행복해졌다. 이런 자비명상을 통해서 차를 얻어탈 기회가 주어졌다고 말할 수는 없겠지만, 그가 자신의 오후 시간을 분노에서 행복의 체험으로 변화시킨 것은 분명하다. 그리고 이 일을 통해 로저 월시는 자비명상의 목적이 일상생활에서 일어나는 모든 사건을 사랑의 관점으로 바꾸어볼 수 있는 능력을 기르는 데 있음을 다시 한번 확인하였다.

3) 자비 명상을 응용한 심리 치료

앞에서 자비명상에 대해 알아보았다. 여기서는 자비명상에 기초한 심리 치료인, 길버트(Gilbert)가 개발한 자비중심치료(Compassion Focused Therapy: CFT)를 살펴본다. 자비중심치료는 수치심과 자기 비난의 경향이 강한 사람을 위해 개발된 것이다. 수치심과 자기 비난이 심한 사람은 자기 자신에게 따뜻함과 자비심 및 위안을 주는 느낌을 갖는 것이 쉽지 않다. 자비중심치료는 그 이유가 정서 조절 시스템(affect-regulation system)이 꺼져 있기 때문이라고 설명한다.

인간의 뇌 속에는 최소한 3가지 유형의 정서 조절 시스템이 존재한다. 첫째, 위협과 자기 보호 시스템이다. 이 시스템에는 위협을 빨리 탐지하고 대처 반응을 선택하는 기능이 있다. 이 시스템을 통해 불안, 증오, 혐오감 같은 감정이 우리의 몸에 전파되기 때문에 우리는 경계심을 갖고 위협에 대처하는 행동을 취할 수 있다. 불안, 증오, 혐오감은 부정적이고 고통스러운 것이지만 한편으로는 방어 시스템으로 진화한 감정이기도 하다.

둘째, 자원-추구, 추동-흥분 시스템이다. 이 시스템에는 긍정적인 감정을 제공하는 기능이 있다. 여기서 말하는 긍정적인 감정은 생존과 번영을 위해 필요한 자원을 찾도록 안내하는 것이며, 동기를 부여하고 장려하는 것이기도 하다.

셋째, 진정, 만족 및 안전 시스템이다. 이 시스템에서는 진정, 휴식, 평화로운 느낌을 일으킴으로써 균형을 회복하도록 도와주는 기능이 있다. 이는 무엇인가를 갈망하거나 원하지 않고 내적으로 평온한 상태를 말하는 것이다. 이것은 자비와 매우 밀접한 관련이 있으며,

애정과 친절과도 관련된다. 이것이 자비중심치료의 핵심이 된다.

자비중심치료에서는 다양한 심상화 기법을 활용하여 자신을 향한 자비를 이끌어내고자 한다. 여기에는 안전한 공간 심상, 자비로운 자기 계발하기, 자비로운 의자 작업, 자비로운 편지 쓰기 등이 포함된다. 이처럼 자비중심치료에서는 자비로운 마음 훈련을 활용하는데, 이를 통해 정신과 환자가 습관적으로 행하는 자기-비난의 경향을 줄이고 자신에 대한 따뜻한 느낌을 계발함으로써 자신을 진정시키는 능력을 키우도록 한다.

자비에 대해 서구의 심리학에서 연구해온 내용을 큰 틀에서 말하자면 다음과 같다.

첫째, 인간은 자비로운 본성을 발현할 수 있는 생물학적 시스템을 갖춘 존재다.

둘째, 자비의 훈련을 통해서 우리 본성에 내재한 자비로운 정서를 일깨울 수 있다. 자비로운 정서를 기르는 것은 신체적 질병과 정신적 스트레스를 완화하고 사회적 관계를 원활하게 하며 이타적 관계를 촉진한다. 그래서 결과적으로 자비의 훈련은 사회의 안전과 평화에 기여할 수 있다.

셋째, 우리의 자비로운 본성은 자기 중심성을 뛰어넘고 더 나아가 부족이나 민족 중심적인 편견과 차별을 초월한다. 따라서 우리는 보편적인 인류애와 생명 존중에 근거한 이타적 마음 자세로까지 확대될 수 있는 잠재력을 가지고 있다.

그리고 초기불교에서는 자비를 다음과 같은 취지로 말한다. "모든 방향에서 생각해보아도 그 어디에도 자신보다 사랑스러운 것은 발견할 수 없다. 이처럼 다른 사람들도 각자 자신이 사랑스럽다. 따라서 자신을 사랑하는 사람은 남을 해쳐서는 안 된다."

3. 불교의 인욕(忍辱) 정신

여기서는 초기불교의 『법화경』에 소개되고 있는 인욕에 대해 살펴본다. 그리고 『대지도론』에 나타난 인욕의 네 가지 의미에 대해서는 분량이 많아서 4장에서 따로 검토하고자 한다.

1) 초기 불교의 인욕 정신

인욕(忍辱)은 참고 견디는 것인데, 이는 모욕이나 박해를 참고 견디고, 모욕과 박해에 대해 마음이 안정되어서 분노하지 않는 것이다. 이런 사례를 초기불교 경전에서 발견할 수 있다. 젊은 청년이 느닷없이 석가모니에게 화를 내고 욕을 한 일이 있었다. 그에 대해 석가모니는 전혀 동요하지 않으면서, 게송으로 산속의 바위처럼 동요하지 않는다고 말했다. 경전의 내용을 소개하면 다음과 같다.

> 어느 날 아수린다(Asurinda)라는 한 젊은 청년이 마주 대한 부처님을 향해 추악하고 좋지 못한 말로 화를 내고 욕을 퍼부으며 비난하였다. 부처님은 그 젊은이에게 게송으로 말하였다.
> 　분노하지 않음으로 화내는 것을 이기고, 착한 것으로 착하지 않은 것을 항복시키며, 은혜롭게 베푸는 것으로 인색함과 탐욕을 항복시키

고, 진실된 말을 함으로써 허망한 말을 이긴다. 욕하지 않고 거칠게 행동하지 않으며, 항상 현명하고 성스러운 마음에 머물고, 악인이 화를 내고 원한을 품더라도 동요하지 않는 것이 산속의 바위 같아라. 분노가 일어날 때 마음을 잘 지켜야 하나니, 미친 말이 끄는 마차를 잘 이끌 때, 뛰어난 조련사는 말에 걸어놓은 밧줄에 의지하지 않는다(『잡아함경』, 1151경).

또 석가모니에게 욕을 하고 흙덩어리를 집어서 던진 사람이 있었는데, 공교롭게 바람이 거꾸로 불어서 그 흙덩어리가 자신에게 돌아갔다. 그러자 석가모니는 게송으로, 마음이 청정해서 화를 내지 않고 원한을 품지 않는 사람에게 아무리 욕을 해도 그것은 당사자에게 돌아간다고 말한다. 경전의 내용은 다음과 같다.

부처님이 사위성에 들어가 걸식을 하고 있었다. 그때 브라만 바라드바자(Bhāradvāja)가 멀리서 부처님을 향해 추악하고 나쁜 말을 하면서 화를 내고 비난하였다. 게다가 바라드바자는 흙덩이를 집어서 부처님에게 뿌렸다. 그때 바람이 거꾸로 불어 그 흙덩어리가 도리어 자신의 몸에 뿌려졌다. 그때 부처님은 게송으로 말하였다.

만약 화를 내지 않는 사람에게, 그리고 원한을 품지 않는 사람에게 화를 내는 사람이 있다면, 그 화를 내지 않는 사람은 청정하여 번뇌의 더러움이 없어서 저 나쁜 말이 그 말을 한 당사자에게 돌아간다. 마치 흙덩어리를 집어다 저 청정한 사람에게 뿌려도 바람이 거꾸로 불어서 자신을 더럽히는 것과 같아라(『잡아함경』, 1154경).

초기불교의 인욕 정신은 석가모니의 10대 제자 가운데 한 사람인 부루나(富樓那, Pūrṇa, Puṇṇa) 존자의 일화에서 잘 나타난다. 부루나 존자는 석가모니의 제자 가운데 설법하는 능력이 가장 뛰어난 사람이다. 이 부루나 존자가 불교를 포교하기 위해 슈라세나(Sūrasena) 지방으로 가겠다고 하자 석가모니가 그 마음 자세에 대해 물었다. 부루나는 슈라세나 사람이 자신에게 욕을 해도 몽둥이로 때리지 않는 것에 감사한다고 하였고, 몽둥이로 때린다면 칼로 찌르지 않는 것에 감사한다고 하였다. 또 부루나는 슈라세나 사람이 칼로 찌른다면 죽이지 않는 것에 감사한다고 하였고, 죽인다면 해탈할 기회를 주어 감사한다고 말한다. 여기서 인욕 정신이 가장 잘 나타난다. 아울러 이는 다른 사람의 잘못을 덮어준다는 용서의 관점으로도 읽을 수 있다. 왜냐하면 다른 사람의 잘못에 대해 분노하지 않고 오히려 감사한다는 것은, 곧 다른 사람의 잘못을 용서한다는 것을 의미하기 때문이다. 이 내용을 자세히 소개하면 다음과 같다.

　　부루나 존자가 부처님에게 물었다. "세존이시여! 저는 서방 슈라세나로 가서 가르침을 전하고자 합니다." 부처님이 물었다. "부루나여! 서방 슈라세나 사람들은 성질이 사납고 거칠다. 만약 그 사람들이 그대를 업신여기고 욕을 하면 어떻게 하겠는가?" 부루나가 답하였다. "세존이시여! 만약 슈라세나 사람들이 면전에서 헐뜯고 욕을 하더라도 저는 고맙다고 생각할 것입니다. "그래도 그 사람들은 착해서 돌을 던지거나 몽둥이로 나를 때리지는 않는구나"라고 생각할 것입니다."

　　부처님이 물었다. "만약 슈라세나 사람들이 돌을 던지고 몽둥이로 때린다면 어떻게 하겠는가?" 부루나가 답하였다. "세존이시여! 슈라세나 사람들이 비록 돌을 던지고 몽둥이질을 하지만 그래도 착한 구석이 있어서 칼로 찌르지는 않는다고 생각할 것입니다."

부처님이 물었다. "만약 칼로 찌른다면 어떻게 하겠는가?" 부루나가 대답하였다. "비록 칼로 찌르기는 하지만 그래도 착한 구석이 있어서 나를 죽이지는 않으니 고맙다고 생각할 것입니다."

부처님이 물었다. "부루나여! 만약 그들이 그대를 죽인다면 어떻게 하겠는가?" 부루나가 대답하였다. "세존의 제자 가운데는 육신에 의미를 부여하지 않기 때문에 칼로 자살하는 사람도 있고, 독약을 먹거나 목을 매거나 높은 절벽에서 뛰어내리는 사람도 있는데, 이 슈라세나 사람들은 그래도 착한 구석이 있어서 언젠가는 죽을 나의 육신에 방편을 베풀어주어서 해탈하도록 해준다고 생각할 것입니다."

부처님이 말하였다. "장하구나. 부루나여! 그대는 인욕을 성취하였으니, 슈라세나의 난폭한 사람들 속에서도 머물 수 있을 것이다. 그대는 슈라세나로 가서 구제받지 못한 사람을 구제하고, 불안해하는 사람들을 편안하게 하며, 열반을 얻지 못한 사람들을 열반에 들어가게 하라"(『잡아함경』, 311경).

2) 『법화경』에 나타난 인욕 정신

『법화경』은 대승불교 경전의 하나다. 여기서는 『법화경』에 나타난 인욕 정신에 대해 알아보고자 한다.

『법화경』의 「상불경보살품」에서는 『법화경』의 이상적 인간상으로서 상불경보살(常不輕菩薩)을 제시한다. 이 상불경보살은 모든 사람이 미래에 부처가 될 존재이기 때문에 그들에게 예배하고 그들을 찬탄하며, 그들을 공경하고 가볍게 여기지 않는다. 그런데 일부 사람들은 이런 상불경보살의 말과 행위에 대해 화를 내고 욕을 한다. 그럼에도 상불경보살은 이런 행위에 대해 화를 내지 않고 인욕한다. 심지어 그들이 몽둥이로 때리고 돌을 던지면 멀리 피하고서 그들을 공경하고 가볍게 여기지 않는다고 큰 소리로 말한다. 이것은 불교의 가르침을 전할 때 어려운 일이 생기더라도 참고 견디면서 불교의 가르침을 전하라는 것이다.

여기서 말하는 인욕에는 다른 사람의 잘못을 덮어준다는 용서 개념이 포함되어 있다. 자신에게 폭력을 행사하더라도 그것에 대해 분노하고 원한을 품기보다는 그런 폭력적 행위에 구애되지 않고 자신의 행위를 계속 이어가기 때문이다. 다시 말해서 다른 사람의 잘못을 덮어주기 때문에 다른 사람의 폭력적 행위에 대해서도 의연히 대처할 수 있다는 것이다. 이 내용에 대해『법화경』의「상불경보살품」에서는 다음과 같이 말한다.

그때 한 보살이자 비구가 있었는데 상불경(常不輕)이라고 하였다. 득대세여! 무슨 인연으로 상불경이라고 하는가? 이 비구(상불경보살)는 만나는 모든 비구, 비구니, 우바새(남성 재가신도), 우바이(여성 재가신도)에게 예배하고 찬탄한다. 그리고 상불경보살은 "나는 그대들을 깊이 공경하고 가볍게 여기지 않고 교만한 마음을 품지 않는다. 왜냐하면, 그대들은 모두 보살도를 행하여 미래에 부처가 될 것이기 때문이다"라고 말한다. 이 비구(상불경보살)는 경전을 읽는 데 매달리지 않고 예배를 실천할 따름이다. 그리하여 심지어 멀리서 사부대중을 보더라도 애써서 가서 예배하며 찬탄한다. 그리고 상불경보살은 "나는 그대들을 가볍게 여기지 않는다. 왜냐하면 그대들은 미래에 부처가 될 것이기 때문이다"라고 말한다. 사부대중 중에 화를 내고 마음이 청정하지 못한 사람이 있었다. 그 사람은 "이 지혜 없는 비구는 어디에서 왔기에 "나는 그대들을 가볍게 여기지 않는다"라고 스스로 말하고서 "우리들에게 수기(授記: 미래에 부처가 될 것이라는 예언)를 주고 미래에 부처가 될 것이다"라고 말하는가? 우리들은 이와 같이 허망한 수기를 받지 않겠다"라고 한다. 상불경보살은 이와 같이 몇 년 동안 항상 욕을 먹지만 화를 내지 않는다. 그리고 "그대들은 미래에 부처가 될 것이다"라고 항상 말하니, 상불경보살이 이 말을 할 때 여러 사람이 몽둥이로 때리며 돌을 던지면 피해서 멀리에 있다가 거기서 "나는 그대들을 가볍게 여기지 않으니, 그대들은 미래에 부처가 될 것이기 때문이다"라고 큰 소리로 말한다. 이런 말을 항상 하므로 증상만(增上慢: 교만의 한 가지로 얻지 못한 것을 얻었다고 생각하는 것)의 비구, 비구니, 우바새, 우바이는 그를 상불경이라 불렀다(『묘법연화경』[법화경] 6권, 「상불경보살품」).

그리고 『법화경』의 「법사품」에서는 『법화경』을 전하는 마음 자세에 대해 설명한다. 중생에 대해 큰 자비의 마음을 갖고 부드럽게 인욕하는 마음과 공(空: 집착의 마음을 비우는 것)의 지혜에 의거해서 부지런히 『법화경』을 전한다는 것이다. 여기서 큰 자비의 마음을 갖는 것은 "여래(부처)의 방"에 들어가는 것이다. 그리고 부드럽게 인욕하는 마음은 "여래의 옷"을 입는 것이다. 또 공(空)의 지혜는 "여래의 자리"에 앉는 것이다. 이처럼『법화경』을 널리 전하기 위해서는 큰 자비의 마음, 부드럽게 인욕하는 마음, 공의 지혜가 요구된다. 여기서는 인욕이 단독적으로 강조된 것은 아니지만, 자비와 공(空)의 지혜와 함께 인욕이 작용하고 있다. 그리고 여기서 말하는 인욕에 용서의 개념이 포함되어 있다. 불쾌한 일이 발생하더라도 그것을 마음에 담아두지 않고, 공의 지혜와 큰 자비의 마음에 의거해 불쾌한 감정을 승화하여 널리『법화경』을 전하는 것으로 연결되기 때문이다. 이 내용에 대해『법화경』에서는 다음과 같이 말한다.

> 약왕아! 선남자와 선여인이 여래(부처)가 열반에 들어가신 후에, 사부대중(비구, 비구니, 우바새, 우바이)을 위해 이『법화경』을 말하고자 한다면 이 사람은 어떻게 말을 해야 하는가? 이 선남자와 선여인은 여래의 방(如來室)에 들어가고 여래의 옷(如來衣)을 입으며 여래의 자리(如來座)에 앉아 사부대중을 위해 이『법화경』을 말해야 한다. 여기서 "여래의 방"이라는 것은 모든 중생에 대해 큰 자비의 마음을 갖는 것, 바로 이것이다. "여래의 옷"이라는 것은 부드럽게 인욕하는 마음, 바로 이것이다. "여래의 자리"라는 것은 모든 존재가 공(空)하다는 것, 바로 이것이다. 이런 경지에 머문 이후에 게으름이 없는 마음(不懈怠心)으로 모든 보살과 사부대중을 위해 이『법화경』을 말해야 한다(『묘법연화경』[법화경] 5권, 「법사품」).

4. 『대지도론』에 나타난 인욕의 네 가지 의미

앞에서 불교의 인욕에 대해 살펴보았다. 여기서 논의한 『대지도론』은 대승불교 계열의 논서이므로, 이 논서에 나타난 인욕의 정신도 당연히 앞의 항목에서 서술되어야 하지만, 분량이 많기 때문에 독립된 장으로 나누어서 접근하고자 한다.

『대지도론』에서는 인욕에 네 가지 의미가 있다고 한다. 일반적으로 인욕은 참고 견디는 것을 말하는데, 여기서는 이것을 네 가지로 나누어서 설명한다. 첫째, 인욕은 자신에 대한 칭찬이나 선물을 제공하는 사람에 대해 집착하지 않는 것이다. 자신에 대해 좋은 평가를 하고 경제적 이득을 주는 사람이 있다면, 이런 사람을 좋게 보는 것은 보통의 일에 속한다. 그런데 『대지도론』에서는 이런 사람에게 긍정적 시선을 던지는 것에 주의해야 한다고 말한다.

둘째, 자신에게 화를 내고 나쁜 일을 행한 사람에게 대응하지 않고 참고 견디며 용서하는 것이다. 셋째, 고통스러운 물리적 현상과 괴로운 심리적 현상에 대해 참고 견디는 것이다. 넷째, 불교의 가르침을 이해하는 능력을 길러서 번뇌를 참고 견디는 것이다. 이제 자세한 내용을 알아본다.

1) 자신을 공경하는 중생에 대해 집착하지 않음

수행자는 자신을 공경(恭敬)하고 자신에게 공양(供養: 음식을 드리는 것)을 올리는 사람(중생)에게 집착하지 않는다. 이는 자신에게 주어진 명예와 이익이 정당한 것이든 정당하지 못한 것이든 그것을 멀리하는 것이 인욕이라는 말이다.

이런 인욕을 실천하기 위해 수행자는 이런 공경과 공양이 무상(無常)한 것이고 이런 것에서 번뇌가 생김을 통찰해야 한다. 또 어떤 사람이 이런 공경과 공양을 하기 위해 수행자에게 접근하면 그때는 다음과 같이 생각해야 한다. "이런 공경과 공양은 심하게 곪은 종기처럼 피부를 뚫어 살로 파고들고, 살을 뚫고 들어가 뼈에 닿고, 뼈를 뚫고 들어가 골수로 침입한다." 이처럼 생각함으로써 공경과 공양에 대해 집착하지 않는다.

그런데 공경과 공양이 제공되는 것을 세 가지 경우로 구분할 수 있다. 첫째와 둘째 경우는 정당하게 주어진 공경과 공양이고, 셋째 경우는 정당하지 못한 것으로서 속임수로 인해 주어진 공경과 공양이다.

첫째, 공경과 공양이 자신이 전생에 지은 복덕으로 얻어진 것이라면, 이런 공경과 공양은 봄에 심은 것을 가을에 거둔 것처럼 내가 이전에 부지런히 수행해서 스스로 얻은 것이다. "자신의 능력으로 얻었다고 해도 어떻게 교만할 수 있겠는가?"라고 생각한다.

요즘의 감각으로 바꾸어 말하자면, 타고난 운동 신경이 있어서 남들보다 덜 노력하거나 동등하게 노력했는데도 더 뛰어난 능력을 발휘해서 스타 선수가 되어 명성과 높은 연봉을 획득한 경우를 말한다고 하겠다. 이 경우에는 자신의 타고난 자질에 의해 얻어진 결과이기 때문에 교만한 마음을 발휘해서는 안 된다는 것이다.

둘째, 공경과 공양이 금생(今生)의 공덕이나 수행으로 인해서 얻어진 것이라면, 그때는 두 가지로 생각한다. 이런 사람이 나에게 공경하고 공양한 것은 나의 공덕 때문에 한 것이지 나에게 사사로운 감정이 있어서 한 것이 아니라고 생각한다. 또 이런 사람은 나의 공덕을 좋아한 것이지 나를 좋아한 것이 아니라고 생각한다. 이렇게 생각해서 마음이 애착으로 흘러들지 않도록 한다.

이 내용을 다시 한번 음미해본다. 어떤 사람이 논문 발표회에서 좋은 논문을 발표해서 청중으로부터 우레와 같은 박수를 받았다고 하자. 아마도 당사자는 청중이 자신에게 박수를 친 것이라고 생각하기 쉽지만, 그게 아니라 자신의 논문에 대해 박수를 친 것으로 생각하라는 말이다. 그렇게 된다면 청중의 박수에 우쭐대는 마음을 쉽게 품지 않게 될 것이다. 이런 일은 일상생활에서도 많이 부딪치는 일인데, 이처럼 대처하는 것이 쉽게 떠오르지 않는다.

셋째, 공경과 공양이 다른 사람을 속여서 얻어진 것이라면, 이런 공경과 공양은 도적이 음식을 빼앗는 것과 다를 게 없다고 생각한다. 이처럼 이유 없는 공경과 공양은 도리어 자신을 해치는 것이라고 생각하고, 그런 공경과 공양을 멀리해야 한다. 다시 말해 자신이 이룩한 것도 아니고 다른 사람을 속여서 얻은 공경과 공양이라면, 도적과 비슷한 일을 한 것이기에 당연히 멀리해야 한다는 것이다.

현대에는 연예인 신화가 있다. 가령 허준을 연기한 배우를 허준과 같은 인물로 보는 것을 말한다. 허준을 연기한 배우가 허준과 같은 의술을 가진 것은 아닌데도 사람들은 그 배우에 열광하고 그 배우는 명성과 상당한 수입을 얻는다. 이는 셋째 경우에 해당하는 것이라고 본다. 자신의 능력과 긴밀한 관련 없이 대중의 환상에 의해 주어진 것이므로 당연히 멀리해야 한다는 것이다.

그런데 이런 문제를 제기할 수 있다. 수행의 수준이 높은 수행자라면, 앞에서 말한 것처럼 생각하고 공경과 공양을 멀리할 수 있을 것이지만, 수행이 부족한 사람의 경우라면 어떻게 해야할 것인가? 그에 대해 『대지도론』에서는 다음과 같이 생각하라고 한다. 예컨대 사형을 당한다고 하면 그 직전에 가족이 사형수에게 아무리 맛있는 음식을 준다고 해도 죽음에 대한 걱정으로 인해 그 음식의 맛을 모르는 것처럼, 공경과 공양이 베풀어지면 자신의 마음을 사형수의 경우처럼 생각해서 단속해야 한다는 것이다.

또 다른 비유를 들면, 사슴이 호랑이에게 쫓길 때 아무리 먹기 좋은 풀을 보더라도 도망치기 바쁜 것처럼 수행자도 세월의 무상(無常)함이 호랑이가 쫓는 것과 같다고 생각하고 맛있는 공양이라고 해도 돌아보지 않아야 한다. 이런 내용은 결국 자신의 수행이 부족하다고 해도 특수한 경우를 생각해서 자신의 마음을 다스려야 한다는 것이다. 다시 말하자면, 수행이 부족한 사람도 수용할 수 있는 사례를 개발해서 공경과 공양을 멀리할 수 있는 능력을 기르기 위해 노력해야 한다는 것이다.

2) 자신에게 성내고 해치려는 사람(중생)에 대한 용서(인욕)

자신에게 화를 내거나 자신을 때리거나 꾸짖거나 비난하는 사람(중생)에게 대항하여 화를 내지 않고 모두 참고 견디며 용서(인욕)하는 것이다. 이때 자신에게 해악(害惡)을 끼치는 사람이 누구인지, 또 어떤 행위로 해악을 끼치는지, 어느 시기에 해악을 끼쳤는지는 문제가 되지 않는다. 이 모든 경우를 참고 견디면서 용서(인욕)한다.

자세히 말하자면, 수행자는 자신에게 칼로 몽둥이로 상처 입히거나 모욕하고 무례하게 굴거나 욕설을 퍼붓거나 비난하더라도 그러한 행위와 말에 대해 화내지 않으며, 나아가 나쁜 말과 거친 행동으로 대항하지 않는다는 것이다. 이런 행위와 말을 참으면서 모두 용서(인욕)한다.

심지어 아주 오랫동안 무시무시하게 참을 수 없는 고통으로 몸이 찢어지고 창칼로 수백 군데를 찔리더라도 모두 참고 견디며 용서(인욕)한다. 마치 대지가 자신에게 가해졌던 모든 것을 묵묵히 참고 견디듯이, 수행자는 어떤 상황일지라도 그때마다 참으면서 자신에게 온갖 해악을 끼친 사람을 끊임없이 용서(인욕)한다.

이는 개인으로는 참으로 감당하기 어려운 내용이다. 아무래도 인도적 특수성이 반영된 것으로 생각한다. 인도에서는 상상력이 발달하였는데, 인욕을 묘사하는 경우에도 특유의 상상력을 동원해서 설명한 것으로 보인다. 『대지도론』에서는 이런 인욕(용서)을 실천하는 원동력으로 네 가지를 거론한다.

첫째, 수행자가 자신이 괴롭힘을 당하는 상황을 만나면, 비록 금생(今生)에 행한 것은 아닐지라도 과거 생에 행한 자신의 업보로 인한 것이라고 생각한다. 그래서 지금 부채를 갚는 마음으로 그 괴롭힘을 달게 받고 적극적으로 참고 용서한다(인욕).

이런 관점은 불교의 윤회에 기초해서 제시된 것이다. 그렇지만 "너의 운명을 사랑하라"는 말이 있듯이, 불교의 윤회와 상관없이 자신에게 주어진 상황을 있는 그대로 수용하고 나아가 더 나은 삶을 위해 노력하는 자세는 바람직한 것이라고 여긴다.

또 자신을 괴롭히는 사람(중생)에 대해 다음과 같이 생각한다.

"이 사람은 나의 스승이고 나의 친구다. 만약 이 사람이 나를 괴롭히지 않았다면 내가 어떻게 인욕을 실천할 수 있겠는가?" 그래서 더욱 친애하고 공경하는 마음으로 자신을 괴롭히는 사람을 대한다.

이 관점은 요즘의 언어로 말하자면 "반면교사"라고 할 수 있다. 사실 이렇게 사물을 바라볼 수 있다면 그 어떤 일도 자신을 단련시키는 일이 될 것이다. 나에게 나쁜 일을 행한 사람에 대해 증오하고 원한을 갚기 위해 노력하기보다는, 그런 사람이 되지 않기 위해 살아야겠다는 다짐을 하고, 또 이 사람이 나에게 나쁜 일을 했기 때문에 오히려 내가 인욕을 실천할 수 있는 기회를 얻었다고 생각할 수 있다면, 나에게 나쁜 일을 한 사람도 또 다른 의미의 스승이 될 수 있다.

또 수행자는 "끝없는 윤회 속에서 나도 일찍이 모든 중생의 부모 형제였고, 모든 중생도 일찍이 나의 부모 형제였다. 미래에도 그럴 것이다"라는 부처의 말을 잘 받아들여서, 자신을 괴롭히는 사람에게 화를 내지 않고 인욕을 실천한다.

이 관점도 불교의 윤회에 근거한 것이다. 그렇지만 불교의 윤회와 상관없이, 인류의 조상을 추적해 보면 아마 초기에는 인류가 많지 않았을 것이고 그때엔 모든 사람이 친인척 또는 가까운 이웃 관계에 있었을 것이다. 시간이 지나면서 현재의 인류로 분화된 것이라고 생각한다면, 초기에는 모든 인류가 어떤 형태로든 관계를 맺었을 것이라고 결론을 내릴 수 있으며, 이렇게 생각할 수 있다면 참고 견디면서 용서할 수 있는 단서를 찾을 수 있을 것이다.

둘째, 수행자는 괴롭힘을 당하는 경우가 생기면, 수행자로서 자신의 의무를 생각하면서 적극적으로 인욕을 실천한다. 이는 수행자가 자신이 마땅히 가야 할 길을 분명히 인식하고 그 수행의 길에 어떠한 어려움이 있더라도 자신의 길을 가겠다는 다짐에 근거한 것이다.

수행자는 다음과 같이 생각한다. "나는 수행자(보살)로서 중생의 마음의 병을 치료할 것을 서원하였다. 지금 이 사람(중생)은 화를 내는 마음의 병이 들었다. 나는 이 사람의 마음의 병을 치료할 것이다. 따라서 이러한 사람의 행위에 의해 내가 마음의 병을 얻을 필요는 없다. 나는 마땅히 인욕할 것이다."

또 수행자는 다음과 같이 마음먹는다. "나는 다른 사람처럼 생사의 흐름에 따라가서는 안 된다. 나는 이러한 생사의 흐름을 넘어서서 열반에 들어가야겠다. 보통의 사람이라면 피해를 주면 화를 내고 이익을 주면 기뻐하며 두려운 곳에 가면 무서워하지만, 나는 수행자(보살)로서 이런 사람과 같을 수는 없다. 비록 내가 아직 번뇌를 끊지는 못했지만, 스스로 참고 견디고 중생을 위해 큰 자비의 마음을 일으킬 것이다. 그래서 괴롭힘을 당해도 화내지 않고, 다른 사람이 나를 공경하고 공양을 해도 기뻐하지 않으며, 많은 고통으로 힘이 들어도 두려워하지 않을 것이다."

또 수행자는 다음과 같이 생각한다. "나는 수행자(보살)로서 중생을 이롭게 해야 한다. 내가 만약 참을 수 없다면 수행자(보살)라고 할 수 없고 나도 악인이 될 것이다."

셋째, 수행자는 중생에 대해 자비의 마음을 가지고 중생을 불쌍히 여기는 차원에서 인욕을 실천한다. 이는 자비의 마음과 인욕이 결합한 경우다.

수행자는 생, 노, 병, 사를 포함한 많은 고통 속에 있는 중생을 불쌍히 여겨서 용서(인욕)한다. 또 수행자는 중생이 친자식, 곧 근심은 많고 기쁨은 적어서 힘들어하는 친자식과 같다고 보고 중생을 용서(인욕)한다. 또 어린아이가 아는 것이 없어서 아버지를 때리고 욕하며 공경하지 않는 것처럼, 수행자는 중생을 그런 존재로 보고 중생을 불쌍히 여기며 용서(인욕)한다.

『대지도론』에서는 다음과 같은 내용을 전한다. 어느 숲속에서 인욕선인(忍辱仙人: 인욕을 실천하는 수행자)이 자애(慈愛)를 근거로 해서 인욕을 닦고 있었다. 그때 가리왕은 시녀들을 데리고 그 숲속으로 나들이를 나왔다. 한참 재미있게 유흥을 즐긴 가리왕은 잠시 피곤해서 잠에 들었다. 그 틈을 타서 왕의 시녀들은 인욕선인을 만나 자애(慈愛)와 인욕에 대한 가르침을 들었다. 한참 뒤에 잠에서 깨어난 가리왕이 인욕선인에게 가르침을 듣고 있던 시녀들의 모습을 보고 극도의 질투심이 일어났다. 그래서 인욕선인의 경지를 시험한다고 하면서 그의 코와 귀와 손과 발을 자른다. 하지만 인욕선인은 이런 처벌을 받고도 마음의 동요가 없었다. 그럼에도 가리왕은 인욕선인의 평정한 마음이 인욕에 의한 것임을 믿지 못였다. 그러자 인욕선인은 "만약 내 마음에 인욕과 자애(慈愛)가 가득하다면, 나의 피가 우유로 변하리라"고 말한다. 바로 그 순간 인욕선인에게 흐르던 피가 우유로 변했다고 한다.

이 내용은 매우 극단적인 경우를 말하고 있지만, 이것 역시 인도의 상상력이 발휘된 것으로 이해하면 될 것이다. 과장된 어법을 사용해서 그 가르침을 듣는 사람의 종교적 정서를 일으키고자 하는 의도라고 생각된다.

넷째, 수행자는 자신을 괴롭히는 상황을 만나면 불교의 가르침을 잘 이해하는 힘으로 인욕을 실천한다. 이는 불교를 이해하는 능력에 근거해서 인욕(용서)을 실천하는 것이다.

수행자는 화를 내는 것이야말로 가장 치료하기 어려운 마음의 병이라는 불교의 가르침을 이미 이해하였다. 이런 이해의 힘에 기초해서, 화를 낸다면 여러 가지 해로움이 발생할 것임을 인지함으로써 괴로운 상황을 참고 받아들인다(인욕). 그리고 여기에 더해 중생은 부처가 될 수 있는 존재이므로 중생에게 화를 낸다면 그것은 곧 부처에게 화를 내는 것과 같다고 생각하면서 괴로운 상황을 참고 견딘다.

그런데 이렇게 참고 견딘다면 사람들에게 바보 취급을 받을 수 있을 것이다. 그런 취급을 받으면서까지 참아야 하는지 스스로 의문을 제기할 수 있다. 이런 의문에 대해 다음과 같이 생각해야 한다. "인욕을 실천하지 않으면 성인(聖人)에게 꾸지람을 받을 것이고, 인욕을 실천하면 소인(무지한 사람)들이 업신여기게 될 것이다. 이 두 가지 가운데 한 가지를 선택해야 한다면 무지한 사람에게 업신여김을 당하는 것이 차라리 나으며, 성인에게 꾸지람을 당하는 것은 피해야 할 것이다."

다시 말해 인욕을 실천하면 주위의 현명한 사람들에게는 인정받을 것이고, 또 다른 한편으로 지각없는 사람에게는 바보 취급을 받을 것이다. 그런데 인생에서 이 두 가지를 다 취할 수 없으므로, 어느 한쪽을 취해야 한다면 현명한 사람의 판단에 의미를 둔다는 것이다. 이는 전문적인 영역에서도 모두 통용되는 내용으로 보인다. 학술 대회에서 논문을 대충 작성하고 언변으로 내용을 보충하는 학자도 있는

데, 지식이 없는 청중은 속을지 몰라도 현명한 청중을 속일 수는 없다. 또 정치인이 대중영합주의를 내세워 대중을 선동할 때, 상당수의 국민이 그 말에 현혹될지 몰라도 현명한 유권자는 비판을 서슴지 않는다.

3) 물리적 현상과 심리적 현상에 대한 인욕

수행자는 물리적 현상과 심리적 현상에 대해 인욕한다. 수행자는 추위와 더위, 바람과 비, 배고픔과 목마름 등의 좋지 않은 물리적 환경을 공(空)의 지혜로 바라보고 집착하지 않음으로써 마음이 동요되지 않아서 인욕할 수 있다. 또 수행자는 화냄, 근심, 의심, 교만 등의 심리적 측면 역시 공(空)의 지혜로 바라보아 집착하지 않고, 그 결과 마음이 동요되지 않아서 인욕을 실천할 수 있다.

4) 불교의 가르침을 통한 인욕

불교의 가르침을 잘 이해하고, 그를 통해 인욕의 힘을 기른다. 수행자가 완전한 깨달음을 얻지 못했다면 아직 번뇌가 남아 있을 수밖에 없는데, 그런 경우에 불교의 가르침에 대한 이해에 근거해서 번뇌를 견딜 수 있다. 다시 말하면, 불교의 가르침에 대한 이해가 있기 때문에 일상생활에서 부딪치는 여러 가지 번뇌를 참고 견딜 수 있다는 것이다.

예를 들면 아주 재미없는 강의를 들을 때 30분 뒤에 강의가 끝난다는 사실을 안다면 비록 그 강의가 지겹더라도 버틸 수 있는 것과 비슷하다. 이처럼 지적인 측면이 번뇌에 저항하는 데 큰 도움이 된다.

5. 법정 스님의 용서

법정은 용서를 다음과 같이 정의한다. "용서란 남의 허물을 감싸 주는 일입니다. 또 너그러움이고 관용입니다. 용서는 인간의 여러 미덕 중에서도 가장 으뜸가는 미덕입니다."

그래서 법정은 이런 관점에서 지나간 일을 들추어내지 말라고 권고한다. "일단 지나간 일을 다시 들추지 마십시오. 과거를 묻지 마십시오. 그것은 아물려는 상처를 건드려 덧나게 하는 것과 같습니다. 친구 간이든 부모와 자식 간이든 또는 부부 간이든 이미 지나간 과거사를 들추어내어 다시 곱씹는 것은 누구에게도 이롭지 않습니다."

법정은 용서가 자신의 입장이 아닌 상대방의 입장에서 생각하는 것이며, 이런 용서를 통해 인간이 성숙해지고 그 그릇됨이 커진다고 말한다. 또한 다음과 같이 말한다.

> 아메리카 인디언 속담에 "남의 모카신을 신고 십 리를 걸어가 보기 전에는 그 사람에 대해 말하지 말라"는 말이 있습니다. 그 사람의 처지에 서 보지 않고는 그 사람을 바르게 이해하기 어렵습니다. 용서는 내 입장이 아닌 저쪽 입장에서 생각하는 것입니다. 용서를 하게 되면 저쪽의 상처가 치유될 뿐만 아니라 굳게 닫힌 이쪽의 마음 문도 활짝 열리게 됩니다. 용서하는 사람은 너그럽습니다. 일단 마음의 문이 열리면 그 문으로는 무엇이든 드나들 수 있고 받아들일 수 있습니다. 이와 같은 용서를 통해 인간됨이 형성되고 그 사람의 그릇이 커집니다. 이것이 또한 사람이 꽃피어 나는 소식이자 인간이 성숙해가는 소식입니다(법정, 『일기일

회』 중「우리가 누군가를 용서하면 신도 우리를 용서한다」).

법정은 불교인이지만 『사막 교부들의 금언집』이라는 기독교 관련 서
적을 인용해서 자신의 주장을 전개해나간다. 여기서도 용서는 다른
사람의 잘못을 지적하지 않고 감싸 안는 것이라고 말한다. 법정은 이
렇게 전한다.

> 한 수행자가 선배인 원로에게 묻습니다. "내 이웃의 잘못을 보았을 때
> 그것을 지적하지 않고 그대로 덮어두는 것이 과연 옳은 일인가요?" 누
> 구나 지닐 수 있는 의문입니다. 이때 원로는 다음과 같이 대답합니다.
> "우리가 이웃의 잘못을 덮어주면 그럴 때마다 하느님께서도 우리의 잘
> 못을 덮어주신다네. 그리고 우리 이웃의 잘못을 폭로할 때마다 하느님
> 께서 우리의 잘못을 폭로하시지." 용서가 있는 곳에 신이 계십니다. 이
> 말을 기억하십시오(법정, 『일기일회』 중「우리가 누군가를 용서하면 신도 우리
> 를 용서한다」).

또 법정은 달라이 라마의 『용서』에 나오는 한 대목을 소개하면서 자
신의 주장을 전개한다. 그 내용은 티베트 어느 승려가 18년 동안 감
옥에 갇혀서 온갖 고문을 당한 뒤에도 그들을 미워하지 않고 자비심
을 갖고 있었다는 것이다.

> 중국이 티베트를 침략하기 전부터 달라이 라마가 잘 알고 지낸 스님이
> 있습니다. 티베트가 점령당하자 달라이 라마는 인도로 망명을 떠납니

다. 하지만 남아 있던 그 스님은 중국 경찰에 체포되어 18년 동안 감옥에 갇히게 되었고, 그곳에서 티베트를 비판하라는 강요를 받으며 온갖 고문을 당합니다. 모진 고문을 당하면서도 스님은 요지부동이었습니다. 스님은 그 후에 가까스로 석방되어 히말라야를 넘어 인도로 탈출합니다. 달라이 라마는 20년 만에 다람살라(티베트 망명정부가 있는 북인도 히말라야 기슭의 도시)에서 그 스님을 만났는데, 옛날의 얼굴 모습 그대로였습니다. 감옥에서 그토록 고초를 겪었음에도, 전혀 변하지 않은 것입니다. 대화를 나누던 중 달라이 라마가 스님에게 묻습니다. "스님, 18년 동안 그토록 모진 고문을 당하면서 두려웠던 적은 없습니까?" 그러자 그 스님은 이렇게 답합니다. "나 자신이 중국인들을 미워할까 봐, 중국인들에 대한 자비심을 잃게 될까 봐, 그것이 가장 두려웠습니다. 하마터면 큰일 날 뻔했습니다"(법정, 『일기일회』 중 「용서는 가장 큰 수행」).

법정은 위 내용을 소개하면서 용서가 큰 수행이고 이 용서를 통해 자신이 성장한다고 이야기한다. 그는 "용서는 가장 큰 수행입니다. 타인에 대한 용서를 통해 나 자신이 용서받게 됩니다. 또 그만큼 내 그릇이 성숙해집니다. 마음에 박힌 독을 용서를 통해 풀어야 합니다"라고 말한다.

6. 맺음말

이 글에서는 불교의 용서에 관한 견해를 살펴보기 위해 그와 관련이 있는 자비, 인욕에 대해 알아보았고, 현대에 들어서 법정 스님이 말한 용서에 대한 관점을 검토하였다.

자비에서 "자"(慈)는 모든 중생이 행복하기를 바라는 것이고, "비"(悲)는 중생이 괴로움에서 벗어나기를 바라는 것이다. "원한은 원한에 의해서 풀리지 않고 원한을 버림으로써 풀린다"는 말은 자비의 정신을 표현한 것이다. 이것은 상대방의 잘못을 덮어준다는 용서의 관점으로 볼 수 있다.

이런 자비를 기르기 위해서 자비명상을 실천하면 좋다. 이를 심리학의 관점에서 수용해서 자비중심치료 등의 심리 치료가 등장하였다. 이런 "자비의 훈련"을 통해 이타적인 마음을 기를 수 있다. 이렇게 된다면 더 많은 사람이 용서의 마음을 가질 수 있게 될 것이라고 기대한다.

인욕은 모욕이나 박해를 참고 견디는 것을 말한다. 석가모니의 10대 제자 중 한 사람인 부루나 존자는 불교의 가르침을 전파하다가 여러 어려움을 당하더라도 오히려 감사하는 마음을 가질 것이라고 말한다. 심지어 불교의 가르침을 전파하다가 죽임을 당하더라도 그 일로 인해 해탈할 수 있게 되어서 오히려 감사하다고 말한다. 이는 인욕의 정신을 표현한 것이지만, 여기에는 상대방의 잘못을 덮어준다는 용서의 의미도 포함되어 있다. 왜냐하면 상대의 잘못에 분노하고 원한을 품기보다 그것에 감사하는 것은 결국 용서한다는 의미기 때문이다.

『법화경』의 상불경보살(常不輕菩薩)도 여러 사람에게 예배하고 찬탄하는 행위를 하는데, 그로 인해 여러 가지 어려움을 당하더라도 거기에 구애되지 않고 자신의 행위를 계속해나간다. 여기에도 자신에게 어려움을 주는 사람에 대한 용서가 포함되어 있다. 왜냐하면 상대에 의해 어려움에 처하더라도 분노하고 마음에 원한을 담아두거나 그런 것에 구애되지 않고 계속 자신의 행위를 실천하는 것은 결국 용서한다는 의미기 때문이다.

그리고 『대지도론』에서는 인욕을 네 가지 의미로 자세히 구분한다. 첫째, 자신에게 칭찬하고 경제적 혜택을 주는 사람에게 집착하지 말라는 것이다. 그리고 세 가지 경우를 제시하면서 더 자세히 설명한다. 둘째, 자신에게 화를 내고 해치려는 사람에 대해 참고 견디며 용서하는 것이다. 그리고 네 가지 경우를 제시하면서 더 자세히 설명한다. 셋째, 참기 어려운 물리적 현상과 고통스러운 심리적 현상을 참고 견디는 것이다. 넷째, 불교의 가르침을 잘 이해하는 힘에 의거해 번뇌를 참고 견디는 것이다. 『대지도론』에서 인욕의 의미를 네 가지로 더 명확히 구분하고 있는데, 그중 두 번째에 용서의 의미가 포함되어 있다.

법정은 용서에 대해 직접적으로 말한다. 용서는 남의 허물을 감싸주는 일이며, 이런 용서를 통해 인간은 성숙해지고 그 그릇됨이 커진다고 한다.

이상 살펴보았듯이 대부분의 불교 문헌에서 "용서"라는 단어가 중요한 위치를 차지하고 있지 않지만, 그 대신 "자비"와 "인욕"에 용서의 의미가 포함되어 있으며, 법정은 "용서"라는 단어를 직접적으로 사용하면서 이 "용서"가 인간이 성숙해지는 길이라고 말하고 있다.

주요 참고문헌

미산 외, 『자비, 깨달음의 씨앗인가 열매인가』, 운주사, 2015,

법정, 『일기일회』, 문학의 숲, 2009/2010.

성열 편역, 『부처님 말씀』, 현암사, 1995/2013.

안성두 편, 『대승불교의 보살』, 씨아이알, 2008.

이병욱, 『인도철학사』, 운주사, 2004/2008.

이운허 역, 『묘법연화경(법화경)』, 동국역경원, 1990/2015.

일아 역, 『담마빠다(법구경)』, 불광출판사, 2014/2020.

일아 역, 『숫따니빠타(숫타니파타)』, 불광출판사, 2015/2020.

로저월시, 김명권·문일경·백지연 역, 『7가지 행복명상법』, 김영사, 2007/2010.

"사랑하라. 그리고 행동하라"

기독교의 용서·화해·치유[1]

성신형

1. 불가능한 가능성을 찾아서

아우구스티누스는 사랑이 기독교윤리의 중심임을 가르치면서 "사랑
하라. 그리고 행동하라"고 말했다. 미국의 기독교윤리학자 라인홀드
니버(Reinhold Niebuhr)는 "사랑의 윤리"가 지닌 특징을 설명하면서
"불가능한 가능성"(Impossible Possibility)이라는 표현을 썼다. 니버에
따르면 "사랑"은 불가능할 정도로 어려운 것이지만 그리스도인이라
면 꼭 가야 하는 길이다. 왜냐하면 그리스도인은 하나님께 용서받은
존재로서, 용서하시는 하나님의 뜻에 따라 용서와 사랑을 실천하며
사는 사람들이기 때문이다. 이번 장에서는 기독교 전통에서 말하는

---

1   본 장은 연구자가 『기독교사회윤리』 46집(2020)에 주저자로 참여한 논문인 "용서에
    대한 성서적 의미 탐구와 기독교사회윤리적 해석"을 수정·보완한 것이다.

용서의 의미를 되짚어봄으로써 용서를 통한 화해와 치유의 길을 모색해보려고 한다. 이를 위해 성서에 드러난 "용서"에 대해 탐구하고자 한다. 성서는 그 사회의 가치를 반영하면서 기독교의 기본 정신인 사랑과 용서를 가르치고 있다. 구약성서의 율법에 등장하는 약자 보호법, 신약성서에 나오는 예수의 산상수훈 등은 이런 가르침의 정수다. 이 글에서는 성서에 드러난 용서의 의미를 살펴본 후에 용서가 화해와 치유의 단계로 넘어가기 위한 과정을 윤리적인 차원에서 살펴보려고 한다. 이것은 사랑의 윤리다. 용서가 주는 공동체적 회복의 가치는 사랑을 통해 드러난다. 따라서 이에 관한 폴 리쾨르(Paul Ricoeur)의 생각을 들어보자.

2. 용서의 의미와 종류

에마뉘엘 레비나스(Emmanuel Levinas)는 저서 『전체성과 무한』에서 "용서는 잘못에 대한 도덕적인 현상과 직접 연결된 즉각적이고 감각적인 응답"이라고 했다. 이런 관점에서 생각해본다면 용서는 나와 타인 사이에서 벌어진 크고 작은 잘못에 대한 윤리적인 해결책을 찾는 과정이라고 정의할 수 있다. 그러나 용서는 매우 어렵다. 왜냐하면 용서는 피해자와 가해자라는 관계가 전제되어 있는데 이런 관계를 풀어나가는 것이 매우 어려운 과정이기 때문이다. 앤소니 바쉬(Anthony Bash)는 『용서와 기독교윤리』(*Forgiveness and Christian Ethics*)를 통해 피해자와 가해자 사이에서 발생하는 용서의 양상을 네 가지로 나눠 설명했다. 첫 번째는 조건적인 용서로서 가해자가 사죄하고 피해자가 용서하는 경우다. 두 번째는 가해자는 사죄하지만 피해자가 용서하지 못하는 경우로, 살인과 같은 극심한 악행이 저질러져서 피해자가 이미 없거나 피해자가 도저히 용서할 수 없는 상황이다. 세 번째는 가해자가 사죄하지 않음에도 피해자가 무조건적인 은혜와 베풂을 발휘함으로써 용서하는 경우다. 네 번째는 가해자와 피해자 모두 사죄나 용서를 하지 않는 경우이며 이때 둘 사이에는 갈등과 대립이 이어진다.

강남순은 『용서에 대하여』에서 용서의 종류를 자기 용서, 관계적인 용서, 정치적인 용서, 종교적인 용서 네 가지로 나눠 설명하였다. 이는 앞서 살펴본 용서의 네 가지 경우와 연결되어 일어나곤 한다. 두 가지 분류를 종합해서 표로 정리해보면 다음와 같다.

구분	가해자 사죄	피해자 용서	결과	용서의 종류
1	O	O	조건적 용서	관계적/정치적 용서
2	O	X	용서가 일어나지 않음	
3	X	O	무조건적 은혜	종교적 용서
4	X	X	갈등과 대립	

<자료 1> 용서의 종류과 결과

개인적인 용서는 나와의 관계 문제이기 때문에 표에는 포함하지 않았지만, 전체적으로 보면 모든 용서가 발생하는 경우에 속한다고 볼 수 있다. 한편 용서에 대한 연구는 크게 네 가지 차원에서 진행되고 있다. 첫 번째는 심리학적인 차원에서 개인이 당한 고통과 트라우마

를 벗어나는 방법에 집중하는 것이고, 두 번째는 사회 정의의 차원에서 인류가 경험한 엄청난 악의 문제들에 대한 비판과 대안을 모색하는 것이며, 세 번째는 문화적·철학적 관점으로 용서를 연구하는 것이고, 네 번째는 종교 특히 기독교에서 성서적·신학적·윤리적 해석 등을 통해 용서를 살펴보는 것이다.

앞서 살펴본 것처럼 용서는 다양한 방향에서 이해되어야 하기 때문에 용서에 대한 여러 지평을 연구하는 것은 중요한 의미를 갖는다. 개인적인 용서는 온전한 삶을 가능하게 하는 심리적 토대를 형성하는데, 종교는 이런 과정에서 무조건적인 용서를 요구하기도 한다. 사회적인 의미의 용서는 반목과 대립 및 투쟁을 종식하고 더불어 살아가는 삶이라는 이상을 추구하기 위해 필요하다. 이때 사회·정치적인 차원의 용서와 화해가 요구되기도 한다. 특히 오늘날 한국 사회에서는 함께 살아가는 사회적 타자들을 배려하지 않고 도리어 낙인을 찍음으로써 사회에서 완전히 분리하려고 하는 심각한 혐오와 불관용이 만연하고 있기 때문에 사회·정치적인 용서가 더욱 중요하다. 그런데 안타깝게도 용서에 대한 한국 그리스도인들의 인식은 매우 편협하다. 대부분이 지나치게 내세 지향적이고 종교적인 관점으로만 용서를 이해하는 바람에 하나님께서 개인의 죄를 용서하신 사건에만 집중하고 실제 삶에서 타인에 대해 용서를 실천하는 일은 등한시하고 있다. 이런 상황에서 성서에 드러난 용서의 정신과 용서의 윤리적 의미를 살펴보고 그것을 삶에 적용하게끔 안내하는 일은 매우 중요하다.

3. 구약성서와 용서 : 약자 보호법(율법)과 예언자들의 외침

먼저 구약성서의 죄를 통해 "하나님의 용서하심"이 어떤 의미인지를 이해함으로써 구약성서 전통에 드러나는 용서의 특성을 파악해보자. 박해령은 "구약성서의 죄 개념과 사유(赦宥)의 하나님"이라는 논문에서 이 점을 분명하게 논증하고 있다. 구약성서의 죄 개념에 대한 가장 일반적인 오해는 "죄는 율법(토라)을 어기는 것"이라는 생각이다. 그러나 구약성서의 죄는 율법보다도 더 근원적인 것, 바로 하나님과 이스라엘의 관계와 연결되어 있다. 처음부터 이스라엘과 하나님은 인격적인 관계를 맺고 있었는데, 구약성서는 이 관계가 깨지는 것을 죄로 보았다. 구약성서의 하나님은 자신을 "애굽 땅 종 되었던 곳에서 너희를 해방시켜준 신"으로 자신을 드러내신 후 이스라엘에게 율법을 주시면서 "내 말 곧 내 법을 지키면 나는 너의 하나님이 되고 너희는 내 백성이 될 것이다"라고 약속하셨다. 이처럼 율법은 계약 관계로 만들어진 것이었다. 이렇듯 구약성서의 죄란 인간이 하나님과의 인격적인 관계를 벗어난 것을 의미했다. 그렇기 때문에 구약성서의 죄 인식은 인격적인 것이었다. 그러나 구약성서의 전통이 점점 종교화됨에 따라 유대교에서는 이런 인격적인 관계의 죄 인식을 벗어나 율법 준수 여부를 죄의 기준으로 삼게 된다. 유대교 전통은 율법을 잘 지키는 것이 의로운 행위며 율법을 잘 지킴으로써 의롭게 될 수 있는 길이 열린다고 생각했다. 이런 유대교적 죄 이해와 구약성서의 죄 이해는 차이가 크다.

하나님과의 인격적인 관계가 깨어진 상태를 의미하는 "죄"를 용서받을 수 있는 방법은 크게 두 가지가 있다. 희생제사를 드리거나, 예언자의 전통을 따라 회개함으로써 하나님께로 돌아가면 된다. 구약성서에서 깨어진 관계는 단순히 이스라엘과 하나님이라는 이분법적인 관계를 넘어, 이스라엘과 이웃이라는 나와 타자와의 관계로 확장된다. 율법의 정신에 따르면 하나님과 이스라엘의 관계는 이스라엘이 이웃과의 관계를 어떻게 형성하는가에 달려 있다. 다시 말해 구약성서에서 말하는 전통적인 죄 용서는 형벌의 면제가 아닌 관계의 회복을 의미한다. 구약의 하나님은 결코 죄를 가볍게 생각하시지 않는다. 이런 관점에서 제사법과 예언자들의 예언을 고찰해야 한다.

구약성서 전통에서 죄를 용서받는 첫 번째 방법은 희생제사를 드리는 것이다. 레위기에는 죄와 제사의 제도에 관한 상세한 기록이 담겨 있다. 특별히 4-7장은 죄를 씻고자 드리는 제사에 관한 기록이다. 죄를 용서받는 제사에는 속죄제와 속건제가 있는데, 속죄제는 이스라엘(제사장, 회중, 족장, 평민 등) 백성이 실수나 부지중에 하나님의 계명을 범한 경우 제물을 드리는 것이다. 속건제는 야웨의 성물을 부지중에 범하거나 타인의 물건을 도둑질 또는 착취했을 때 제물을 올리는 것이다. 특이한 사항은 속건제를 드릴 때 반드시 성물이나 타인의 물건에 대해 변상조로 1/5을 더한 후에 제물을 드리게 되어 있다는 점이다. 또한 부지중에 계명을 범해 속죄제를 올려야 하는 경우에는 용서를 받을 수 있으나, 고의로 죄를 범하면 공동체에서 쫓겨나게 된다(민 15:30-31). 이처럼 공동체에서 배제되는 것이 죄의 형벌로 간주된 것을 보면 죄와 용서는 공동체(사회적)적 관계와 밀접하게 연결되어 있음을 유추할 수 있다. 이스라엘이 민족적 차원이나 개인적 차원에서 속죄(속건)제의 제물을 하나님께 가지고 와서 제사를 드리면 하나님이 그를(또는 그들을) 용서하심으로써 깨어진 관계가 다시 회복되었다.

구약성서에서 강조하고 있는 죄 용서의 또 다른 방법은 예언자적 전통을 따라 죄를 고백(회개)하고 하나님께로 돌아오는 것이다. 구약의 예언자들은 이스라엘 왕조가 설립된 후 남북 왕조로 분열되고 국가가 쇠락하는 기간에 활동했다. 이들은 이스라엘이 율법을 떠났기 때문에 곧 망하게 될 것이지만, 이런 고난을 피하려면 돌이켜야 한다고 예언하였다. 즉 하나님으로부터의 분리된 상태에서 돌아오라는 것이 예언의 내용이며 그 핵심은 바로 "회개"다. "돌이키면 용서해주신다"는 말씀은 "율법을 지키면 죄가 없다"는 것처럼 회개의 행위를 강조하는 것이 아니다. 회개가 죄 사함을 보증해주진 않는다. "회개하면 용서하신다"는 말은 하나님과의 인격적인 관계가 회복되는 사건, 즉 하나님이 직접 일하시는 인격적인 사역을 의미한다. 또한 제사와 회개는 따로 분리된 것이 아니라 용서를 위한 하나의 과정이었다. 레위기에 드러난 제사 전통 역시 회개의 중요성을 강조한다. 이처럼 구약성서에 드러난 용서의 참 의미를 알기 위해서는 죄가 무엇인지를 이해하는 데서 출발해야 하는데, 죄란 단순히 율법을 어기는 것이 아니라 하나님과의 관계를 파괴하는 것이다. 그리고 용서란 파괴된 관계를 회복하는 것이다.

다시 말해 죄(악)는 관계가 파괴되면서 드러나기 때문에, 용서는 관계의 회복과 자연스럽게 연결된다. 구약성서의 전통에서 관계의 회복과 용서는 단순히 제의적인 차원에서 신에게 잘 보여서 죄를 면제받는 법률적인 관계의 복구가 아니라, 기초적인 관계가 회복되는 상태를 의미한다. 하나님의 정의를 실현하기 위한 약자 보호법은 이런 측면을 잘 드러난다. 관계 회복이라는 말에는 하나님과의 관계를 잘 만들어가는 것뿐만 아니라 사회 구성원들이 건강한 관계를 유지한다는 의미가 포함되어 있다. 이스라엘은 이런 토대를 세워나가기 위해 당시 고대 근동 지역에서는 전혀 찾아볼 수 없었던 약자 보호법을 제정했다. 이 법은 구약성서에서만 발견되는 독특한 관계 회복의 정신을 잘 보여준다.

구약성서의 법은 먼저 이스라엘의 하나님이 어떤 분이신지를 설명한다. 그분은 "애굽 땅에서 종 되었던 너희(이스라엘)를 구원"하신 하나님이다(출 20:2; 신 5:6). 이 하나님은 약자와 사회적 정의에 대한 관심을 근간에 두고 이스라엘과 언약의 법을 체결하셨다. 당시 고대 근동 지역에서는 약자나 노예를 법의 중심에서 다루지 않았다. 그러나 구약성서는 율법의 기초가 되는 십계명을 서술한 다음 바로 노예에 대한 법을 상술한다(출 21:1-11). 이는 매우 이례적인 형태로서 구약성서의 법이 약자에 초점을 맞추고 있음을 잘 보여준다. 약자를 위한 법률 규정은 가장 초기의 법인 출애굽기 21-23장에 언급된다. 크리스토퍼 라이트(Christopher Wright)에 따르면 하나님의 율법은 이집트에서 나그네이자 노예로 살았던 이스라엘 사람들이 그런 처지에 있는 사람들의 사정을 보아주는 것이 당연한 일임을 분명히 말하고 있다. 이처럼 약자에 대해 구체적인 관심을 두고 그들을 위해 행동하는 것이 율법의 기본 정신이다. 우리는 이 점을 통해 하나님과 이스라엘의 관계가 깨어지는 상황은 어떤 것이며 어떻게 해야 그 깨어진 관계를 회복할 수 있는지에 대해 실마리를 얻는다.

구약의 율법이 말하는 사회적 약자는 레위인, 고아, 과부, 나그네, 노예와 같은 가난한 사람들이다. 율법에는 300회가 넘게 이들이 언급된다. 이스라엘 사람들은 땅을 소유할 수 없는 이들을 보호해야 한다. 하나님은 이들을 위해 정의를 실행하시는 분이다(출 23:6-9; 신 10:17-19). 구약성서의 전통은 특히 나그네를 잘 대우하라고 가르친다. 이들은 이스라엘에 거류하는 외국인 노동자다. 오늘날의 이민자나 난민과 비슷한 사람이라고 생각하면 된다. 두 번째로 많이 언급되는 약자는 고아와 과부다. 이들은 가장(남편)이 죽은 후 경제적인 능력이 없는 채로 힘겨운 삶을 산다. 또한 구약성서는 또 다른 사회적인 약자로 레위인을 언급한다. 성전에서 일하는 제사장 그룹에 속한 레위인은 땅을 분배받지 못했기 때문에 이스라엘의 형제들로부터 보호를 받아야만 했다.

노예 역시 구약성서의 율법 전통에서 언급하는 약자다. 이들은 당시 고대 근동 지역의 자유민들이 자신의 노동을 대신하는 수단으로 삼은 사람이 아니라 고용된 일꾼을 의미한다. 물론 절도 등의 범죄를 저지르거나 빚을 갚지 못해 종이 된 사람들도 있었다. 이 사람들은 다른 나라의 노예들이 경험할 수 없었던 법적 안전을 누리면서 살았다. 이들은 주인의 소유물이 아니었기 때문에 매매의 대상이 되지 않았고, 정해진 기한(안식년 혹은 희년)이 지나면 완전한 자유를 얻을 수 있었다. 더구나 종교 생활도 보장되어 있어서 안식일을 누릴 수 있었고, 유월절과 같은 이스라엘의 절기 축제에도 참여할 수 있었다. 신체에 상해를 입은 종은 보호받아야 했으며, 주인이 노예에게 상해를 입힌 사실이 증명되면 그 노예는 해방되었다. 이는 노예도 한 인격으로 대해야 함을 의미한다. 더욱 흥미로운 것은 노예를 위한 도피처를 제공해주는 제도다(신 23:15-16). 이는 도주한 종을 처벌하는 대신 그들이 선택한 곳에서 살게 해주는 제도였다. 고대 근동 지역의 법은 도주한 노예뿐 아니라 숨겨준 사람까지도 처벌 대상으로 삼은 데 반해 구약성서의 법은 그와 정반대였다. 도주한 종에게 자유뿐만 아니라 보호받을 권리까지 제공해준 것이다. 도피처 제도는 실수로 살인을 저지른 경우 피할 수 있는 곳을 제공해주던 도피성 제도와는 다른 것이다. 이런 구체적인 내용을 보면 알 수 있듯이 구약성서의 율법은 약자를 보호하는 법을 마련해둠으로써 관계를 회복하고 용서의 삶을 살수 있는 구체적인 실천 방안을 제시했다.

이런 전통은 예언자들의 활동을 통해 이어진다. 예언자들은 하나님과 이스라엘의 관계가 완전히 깨어진 광경을 목격한다. 이스라엘은 율법을 따라서 살겠다고 언약하고 그 대가로 땅을 선물로 받아 자유민이 되었지만, 선물로 받은 그 땅에서 하나님의 약속인 정의를 실현하며 살기는커녕 압제와 착취로 자신들의 배를 불리는 데 골몰했다. 특히 이스라엘의 정치·종교 지도자들은 선물로 받은 가나안 땅에서 율법 정신의 핵심인 사회적 약자들을 보호함으로써 하나님의 용서와 사랑을 실현하며 사는 일에는 전혀 관심이 없었다. 이때 등장한 예언자들은 이스라엘과 하나님이 언약 공동체임을 다시 확인하면서 하나님의 "회복의 의"를 예언하였다. 그들이 외친 회복의 의는 의로우신 하나님에 대한 "인격적인 응답"이다. 이는 정의의 하나님께로 돌아오라(회개)는 외침이다. 가난하고 억압받는 사람들을 위한 편애와 상처 받은 사람들에 대한 연민으로 가득한 정의다. 하나님은 사회적 약자와 자신을 동일시하시면서 그들을 위해 이스라엘과 계약을 맺으셨다. 이 관계가 깨어진 이스라엘 공동체는 해체될 것이다. 예언자들은 이 관계를 다시 회복하라고 외쳤다. 다시 정의로 돌아와 하나님의 의를 회복해야만 화해와 용서를 구체적으로 실천할 수 있다. 그러나 안타깝게도 예언자들의 외침은 실현되지 못했다. 정의와 용서를 잃은 이스라엘은 마침내 망하고 말았다.

구약성서의 전통에 나타난 용서의 의미를 생각해보았다. 하나님과 이스라엘의 관계를 회복하는 것이 용서의 기초다. 그리고 그 관계는 단순히 종교적인 의미에서 신과의 관계를 든든하게 세우는 것을 넘어 사회적 약자를 보호하고 정의를 실현할 때 회복될 수 있다. 즉 하나님께서 선물로 주신 땅에서 자유민으로 살았던 유대인들이 사회적 약자를 위한 정의를 실현함으로써 하나님으로부터 받은 율법의 기본 정신을 지켜나갈 때 비로소 용서를 통한 관계의 회복이 이루어진다는 의미다. 예언자들은 이런 전통을 강조하면서 이스라엘 백성들에게 회개와 용서의 정신을 가르쳤지만, 결국 이스라엘은 그들의 외침을 귀 기울여 듣지 않다가 망하게 되었다.

4. 신약성서의 용서: 하나님의 나라와 교회

신약성서에서 말하는 용서 역시 깨어진 관계의 회복을 중요하게 여긴다. 신약성서의 용서는 예언자 전통의 회개를 이어감으로써 시작되는데, 거기서 한 걸음 더 나아가 최종적으로 하나님 나라의 구체적인 실현을 통한 용서와 회복을 이루는 것을 목표로 한다.

　신약성서의 용서는 세례 요한의 "회개의 세례"가 출발점이 된다. 복음서의 시작이 요한의 회개의 세례로 출발하는 것은 복음서 전체 메시지의 중심이 "용서"임을 보여주는 아주 좋은 예다. "회개하라. 하나님의 나라가 가까이 왔다"고 외치면서 세례를 베푸는 요한의 사역은 유대인들에게 매우 큰 울림이 되었다. 또한 이것은 예언자들의 전통을 잘 이어받은 가르침이었다. 당시 유대 사회는 깊은 율법주의에 빠져 율법을 지키지 못하는 민중들을 죄인으로 만들고 소수의 종교인들만 죄인이 아님을 자랑하고 있었는데, 세례 요한은 유대인들을 향해 회개의 세례를 받으라고 말했다. 그는 자신을 찾아온 바리새인과 서기관을 꾸짖었다(마 3:5-7). 그가 베푼 회개의 세례는 유대인들이 전통적으로 치러온 예식의 의미를 바꿨다. 당시 세례는 이방인들이 유대교에 입교할 때 하는 예식이었다. 요한은 이 예식을 새롭게 재해석하여 회개의 예식을 행했다. 그리고 많은 유대인들이 요한에게 세례를 받았다. 그들이 세례를 받은 이유는 용서와 관련되어 있다. 유대인들은 율법의 죄를 용서받기 위해 제사장에게 예물을 들고 가서 희생제사를 드렸다. 그런데 요한은 그 전통을 바꿔버렸다. 제사장에게 가지 않고도 하나님으로부터 직접 용서를 받을 수 있는 길을 제시한 것이다. 속죄의 제사(종교적 예식)가 아닌 회개의 세례를 통해 용서와 구원이 시작되었다. 세례 요한은 이와 더불어 "하나님의 나라"를 선포하면서 회개를 통해 하나님 나라의 백성이 될 수 있음을 역설했다. 그의 주장은 당시 종교 예식을 중심으로 용서를 가르쳤던 유대교적 세계관을 완전히 뒤바꿨다.

요한의 세례를 받고 공적인 사역을 시작한 예수는 회개와 용서를 기초로 하는 하나님 나라의 일을 시작했다. 예수는 공생애를 시작하면서 "회개"와 "하나님 나라"의 복음을 전파하고(마 4:17; 막 1:15) 그 두 가지가 하나님 나라의 백성이 되는 길이라고 가르쳤다. 예수는 세례 요한의 회개의 세례와 하나님 나라의 가르침을 뒤이은 것이다. 신약성서는 요한의 세례를 가리켜 예수의 사역을 준비한 것이라고 말한다(마 3:11; 막 1:7-8; 눅 3:16-17; 요 1:26-27). 예수의 회개는 하나님 나라의 윤리와 관련되어 있다. 예수가 가르친 회개는 율법의 세계로 다시 돌아가는 것이 아니다. 그분은 율법에 기초해서 자신들만을 위한 의로운 세계를 만들어두고 거기에만 의가 있다고 주장하는 유대 종교 지도자들의 전통을 거부한다. 예수는 성전에 예물을 드림으로써 얻는 용서가 아닌 회개의 의를 가르쳤다. 회개와 용서는 율법을 준수해야만 돌아오는 보상이 아니라 하나님의 선물이다. 회개는 유대 민중들에게 영원한 하나님 나라를 선물로 부여해준다. 그러나 예수가 율법을 없애려던 것은 아니다. 그분은 오히려 율법의 본래 정신을 완성하기 위해 회개의 용서를 강조했다. 앞서 언급했듯이 율법의 정신은 하나님과 이웃과의 관계를 회복하는 것이다. 예수는 이 부분을 분명하게 강조하고 있다(마 5:17).

복음서에는 이처럼 예수가 하나님 나라를 위해 회개와 용서를 가르친 사역이 잘 묘사되어 있다. 예수는 직접 죄를 용서하기도 했으며, 제자에게 용서의 중요성을 가르치기도 했고, 십자가 죽음의 현장에서 자신을 못 박아 죽인 사람들에 대해 하나님의 용서를 구하기도 했다. 예수가 직접 죄를 용서하는 사건은 복음서에 두 번 등장하는데, 하나는 중풍 병자를 고친 사건(마 9:1-8; 막 2:1-12; 눅 5:17-26)이고 다른 하나는 죄 많은 여인을 용서한 사건이다(눅 7:36-50). 이 둘은 당시 유대인의 전통에서 볼 때 죄인으로 낙인찍힌 사람들이다. 유대인들은 질병이 죄의 결과라고 생각했다. 누가복음 7장에 등장하는 여인은 동네에서 이미 죄를 지은 자로 낙인찍혔다. 그런데 예수는 이들에게 죄 사함을 선포하심으로써 이들을 용서하신다. 특히 죄인으로 낙인찍힌 여인이 예수께 나아와 사랑과 감사를 표시함으로써 용서받은 사건은, 용서가 하나님과의 새로운 관계가 시작됨을 알리는 신호임을 보여주는 것이다. 다시 말해 용서는 하나님의 놀라운 선물이다. 예수는 산상수훈 자리에서 "몇 번이나 용서해야 하는가"라는 제자들의 질문에 1만 달란트 빚진 자의 비유(마 19장)와 잃어버린 양, 잃어버린 드라크마, 돌아온 둘째 아들의 비유(눅 15장)를 이야기하면서 용서의 의미를 상세히 가르친다. 주의 기도와 1만 달란트 빚진 자의 비유를 통해서는 하나님께 용서받는 것과 타인을 용서하는 것이 똑같이 중요한 일이라고 전한다. 또한 회개와 용서가 하나님 나라에서 얼마나 큰 기쁜 일인지에 대해 역설함으로써(눅 15장) 하나님 나라의 의미와 역할을 분명하게 보여주었다.

예수는 회개의 용서를 통해 도래할 하나님 나라를 거부하는 유대 종교 지도자들과 끊임없이 싸웠다. 가장 대표적인 싸움은 안식일 논쟁이었다. 안식일에 밀 이삭을 자른 사건(마 12:1-8; 막 2:23-28; 눅 6:1-5), 안식일에 손 마른 사람을 고친 사건(마 12:9-21; 막 3:1-6; 눅 6:6-11), 안식일에 꼬부라진 여자를 고친 사건(눅 13:10-17) 등을 통해 바리새인, 서기관, 회당장들과 논쟁을 벌였다. 예수는 바리새인과 서기관들을 가리켜 위선자라고 하면서 그들에게 하늘의 화가 내릴 것이라고 저주했다(마 23:1-36; 막 12:38-40; 눅 11:37-52; 눅 20:45-47). 또한 성전에서 매매하는 광경을 보고 분노를 표출했다(마 21:12-17; 막 11:15-19; 눅 19:45-48; 요 2:13-22). 유대 종교 지도자들이 보기에 예수는 매우 위험한 존재였다. 그들은 예수를 로마의 법정에 세워 십자가에서 죽게 만들었다. 이렇게 예수는 하나님 나라의 회개와 용서를 거부하는 사람들에 의해 죽임을 당한다. 그런데 이 십자가의 현장에서 가장 깊은 그러나 쉽게 이해할 수 없는 용서의 사건이 만들어진다. 예수는 그곳에서 자신의 잘못을 회개하지 않는 사람들을 위해 용서의 기도를 드린다. 자신이 희생자였음에도 불구하고 가해자들을 향한 복수를 계획하거나 원망을 표출하지 않고 오히려 용서의 기도를 올렸다. 가장 어려운 용서의 단계를 완성하는 순간이었다. 이것이 바로 기독교적인 용서를 실천하는 기초다. 예수는 복수가 아닌 무조건적인 용서로써 하나님의 사랑의 정신을 실현하는 것이 하나님 나라의 삶이며 기독교적인 삶을 실천하는 길임을 분명히 보여주었다.

예수가 세상을 떠난 후에 유대인들은 예루살렘에 모여 그의 가르침을 따라 교회를 세웠다. 이 교회는 처음에 유대교의 한 분파로 여겨졌다. 그러나 점차 세력이 커지자 유대 종교 지도자들은 교회를 박해했다. 예루살렘에 있던 교회는 힘을 잃게 되었지만, 사마리아, 페니키아, 키프로스, 시리아 등으로 흩어졌던 예수파 유대인들은 안디옥에 다시 모여 교회를 만들었다. 이 소식을 들은 사울(바울)은 예수파 유대인들을 잡아 가두기 위해 그곳으로 가던 도중 다마스쿠스(다메섹)에서 회심의 사건을 경험한다. 이때 바울은 예수의 용서를 직접 경험한다(행 9:1-19). 다메섹 도상에서 바울이 경험한 것을 설명할 때 회개와 용서라는 단어가 직접 언급되지는 않았다. 그러나 이것은 분명 바울이 핍박자였던 자신을 용서하신 그리스도의 은혜를 경험하게 된 결정적인 전환의 순간이자 용서와 회심의 사건이었다. 바울은 그의 서신에서 용서라는 단어를 직접 언급하면서 그 의미에 대해 말하지는 않았다. 그러나 다메섹 도상에서 경험한 은혜를 용서의 사건과 연결하여 설명했다(살전 1:9-10; 빌 3:3-14). 구체적으로 데살로니가서에서는 비유대인(이방인)의 회심의 의미에 대해 이야기하고, 빌립보서에서는 회개의 은혜에 대해 설명했다. 이처럼 바울은 성서적인 전통의 연장선상에서 회개란 하나님의 은혜에 감사하는 마음으로 돌이키는 삶을 사는 것이며 전적인 하나님의 은혜라고 이해했다.

바울은 용서와 관련하여 칭의(justification)라는 용어를 사용한다. 칭의는 법률 용어로서 직접적인 용서가 아닌 신분의 변화를 의미한다. 바울은 이 용어를 사용해서 그의 신학의 중심 사상인 기독론을 주장하였다. 우리는 우선 바울 신학의 중심 주제가 기독론이지 칭의론이 아니라는 점에 주의를 기울여야 한다. 바울 복음의 핵심은 "유대인이 십자가에 못 박은 예수가 그리스도"라는 사실에 대한 변증이다. 그는 로마서와 갈라디아서에서 이런 변증을 제시하면서 칭의 개념을 주로 사용한다. 바울이 이 교리를 발전시킨 이유는 단순히 교리적인 차원에서 하나님 나라의 백성으로의 신분 변화를 위한 어떤 전제 조건으로서의 믿음으로 의롭게 된다는 논리를 세우기 위한 것이 아니었다. 그는 당시 로마와 갈라디아 지역의 종교 사회적인 배경과 연결하여 칭의 교리를 발전시켰다. 일반적으로 칭의 교리에 대해 큰 오해가 형성되어 있는데, 그것은 믿음을 지나치게 강조한 결과다. 믿음으로 의롭게 된다는 칭의 교리에서 "의"롭게 되는 것에 초점을 맞추기보다 "믿음"을 강조하다 보니, 삶의 과정이 무시되고 믿음이 값싼 은혜로 전락하고 말았다. 그러나 바울은 믿음을 강조하기 위해 칭의 교리를 주장한 것이 아니라, 초기 교회 교인들이 교회 공동체 안에서 "정의"를 실현하는 길에 더 큰 관심을 가지기 바라면서 칭의를 주장하였다.

앞서 언급한 대로 바울은 예수가 그리스도임을 주장하면서 교회를 세우는 일에 평생을 바쳤다. 그는 전도 여행 중에 갈라디아 교회와 로마 교회의 상황을 듣게 된다. 유대인 그리스도인들이 갈라디아 교회의 일원이 된 비유대인 그리스도인들에게 할례를 비롯한 유대인의 율법을 지켜야 한다고 주장하기 시작한 것이다. 이런 배제와 다툼의 상황을 들은 바울은 율법이 아닌 믿음으로 의로워져야 함을 강조하면서 성령의 열매를 맺는 환대의 공동체를 만들어가라고 권면했다(갈 5-6장). 한편 로마 교회는 바울이 아닌 로마의 그리스도인들에 의해 세워진 교회였다. 클라우디우스 황제(41-54년)가 49년경 로마에 거주하고 있는 유대인들을 추방한 후 비유대인들 중심으로 로마 교회가 운영되어오다가 54년에 클라우디우스가 죽자 유대인 그리스도인들이 다시 로마로 돌아오게 되었다. 이 과정에서 로마 교회의 유대인과 비유대인 그리스도인들 사이에 다툼이 일어났다. 이에 바울은 믿음과 율법의 관계를 설명하면서 유대교적인 전통이 전혀 무의미하지 않으며 율법의 행위는 믿음으로 완성된다는 사실을 강조함으로써

(롬 3장), 교회는 서로의 짐을 나눠서 지는 은혜와 환대의 공동체가 되어야 한다고 역설했다(롬 14장). 바울은 차별이나 다툼 없이 서로 환대하고 사랑하는 은혜의 공동체를 만드는 것이야말로 믿음으로 의롭게 되는 길임을 분명히 말했다. 이처럼 바울이 칭의를 강조했던 이유는 예수를 그리스도로 믿음으로써 완성되는 하나님의 정의를 세워가는 교회(공동체)를 만들고 싶었기 때문이다. "믿음"으로 얻어지는 용서(칭의)의 교리는 교회의 전통 속에서 값싼 구원의 교리를 만들어내고 있었다. 그러나 바울은 칭의가 정의의 다른 모양으로서 하나님의 정의를 이뤄가는 과정임을 분명히 일깨우고 있다.

바울은 "예수 그리스도를 믿음"으로써 얻는 "구원의 은혜"를 누리며 살아가는 그리스도인들에게 자유를 역설한다. 죄의 속박으로부터의 자유, 율법으로부터의 자유, 전통에 의해 뒤틀려진 유대인과 비유대인의 관계로부터의 자유를 통해 이뤄지는 새로운 평화와 사랑의 공동체를 역설한다. 이것이 바울 복음의 핵심이다. 복음은 윤리적 기능을 파괴하지 않는다. 그리스도인은 그리스도에게만 충성함으로써 새로운 윤리적 삶을 살게 된다. 이런 변화는 그리스도인들에게 새로운 관계를 세워갈 것을 요청한다. 예를 들어 남자와 여자의 관계를 상하 관계가 아닌 상호 순종의 관계로 설명하는 것이나(엡 5:22-33), 빌레몬의 종인 오네시모를 빌레몬에게 보내면서 서로 형제의 관계로 대하라는 부탁은 당시 관습에 비춰볼 때 아주 특별한 변화를 의미한다(몬 1:16).[2] 물론 바울은 로마 사회의 남성중심주의나 노예 제도를

---

2   오네시모는 18-19세기의 인종주의적인 노예와는 다른 고용된 종이었다. 집안에 고용

완전히 부정하지는 않았다. 하지만 그리스도인들 사이에서 새로운 관계를 이끌어 내기 위해 기존의 관계로부터의 자유를 선언했던 것은 틀림없다. 믿음으로 얻어진 의(용서)는 그리스도인에게 자유를 허락했고, 이는 새로운 관계를 위한 사랑의 윤리적 삶을 가능하게 만들었다.

이렇게 신약성서에 드러난 용서의 의미에 대해 살펴보았다. 신약성서에 제시되는 용서의 전통은 구약성서가 강조하는 하나님과의 관계 회복이라는 틀을 벗어나지 않고 오히려 그것을 하나님 나라에 참여하는 것으로 확장했다. 예수가 전파한 회개의 복음과 하나님 나라에 참여하고 정의를 구현함으로써 사랑을 실천하는 초기 교회의 신학은 이런 점을 잘 보여준다. 신약성서의 용서는 하나님 나라의 백성으로서 사랑과 정의를 구현하는 아름다운 공동체를 만들어가는 윤리적인 실천을 잘 보여주고 있다.

5. 폴 리쾨르가 제시하는 사랑의 윤리학: 용서의 종말론적 지평

성서는 회개와 용서 및 하나님의 정의를 이뤄가는 과정에서 관계 회복이 가장 중요하다는 용서의 윤리적 의미를 보여준다. 용서에 대한 기독교윤리적 해석은 주로 그리스도인의 성품과 관련된 덕의 윤리와

된 신분이었던 오네시모가 빌레몬의 집에서 도망했다가 바울을 만나서 그리스도인이 되자, 바울이 이 둘의 관계를 다시 연결해주기 위해 빌레몬서를 썼다.

연결하여 그 의미를 파악한다. 그리고 이런 생각은 자연스럽게 공동체 윤리와 연결된다. 왜냐하면 용서는 하나님의 속성이며 그리스도인들이 이것을 이어받아 삶 속에서 실천해야 한다는 이해가 받아들여지고 있기 때문이다.[3] 그러나 이 글에서는 덕의 윤리 관점이 아니라 사랑과 정의의 관점에서 용서의 기독교윤리적 의미를 생각해보고자 한다. 이를 위해 기독교 철학자 폴 리쾨르(Paul Ricoeur)의 작품 『사랑과 정의』, 『기억, 역사, 망각』 등을 바탕으로 그가 주장하는 용서의 개념과 용서의 기독교 윤리적 의미에 대해 살펴볼 것이다.

리쾨르는 역사의 의미에 대한 그의 역작 『기억, 역사, 망각』의 에필로그에서 "어려운 용서"라는 제목으로 용서의 의미를 밝힌다. 용서는 기독교가 서구 지성사에 기여한 중요한 가치 중 하나로서 화해와 사랑을 이뤄내는 바탕이 되는 매우 중요한 힘이다. 그러나 용서에 대한 가르침은 잘못된 사건을 조사하고 판결하여 현실적인 차원의 최종적인 정의를 세우는 데 방해물이 되고 말았다. 왜냐하면 실제로 정의를 세우는 과정에서 권력자들이 부정의를 은폐하는 도구로 이용될 가능성이 너무 크기 때문이다. 결국 가해자들이 쉽게 정의의 문제를 빠져나가고 피해자들이 제대로 보상받지 못하는 상황이 연출되곤 한다.

---

3 Stanley Hauerwas가 대표적인 예다. 그는 용서의 공동체윤리적 의미와 성서의 내러티브를 강조하면서 "용서를 받은 자들의 공동체는 성서에서 발견되는 내러티브들에 의해 유지되는 공동체가 되는 일과 직접적으로 연결되어 있다. 그 내러티브들은 용서하는 일을 그 본성으로 가지고 계신 하나님을 드러내기 때문이다"라고 말하면서 용서의 기독교윤리적 의미를 설명했다(Stanley Hauerwas, *Community of Character: Toward a Constructive Christian Social Ethics* [Notre Dame: University of Notre Dame Press, 1981], 69).

리쾨르는 이런 용서의 어려움을 방정식에 비유한다. 가해자와 피해자 간의 변숫값을 측정해서 용서의 방정식을 풀 수 있으나 그 과정이 매우 어렵다. 이 방정식을 푸는 용서의 주도권은 피해자에게 있으나 잘못에 대한 가해자의 태도나 특히 잘못에 대한 고백의 값에 따라서 용서의 값이 달라진다. 리쾨르는 단순히 개인의 크고 작은 잘못에 대한 고백과 보상의 관계에 대해 다루는 것이 아니라 "용서할 수 없는" 반인륜적 범죄에 대한 용서의 가능성에 집중한다. 그는 용서의 초월적인 특징에 주목한다. 용서는 마치 지혜가, 공기가, 사랑이 그저 있는 것처럼 그저 있는 것이다. 그것은 "그저 있음"의 차원에서 사람들에게 선물처럼 주어진다. 이것은 마치 성령의 선물과 같다. 원수를 사랑하라는 명령은 성령의 선물로 내려오는 명령이다. 용서할 수 없는 것에 대한 용서는 원수를 사랑하라는 명령과 같다.

그러므로 용서의 완전한 주도권은 피해자가 갖고 있다. 그러나 주도권을 쥔다고 해서 어떤 권력이나 힘을 가지고 있음을 의미하지는 않는다. 이는 오히려 자신의 자리(이 자리는 더 높은 자리다)에서 용서를 구하는 가해자의 요청에 대해 "난 용서할 수 없다"고 말할 수 있는 피해자의 자유를 의미한다. 그러므로 결코 용서할 수 없는 자에 대한 증오를 포기하기로 마음먹는 용서의 능력은 "사랑"이다. 이런 사랑은 대등한 관계의 수평적인 사랑이 아니라 "참회하는 사람"에게 주어진, 신의 대속 행위로 만들어진 사랑, 즉 인간에 대한 하나님의 사랑과 같은 것이다. 참회하는 사람은 피해자가 주는 선물인 용서 앞에 서 있게 된다. 불가능한 사랑을 행동으로 옮기는 피해자와 진정으로 참회하는 가해자의 결합을 통해 자신을 회복시킬 수 있는 인류의 "가능성"을 가지게 된다. 이는 미래를 향한 행동이자 회복된 능력이며 그 어떤 행위보다도 더 가치 있는 "너"를 발견함으로써 미래를 향한 가능성을 여는 것이다(폴 리쾨르[2004], 491-493). 김혜령은 "폴 리쾨르의 종말론적 지평 속에 나타난 "용서"(par-don) 개념 연구"라는 논문에서 리쾨르의 이런 논증이 용서의 종말론적인 지평을 열었다고 평가한다. 그것은 "할 수 있는 인간" 즉 윤리적 행동의 가능성을 발견하고 실천하는 인간으로서의 미래다. 이런 종말론적 희망은 용서를 구하는 자에게 (비록 너무 어렵지만) 용서를 베풂으로써 얻어지는 해방에서 오는 가능성이다.

이제 리쾨르의 또 다른 작품인 『사랑과 정의』[4]를 통해 용서에 내재된 기독교윤리적 실천의 의미를 살펴보자. 『기억, 역사, 망각』보다 10년 정도 먼저 집필한 이 작품에서 리쾨르는 사랑과 정의의 변증법적 관계를 밝히면서 용서의 기독교윤리적 의미와 원수를 사랑하라는 가르침의 뜻을 설명했다.[5] 우리는 일반적으로 사랑과 정의가 서로 양립할 수 없다고 여긴다. 왜냐하면 사랑은 용서를 전제로 한 행위인 반면 정의는 공정한 법 집행을 뜻하기 때문이다. 리쾨르는 이런 현상을

---

4   Ricœur는 『기억, 역사, 망각』이 나오기보다도 훨씬 더 이른 시기에 사랑과 정의의 변증법적인 관계를 통해 용서의 의미를 설명했다. 이 글은 본문의 논리적 의미를 따라가기 위해 Ricœur의 『사랑과 정의』를 다루고자 한다.

5   이 작품은 박건택과 최현에 의해 두 번 번역되었다. Paul Ricoeur, *Amour et justice*, 박건택 역, "사랑과 정의",「신학지남」, 239(1994), 232-53. 그리고 최현 역, "사랑과 정의",「시민과 세계」, 7(2005), 490-512.
     Paul Tillich는 1963년에 발표한 *Love, Power and Justice*에서 사랑과 정의의 변증법적인 관계를 잘 설명하고 있다. Tillich는 사랑과 정의가 대척점에 서 있는 것이 아니라 서로 보완해서 함께 상승 작용을 만들어낸다고 논증한다(Paul Tillich, *Love, Power and Justice*, 성신형 역, 『사랑, 힘 그리고 정의』[서울: 한들출판사, 2017]).

"넘침의 논리"와 "등가의 논리"로 설명한다. 즉 "원수를 사랑하고 베풀라"는 "넘침의 논리"와 "대접받고자 하는 대로 대접하라"는 "등가의 논리"가 사랑과 정의의 논리를 만들어낸다는 것이다. 넘침의 논리는 "선물 경제"(l'économie du don) 원리의 기초로서 리쾨르는 이를 초윤리(supra-éthique)라고 부른다.[6] 사랑은 윤리적인 행동을 넘어선 것이기 때문에 현실적이지 않다. 그러나 현실적으로 윤리는 등가의 논리인 윤리적 황금률을 잘 따져야 한다.

리쾨르는 누가복음 6장의 평지 설교에 원수를 사랑하는 계명과 황금률이 동시에 나온다는 점에 주목한다. 그는 누가복음 6:27-38 말씀을 통해 황금률과 원수 사랑의 계명을 해석하는데, 본문을 보면 원수를 사랑하라는 계명 중간에 황금률이 등장한다. 전통적으로는 이 황금률을 공리주의적으로 해석한다. 넘침의 논리와 등가의 논리가 적용되는 해석의 지평에서 황금률은 등가의 논리로 이해된다. 32-34절에 나오는 "만일 너희가 ~ 받고 싶으면"이라는 말씀과 황금률이 연결되어 있다고 보기 때문이다. 그리고 초윤리적인 넘침의 논리와 비교해서 황금률을 공리주의적인 것으로 치부하고, 황금률보다 넘침의 윤리가 더 중요하다고 해석한다. 그러나 리쾨르는 이런 설명이 본문을 잘못 해석한 것이라고 주장한다. 왜냐하면 평지 설교에 나오는

6　Ricœur는 프랑스어로 이 글을 썼기 때문에 해당 단어를 그대로 가져왔다. "l'économie du don"라는 단어를 박건택은 "증여 경륜"으로 최현은 "은혜의 질서"로 번역하였다. 그러나 김혜령은 이 용어가 "선물 경제"의 의미로 계속 쓰이고 있다고 파악하고 이 단어를 "선물 경제"로 번역했다(김혜령, "폴 리쾨르의 '선물 경제'[l'économie du don] 개념으로 살펴본 사랑과 정의", 「현대유럽철학연구」, 39(2015), 133-59). 이에 따라 이 글에서도 "선물 경제"를 사용하겠다.

원수를 사랑하라는 계명과 황금률은 서로 분리된 것이 아니라 연결된 것이기 때문이다. 따라서 31절의 황금률과 32-34절에 나오는 "죄인들보다 너희들의 행동이 더 나아야 한다"는 예수의 가르침을 연결하여 황금률을 공리주의적으로 해석하는 것은 옳지 않다. 넘침의 논리(원수 사랑)가 등가의 논리(황금률)를 비판한다는 해석은 잘못된 것이다. 실제로는 정의(등가의 논리)와 사랑(넘침의 논리)이 서로 상승 작용을 일으켜서 계명을 완성한다. 다시 말해 리쾨르는 "대접받기 위해서 대접해주는" 그런 공리주의적 등가의 논리를 황금률에 적용하는 차원이 아니라 황금률도 넘침의 논리에서 나온 것임을 이해할 때 비로소 호혜성을 바탕으로 한 여러 정의의 법들이 구체화될 수 있다고 보았다.

리쾨르의 이런 주장은 사랑의 명령이 구체적인 현실의 정의 속에 녹아들어야 함을 드러낸다. 그리고 정의의 근간이 되는 호혜성이 자칫 공동체의 구성원들 사이의 폐쇄적 관계를 만들어낼 우려가 있기 때문에, 사랑의 명령으로 구현되는 정의의 기초는 "선물 경제"를 구현하는 것이어야 한다. 호혜성이 가지고 있는 조건적인 주고받음의 관계를 넘어서, 거저 받았기에 거저 주는 "선물 경제"의 토대에 이를 때 정의를 통한 사랑이 구현될 수 있다. 결국 정의는 사랑으로 구체화될 때 비로소 그 의미를 제대로 실현할 수 있다. 이와 같이 리쾨르의 사랑과 정의의 변증법적 관계는 용서의 기독교윤리적 의미를 잘 드러내고 있다. 원수를 사랑하고 용서하라는 말씀은 초윤리적 차원에서 정의를 구현하라는 뜻이다. 상호 호혜성을 바탕으로 등가의 논리를 구현하기 위한 황금률의 구현이 아닌, 초윤리적 넘침의 논리

를 실현하기 위한 전제 조건으로 황금률을 실천할 때 비로소 용서와
사랑을 통해 정의를 실현하는 윤리적 실천을 구현할 수 있다.

6. 결론: 용서, 그 불가능한 가능성을 향하여

용서는 인류가 철학적·신학적으로 오랫동안 논의해온 주제 중 하나
다. 특히 기독교는 긴 시간에 걸쳐 악과 죄의 문제와 관련된 용서에
대해 탐구해왔다. 그러나 종교적인 의미에만 지나치게 치중하여 용
서의 진정한 의미를 깊이 파악하지 못했다. 이 글은 이런 문제의식을
바탕으로 구약성서와 신약성서에 등장하는 용서의 의미를 탐구하면
서, 용서(사랑)란 하나님의 의(정의)를 구현함으로써 깨어진 관계가 다
시 회복되는 윤리적인 과정임을 논증하였다. 이 글에서는 우선 용서
의 의미와 종류를 살펴본 후 다음의 세 가지 관점을 갖고 용서의 의미
를 살펴보았다. 첫째, 구약성서의 전통에 드러난 용서의 의미를 분석
함으로써 죄의 의미를 파악하고 율법을 제정하신 하나님의 뜻이 정
의의 구현에 있음을 논증하였다. 또한 용서의 사회적인 의미를 살펴
보고 율법 전통이 예언자 전통과 어떻게 연결되는지 고찰하였다. 둘
째, 신약성서의 전통에 나타난 용서의 의미를 살펴봄으로써 예수 시
대에 전해진 복음과 용서의 관계는 무엇인지, 초기 교회 시대에 사도
바울을 통해 용서의 의미가 사회적으로 어떻게 발전되었는지를 논증
하였다. 이 과정에서 사랑과 정의의 실현을 통해 사회적 관계의 회복
을 도모하는 용서의 모습을 확인할 수 있었다. 끝으로 리쾨르의 사랑

과 정의의 변증법적 논리를 통해 기독교윤리적 측면에서 용서의 의미를 살펴보았다. 용서의 윤리는 사랑과 정의의 변증법적인 관계에서 발전하는 것이며, 사랑과 정의를 실현함으로써 공동체를 회복하고 치유하며 하나님 나라를 구현하는 것이기도 하다.

그리스도인은 하나님 나라를 기다리는 사람으로서 용서와 사랑, 정의와 화해가 바탕이 되는 공동체를 만들어 나가야 한다. 하지만 오늘날 한국교회는 이런 부분을 간과하고 용서를 너무 종교적으로 해석한 나머지, 현실에서 정의를 구현하기보다는 내세적인 관점에만 치중하거나 용서 대신 법의 집행을 강조하다가 다른 사람들을 혐오하고 배제하는 논리를 만들어내기도 한다. 한마디로 용서의 진정한 의미를 망각하고 살아가고 있다. 용서야말로 하나님의 사랑과 정의를 실현하는 길임을 깨닫고 용서의 윤리를 삶에서 구체적으로 실천할 수 있는 한국교회로 거듭날 수 있기를 바라며 이 글을 마친다.

더 읽어보기

『용서에 대하여』(강남순, 동녘, 2017)는 용서의 가능성과 불가능성에 대해 자세히 살펴봄으로써 용서를 이해하는 데 큰 도움을 준다. 이와 관련해『용서와 화해에 대한 성찰』(전우택 등, 명인문화사, 2018)도 추천한다.

성서윤리학과 관련된 책으로는 리차드 헤이즈(Richard, B. Hays)의 *The Moral Vision of the New Testament*를 한국어로 옮긴 『신약의 윤리적 비전』(유승원, IVP, 2002)과 크리스토퍼 라이트(Christopher J. H. Wright)의 *Old Testament Ethics for the People of God*을 번역한 『현대를 위한 구약윤리』(김재영, IVP, 2006)를 권한다. 두 책은 이 글에서 논한 성서윤리적 차원의 용서와 사랑에 대해 자세히 언급하고 있다.

또한 각주 5번에서 설명한 폴 리쾨르의 저작과 더불어 한국어로는 아직 번역이 되지 않았지만 영어로 번역된 그의 저술 *Memory, History, Forgetting*(Chicago: The University of Chicago Press, 2004)을 추천한다.

그 외에 참고할 만한 논문으로는 김혜령의 "폴 리쾨르의 '선물 경제'(l'économie du don) 개념으로 살펴본 사랑과 정의", (『현대유럽철학연구』, 39(2015), 133-59)와 "폴 리쾨르의 종말론적 지평 속에 나타난 '용서'(par-don) 개념 연구", (『비교문화연구』 52(2018), 79-110), 박해령의 "구약성서의 죄개념과 사유(赦宥)의 하나님", (『신학논단』, 57(2009), 7-25), 성신형의 "칭의에서 정의로: 이신칭의에 대한 사회윤리적 접근", (『장신논단』, 50(1)(2018), 223-45), 송경아의 "구속사를 통한 성서적인 용서의 발전과 그 용서 개념의 통합적인 이해", (『복음과 실천신학』, 51(2019), 130-65), 이사야의 "구약의 사회적 약자와 법전의 사회윤리," (『기독교사회윤리』, 18(2009), 259-88) 등이 있다.

제3부

용서와 화해 그리고 치유의 역사

땅 40에이커와 노새 한 마리

인종 간 화해를 둘러싼 미국 사회의 논쟁

진구섭

1. 미국의 패러독스

"자유와 노예제가 동시에 발전했다는 사실, 이것이 미국의 패러독 스다." 예일 대학교 사학과의 에드먼드 모건(Edmund Morgan)교수는 1972년 4월에 미국 역사학회 회장으로 취임하는 자리에서 이런 주장 을 화두처럼 던졌다. 이는 미국사의 특성을 개인 자유의 무한한 확장 으로 규정해온 주류 사학계에 대한 통렬한 비판이었다. 그는 미국 식 민지 시기와 건국 초기에 전 인구의 20%가 흑인이었다고 지적하면서 미국인 다섯 명 가운데 한 명이 겪은 노예제가 어떻게 미국사의 예외 적인 현상으로 치부될 수 있냐고 반문했다. 영국계 백인인 모건 교수 는 백인의 자유 신장이 "역설적"으로 흑인 노예제에 힘입어 이루어질 수 있었으며, 노예제의 유산으로 인해 현대 미국인의 인간관계, 특히 흑인과 백인 사이의 인종 관계가 크게 영향을 받았다고 강조했다.

구구절절 맞는 말이다. 미국에서 노예가 해방된 지 160여 년이 지났지만, 노예제와 인종 차별 정책이 남긴 분단의 골은 점점 더 깊어지고 있다. 흔히 "미국의 원죄"로 불리는 노예제와 이로 인한 폐단은 종종 대규모 인종 갈등으로 비화됨으로써 21세기 미국 사회를 그 밑동부터 뒤흔들곤 했다.

"흑인의 목숨도 소중하다"는 구호와 함께 시작된 BLM(Black Lives Matter) 운동은 미국의 현실을 적나라하게 드러냈다. 2020년에 조지 플로이드를 비롯한 여러 흑인 남성들이 백인 경찰의 과잉 진압으로 숨지면서 촉발된 인종 시위는 미 전역으로 퍼져나가며 큰 반향을 불러일으켰다. 이 사건은 "도망 노예"와 이들을 추적하여 잔혹하게 처벌했던 백인 민병대가 있었던 미국사의 어두운 기억을 다시금 들춰내며, 미국 사회에 인종주의적 폐습이 여전히 남아 있음을 보여주었다.

이는 여론 조사 결과에도 잘 나타난다. 갤럽이 2021년 7월에 실시한 조사에 따르면 미국인 응답자 중 54%가 미국의 흑백 인종 관계에 대해 다소 나쁘거나 매우 나쁘다고 생각한다고 답했다. 이는 갤럽이 지난 20년간 실시해온 동일한 조사에서 가장 높은 수치를 기록한 것이다. 또한 퓨 리서치와 같은 비정파적 기관이 실시한 여론 조사 결과를 봐도, 미국의 인종 관계가 트럼프 정권을 거치면서 더욱 악화됐다는 답변이 공통적으로 나타난다.

이런 점에서 미국은 분단국가라 할 수 있다. 한국처럼 이념 차이를 두고 지리적 분단이 이루어진 것이 아니라, 인종과 인종주의로 인해 사회적으로 갈라진 국가라는 뜻이다. 최근 들어 미국이 두 개로 갈라졌다는 말은 상투적인 표현으로 치부될 정도로 자주 사용되고 있다. 흑인과 백인 사이의 자발적 주거 분리 현상이 보여주듯이, 이 두 집단은 오랫동안 한 지붕 아래서 함께 지내왔지만 물과 기름처럼 섞이지 못한 채 따로따로 나뉜 상태다.

이처럼 깊이 패인 골을 메우고 국가적 통합을 이루기 위해 "인종 간 갈등으로 인한 상처 치유를 통한 화해"가 절실하다는 목소리가 조야를 막론하고 지속적으로 제기되고 있다. 미국이 앞으로 나가기 위해서는 내적 분단 상태를 극복해야 하는데, 그 첫 단추는 백인과 흑인 사이의 해원상생(解怨相生)이라는 주장에 이의를 제기할 수 있을까? 그러나 인종 통합을 이루려던 많은 시도는 1보 전진 2보 후퇴라는 패턴을 반복하곤 했다. 인종 통합을 향한 대로 위에 딱 버티고 있는 장애물을 넘지 못했기 때문이다. 그것은 바로 과거사에 대한 "공적 사과"와 "현금 배상" 문제다.

미국의 인종 관계 연구자들은 노예제와 인종 차별에 대한 사과와 배상이야말로 인종 화해의 "첫걸음"이자 "핵심 요인"이며 "필수 과정"이라고 강조한다. 그리고 이 문제가 해결되지 않는다면 미국에서 인종 치유나 인종 화해가 이루어지기 어려울 것이라고 평가한다. 그렇기 때문에 흑인과 백인의 화합을 다루는 학술 논의는 주로 노예제에 대한 사과와 배상 문제에 집중되어 있다. 이는 한반도 식민 지배에 대한 일본의 사과와 배상 없이는 한일 국교 정상화가 온전히 이뤄질 수 없다는 주장과 같은 논리다.

그동안 과거사에 대한 국가 차원의 사과와 배상이라는 이슈는 미국 정계나 주류 공론장에서 중심적인 자리를 차지한 적이 없었다.

그저 소수의 흑인 정치인이나 시민운동가들이 변방에서 외치는 과격한 구호나 "정신 나간 요구" 정도로 치부되었을 뿐이다. 흑인 사회는 이 문제를 끊임없이 제기했지만, 백인 사회는 언제나 시큰둥한 반응을 보였다.

그러나 2010년대에 들어서면서 이 문제가 차지하는 위상이 달라졌다. 무엇보다도 노예제 유산을 털어내라는 국내외 압력이 더욱 커졌기 때문이다. 유엔은 21세기 초반부터 노예제에 대한 "엄숙하고 공적인 인정과 배상"을 촉구함으로써 관련 문제를 집요하게 거론해 왔다. 당시 미국은 인권 분야에서 자타가 공인하는 국제 사회의 도덕적 리더였다. 예를 들어 미국 연방 하원은 2007년에 일본 정부를 향해 한국 위안부 여성들에 대한 사죄를 촉구하는 결의안을 채택하는 등 세계 곳곳에서 벌어지는 인권 유린 사태에 꾸준히 관여해왔다. 그러나 정작 수 세기 동안 자국 안방에서 벌어졌던 노예제와 인종 차별 정책으로 인해 억압된 흑인의 인권에 대해서는 말을 아꼈다. 그런 탓에 인권에 관해 이중잣대를 적용하고 있는 것이 아니냐는 비난을 받아왔다.

미국이 대서양 노예무역을 금지한 지 200주년이 되는 2008년과 아프리칸 노예가 북미 버지니아 해안에 도착한 지 400주년이 되는 2019년을 전후해서, 이 문제에 대한 언론의 관심이 고조되었다. 2020년 미국 대통령 선거 과정에서 노예제 유산 청산 문제가 민주당 대선 후보들 사이에 뜨거운 이슈로 떠오르기도 했다. 전 하버드 법대 교수이자 상원 의원인 엘리자베스 워런과 뉴저지주 출신 상원 의원인 코리 부커가 흑인에 대한 현금 배상을 공개적으로 지지하고 나섰기 때문이다. 대통령에 당선된 조셉 바이든도 후보 시절 배상 관련 진상 조사 위원회 구성을 지지한다고 표명한 바 있다. 이런 흐름에 발맞춰 이 주제에 대한 학계의 관심이 재점화됐으며 관련 저술이 다수 출간됐다.

이 글에서는 미국의 인종적 과거사와 관련하여 현재 제기되고 있는 "이행기 정의"(transitional justice) 문제와, 인종 화해의 선제 조건으로 떠오른 국가의 공적 사과와 배상 이슈를 다루려고 한다. 또한 미국 역사상 처음으로 여러 주 의회와 연방 의회가 채택한 "사과 결의안"의 내용과 문제점을 중점적으로 조명하고자 한다.

2. 21세기 미국 사회를 떠도는 노예제의 유령

인종 문제 연구자들은 "인종 치유"와 "인종 화해" 이슈를 미국의 이상적인 민주주의 실현과 도덕적 변혁이라는 측면에서 다뤄야 한다고 주장해왔다. 독일과 남아프리카 공화국이 홀로코스트와 인종 분리 정책 등과 같은 고통스러운 과거 유산을 극복하기 위해 국가적 차원에서 여러 조치를 취했던 것처럼, 미국도 노예제와 인종 차별로 야기된 집단 트라우마를 치유하기 위해 이에 버금가는 국가적 정책을 채택해야 한다는 것이다. 이들은 인종 치유와 화해를 이루기 위해서는 무엇보다도 "이행기 정의"에 기반한 정책을 추진해야 한다고 주장한다.

"이행기 정의" 혹은 "변혁적 정의"란 "체계적인 인권 유린과 광범위하고 지속적으로 자행된 폭력 행위를 교정하기 위한 사법적·

비사법적 조치"를 의미한다. 정치학자 콜린 머피(Colleen Murphy)는 "이행기 정의"를 "대규모 범법 행위를 다루기 위한 절차"로 규정한다. 그는 미국이 더 정의롭고 도덕적인 사회로 이행하기 위해서는 한층 과감한 조치를 취해야 한다고 주장한다. 이행기 정의에 관련된 정책으로는 과거사 진상 조사를 위한 "진실·화해 위원회"(Truth & Reconciliation Committee) 구성, 가해자 기소, 국가의 공적 사과, 현금 배상, 정치 사회 분야의 개혁 등이 포함된다. 극단적인 경우 독재 국가의 정권을 교체하는 일도 이행기 정의의 일부로 간주된다.

이행기 정의 정책 가운데 가장 현실적인 것으로 평가되어 제일 많이 채택되고 있는 것이 바로 "진실·화해 위원회"다. 남아프리카 공화국이 1996년 "진실과 화해 위원회"를 구성한 이래, 캐나다와 캄보디아를 비롯한 세계 40여 개 국가가 이와 유사한 기구를 운영하고 있으며 이를 통해 과거사 진상 규명이나 위법 행위에 대한 인정과 보상이 이뤄지고 있다. 물론 이런 종류의 위원회가 문제 해결을 위한 만병통치약은 아니지만, 분열을 치유하는 가장 중요한 도구의 하나로 자리 잡아가고 있다.

미국에서도 현재 개별적인 과거 사건의 진상을 규명하기 위한 진실·화해 위원회가 지역 정부 차원에서 조직/운영되고 있다. 또한 1980년에 연방 의회는 제2차 세계대전 중 실시됐던 일본계 미국인 소개와 수용소 수감 조치에 대한 진상 조사 위원회를 구성한 후, 이 위원회 보고서를 토대로 사과 법안을 채택하고 생존자 1인당 2만 달러를 배상한 선례도 있다. 그러나 노예제와 인종 차별 정책의 악영향 및 전국적으로 자행된 비행의 진상을 조사하려는 연방 차원의 조사

위원회 구성은 제대로 실행되지 않고 있다. 심한 반대에 부딪히거나 장애물에 막혀 번번이 좌초됐기 때문이다.

첫 번째 장애물은 방대한 피해자 규모와 배상 액수다. 미국 인종주의의 역사는 유구하다. 그 탓에 사과와 배상 대상자를 특정하고 배상 규모를 가늠하기가 쉽지 않다. 미국의 노예제는 최초의 흑인 집단이 북미 대륙에 도착한 1619년부터 싹트기 시작해서 남북전쟁이 끝난 1865년까지 약 250년 동안 유지되어왔다. 이 기간에 약 4백만 명의 흑인 노예가 법적으로 백인 농장주의 "사유 재산"이 되어 평생을 짐승처럼 살아야 했다. 흑인의 불행은 노예 해방으로 끝나지 않았다.

남북 전쟁 후 "재건기"라 불리는 10년의 짧은 기간을 제외하고, 흑인은 또다시 80여 년간 이어지는 질곡의 삶을 살아야 했다. 흔히 "짐 크로"(Jim Crow) 체제로 불리는 인종 분리 정책이 집행되는 동안, 흑인은 법에 따라 학교, 버스, 기차, 식당, 극장 등 공공장소 전역에서 백인과 분리된 삶을 살아야 했다. 이때도 흑인은 고용 차별, 투표권 제한, 주택 구매 제약, 부당한 공권력에 의한 피해와 같은 온갖 억압과 수모를 견뎌야 했다. 또한 전국에서 약 4천 명이 넘는 흑인이 백인에게 강간당한 뒤 살해되거나 산 채로 불태워져 죽는 등 불법적인 살해 행위(린치, lynch)로 목숨을 잃었다. 차별과 폭력으로 인한 이런 피해와 부정적인 영향은 한 세대에 그치지 않는다. 직접적이고 잠재적인 피해자로 간주되는 흑인 생존자가 수백만 명에 달하고 추정되는 배상 액수 또한 천문학적 규모다. 이런 점들이 종종 연방 차원의 "진실·화해 위원회" 구성과 배상 정책 추진을 어렵게 만들고 있다.

두 번째 장애물은 사과와 배상에 대한 주류 백인의 심리적 거부 반응이다. 사과나 배상 얘기만 들어도 과민 반응을 보이는 백인이 많다. 그들은 흔히 "나의 조상은 노예 소유주가 아니었다"거나 "나의 선조는 이민자로 와서 정부의 도움을 일절 받지 않고 자력으로 미국 땅에 정착했다"고 강변하면서 과거 자행된 인종주의와 현존하는 인종적 불평등에 대한 책임을 부인한다. 앞 세대 백인이 저지른 잘못에 대해 왜 뒷세대가 책임져야 하냐고 반발하는 것이다. 실제로 많은 백인이 이런 요구를 전형적인 "백인 때리기"로 받아들인다.

미국인 대부분은 국가 차원의 사과나 현금 배상을 지지하지 않는다. 2019년 AP 통신이 실시한 여론 조사에 따르면 노예제에 대해 연방 정부가 공식적으로 사과해야 한다는 입장을 보인 미국인은 46%에 지나지 않는다. 연방 정부의 현금 배상에 대해서는 응답자의 29%만 찬성 의사를 보였다. 같은 해 실시된 갤럽 여론 조사에서도 미국 성인의 2/3가 노예 후손에 대한 현금 배상에 반대한다고 답했다. 응답 성향은 인종에 따라 크게 다르다. 유사한 여론 조사에선 흑인에 대한 현금 배상을 지지하는 백인이 6%밖에 되지 않는 반면, 흑인은 73%에 달한다.

또 하나의 커다란 장애물은 정치적 당파성이다. 과거사 진상 조사 위원회를 구성하거나 국가 차원의 사과나 배상 문제를 다루기 위해선 초당적 합의가 필수적이다. 그러나 트럼프가 집권한 이래 정당 사이의 반목이 심화되면서 의회에서 초당적인 법안을 추진하기가 점점 더 어려워졌다. 2020년 7월에 민주당 출신 바바라 리(Barbara Lee) 의원이 연방 차원의 "진실, 인종 치유, 변혁 위원회"를 구성하자는 발의안을 내자 연방 하원의원 146명이 지지 의사를 밝혔다. 그러나 지지자들은 전원 민주당 의원이었으며 공화당 의원은 한 명도 없었다.

이 외에도 인종 화해를 어렵게 만드는 요인은 지뢰처럼 처처에 널렸다. 그 가운데 하나가 인종 치유를 위한 선결 조건에 대한 의견의 불일치다. 흑인과 백인 사회 안에서도 견해가 다르고 이 문제를 학문적으로 다루는 연구자들 사이에서도 의견이 분분하다. 과거사에 대한 국가의 사과만으로도 인종 화해가 이뤄질 수 있다고 보는 입장과, 사과로는 충분치 않으며 가해자에 대한 배상이 필수적으로 따라야 한다고 보는 의견이 팽팽하게 맞서 있다. 그런가 하면 사과나 배상 여부와 관계없이 미국 사회의 흑백 간 인종 화해가 절대로 이뤄질 수 없다는 목소리도 있다.

3. 인종 화해의 사회학: 사과와 배상 그리고 용서?

대다수 백인과 일군의 인종 연구자들은 인종 화해의 선결 조건으로 "사과의 충분성"을 내세운다. 즉 노예제나 인종 차별에 대해 국가가 공식적으로 사과하는 것만으로 족하다는 입장이다. 엘리노 플레밍 (Eleanor Fleming)이나 멜리사 노블스(Melissa Nobles)와 같은 정치학자들은 "신중하게 준비되고 철저하게 실행된" 사과가 있다면 미국 사회에서 "도덕적 회복과 인종 화해"의 가능성이 한층 커질 것이라고 주장한다. 이들은 대통령과 연방 의회가 공적으로 사과하게 되면, 이를 통해 일반 시민도 정부 승인 하에 자행된 과거사를 점차 인정하게 될 것이며, 궁극적으로 이런 흐름이 인종 화해를 가져올 것이라고 본다.

이런 시각을 견지하는 이들은 미국 사회가 흑인에게 진 도덕적 채무에 더 큰 비중을 둔다. 따라서 현금 배상은 단지 분쟁 해결에 기여할 수 있는 일부 수단일 뿐 근본적인 해결책이 아니라고 본다. 그러나 흑인 사회에서 이런 입장을 취하는 이들은 소수에 불과하다.

흑인 사회에서는 사과와 배상이 함께 가야 한다는 시각이 대세다. 정치인 제시 잭슨(Jesse Jackson)과 법학자 로이 브룩스(Roy Brooks)를 비롯한 흑인 지도자나 연구자들 대부분은 진정한 인종 치유와 화해가 이뤄지려면 사과 이상의 것이 필요하다고 강조한다. 과거사에 대한 사과는 인종 화합을 이루기 위한 과정의 일부일 뿐이며 흑인에 대한 현금 배상이 필수적으로 동반되어야 한다는 입장이다. 법학자인 마사 미노우(Martha Minow)의 말처럼 "사과 없는 배상은 진정성이 결여된 행위이며 배상 없는 사과는 싸구려"에 불과하다는 것이다.

이런 입장을 지지하는 시민운동가와 연구자들은 사과에 이어 진정성과 성의를 보여주는 대담한 조치가 뒤따라야 한다고 말한다. 이 "대담한 조치"란 흑인에 대한 현금 배상을 의미한다. 물론 우편을 통해 배상 대상자 주소로 일괄적으로 배상금을 보내는 방식을 거부하고, 대신 흑인에 대한 균등한 교육과 공정한 취업 기회 제공, 기술 교육 실시, 의료 혜택 제공, 공과금 면제와 같은 지원 방식이 더 효과적이라고 주장하는 이들도 있다. 그러나 여론 조사 결과를 보면 알 수 있듯이 현금 배상을 선호하는 흑인의 수가 압도적이다.

제시 잭슨 목사는 노예 무역 전후로 수립된 농장이나 회사들이 노예에게 임금을 지불하지 않은 채 이를 통해 부를 축적한 만큼 착취에 대해 배상할 책임이 있다고 주장한다. 그는 "미국이 노예 제국에

뿌리를 둔 것을 인정하고 이에 대해 사과"해야 하며 "이를 배상하기 위한 계획을 만들어야 한다"고 주장해왔다. 노예와 그 후손에게 진 경제적 부채를 현금으로 상환하라는 얘기다.

사실 흑인 사회의 배상 요구는 남북전쟁 시기(1861-1865)까지 거슬러 올라간다. 당시 북부군 사령관이었던 윌리엄 셔먼 장군은 야전 명령을 통해 북군으로 참전한 흑인 노예들에게 배상을 약속했다. 이때 그가 한 가족당 배상 액수로 언급한 "땅 40에이커와 노새 한 마리"는 지금도 흑인 노예제 배상의 상징으로 회자되고 있다(40에이커는 대략 축구장 20개를 합친 넓이다). 해방된 흑인 노예는 배상 약속을 철석같이 믿었으며, 실제로 일부는 북군이 노획한 조지아와 사우스캐롤라이나의 땅에서 농작물을 경작하기도 했다. 그러나 링컨 대통령이 암살된 뒤 그를 승계한 남부 출신 부통령 앤드루 존슨은 셔먼 장군의 야전 명령을 뒤집었다. 노예 소유주였던 존슨은 대통령으로 취임하자마자 미국이 "백인 남성을 위한 나라"로 존속할 것이라고 선언했다.

19세기 후반 일부 전직 노예와 연방 국회의원을 중심으로 노예 배상을 요구하는 두 번째 움직임이 일기 시작했다. 이들은 정부를 향해 전직 노예에게 연금을 지급하라고 요구했고, 연방 정부는 난색을 표했다. 연금 운동은 결국 배상 소송으로 비화되었는데, 1915년에 연방 대법원이 전직 노예의 청구를 기각하면서 일단락되었다.

배상을 요구하는 목소리는 짐 크로 체제가 유지되는 동안(1877-1954) 잠잠했지만, 1950-60년대 민권 운동이 진행되면서 다시 울려 퍼졌다. 1980년대 중반부터 2001년까지 배상에 대한 관심이 높아지면서 "근대 배상 운동"이 시작됐지만 911 사태 이후 동력을 상실했다. 주춤했던 배상 요구가 다시 탄력을 받기 시작한 것은 2007년과 2008년에 여러 주 정부가 "사과 결의안"을 연이어 통과시키면서부터다.

그렇다면 노예제와 흑백 분리 체제가 현대 흑인에게 미친 경제적 악영향을 어떻게 측정하고 계산할 것인가? 이에 대해서도 다양한 견해가 있다. 백인 급진주의자에서 극보수주의자로 전향한 뒤 정치 평론가로 활동 중인 데이비드 호로위츠(David Horowitz)는 노예 당사자와 그 직계 자녀에게만 배상금이 주어져야 한다고 주장하면서, 이들이 지금 모두 다 사망했으므로 결과적으로 배상을 받을 대상자가 한 명도 없다는 극단적이고 냉소적인 입장을 밝혔다. 즉 노예제로 인해 미국 정부가 지불해야 할 배상액은 "0"달러라는 말이다.

반면 흑인 경제학자인 로버트 브라운(Robert Browne)은 "흑인 사회가 노예제와 차별을 겪지 않았다면 이룩했을 경제적 규모를 회복시키는 것"이 배상의 궁극적인 목적이 되어야 한다고 주장했다. 그는 이를 토대로 적정 배상액 규모가 1.4-4.7조 달러에 이른다고 보았다. 이는 2020년 기준으로 미국에 사는 흑인 한 사람당 155,000달러(약 1억 8,000만 원)를 받을 수 있다는 계산이다. 그런데 배상 규모를 5.7조 달러로 추산하는 이도 있고, 심지어는 17.1조 달러로 잡는 흑인 경제학자도 있다.

또한 배상액을 어떻게 분배할 것인가도 논란거리다. "다층적 배상 방식"을 제안하는 연구자도 있다. 이들은 인구조사 자료나 출생증명서 같은 문서를 통해 노예의 직계 후손임을 증명할 수 있는 사람들에게는 가장 많은 액수를 지급하고 노예제 폐지 후 미국 땅을 밟은 흑인 이민자와 자손들에게는 배상금을 적게 주는 등 차별 경험의 정도와 거주 연한을 고려해 차등 지급하는 형식이 실제적이라고 주장한다.

근자에 배상과 관련해 가장 폭넓은 지지를 받고 있는 이론은 로이 브룩스(Roy Brooks) 교수가 내놓은 인종 화해를 위한 "속죄 모델"(Atonement model)이다. 흑인 법학자인 브룩스는 과거 악행에 대한 진정한 사과와 이에 대한 물질적 보상 및 피해자의 용서가 만났을 때 비로소 진정한 인종 화해가 이뤄질 수 있다고 주장하면서, "인종 화해=속죄(사과 및 배상)+용서"라는 공식을 제시했다. 이는 먼저 사과와 배상을 통한 속죄가 이루어진 후 피해자에 의한 용서를 통해 인종 간 화해가 완성된다는 뜻이다.

브룩스 교수는 노예제에 대한 속죄를 통해 미국 사회가 도덕적으로 거듭날 수 있다고 주장했다. 특히 속죄란 사과와 배상을 의미하며, 특히 사과가 가장 우선시되는 중요한 요소라고 강조했다. 사과는 명확한 언어를 통해 과거 잘못을 인정하는 조치로서, 진정한 사과가 결여된 물질적 배상은 부적합하다는 것이 그의 입장이다. 그런 점에서 그의 모델은 사과를 도외시 한 채 위법 행위에 대한 처벌과 배상에 방점을 찍은 "협의의 불법 행위" 모델과 차이를 보인다.

브룩스는 사과의 진정성을 담보해주는 것이 배상이므로 흑인에 대한 배상은 필수적이라고 주장했다. 속죄란 과거의 위법 행위에 대한 유감 표명 이상의 행동으로서, 잔혹 행위로 인해 야기된 손해를 복구하는 데 필요한 물질적 배상이 뒤따라야 하는 것이다. 그는 개인에 대한 배상보다는 무이자 주택 대출, 대학 등록금 면제, 흑인 기업체에 대한 우대적 계약 등 구체적으로 흑인 공동체를 치유하고 개선하는 배상 방식에 더 초점을 맞췄다. 이런 이유로 그의 속죄 모델은 "재활배상"이라고 불린다. 브룩스는 노예제 배상의 주된 목적이 미국 사회의 도덕적 변모를 통한 인종 화해에 있다는 점을 거듭 강조한다. 이는 배상 문제를 순전히 금전적 측면으로만 다룰 경우에 자칫 백인이 소외되는 것을 방지하기 위한 고려로 보인다.

브룩스가 제시한 "속죄 모델"의 최종 단계는 용서다. 그는 사과와 배상이 만족스럽게 충족되면 만행의 피해자는 가해자를 용서해야 할 책임이 있다고 덧붙였다. 비록 희생자는 가해자에 대해 아무런 도덕적 빚이 없지만, 미국의 흑인과 백인은 공히 인종적 화해가 이루어진 미래로 나아가야 할 애국적 의무를 갖고 있다는 것이다. 브룩스의 "속죄 모델"은 법학자나 사회과학자들로부터 큰 지지를 얻고 있다. 그 모델이 미래를 지향하면서도 배상을 정당화하는 새 길을 제시하고 있기 때문이다.

한편 미국 사회 일각에선 흑인과 백인 간의 인종 화해란 가능하지 않으며 바람직하지도 않다고 보는 시각이 오랫동안 존속해왔다. 이런 견해는 과거사에 대한 사과나 배상금 지불 여부에 상관없이, 미국에서의 인종 화해란 애당초 이루어질 수 없는 꿈에 불과하다고 보는 것으로서, 흑인 사회에 깊이 뿌리내리고 있는 "흑인 민족주의"(Black nationalism) 단체나 "비판적 인종 이론"(Critical race theory)을 주창하는 연구자들에 의해 꾸준히 거론되어왔다. 이들은 인종 화해가 불가능한 이유로 인종주의의 영속성을 꼽는다.

"비판적 인종 이론"을 따르는 연구자들은 인종주의가 미국에서 결코 사라지지 않을 것이라고 예견한다. 인종주의는 미국이 생겨날 때부터 지금까지 미국 사회의 기본 토대이자 사람을 가르고 모으는 기본 원칙으로 작동해왔다는 것이 이들의 입장이다. 미국에서 백인이 얻는 이익은 흑인 억압과 착취에 깊이 뿌리내리고 있기 때문에, 인종주의는 미국 사회에서 결코 떼어낼 수 없는 피륙과 같다는 것이다. 이들은 미국이 인종 차별 없는 도덕적 사회로 변할 수 있는 능력이 없는 국가라고 본다.

비판적 인종 이론을 지지하는 진영은 인종주의가 활개를 치고 있는 현실에서 인종 화해란 단지 환상에 불과하다고 말한다. 이들은 사과와 배상에 관한 기존 모델이나 주장이 현존하는 인종주의의 심각성을 희석시키거나 모호하게 만든 채로 인종 화해에 대한 장미빛 전망만 남발하고 있다고 비판한다. 예를 들어 브룩스의 속죄 모델은 백인에게 과격하다는 인상을 주지 않기 위해 근본적 사회 질서의 재편이 수반되는 인종 평등 요구를 생략한 결과라고 꼬집는다. 결국 사과와 배상과 용서를 통해 인종 화해를 이룰 수 있다는 주장은 환상이자 착각이라는 것이다.

이처럼 미국 사회에는 과거사에 대한 사과와 배상 방식을 놓고 서로 상충하는 견해가 뒤섞여 있다. 하지만 이런 가운데서도 인종 화해를 향한 작지만 의미 있는 진전이 이뤄지고 있다. 그동안 노예제에 대한 사과와 배상 요구에 귀를 틀어막고 침묵으로 일관해오던 주 의회와 연방 의회가 전향적 조치를 취하기 시작한 것이다.

4. 희망의 증거: 주 의회와 연방 의회의 사과 결의안(Apology resolution)

2007-2009년은 미국 인종 화해의 역사에서 특별한 시기로 기억될 것이다. 이 기간에 미국 내 여러 주 의회와 연방 의회가 노예제에 대한 공적 "사과 결의안"을 통과시켰기 때문이다. 미국 역사상 주 의회나 연방 의회가 노예제에 대해 공식적으로 사과한 것은 이때가 처음이었다. 늦어도 한참 늦은 조치였지만 인종 통합으로 가는 첫 발걸음을 내디딘 것이라는 평가가 많다.

남북전쟁 이전에는 16개 주가 노예제를 실시하고 있었다. 지금까지 이들 중 9개 주가 "사과 결의안"을 통과시켰다. 제일 먼저 "사과 결의안"을 채택한 곳은 흑인 노예가 가장 많았던 버지니아주였다. 2007년 2월 버지니아주 상원은 "속죄 결의안"을 채택하면서 노예제가 "가장 참혹한 인권 유린" 사례이자 "이 나라 건국 이념을 위반"한 제도였음을 인정했다. 이어 주 의회는 "아프리카인이 강제적 종살이를 하고 인디언 원주민들이 약탈당한 것에 대해 깊은 유감을 표시하고, 모든 버지니아인이 화해할 것을 촉구"했다. 버지니아주 의회에 이어 앨라배마, 아칸소, 메릴랜드주 의회가 이와 유사한 노예제 사과 결의안을 통과시켰다.

2007년 6월에는 노스캐롤라이나주 의회도 이 지역에서 실시된 "노예제에 대해 사과하며 동류 인간의 기본적 권리와 존엄성을 부인하는 것을 승인하고 영속화한 모든 공적 법안에 대해 깊은 참회의 뜻"을 표하는 "사과 결의안"을 채택했다. 또한 주 의회는 "인종 분리를 합법화"한 것에 대해 깊은 유감을 표시했다. 아울러 사과 결의안

통과를 계기로 노스캐롤라이나주의 여러 기관이 과거로부터 교훈을 얻어 평등과 인종 화해의 원칙에 재헌신할 것을 촉구했다.

1년 뒤인 2008년 3월에는 플로리다주 의회가 동일한 결의안을 통과시켰다. 이들은 노예제에 대해 "깊은 유감"을 나타낸 뒤 "모든 주민이 화해와 치유"를 위해 힘써달라고 당부했다. 같은 해 북부 주에서는 뉴저지주가 제일 먼저 사과 결의안을 채택했으며, 2009년에는 코네티컷주 의회가 그 뒤를 밟았다. 그리고 한참 뒤인 2016년에는 델라웨어주 의회에서 사과 결의안이 나왔다. 델라웨어주는 당시 전체 백인 주민의 2% 미만이 노예를 소유했고 주에 거주하던 흑인 노예의 수도 손가락으로 꼽힐 만큼 적었지만 어쨌든 이 대열에 합류했다.

여러 주 의회가 잇달아 사과 결의안을 채택하자 오랜 세월 동안 침묵으로 일관해왔던 연방 의회도 이 대열에 동참했다. 미국 연방 하원은 2008년 7월에 "하원 결의안 194"를 채택함으로써 노예제 영구화에 끼친 연방 정부의 역할에 대해 사과했다. 하원 결의안은 미국이 "헌법과 여러 법을 통해 노예제를 공인"했던 점을 적시하고, 노예제가 미국의 "근본적 건국 이념과 양립할 수 없다"는 점을 분명히 했다. 결의안은 "강제로 노예가 된 흑인이 짐승 취급을 받았고, 굴욕적인 삶을 살았으며, 인간성을 박탈당했고, 이름과 유산을 빼앗기는 수모를 겪었"으며 이후 계속된 부도덕하고 차별적인 행위로 인해 인간으로서의 존엄성을 잃어버리고 경제적 불이익을 겪는 등 막대한 피해를 입고 상실감에 힘들어했다는 점을 지적했다.

연방 하원은 이 결의안을 통해 "노예제와 짐 크로 체제 아래서 자행된 과오에 대해서 미국인을 대신해 흑인에게 사과"했다. 아울러 오늘날까지 계속되고 있는 과거의 과오로 인한 결과를 바로잡는 데 헌신할 것을 결의했다. 하원은 또한 과거사에 대한 고백을 통해 이 나라가 "모든 시민을 위한 화해와 정의와 조화를 추구"해 나갈 수 있을 것이라는 희망을 피력했다.

그다음 해인 2009년 6월에 연방 상원은 하원에서 통과된 내용과 동일한 "상원 동일 결의안 26"을 만장일치로 통과시켰다.

연방 의회에서 사과 결의안이 통과되고 그 소식이 주요 언론을 통해 알려지자 곧 수많은 신문 칼럼과 방송 대담 및 길거리 대화의 주요 주제가 되었다. 미국인들의 반응은 크게 두 개로 갈렸다. 이런 사과가 이미 오래전에 나왔어야 했다고 주장하는 쪽과 이런 사과문이 결코 만들어져서는 안 된다는 견해가 서로 부딪혔다. 흑인이 과연 이런 사과를 받기에 합당한가를 놓고 목소리를 높이는 사람도 있었고, 사과 결의안이 금전적 배상의 전 단계 조치인지를 놓고 의견이 분분했다. 또 다른 편에서는 공적 사과를 통해 많은 시민이 어두웠던 미국사의 한 부분을 자성하는 계기가 됐다는 평가도 나왔다.

이런 "사과 결의안"들은 초당적 지지를 받아 통과되었다. 또한 노예제와 이후 존속된 인종 분리 체제의 부당함과 해악을 인정하면서 이로 인한 분열과 상처를 치유하기 위해 노력할 것을 촉구하는 등 비슷한 내용을 담고 있다. 이들 결의안에는 또 하나의 공통점이 있다. 모두 치명적인 결함을 안고 있다는 것이다. 모든 "사과 결의안"이 하나같이 배상 문제에 대해선 침묵하고 있다. 과거 비행을 인정하고 기억하는 행위를 토대로 인종 집단 간 화해를 촉구하고 있지만, 어느 결의안도 구체적인 치유 방안을 제시하지 않고 있다.

또한 대부분의 "사과 결의안"은 사과문의 내용이 법정 소송의 토대가 될 수 없다는 점을 말미에 부연하고 있다. 일부 주 의회는 결의안이 배상의 근거로 쓰일 수 있음을 우려해, 직접적인 책임을 내포하는 "사과" 대신 "심심한 유감"이나 "속죄"라는 용어를 사용했다. 그리고 하나같이 면책 조항을 결의안에 포함시켰다. 연방 하원과 상원에서 채택된 결의안도 "합동 결의안"이 아닌 "동일 결의안" 형식이다. 이는 아무런 법적 효력이 없는 상징적 성명으로서, 주로 타국의 독립 기념일이나 국가 경축일을 축하할 때 많이 채택된다. 따라서 이것은 단지 상하 의원의 공통된 정서를 표시하는 성명서에 불과하다고 말할 수 있다.

그렇기 때문에 "사과 결의안"이 겉으로는 인종적 상처를 보듬고 인종 화해를 증진하는 것 같지만 실제로는 흑인에 대한 배상 주장이나 인종적 정의 추구 노력을 약화시킨다는 비판이 제기되기도 한다. 이런 주장을 하는 사람들은 결의안이 인종 화해와 정의가 실현되고 있다는 착각을 심어주는 도구일 뿐이라고 지적한다.

어쨌든 연방 의회의 "사과 결의안"이 통과된 이후 인종 관련 과거사의 진상을 파헤치고 피해를 배상하려는 시도가 더디지만 꾸준히 지역 정부 차원에서 이뤄지고 있다. 예를 들어 2019년에 메릴랜드주 의회는 "린칭에 관한 진실·화해 위원회"를 구성하기로 하는 법안을 초당적으로 통과시켰다. 이렇게 구성된 위원회가 주 경계 내에서 벌어진 린칭 사례에 대한 진상 조사를 벌이고 있다. 아울러 여러 차례의 공청회를 통해 린칭의 직·간접 피해자나 가담자의 경험을 공유하고 자료를 축적해가고 있다.

지역 정부 차원에서도 인종 화해를 위한 진실·화해 위원회 구성 작업이 이뤄지고 있다. 2020년 6월에 필라델피아 지역 연방 검사실은 시 정부 차원의 "진실, 정의, 화해" 위원회를 꾸밀 것이라고 발표했다. 같은 시기에 보스턴과 샌프란시스코 지역 연방 검사실도 인종주의와 경찰의 과잉 진압 행위를 다루기 위한 위원회를 구성할 것이라고 밝혔다. 시카고 교외에 자리한 에반스톤시 의회는 2021년 3월에 다른 곳보다 진일보한 정책을 도입했다. 이 지역에서 1919-69년 사이에 실시된 반흑인 주택 정책으로 피해를 본 흑인 주민들에게 배상금을 지급하기로 의결한 것이다.

5. 결론

　　"한 나라가 출생에 얽힌 부도덕성을 뛰어넘을 수 있을까? 그리고 국가의 도덕적 목표와 성취를 통해 원죄를 용서받을 수 있을까?" 영국의 역사학자 폴 존슨(Paul Johnson)은 역저 『미국인의 역사』(1997)의 머리말에서 이런 질문을 던진다. 그는 미국의 건국 과정에서 발생한 인디언 원주민 영토 탈취 사건과 흑인 노예제 실시를 "중대한 잘못"으로 묘사하면서, 오로지 정의롭고 공정한 사회를 만드는 것으로만 이런 과오를 상쇄할 수 있다고 진단했다.

　　미국에서 인종 화해와 인종 정의를 이루는 일이 왜 그토록 중요한지를 보여주는 대목이다. 그렇다면 과연 현재의 미국이 "원죄"를 초월한 "정의롭고 공정한 사회"가 되었다고 할 수 있을까? 미국은 이런 이상향에 도달하기 위해 지금까지 먼 길을 걸어왔다. 그러나 아직도 가야 할 길이 멀다. 250여 년간 지속된 노예제와 그 오랜 억압의 결과로 남은 불평등한 경제적 구조와 배타적 사회 관행은 아직도 미국 사회 곳곳에 똬리를 틀고 있는 실정이다.

미국 인종 문제 연구자들은 한목소리로 "과거사를 인정하기 전까지 우리는 진정한 통합을 이룰 수 없으며 진정한 치유를 경험할 수 없다"고 말한다. 이들이 미국판 과거사 청산의 핵심이자 인종 화해 달성의 필수 조건으로 꼽는 것이 바로 "사과"와 "배상"이다. 지금까지 우여곡절 끝에 9개 주 의회와 연방 의회가 노예제에 대한 "사과 결의안"을 통과시켰다. 비록 진정성에 대한 의문을 불러일으키는 함량 미달의 선언문이긴 하지만, 인종 화해 달성을 위한 의미 있는 첫걸음으로 평가받고 있다.

인종 화합은 많은 시간과 노력 및 자원이 요구되는 난제다. 인종 차별이 없는 "정의롭고 공정한" 사회로 변모하기 위해서는 논쟁, 다툼, 고통이 필수적으로 따르기 때문이다. 미국 사회가 이런 고상한 목표를 이루기 위해서는 아직도 넘어야 할 산이 많다. 여기에 요구되는 담대한 조치를 취함으로써 그에 수반되는 희생을 감당할 의지가 있는지는 전적으로 미국인의 선택에 달렸다. 그때까지 흑인과 백인의 불편한 동거는 계속될 수밖에 없다.

더 읽어보기

미국에서 노예제가 뿌리내린 역사적 과정과 논란에 대해 자세히 알고 싶다면 『미국의 노예제도와 미국의 자유』(에드먼드 모건, 황혜성 역, 비봉출판사 1998)를 추천한다.

미국에서 인종 개념이 창안되고, 미국사의 지배-예속 관계가 인종과 인종주의를 매개로 굳어진 과정, 종교와 과학 그리고 법이 인종 질서 고착에 기여한 역사에 대해 더 많은 정보를 원한다면 저자의 졸저 『누가 백인인가? 미국의 인종 감별 잔혹사』(진구섭, 푸른역사 2020)을 읽어보기를 권한다.

흑인과 백인 간의 인종 치유와 인종 화해를 다룬 서적 가운데 사과와 배상 방식을 가장 구체적으로 제시한 저서로는 법학자 로이 브룩스의 *Atonement and Forgiveness: A New Model for Black Reparation*(Univ. of California Press, 2004)이 있다. 관련 주제를 다룬 책으로 최근에 출판된 *From Here to Equality: Reparations for Black Americans in the Twenty-First Century*(North Carolina Univ. Press, 2020)를 참고할 만하다.

나치의 망령에서 벗어나기

독일의 과거사 극복과 역사적 화해

최성철

1. 전후 독일의 과거 청산 노력

독일은 20세기 전반기에 두 차례에 걸쳐 미증유의 파국을 겪었다. 제1차 세계대전과 제2차 세계대전에서 군사적 패배를 경험했고, 특히 두 번째 전쟁을 치르면서 단지 인종과 종교와 사상이 다르다는 이유로 대량 학살을 자행하고 수많은 전쟁 범죄를 저질렀다. 600만 명의 유대인 외에도 전쟁 포로, 집시, 동성애자와 같은 민간인 500만 명을 살해함으로써 결국 반인류적 범죄를 동반한 최악의 패망을 경험했다. 전쟁 기간에 그들이 부린 패악을 몸소 경험한 주변국들은 독일이라는 이름만 들어도 치를 떨었다. 1945년 이후 독일은 어느 순간 유럽의 "파리아"(불가촉천민) 같은 존재로 취급받았다. 이런 상황에서 유럽의 한복판에 자리한 독일이 살아남는 방법은 단 하나뿐이었다. 바로 주변 피해국들에게 사과하고 적절한 보상을 함으로써 용서를 구하고 화해를 통해 그들과 다시 원만한 관계를 이어가는 것이었다. 놀랍게도 이 엄청난 과제는 성공적으로 완수된 것처럼 보인다. 독일은 불과 반세기 만에 프랑스, 네덜란드, 벨기에, 폴란드, 체코, 러시아를 비롯해 심지어 이스라엘과도 완전하지는 않지만 놀라운 수준의 역사적 화해를 이루어냈기 때문이다.

2. 패전국에 대한 역사상 최초의 사법적 응징 : 뉘른베르크 국제 군사 재판

1945년 7월 말에 개최된 포츠담 회담에서 연합국은 전후 독일에 대해 비무장화(Disarmament), 비군사화(Demilitarization), 탈나치화(Denazification), 민주화(Democratization)라는 이른바 "4D 원칙"을 실행할 것을 요구했다. 연합국은 이 기본 원칙에 합의한 다음 조속히 전범을 처리하고 독일 재건에 착수했다. 이중 "탈나치화" 작업은 처음에 연합국의 뉘른베르크 국제 군사 재판이라는 외부 사건으로 인해 시작되었으나, 점차 독일이 스스로 주도하는 형태가 되어 오늘날까지 이어지고 있다. 일례로 독일은 2021년 한 해에만 네 명의 홀로코스트 관련 피의자(나치 강제 수용소 남성 경비병 세 명과 여성 비서 한 명)를 법정에 세워 처벌했다. 피의자들은 모두 90세 이상의 고령이었다. 이는 나치 전범에 대한 공소 시효를 없앤 독일 검찰과 사법부의 강력한 의지와 더불어 사회적 합의가 있었기 때문에 가능한 일이었다.

　　나치 관련 독일의 과거 청산은 ① 주요 전범들과 반인륜적 행위에 대한 사법적 청산, ② 독일 사회 전반에 남아 있던 정치적이고 사회적인 나치 잔재 말소, ③ 나치의 불법 행위와 전쟁 피해자들에 대한 배상과 보상, ④ 나치 희생자들에 대한 기억 문화 조성 등 모두 네 단계로 진행되었다. 각 작업은 시간 순서가 아닌 종류에 따른 것이며 같은 시기에 중첩되어 나타나기도 한다. 또 처음에는 연합군 주도로 이런 작업이 펼쳐졌지만 점차 독일이 자체적으로 국내법을 만들고 사회적 합의를 이루는 형태로 바뀌었다. 즉 첫 단추만 연합군이 끼워주었을 뿐 나머지는 독일이 스스로 알아서 해낸 셈이다.

전쟁 범죄에 대한 재판으로는 인류 역사상 최초라고 할 수 있는 국제 군사 재판이 1945년 11월 20일부터 1946년 10월 1일까지 뉘른베르크 법원(Justizpalast)에서 열렸다. 재판 기간이 거의 1년에 달하고 동원된 증인들만 360명에 이를 정도로 대규모의 군사 재판이 진행된 것이다. 이 법정에서 검사단은 A급 전범, 즉 6개의 나치 집단(나치당, 내각, 친위대[SS]와 안전기획부[SD], 게슈타포, 돌격대[SA], 장군참모부 및 최고사령부)의 가장 악질적인 책임자급 주모자 24명을 기소했다. 이들은 반(反)평화적인 죄의 달성을 위한 음모에 참여한 죄, 침략 전쟁을 비롯한 각종 반(反)평화적인 죄를 계획하거나 개시하거나 전개한 죄, 전쟁 범죄, 반(反)인류적인 죄 등 4가지 혐의로 기소되었다. 피고인 1명이 구금 중에 자살했고 1명은 병으로 판결이 연기되었으나, 최종 22명에 대해서는 교수형 12명, 종신형 3명, 20년 징역형 2명, 15년 징역형 1명, 10년 징역형 1명, 무죄 3명의 판결이 내려졌다. 또한 함께 기소된 6개의 나치 집단 중 3개(나치당, 친위대와 안전기획부, 게슈타포)가 "범죄 조직"으로 인정되었다.

1차 재판이 끝난 직후인 1946년 12월부터 1949년 3월까지 같은 장소인 뉘른베르크 법원에서 나치 독일이 저지른 전쟁 범죄인 유대인 학살에 대한 재판이 열렸다. 원래는 1차 재판 때처럼 연합국 군정 당국이 함께 협의해서 개최될 예정이었으나 당시 연합국 사이에 이견이 생겨 성사되지 못했고, 결국 미군정 단독으로 재판이 열렸다. 소위 "뉘른베르크 후속 재판"으로 불리는 이 법정에서는 정치가, 군 장성, 기업가, 의사, 법률가, 외무성 관리 등 이른바 나치의 B급 전범들이 재판에 회부되었다. 기소된 185명 가운데 약 4/5에 해당하는 142명이 유죄 판결을 받았으며 24명에게 사형이, 20명에게 종신형이, 98명에게 유기징역이, 35명에게는 무죄가 각각 선고되었고, 신병을 이유로 4명에 대한 재판은 중단됐으며 재판 도중 4명의 피고가 자살했다. 이 2차 재판은 종류별, 사안별, 시기별 총 12개 범주로 나뉘어 여러 단계에 걸쳐 진행되었는데, 특히 의사들을 대상으로 첫 번째로 행해진 재판은 잔혹한 생체 실험에 참여해 반인륜적 범죄를 저지른 의사들의 기소율과 사형 선고율이 높아 "뉘른베르크 의사 재판"으로 불리기도 했다. 그보다 더 하위 단계의 미군 군사 법정이 1945년 11월과 1947년 10월 사이에 열렸고, 영국 점령군과 프랑스 점령군에 의한 군사 법정도 별개로 진행되어 각각 324명, 240명, 104명이 사형 선고를 받았다.

전후 군사 재판은 독일 안팎에서 많은 비판을 받았다. 가장 논란이 되었던 것은 오직 승전국의 대표로만 판·검사단이 구성되어 철저히 "승자의 재판"으로 진행되었다는 점이다. 영미 공군에 의한 드레스덴 폭격이나 소련의 폴란드와 핀란드 침공처럼 연합국에 의해 저질러진 전쟁 범죄에 대해서는 모두 침묵했다. 또한 이 재판이 "죄형 법정주의"에 어긋났다는 비판이 많았다. 처벌이란 특정 범죄가 발생한 시점에 이미 존재하는 해당 법률에 저촉되었을 때만 가능한 것인데, 이 재판은 승자가 사후에 패자를 처벌하기 위해 새롭게 법률을 제정한 뒤에 열린 것이기 때문에 법리적으로 모순이라는 주장이다. 그러나 이런 논란에도 불구하고 뉘른베르크 국제 군사 재판은 현대 국제법의 등장과 발전에 새로운 이정표를 세웠을 뿐 아니라 제노사이드 같은 반인륜적 범죄나 독재 체제에 대한 준엄한 심판 및 처벌 기준을 제시했다는 점에서 매우 긍정적으로 평가받는다.

3. 민족 사회주의의 과거 지우기: 사회적 탈나치화

연합국 군정 당국은 이런 군사 재판을 통한 정치 군사적 숙청과 함께 사회적인 탈나치화 작업에도 박차를 가했다. 이 작업의 기본 방향은 미국 재무장관 헨리 모겐소(Henry Morgenthau Jr.)의 주도하에 작성된 미국 훈령 JCS1067에 의해 처음으로 명확히 제시되었는데, 여기에는 나치당과 모든 연관 조직 및 기구의 해체, 나치당의 고위 간부 체포, 공직과 국영 기업 및 사기업, 교육, 언론, 출판계의 주요 직위에서 나치당원을 추방하는 것 등이 지시되어 있다. 이 훈령에 따라 약 20만 명의 나치 활동가들이 체포되어 격리 수용소에 수감되었다. 또 전후 1년간 약 15만 명의 공무원과 7만3천 명의 재계 인사들이 해고되었다. 연합국이 진행한 탈나치화 작업의 다음 단계는 131개의 문항으로 구성된 설문 조사를 통해 걸러낸 나치당원들의 사회 복귀를 금지하는 것이었다. 이어 1946년 1월에는 연합국 통제위원회가 훈령 24호를 통해 나치당원과 협력자를 99개의 범주로 상세히 나누어 명기했다. 그러나 이런 세분화가 오히려 혼란과 반발을 초래하자 연합국은 같은 해 3월에 나치즘과 군국주의로부터의 해방을 위한 법령 104호와 함께 이른바 "나치심사청"(Spruchkammer)을 도입했다. 이렇게 해서 제정 공포된 이른바 "나치청산법"에 따라 18세 이상의 모든 독일인은 설문지에 응답해야 했고, 나치심사청의 검사는 죄의 과중에 따라 응답자들을 주요 책임자(친위대, 게슈타포, 나치당 정치지도자 그룹), 적극 참여자(나치활동가, 군국주의자, 나치 범죄 수혜자), 소극 참여자, 단순 가담자, 무혐의자 등 다섯 종류로 구분했다. 미군 점령 지역에서만 1,300만 건 이상의 설문지가 작성되었고, 그중 340만 명이 이 법의 적용 대상이었지만 실제로 구두 재판을 거쳐 "주요 책임자"로 판결받은 사람은 약 1,600명에 불과했다. 적극 참여자로 분류된 2만 2,000명 중 다수가 다시 낮은 등급으로 판결을 받게 됨으로써 결국 일련의 탈나치화 작업은 "단순 가담자"만 양산하는 결과를 초래했다. 심지어 1945년에 나치의 적극 참여자로 판정받아 직위 해제되고 형을 선고받았던 사람들까지 곧 석방되어 옛 직책에 복귀함으로써 독일 사회가 이른바 "재나치화"(renazification) 논란에 휩싸였다.

반면 소련 점령 지역(동독)에서 진행된 탈나치화 작업은 서방 점령 지역에서 이뤄진 것에 비해 더 좋은 평가를 받았다. 그 이유는 1948년 3월에 탈나치화가 종식되었음을 공식적으로 선언할 수 있을 정도로, 작업 자체가 서독보다 더 짧은 기간에 엄격하고 일관되게 추진되었기 때문이다. 동독 공산당 지도부는 처음부터 탈나치화를 사회주의 국가를 건설하기 위한 사회 개조 및 개혁의 수단으로 간주하고, 이에 따라 나치당원을 국가와 사회의 모든 요직에서 제거해나갔다. 특히 소련군정청은 많은 지역에서 자발적으로 만들어진 반파시스트 위원회들에 중요한 역할을 부여했는데, 이 위원회의 지도자들은 대부분 히틀러 독재 치하에서 탄압받던 인물들이라 구 정권의 지지자들을 척결하려는 의지가 강했다. 1945년 여름에는 새롭게 구성된 지방 행정 기관들을 통해 최초의 탈나치화 지침이 공표되었으며, 1946년 1월에 발효된 연합국 통제위원회 지령 24호에 따라 소련군정청에서는 숙청의 강화를 결정했다. 약 1백만 명의 구 나치당원들이 재심사를 받은 끝에 그중 아주 일부만 처벌받았지만, 수많은 기술 인력들이 해고됨으로써 경제와 행정 운영에 지장이 생기자, 1947년 8월에 명령 201호를 발동하여 단순 명목상의 나치당원들에게 시민권과 직장을 돌려주기도 했다. 또 연합국 통제위원회 지령 10호와 38호에 따라 나치 및 전범자 약 1만 2,000명이 독일로 이관된 특별 법정에서 실형을 선고받았다. 소련의 기록에 따르면 10개의 특별 수용소에 약 12만 명(서방측 추정은 16-26만 명)이 수용되었는데, 이 중 약 1/3이 추위, 영양실조, 역병, 질병 등으로 사망했다. 이들 중에는 포악한 나치 범죄자들도 끼어 있었지만, 소련군정청에 반대했던 반파시스트 활동가, 재산을 몰수당한 지주와 기업가, 공산당과의 강제 통합을 반대했던 사회민주당원들도 다수 포함되어 있었다.

동독 지역에서 진행된 탈나치화 작업의 성과가 서독 지역보다 나았다고는 해도 독일의 사회적 탈나치화 작업에 대한 전체적인 평가는 결코 긍정적이지만은 않다. 특히 가장 많이 비판받는 부분은

"나치청산법"에 따라 주요 책임자나 적극 참여자로 분류되었던 많은 나치 인사 중 극소수를 제외하고 대부분이 단순 가담자나 무혐의자로 처리되어 방면되거나 복직됨에 따라 탈나치화 작업이 흐지부지되었다는 점이다. 여기에는 여러 이유가 있겠으나 무엇보다 동서 냉전이 본격화되면서 과거 청산 작업을 빨리 끝내야 한다는 조급함이 생겼고, 대립이나 갈등보다는 화해와 사면을 통해 독일 내부적으로 사회 통합을 빨리 이루어야 한다는 요구가 있었기 때문이다. 사정이 이렇다 보니 "나치심사청"은 "단순 가담자 양성소"라는 오명을 얻게 되었다. 미군정청이 실시한 여론 조사에 따르면 탈나치화 조치에 대한 독일인들의 찬성 또는 지지 비율이 1946년 3월에는 57%였으나 1949년 5월에는 17%까지 떨어졌다. 한국에서는 일본과 비교하여 독일이 나치 관련 과거를 철저하고 완벽하게 청산했다고 자주 언급하지만, 실제로는 이처럼 약간 과장된 측면이 있음을 주지해야 한다.

그러나 연합국의 군정 당국에 의해 촉발되고 독일인들이 이어받아 스스로 실행해나간 독일의 나치 청산을 부정적으로만 보거나 과소평가해서는 안 된다. 사회적 탈나치화 작업은 1950년대 침묵의 기간을 지나 1960년대부터 다시 가동되기 시작했다. 이런 전환의 계기를 이루었던 사건이 바로 1963-65년까지 183일간 열렸던 "프랑크푸르트 아우슈비츠 재판"이다. 총 454권의 파일로 구성된 이 재판 기록은 현재 비스바덴의 헤센주 중앙기록보관소에 보관되어 있다. 이 가운데는 (아우슈비츠-비르케나우 강제 수용소의 생존자 181명과 수용소 직원 80명, 친위대, 경찰 등이 포함된) 319명의 증인이 진술한 430시간 분량의 증언이 녹음된 103개의 녹음테이프도 포함되어 있다. 이 기록물은 2017년에 그 중요성과 가치를 인정받아 유네스코 세계기록유산에 등재되었다. 또 독일 형법 제86조와 제86a조에는 독일 헌법에 위배되는 단체의 선전 수단 또는 상징을 배포하거나 사용하는 것을 금지한다는 조항이, 같은 법 제130조 제3항에는 나치가 자행한 대량 학살을 찬양, 부인, 경시한 자는 5년 이하의 징역형 또는 벌금형에 처한다는 조항이 있다. 독일은 이른바 "반나치법"(또는 "아우슈비츠 거짓말 처벌" 조항)으로 알려진 이런 일련의 법을 제정함으로써 나치의 흔적을 지우려는 노력을 지속해나가고 있다. 지금도 진행중인 이런 탈나치화 작업은 앞으로도 계속될 것이다.

4. 나치 피해자들에게 용서 구하기: 사과와 사죄

독일은 세 번째 단계로 나치의 불법 행위와 전쟁으로 피해를 입은 사람들을 대상으로 한 사과와 배상을 진행했다. 먼저 사과 문제부터 살펴보자. 독일 정부와 국민은 그동안 나치 피해자와 희생자들에게 어떤 방식으로 사죄했을까? 전후 독일의 사과와 관련해 전 세계인의 뇌리에 강렬하게 각인된 사건이 하나 있다. 1970년 12월 7일, 폴란드를 방문한 서독 수상 빌리 브란트(Willy Brandt)는 바르샤바 게토의 유대인 희생자들을 위한 위령탑 앞에서 무릎을 꿇었다. 비가 추적추적 내리는 차가운 겨울 날씨에 코트를 입은 채로 축축하고 싸늘한 땅 위에 무릎을 꿇으며 나치 피해자들의 영령에게 진심으로 용서를 구하는 장면은 폴란드 언론은 물론 전 세계 언론사에 급히 타전되었다. 이 사건은 곧 서독의 신동방정책(Neue Ostpolitik)을 상징하는 아이콘이 됨으로써 서독 정부가 폴란드를 비롯한 동유럽 국가들과 국교 및 외교 관계를 정상화해나가는 데 중요한 이정표가 되었다. 이 사건으로 인해 서독을 독일의 유일한 합법적인 국가로 인정하는 원칙 아래 소련을 제외하고 동독이 외교 관계를 맺은 국가와는 외교 관계를 수립하지 않겠다는 이른바 "할슈타인 원칙"이 사실상 포기되었다. 브란트 정부가 추진한 신동방정책의 최종 목표가 독일의 재통일인지, 영구 분단을 위한 체제 유지인지, 아니면 단순히 동구권 국가와의 무역 증진을 통한 경제 발전인지에 대해서는 논란이 있지만, 최근 연구 결과에 따르면 이 정책의 궁극적 목표가 변화, 안보, 화해였음이 드러났다. 과거에 나치가 저지른 과오에 대해 반성하고 피해를 입힌 국가들과 다시 정상적인 외교 관계를 맺으려는 화해 정책이 신동방정책이 추구했던 최고의 목표였던 것이다. 서독 내부의 보수 우파 정치인을 비롯해 서방 세계의 비판과 비난 여론이 있었지만, 어쨌든 서독은 이 정책을 추진한 결과로 소련(1970년 8월 모스크바 조약), 폴란드(1970년 12월 바르샤바 조약), 동독(1972년 12월 독독 기본조약) 및 체코슬로바키아(1973년 12월 프라하 조약")와 외교 관계를 수립하는 데 성공한다. 이들 조약에는 국경을 맞대고 있는 이 국가들에 대해 독일이 과거 영토를 되찾으려는 그 어떤 시도도 하지 않겠다는 약속과 함께 무력 사용을 포기하겠다는 선언이 담겨 있다.

그러나 독일과 폴란드의 관계 정상화를 오로지 또는 온전히 브란트가 추진한 신동방정책의 산물이나 성과로만 간주해서는 곤란하다. 왜냐하면 브란트가 바르샤바에서 무릎을 꿇기 5년 전인 1965년,

즉 종전 20주년이 되는 해의 11월 18일에 폴란드의 가톨릭교회 주교 단이 독일 주교단을 향해 "그대에게 용서를 베풀며 또 그대의 용서를 구한다"는 내용의 교서를 보냄으로써 용서와 화해의 손길을 먼저 내 밀었기 때문이다. 이는 가해자가 먼저 사과한 후 피해자가 용서하면 서 양자가 화해해나가는 식의 통상적인 관념을 뒤바꾸어놓은, 파격 적이며 전복적인 사건이었다. 물론 브란트의 신동방정책이 이에 대 한 화답이었다고 보아서도 안 되며 실제로 그렇지도 않았다. 하지만 많은 파장을 불러일으킨 그 사건이 두 나라의 관계 정상화에 전혀 영 향을 주지 않았다고 말하기도 어렵다. 한마디로 폴란드가 순전히 브 란트의 진심 어린 모습에 감동해서 국교를 정상화시켰다고 오해해서 는 안 된다는 것이다.

한편 독일의 정치 지도자들은 종전 후 기회가 될 때마다 정파를 초월하여 나치가 피해를 입힌 국가의 국민들에게 사죄하는 모습을 보여왔다. 그중 일부 사례를 살펴보자. 1973년 6월 브란트 수상은 이 스라엘을 공식 방문했는데, 이는 1965년 국교를 맺은 이래 이루어진 첫 국가 정상의 방문이었다. 1985년에는 리하르트 폰 바이체커 대통 령이 제2차 세계대전 종전일을 "나치로부터 해방된 날"로 규정하면 서 화해의 제스처를 보냈다. 1996년 1월, 로만 헤어초크 대통령은 소 련이 아우슈비츠를 해방시킨 1월 27일을 "나치 피해자 추모의 날"로 지정하고 국가 기념일로 제정했다. 2002년에는 요한네스 라우 대통 령이 이스라엘 의회 연설에서 "과거 나치가 저지른 잘못에 대해 용서 를 빈다"고 말했다. 게르하르트 슈뢰더 수상은 2004년에 열린 바르 샤바 봉기 60주년 기념식에 참석하여 나치 독일이 폴란드를 침공해

무고한 생명을 희생시킨 것에 대해 진심으로 사과했다. 2008년, 앙겔라 메르켈은 독일 수상으로는 처음으로 행한 이스라엘 의회 연설에서 "쇼아(홀로코스트를 표현한 히브리어)는 독일인에게 가장 큰 수치"이며 "독일인의 이름으로 유대인 600만 명을 대량 학살함으로써 많은 유대인, 유럽, 전 세계인들이 고통을 받았다"고 고백한 후 희생자와 생존자 모두에게 머리 숙여 사죄하고 용서를 구했다. 또한 메르켈 수상은 히틀러의 권력 장악 80주년과 세계 홀로코스트 기념일을 앞두고 "독일은 나치의 온갖 범죄, 제2차 세계대전 희생자, 유대인 대학살에 대해 영원한 책임이 있다"고 말했다. 2019년 9월 1일, 프랑크발터 슈타인마이어 대통령은 폴란드 비엘룬에서 열린 제2차 세계대전 발발 80주년 행사에 참석해 독일어와 폴란드어로 다음과 같이 사과했다. "나는 오늘 생존자와 희생자의 자손들 그리고 비엘룬 시민들 앞에 서 있습니다. 비엘룬 공격의 희생자와 독일의 압제에 희생된 폴란드인들에게 고개 숙여 용서를 구합니다. 독일인들은 폴란드에서 인류에 대한 범죄를 저질렀습니다. 우리는 절대 잊지 않을 것입니다. 우리는 기억하고 기억할 것입니다." 폴란드 중부의 소도시 비엘룬은 1939년 9월 1일 새벽에 독일 공군이 기습 공격을 감행함으로써 제2차 세계대전이 시작된 곳이다. 당시 독일군의 공습으로 도심의 75%가 파괴되었고 1,200여 명이 희생되었다. 이날 안제이 두다 폴란드 대통령은 이 연설을 폴란드에 대한 독일의 "도덕적 배상"이라고 표현했다.

5. 접경국들과의 국경 문제 해결: 폴란드, 프랑스, 체코 등

다음 단계의 과거 극복 작업인 피해 배상 문제를 본격적으로 알아보기에 앞서 브란트 정부의 신동방정책의 출발점을 이룬 폴란드와의 관계 정상화에서 가장 큰 사안이었던 국경 문제를 잠시 살펴보자. 제2차 세계대전을 일으킨 독일이 침략과 점령 후 지배 과정에서 가장 큰 피해를 준 국가는 폴란드였다. 전쟁 기간 중 전체 인구의 약 1/6에 해당하는 600만 명 정도가 희생되었는데 그중 절반이 유대인이었다. 물론 희생자들 중에는 전쟁 초기에 폴란드 동부 지역을 점령했던 소련이나 막바지에 우크라이나 자치군에 의해 자행된 학살로 숨진 약 25만 명의 폴란드인도 포함되어 있지만, 대다수는 나치 독일의 전쟁 범죄 행위로 인해 살해당했다. 나치 독일의 폴란드 정책은 매우 악랄하고 가혹했다. 게다가 홀로코스트의 상징으로 잘 알려진 아우슈비츠를 포함한 수많은 절멸 수용소가 세워졌던 곳도 바로 폴란드였다. 아우슈비츠-비르케나우에서만 180-200만 명의 유대인들이 희생된 것으로 알려져 있다. 폴란드인들은 1944년 종전 직전에 동부 전선에서 반격으로 밀고 들어오는 소련군이 자신들을 해방시켜줄 것이라는 희망을 갖고 바르샤바 봉기를 감행했으나 막상 믿었던 소련군의 도움을 전혀 받지 못한 채 나치 독일에 의해 무자비하게 진압되었고 그 결과 수많은 군인과 민간인들이 희생되었다. 1939-45년까지 폴란드는 우크라이나, 벨라루스, 발트해 3국(에스토니아, 라트비아, 리투아니아)과 더불어 말 그대로 "죽음의 땅"이자 "피의 땅"(bloodlands)이라고 불렸다.

전쟁이 끝나자 곧바로 독일과 폴란드 사이의 관계 재설정 문제, 특히 국경 문제가 초미의 관심사로 떠올랐다. 유럽의 한복판에 위치한 독일은 9개국과 국경을 맞대고 있어서 러시아를 제외하고 유럽에서 가장 많은 접경국을 갖는 나라인데, 그중 동쪽의 폴란드와는 국경의 467km가 맞닿아 있다. 이는 오스트리아(814km)와 체코(703km)에 이어 세 번째로 긴 길이다. 폴란드는 18세기 말에 주변 강대국이었던 독일어권의 프로이센과 오스트리아, 러시아에 의해 세 차례(1772, 1792, 1795년)에 걸쳐 분할되면서 국가가 해체되는 비운을 경험했다. 20세기 들어서 제1차 세계대전 직후인 1918년에 독립했지만, 1939년에 독일과 소련의 침공을 받으면서 또다시 나라를 빼앗기는 비극을 겪었다. 그런데 제2차 세계대전이 끝나고 나서도 옛 영토를 회복하기가 어려웠다. 왜냐하면 폴란드를 전쟁 후 유럽에서 사회주의 세력을 건설하기 위한 전진기지로 삼고자 했던 소련의 스탈린이 이 구상을 실현하기 위해 전쟁 막바지에 진행된 얄타 회담(1845년 2월 4일)에서 폴란드의 동부 지역 18만 7천km²를 요구하는 대신 독일의 동부 지역을 폴란드에 넘겨주자고 제안했기 때문이다. 구체적으로 폴란드를 서쪽으로 300km 옮기자는 제안이었다. 더불어 동프로이센 북부(프로이센의 옛 수도였던 쾨니히스베르크[현재 러시아의 칼리닌그라드]와 그 주변 지역)를 소련에 귀속시킬 것을 요구했다. 이렇게 해서 나온 독일-폴란드의 국경선이 오데르강과 나이세강을 따라 그어진 오데르-나이세 국경선(Oder-Neiße-Line)이다. 영국의 처칠은 반대했지만 결국 설득당했고, 미국도 이 제안에 동의하면서 전후에 열린 포츠담 회담(1945년 8월 2일)에서 독일과 폴란드의 국경선이 확정되었다.

소련 정부의 압박을 받은 동독 정부는 1950년 7월 6일에 폴란드 정부와 괴를리츠(Görlitz, 즈고젤레츠[Zgorzelec])에서 만나 오데르-나이세 국경선에 서로 동의한다는 "괴를리츠 협약"을 맺었다. 이에 따라 나이세 오른쪽은 폴란드, 왼쪽은 독일에 속하는 땅이 되면서 과거에 독일 영토였던 폼메른(Pommern, 포모쉐[Pomorze]), 슐레지엔(Schlesien, 실롱스크[Śląsk]), 단치히(Danzig, 그단스크[Gdańsk]), 동프로이센(Ostpreußen) 등이 폴란드에 할양되었다. 이와 동시에 이 지역에 거주하던 독일계 주민들이 모두 추방되었다(참고로 폴란드뿐 아니라 체코 등 과거 동유럽 지역에서 살던 독일인 1,300만 명이 제2차 세계대전 이후 추방되는 과정에서 구금, 투옥, 고문, 처형이 발생했고, 이로 인해 약 200만 명이 희생된 것으로 추정된다). 동독 정부와 폴란드 정부가 맺은 오데르-나이세 국경선 협약에 대해 당시 아데나워 서독 수상은 동독 정부가 국경선을 결정할 권한과 자격이 없다며 반발했다. 대신 서독 정부는 히틀러의 팽창 정책이 시작되기 직전인 1937년의 독일 국경이 역사적으로 정당한 경계선이라며 오데르-나이세 국경선을 인정하지 않았다.

그러나 1969년에 사회민주당이 집권에 성공하면서 두 국가 사이의 국경선을 둘러싼 갈등 문제가 해결될 실마리가 마련되었다. 당시 수상인 빌리 브란트가 추진했던 신동방정책의 결과로 1970년에 맺어진 "바르샤바 조약"에 따라 서독 정부는 오데르-나이세 국경선을 공식적으로 인정했다. 그러나 이 조약에는 독일 통일 이후 조약 내용을 다시 승인받아야 한다는 결정 유보 조건 등의 항목이 들어 있었기 때문에 완전한 국경선을 인정받기까지 독일과 폴란드는 더 많은 시간을 기다려야 했다. 결국 1990년 독일이 재통합되자 이 국경선이

다시 한번 최종 확인되었다. 그해 11월 14일에 통일된 독일 정부는
바르샤바에서 폴란드 정부를 만나 오데르-나이세 국경선에 의거한
국경 조약을 체결하였다.

<자료 1> 오데르-나이세 국경선

여러 차례의 국경 조약과 협약이 맺어짐으로써 오데르-나이세 경계
선이 확립, 확인된 이후 과거 독일계와 폴란드계 등 여러 민족이 서
로 섞여 살았던 이 접경 지역(폼메른, 슐레지엔 등)에서는 화해의 모습
이 연출되고 있다. 이미 브란트 정부의 신동방정책의 영향을 받아 상
대 국가에 대한 우호적인 관점을 기반으로 하는 역사 연구가 이루어
지기 시작했고, 1990년대에 들어서는 게르만 문화와 슬라브 문화가
중첩되면서 문화 융합 현상이 나타났으며, 이를 통해 독자적인 지역
문화가 탄생했다는 연구들도 등장하기 시작했다. 요컨대 기존에는
상대를 타자화하고 적대시하는 것도 모자라 악마화시키는 풍토가 있
었고 그렇기 때문에 접경 지역에 대해서도 자국의 영토나 문화권이

라고 주장하던 민족주의적이고 배타적인 시각이 우세했는데, 이제는 그런 태도에서 벗어나 화합, 공존, 소통이라는 틀에서 해석하고 연구하려는 경향이 대세가 된 것이다. 이런 움직임은 정부 차원에서 이룬 역사적 화해의 노력이 학계와 민간 차원으로까지 확대된 결과로 이해할 수 있다.

나머지 국가와 국경 문제도 대부분 원만하게 넘어갔다. 프랑스의 경우에는 특히 "상류 라인 지역"과 "알자스-로렌" 지방을 둘러싼 갈등이 매우 오랜 기간 존재해왔으나 이를 둘러싼 국경 분쟁은 진작에 어느 정도 해결된 상태였기 때문에 제2차 세계대전이 이에 미친 영향은 거의 없었다고 해도 무방하다. 종전 후 독일과 프랑스는 석탄과 철강 같은 자원의 공동 개발과 활용에 합의하면서(유럽석탄철강공동체) 오히려 국경 문제를 포함한 모든 영역에서 화합을 지향하는 모습을 보여주었고, 장기적으로 이 화합은 20세기 중반 이후 유럽 통합("유럽 공동체"와 "유럽 연합")의 튼실한 발판이자 원동력이 되었다. 이처럼 독일과 프랑스는 전후 경제적 접근을 통해 역사적 화해를 이루어내고 유럽까지 통합하는 구심 역할을 수행했다.

전후에 독일이 국경 문제로 갈등을 빚은 국가가 있다면 체코슬로바키아 정도일 것이다. 1938년 9월 29일, 히틀러는 뮌헨 협정을 통해 독일계 주민들이 거주하던 체코의 주데텐란트(Sudetenland)를 합병한 후 이듬해 3월에는 체코슬로바키아 전체를 집어삼켰다. 주데텐란트는 역사적으로 체코(과거에는 보헤미아) 땅이었지만, 보헤미아가 신성 로마 제국으로 편입된 이래 독일계 주민들이 대거 들어와 살면서 일찍이 독일화된 지역이다. 하부 슐레지엔에 속하는 주데텐 산맥을 끼고 있는 땅이라는 뜻의 이 지역의 명칭은 당시 독일이 만든 용어로서, 체코의 서부 외곽을 둘러싼 이 지역에 사는 독일계 주민들은 당시 약 300만 명 정도로 추정되었다. 그러나 독일이 패망하고 물러나면서 이곳에 거주하던 독일계, 헝가리계 주민들은 당시 체코의 베네시(Edvard Beneš) 대통령이 내린 일련의 포고령에 따라 모든 재산과 시민권을 박탈당한 후 쫓겨나야 했고, 그 과정에서 주데텐란트도 다시 체코로 귀속되었다. 1973년에는 브란트 수상의 신동방정책의 일환으로 서독 정부와 체코슬로바키아 사회주의 정부 사이에 "프라하 조약"이 체결되는데, 이 조약에서 서독 정부는 1938년의 뮌헨 협정이 폭력적인 위협으로 체결된 잘못된 협약이었음을 인정하고, 이에 따라 양국 정부가 이 협약이 무효임을 확인한다고 명시했다.

독일과 국경을 맞대고 있으면서 침략당했던 네덜란드, 덴마크, 벨기에, 룩셈부르크 같은 나라들과는 전후 특별히 국경 분쟁이라고 할 만한 사안이 발생하지 않았다. 덴마크의 경우 독일계 주민들이 많이 거주하면서 갈등을 빚어왔던 슐레스비히-홀슈타인이 종전 후에도 19세기에 확정된 독일 영토로 유지되었다. 또한 네덜란드는 노르트라인-베스트팔렌주에 속해 있었고 9,200명의 독일인이 거주하던 약간의 땅(69km²)을 할당받았다. 네덜란드의 경우에는 나치 독일의 불법 행위에 대한 배상 요구나 협상도 매우 온건하게 진행되었는데, 무역을 통한 경제 이익을 고려하여 양국 간의 관계 정상화를 신속히 추진했기 때문이다.

6. 나치 피해자들을 위로하기: 배상과 보상

피해자들에 대한 사과 뒤에는 배상이 뒤따라야 한다. 독일의 피해자 배상은 크게 전쟁 배상과 나치 피해 배상으로 나뉘고, 이중 나치 피해 배상은 다시 국가 배상, 개인 배상, 재산 반환, 외국인 강제 노동자에 대한 배상 등 네 가지 유형으로 분류된다. 전쟁 배상의 경우에는 제2차 세계대전 중에 이미 독일의 망명자나 저항 집단 및 유대인들에 의해서 배상 요구가 있었으며 종전 전후(前後)에 열린 연합국 회담에서도 독일에 대한 배상 요구가 제시되었지만 공식적이거나 구체적이지 않은 내용이 대부분이었다. 본격적인 전쟁 배상 문제는 1953년 연합국과 서독 정부 사이에 체결된 "런던 채무 협약"을 통해 이루어졌다. 이 협약에서 서독 정부는 미국 정부의 도움을 받아 피해국의 배상 요구액에 훨씬 못 미치는 73억 마르크를 12년 상환으로 지불하기로 결정했다. 심지어 이 협약에는 전쟁 피해국이나 국민의 배상 청구에 대한 검토는 배상 논의의 최종 규정인 평화 조약이 체결될 때까지 유예한다는 조항이 포함되어 있었다. 제1차 세계대전 후 과도한 전쟁 배상금 문제로 인해 결국 포악한 나치 정권이 들어섰다는 뼈아픈 역사적 교훈과 냉전 시기였다는 점 등이 작용하여 독일의 전쟁 배상 문제는 결국 흐지부지 넘어갔다. 더구나 소련 점령 하의 동독은 파시스트에 맞서 싸웠던 사회주의 정부임을 내세워 자신들이 오히려 배상을 받아야 하는 처지라고 주장하기도 했다. 결국 전쟁 배상금 명목으로 독일 내의 산업 시설 및 기자재 등을 가져갔던 소련마저도 더 이상의 배상 요구를 포기한다고 선언했다.

그러나 나치의 홀로코스트 피해자들에 대한 배상과 보상은 전쟁 배상과는 전혀 다른 방법으로 새롭게 해결해야 할 문제였다. 그 출발점은 1952년 9월 서독 정부와 이스라엘 정부 사이에 맺어진 "룩셈부르크 협약"이었다. "보상 협약"이라고도 불리는 이 협약에 따르면 서독 정부는 이스라엘 정부에 총 35억 마르크를 지불함으로써 총괄 보상하기로 되어 있었다. 이 중 30억 마르크(오늘날 화폐 구매력으로는 76억 9,000만 유로)는 이스라엘 국가에, 4억 5,000만 마르크는 이스라엘 외부에 거주하는 추방된 유대인에게, 5,000만 마르크는 더 이상 유대인 공동체에 속해 있지 않은 사람들에게 각각 지급하기로 했다. 반면 동독 정부는 1948년에 설립된 이스라엘이라는 국가가 독일에 대해 배상금을 요구할 자격이 없다고 주장하면서 배상금 지급을 반대했다. 어쨌든 서독 정부는 이듬해인 1953년 3월 연방 의회를 통해 룩셈부르크 협약에 대한 비준 동의를 받은 후 연방배상법, 연방재산반환법, 보상연금법 등과 같은 관련 법안을 제정하고 재정의 대부분을 부담했다. 특히 연방배상법으로 인해 서독의 내국인에게도 나치 피해에 대한 보상의 길이 열렸다. 국제 사회가 서독 정부의 이런 노력을 높이 평가하는 이유는 중동의 아랍 국가 및 공산권 국가의 거센 반대와 더불어 국내외 정치적인 비판의 목소리가 컸던 상황에서도 이 협상을 성공시키고 비준했기 때문이다. 일련의 성과에 탄력을 받은 서독 정부는 1959년부터 1964년까지 서유럽 12개국(룩셈부르크, 노르웨이, 덴마크, 그리스, 네덜란드, 프랑스, 벨기에, 이탈리아, 스위스, 오스트리아, 영국, 스웨덴)과 나치 피해 보상에 관한 포괄 협정을 체결하고 총 약 10억 마르크를 제공했다. 독일은 동유럽 국가들에 대해서도 나치 피해를 배상하려고 노력했다. 예컨대 유고슬라비아와는 1965년 협정을 체결해 장기 차관으로 2억 4,000만 마르크, 전쟁 피해 배상금으로 6,000만 마르크를 각각 지급했고, 폴란드에 대해서는 1975년 경제 차관 형식으로 10억 마르크를 제공했다. 또 생체 실험 희생자에 대한 피해 배상을 위해 동구권의 개별 국가들(유고, 체코, 헝가리, 폴란드)과 다시 협약을 맺고 총 1억 2,000천만 마르크를 지급했다. 그러다가 1989-90년에 붕괴된 동유럽 현실 사회주의 국가로들로부터 배상 문제가 다시 제기되었다. 통일을 이룬 독일 정부는 1991년 "독일 폴란드 협력 조약"을 체결한 후 "독일 폴란드 화해 재단"을 설립하여 인도적 차원에서 나치 희생자 및 강제 노역자들에게 배상했다. 1993년에는 발트해 3국의 나치 희생자들에 대한 인도적 피해 보상으로 각각 2백만 마르크를 지급했다. 같은 해에는 구소련과 협정을 체결함으로써 이 지역의 나치 희생자들에게 10억 마르크(러시아에 4억, 벨라루스에 2억, 우크라이나에 4억)를 지급했다. 1996년에는 체코와 공동 화해 선언에 서명했고 1억 4,000만 마르크를 제공했다.

나치의 피해자들에 대한 국가 배상이 주로 외국인을 상대로 이루어졌다면, "연방배상법"을 통해 길이 열린 개인 배상은 인종, 종교, 사상을 이유로 박해받았던 독일 내의 나치 희생자들을 대상으로 이루어졌다. 애초에는 대상자를 1952년 12월 31일 당시 서독 거주자 또는 1937년 12월 31일 당시 독일 제국 거주자로 제한했으나, 이 제한 때문에 대상이 되지 못한 선의의 피해자들이 다수 발생해 비판의 목소리가 커지자 여러 차례 법 개정을 통해 포괄적으로 실질적인 보상이 이루어질 수 있도록 했다. 2000년대 초반을 기준으로 배상 신청

건수가 400만 건을 넘었으며, 피해자들에게 각종 의료 혜택과 일회적인 배상금 및 연금을 제공했다. 자료에 따르면 이 배상금의 80%는 현재 독일에 거주하지 않는 외국인, 즉 유대인에게 지불된 것으로 추정된다. 또 개인 배상은 유대인뿐만 아니라 나치에게 박해를 당한 다른 집단의 피해자들에게도 지급되었다. 예컨대 1980년 12월에는 강제로 불임 수술을 받았던 피해자들에게 1인당 5,000마르크가 지급되었고, 동성애자, 집시(신티족, 로마족) 등에게도 배상이 확대되었다. 독일이 통일된 후에는 경제적으로 어려움을 겪던 구소련과 동구권 국가들의 유대인 희생자들이 피해 보상을 요구하게 되었고, 결국 이들에게도 매월 연금 형식의 배상금이 지급되고 있다.

다음은 재산 반환 문제다. 잘 알려져 있다시피 나치 정권은 독일이나 점령국 내의 유대인들을 박해하는 과정에서 이들의 재산을 모두 몰수했다. 이렇게 해서 빼앗긴 재산을 되찾으려는 유대인들의 노력은 이미 전쟁 중에 시작되었다. 1941년 "세계 유대인 협회"는 모든 유대인의 몰수된 재산이 환수되어야 한다고 주장했고, 연합국도 1943년 1월 5일에 발표한 성명서를 통해 독일이 점령한 지역에서 소유권을 박탈한 행위는 무효이며 전쟁이 끝나면 모든 재산이 환수되어야 한다고 밝혔다. 실제로 독일의 항복으로 전쟁이 끝나자 이 문제를 해결하기 위한 구체적인 조치들이 마련되었으나, 곧바로 엄청난 어려움에 직면했다. 홀로코스트로 인해 원 재산의 소유주 또는 가족 모두가 사망한 경우가 대부분이어서 재산 상태를 밝히기 어려웠으며 유산 상속자가 정확히 누구인지 모르는 상황이 발생했다. 유대인 생존자가 살아 돌아온 경우에도 재산을 둘러싼 잡음이 끊이지 않았다. 더구나 유대인 생존자들의 경우에는 재산을 되찾는 데 많은 어려움을 겪었는데, 각국 정부가 자국민에게만 재산을 되돌려준다는 "자국민 원칙"을 내세웠기 때문이다. 나치 박해를 피해 다른 나라로 이주한 유대인 생존자들은 이 원칙에 따라 재산 환수의 대상에서 제외되었다. 게다가 냉전으로 인한 동서의 정치적 갈등 상황으로 인해 이런 어려움이 더욱 가중되었다. 동유럽 사회주의 국가들은 아예 생존 유대인들의 재산 반환 요구를 묵살했다. 그러나 이런 어려움 속에서도 자본주의를 표방하는 서구권 연합국 군정 당국은 이 문제를 해결하기 위해 많은 노력을 기울였다. 미군정은 1947년 11월에 몰수된 유대인 재산 반환을 위한 법률안을 단독으로 제정했고, 프랑스나 영국도 곧 미국의 사례를 따랐다. 1947-49년까지 집계된 유대인 반환 재산 액수는 총 35억 마르크에 이른다. 서독 정부도 이에 호응하여 1952년에 연합국과 "이전(移轉) 협약"(Überleitungsvertrag)을 체결함으로써 서독 정부가 15억 마르크를 반환해야 한다는 의무 조항에 동의했다. 이를 바탕으로 서독은 1952년 이스라엘 및 유대인 협회에 재산 피해에 대한 배상 명목으로 4억 5,000만 마르크를 지불했다. 드디어 1957년에는 "연방재산반환법"을 제정함으로써 각 연방주의 재무 당국이 구체적인 재산 피해액을 산정해 실질적인 피해 보상을 할 수 있도록 했다. 그 결과 일차적으로 1971년 7월 1일까지 약 12만 8,000건의 지급이 성사되었다. 그러나 이런 조처는 서구 진영에만 해당되는 것으로서, 동유럽 국가의 유대인 재산 반환은 1990년대에 들어서야 본격적으로 논의되기 시작했다.

　　나치 박해의 피해 배상 대상자로서 외국인 강제 노동자들이 주목받게 된 것은 훨씬 나중의 일이다. 이스라엘 정부나 각종 협회 및 단체를 통해 배상과 보상을 요구할 수 있었던 유대인들과 달리 국적도 다양하고 실체도 모호한 외국인 강제 노동자들은 집단 행동을 할 수 없었기 때문이다. 게다가 이들 노동자에 대한 보상 책임이 독일 정부에게 있는지, 아니면 이들의 노동으로 혜택을 본 독일의 민간 기업들에게 있는지가 모호했다. 이 문제는 여러 복잡한 이유로 오랫동안 수면 아래 놓여 있다가, 전쟁이 끝나고 반세기나 지난 1990년대 또는 2000년대에 들어와서야 본격적으로 논의되기 시작했다.

먼저 강제 노동자란 누구인지부터 살펴보자. 이들은 크게 외국인 민간 노동자, 전쟁 포로, 강제 수용소 수감자들, 절멸 수용소 수감자 중 노동이 가능했던 동유럽 유대인들로 나뉘어 정의될 수 있다. 구체적으로 민간 강제 노동자는 570만 명, 전쟁 포로는 190만 명, 강제 및 절멸 수용소 수감자는 약 50만 명 정도였다. 당시 외국인 강제 노동자의 비율은 독일 전체 노동자의 1/4을 차지했다. 이들은 민간 기업체나 군수 산업체 외에도 교회, 농업, 공공관청에서 근무했으며 일반 가정의 하인이나 하녀로 고용되기도 했는데, 열악한 시설 및 위생 환경에서 혹사당하면서 일하다가 병을 얻어 사망한 경우가 많았다. 또한 전쟁 피해자로서 법적 보상을 받지 못할 경우에는 나치 박해의 피해자로서 보상을 받아야 했는데, 앞서 언급한 대로 자국민을 원칙으로 하는 연방배상법에 따라 외국인으로 분류된 이들은 보상받을 길이 없었다. 더구나 이 법이 규정한 나치의 불법 행위란 "정치적, 종교적, 인종적 이유나 세계관에서 비롯된 박해"였기 때문에 강제 노동은 해당되지 않았다. 또 서독 정부와 법원은 "런던 채무 협약"에 따라

지불된 전쟁 배상금 안에 강제 노동자에 대한 보상이 이미 포함된 것으로 보아야 한다고 주장했다. 게다가 이들의 노동으로 혜택을 본 아에게(AEG), 크룹(Krupp), 폭스바겐(Volkswagen), 바이엘(Bayer), 지멘스(Siemens) 같은 나치 시대 대기업들은 법적으로나 도덕적으로 보상해야 할 의무가 없다고 버텼다. 법적 소송을 제기하더라도 개인이 감당하기에는 부담스러운 비용이 들었다. 이때 유대인 조직들이 나서서 법정 투쟁을 벌였다. 그러나 서독 연방 재판소는 강제 노동이 독일 제국에 의해 주도된 행위였기 때문에 사기업이 책임질 필요는 없다며 기각했다. 몇몇 대기업들은 유대인들이 끈질기게 제기하는 법정 소송과 악화된 여론을 의식해 법적 의무가 아닌 인도적 차원에 기반한 보상안을 내놓고 협상을 벌이기 시작했다. 그러나 이마저도 강제 노동자와 수감자만 보상 대상으로 삼았고 노동 수용소에 있었던 외국인 강제 노동자는 제외시켰다.

강제 노동자에 대한 피해 보상 문제 해결에 새로운 물꼬가 트이기 시작한 것은 1986년 유럽 의회에서 독일 기업을 상대로 보상을 위한 기금 설치를 요구하는 안을 통과시키면서부터다. 1989년에는 서독 의회에서도 강제 노동자의 보상을 위한 재단 설립 법률안이 제출되었다. 강제 노동도 나치의 불법 행위로 인식하는 경향이 서서히 퍼지기 시작한 것이다. 1999년 2월에는 독일 굴지의 보험회사, 은행, 대기업들이 강제 노동자들에 대한 보상을 위한 재단 설립을 추진했다. 여기에 독일 정부를 비롯해 이민과 망명으로 시민권을 획득한 자국민 중에 나치 피해자들이 있음을 시사한 미국 정부까지 나서면서 정부와 기업 간의 협상이 빠른 속도로 진행되었고, 그 결과 총 100억 마르크를 출연하기로 합의했으며 2000년 3월에는 분배 문제까지 마무리되었다. 같은 해 8월에는 드디어 "기억, 책임 그리고 미래 재단"의 설립을 규정한 법이 의회에서 통과되었다. 이 재단법은 강제 노동에 대한 향후 법적 소송을 허용하지 않는다는 조항을 포함함으로써 더 이상의 추가 소송을 원천 차단했다. 어쨌든 목표로 한 출연금이 모두 모인 2001년 3월부터 보상금이 지급되기 시작했다. 참여 기업들도 점차 확대되기 시작해서 2001년 6월 기준으로 6천 개를 넘어섰다. 협상 과정에서 양측은 보상자의 수를 대략 100만 명 정도로 예상했으나, 실제 지급된 대상은 2005년 기준으로 160만 명을 넘어섰고, 그나마 피해 사실을 입증하지 못해 보상금 지급을 거부당한 50만 명까지 감안하면 전체 피해 규모가 얼마나 컸는지 짐작할 수 있다. 재단의 사업은 강제 노동자와 나치 피해자들에 대한 의료 지원, 일반인들을 대상으로 한 강제 노동자들의 증언 청취, 가해국과 피해국 사이의 상호 이해를 높이기 위한 역사 교육 프로그램 제작 및 운영, 희생자 유가족 및 2세대의 교육 지원 등 크게 네 가지로 요약된다.

서독 정부와 통일된 독일 정부가 종전 직후부터 오늘날까지 나치의 박해를 받은 피해자들과 희생자들에게 배상과 보상을 하기 위해 진행한 모든 노력을 금액으로 합산하면, 2020년 말일 기준 총 790억 유로에 달한다. 그 자세한 항목은 다음 표를 참조하면 된다.

내용	액수(유로)
1. 연방배상법	485억 8,500만
2. 연방재산반환법	20억 2,300만
3. 보상연금법	8억 1,300만
4. 나치박해자보상법	25억 7,600만
5. 이스라엘 협약	17억 6,400만
6. 포괄 협정	14억 8,900만
7 기타 배상금(강제 노동, 생체 실험 등)	69억 4,400만
8. 각 주의 배상(연방배상법 제외)	20억 6,500만
9. 특별 예외보상법(주들 제외)	101억 8,500만
10. 기억, 책임 그리고 미래 재단	25억 5,600만
총계	790억

<자료 2> 2020년 12월 31일까지 진행된 독일의 전후 배상 및 보상 내용
(출처: 독일 연방 재무부)

7. 나치 희생자들에 대한 기억 문화 조성: 공동 집필 역사 교과서와 기타 역사 화해 사업

과거를 극복하고 역사 화해를 이루는 마지막 단계는 나치 희생자들에 대한 기억 문화를 조성하는 일이다. 독일에는 "역사 문화"(Geschichtskultur) 또는 "기억 문화"(Erinnerungskultur)라는 단어가 있는데, 이는 역사의식을 고취시키는 역사 관련 문화 행사나 행동 및 태도를 총칭하는 용어다. 과거의 특정 사건이나 역사를 기억하고자 하는 의도로 진행되는 모든 사업이 여기에 포함된다. 특히 과거 나치가 저지른 일을 기억하고 그들이 남긴 상흔을 극복하자는 취지의 역사 교육은 그 대표적인 사례라고 할 수 있다. 전쟁 범죄나 인종학살과 같은 반인륜적 범죄가 다시는 발생하지 않게 하려면 무엇보다도 자라나는 세대에게 끔찍한 역사의 실상을 제대로 알리고 인권과 인류 공존의 소중함을 일깨워야 한다. 홀로코스트 이후 이것은 선택이 아닌 필수사항이 되었다. 역사 교육은 과거 청산 과정에서 아무리 강조해도 지나침이 없을 만큼 중요한 영역이다. 이를 위해서는 첫 번째로 객관적이고 교훈적인 내용을 담은 역사 교과서를 집필해야 한다. 그것도 가해국인 독일의 단독 집필이 아닌 피해국과의 협의를 통해 균형적인 시각을 드러낼 수 있는 공동 집필을 통해서 말이다. 이 분야에서 독일은 괄목할 만한 성과를 이뤘다.

전후 공동 교과서 제작 과정에서 큰 역할을 한 것은 "국제교과서 연구소"였다. 이 기관은 브라운슈바이크의 칸트 대학교에서 교육학과 역사학을 가르치던 에커트(Georg Eckert) 교수가 이 대학에 1951년 설립한 것이며, 에커트 교수가 사망한 후에 "게오르크 에커트 국제교과서 연구소"로 개칭되어 오늘에 이른다. 독일이 전후에 에커트 교수를 중심으로 역사 교과서를 공동 제작하기 위해 가장 먼저 접근한 나라는 프랑스였다. 사실 프랑스와는 1930년대부터 역사 교과서 작업을 함께하기 위해 협의해왔으나 나치 집권과 제2차 세계대전으로 중단되었다가 1950년대에 다시 논의를 시작했다. 독일은 프랑스와 1950-67년까지 세 차례의 협의를 거쳐 40개 논의 내용을 만장일치로 통과시키는 성과를 거두었다. 이 일이 가능했던 이유는 두 나라가 냉전 체제 당시 서방측 블록에 속해 있었으며 공동의 새로운 유럽을 건설하자는 희망과 의지로 충만해 있었기 때문이다. 협의의 기본 방향은 양측의 민족주의적 관점은 존중하되 과학적 양심이 허용하는 범위 안에서 내용을 논의하고 교정해나가자는 것이었다. 이념보다도 방법론을 우선하는 접근 방식에 따라 기능적 측면과 교수법적 측면을 모두 고려하여 역사 교과서를 집필하기로 했다. 이 협의안은 표준 모델이 되어 나중에 다른 나라와의 교과서 협의에도 적용되었다. 그러나 독일과 프랑스는 국정 교과서 체제를 취하고 있지 않기 때문에, 이 협의안은 기껏해야 각 나라의 교육 당국과 교과서 집필자들에게 전달되어 자율적으로 지켜지길 희망하는 "권고안"에 머무르고 말았다. 그럼에도 매우 긍정적인 결과가 나타났다. 어쨌든 교과서 협의회는 1967년 이후 유럽에서 발발한 68학생운동으로 인해 더 이상의 회의 없이 잠시 소강상태에 들어갔다가 1987년에 재개되었다. 이 시기에는 20세기의 역사가 더욱 심도 있게 검토되었고 양국의 역사뿐만 아니라 지리 교과서도 협의되었으며 프랑스인들의 독일관이나 독일인들의 프랑스관과 같은 다양한 주제 영역까지 포괄하는 복합학문적, 다교과적 접근으로 확대되었다. 결국 독일-프랑스 교과서 협의는 집단 기억의 화해, 양국의 우호 관계 증진, 유럽 통합에 크게 기여했다.

독일-폴란드 역사 교과서 협의회도 제2차 세계대전 발발로 중단되었다가 브란트 정부의 신동방정책이 가동된 1970년대 들어와서야 빛을 보기 시작했다. 1972년 2월 22-26일에 개최된 독일-폴란드 역사 교과서 협의회는 1951년에 이루어진 독일-프랑스 선례를 따라 조심스럽게 진행되었다. 양측은 새롭게 결정된 오데르-나이세 국경선을 두고 대립하기보다는 서로를 포용하려는 자세로 협의에 임했다. 결국 이 협의회는 4년간의 작업 끝에 중세 초기부터 20세기에 걸친 광범위한 역사를 집필할 때 지켜야 할 26개 조항으로 구성된 "권고안"을 출간했다. 그러나 해결해야 할 문제가 없었던 것은 아니다. 먼저 독일의 협의 당사자는 폴란드와 같은 사회주의 국가인 동독이 아니라 서독이었고, 폴란드 역시 공산 독재 국가이기는 마찬가지였다. 이 "권고안"은 동독에 대한 언급을 회피했고 폴란드인과 독일인에게 행한 소련의 범죄는 침묵했다. 대신 우선 가능한 것부터 해나가자는 "최소 해법"의 원칙이 적용되었다. 이런 문제점 때문에 최초의 권고안이 나온 지 4년만에 보강된 "권고안"이 나왔으며, 이런 협의가 1987년까지 계속되었다. 심지어 독일이 통일된 후에도 이 작업은 계속되었는데, 1996-98년에 개최된 교과서 협의회에서는 그동안 고려되지 못했던 양국 교과서의 정보 불균형 문제가 논의되는 등 많은 성과가 나왔다. 이 사업은 현재까지 "권고안"을 넘어서 특수 주제에 대한 논문집 15권과 합동 연구의 출판이라는 결실을 보았다. 독일-폴란드 역사 교과서 협의회의 성과는 동서냉전 시대에 이념을 초월한 탁월한 외교적 성공 사례로 꼽힌다.

이 외에도 독일은 이스라엘과 교과서 협의를 시도하였다. 유대인들의 적대 감정으로 인해 오랫동안 열리지 못했던 이스라엘과의 협의회는 1979년에 독일 문교부 장관의 요청으로 게오르크 에커트 국제교과서 연구소가 나서면서 최초로 성사되었다. 협의 대상은 역사와 지리 교과서로 한정되었으며 분석 대상도 중등 과정 I에만 한정되었다. 1979-85년 동안 열띤 토론이 진행되었고 그 결과 1985년에 열린 제5차 협의회에서는 "독일-이스라엘 교과서 권고안"이 결과물로 제시되었다. 독일 교육계는 이 권고안에 따라 중학교 3학년 역사 교과서에 홀로코스트와 관련된 상세한 설명을 수록할 정도로 많은 노력을 기울이고 있다.

이제 남은 것은 기타 부문에서의 역사 화해 노력이다. 기억 문화 안에는 역사 교육을 비롯해 박물관, 미술관, 도서관 등에서의 각종 전시회, 기념관, 기념물, 기념비 제작, 기념 행사 주최 등이 포함된다. 독일에서는 제2차 세계대전이 시작된 9월 1일, 유럽에서 전쟁이 끝난 5월 8일, 아우슈비츠 강제 수용소가 소련군에게 해방된 1월 27일, 히틀러와 나치가 집권에 성공한 1월 30일 등을 기억하는 행사가 정기적으로 열린다. 승전국에서 노르망디 상륙작전 기념일인 6월 6일을 비롯해 승전일인 5월 8일과 8월 15일을 기념하는 것과 같은 이치다. 민간 차원의 노력도 있다. 학생들을 위해 마련된 특별 교환 프로그램과 같은 청년 교류 사업도 진행되고 있다. 베를린 장벽이 무너진 직후 1989년에 설립된 "독일-폴란드 청년 교환 단체"는 적은 예산에도 불구하고 독일이나 폴란드를 여행하는 수백만 명의 젊은 학생들을 지원해왔다. 독일에서는 아우슈비츠, 마이다네크, 베우제츠, 소비보르, 트레블링카와 같은 집단 수용소를 방문하는 프로그램을 많이 편성하여 운영하고 있다. 독일은 기념관 방문 외에도 여러 매체를 통해 다양한 방식으로 역사와 윤리 교육을 지속하고 있다. 이런 역사 문화와 기억 문화를 조성하기 위한 목적은 분명하고 확고하다. 바로 나치와 홀로코스트 역사를 분명히 인식하고 독재, 전쟁, 반인륜적 범죄를 저지른 역사적 과오를 반성함으로써 평화롭고 풍요로운 삶을 구현하고 지향해나가겠다는 것이다. 이런 일련의 행위와 문화는 자신들의 과거를 잊지 않고 대면하겠다는 의지의 산물로서 궁극적으로는 사죄와 용서로 표현되는 역사 화해와 맞닿아 있다.

8. 기타 현대 독일의 과거사 청산과 역사 화해: 제국주의와 동독 독재

독일 현대사에서 청산되어야 할 과거가 나치만 있는 것은 아니다. 제국주의와 동독 독재라는 두 가지 사례가 더 있다. 먼저 제국주의로 인한 피해에 대한 독일의 사죄와 보상을 살펴보자. 빌헬름 제국 시대에 독일은 아프리카에서 식민지 정책을 펼치면서 특히 (현재 나미비아가 있는) 남서 아프리카 지역에 거주하던 오바헤레로족과 나마족을 상대로 집단 학살을 자행했다. 1904년 1월, 자무엘 마하레로가 이끄는 오바헤레로족과 헨드릭 위트부이가 이끄는 나마족이 독일의 식민 지배에 저항하여 반란을 일으키자, 독일군은 이들을 오마해케 사막으로 내몬 다음에 6만 5,000천 명이 넘는 오바헤레로족과 1만 명이 넘는 나마족이 기아와 탈수로 사망하도록 방치했다. 이는 오바헤레로족의 80%, 나마족의 40%에 해당하는 숫자다. 유엔은 1985년에 휘태커 보고서를 내놓으면서 이 사건을 남서 아프리카에서 오바헤레로족과 나마족을 절멸시키려는 의도로 자행된 20세기 최초의 제노사이드로 규정했다. 독일 정부는 2004년에 사건의 전말을 인정하고 사과를 표했지만, 피해자의 후손들에게 금전적으로 배상하겠다는 언급은 하지 않았다. 더구나 이 사과마저도 도덕적인 차원의 표현이었을 뿐 정부 주도의 사과는 아니었다. 그 이전에도 독일 정부는 이 학살이 유엔의 "제노사이드 협약"이 발효(1951년)되기 이전의 사건임을 지적하며 "인종 학살"이라는 표현을 피하려고 했다. 그러나 2015년 7월, 독일 정부와 의회는 이 사건을 공식적으로 "집단 학살" 및 "인종 전쟁의 일부"라고 표현했다. 이어 2016년 7월 13일에는 백여 년 전 아프리카 남서부 나미비아에서 저지른 집단 살해 행위를 "인종 학살"(Genocide)로 인정하고 공식 사과하기로 결정했다. 2021년 5월 28일에는 "2015년부터 나미비아 정부와 진행해온 협상안이 합의됐다"고 발표한다. 이는 독일이 나미비아에서 저지른 제노사이드에 대해 사과하고 30년간 개발 지원금 11억 유로(1조 4,885억 원)를 지원한다는 내용이었다. 그러나 피해 후손들이나 야당 의원들은 자신들과 제대로 협의하지 않은 합의라며 반발했고, 개발 지원금 또한 "모욕적인 액수"이자 "우리 존재에 대한 모욕"이며 더 나아가 개발 지원금은 배상이 아니라고 비판의 목소리를 높였다. 이 합의는 아직 양국 의회의 비준 동의를 거치지 않은 상태다. 이 사례를 보면 나치 피해자들에 대해서는 적극적인 사죄와 배상 의지를 보여온 독일도, 제국주의의 역사적 과오에 대해서는 다른 서구 국가들처럼 소극적이고 미온적인 태도를 드러내고 있음을 알 수 있다.

현대 독일의 과거사 극복과 관련해서 논의할 수 있는 마지막 주제는 통일 이후 독일 정부가 펼친 구동독의 독재 청산 작업이다. 통일을 성취한 독일 정부는 사법적으로 구동독의 불법 행위를 청산하려는 작업을 진행했는데, 그 내용은 매우 다양하다. 먼저 국경을 넘어

서독으로 도주하려는 사람들을 총기로 살상한 사건이 있었는데 이로 인해 적어도 248명이 사망한 것으로 드러났다. 경계 초소를 지키던 말단 초병들은 필요하다면 사살을 해서라도 탈주를 막으라는 지시를 받았기 때문에 이런 일을 할 수밖에 없었다. 국경에서 이뤄진 살상 행위로 모두 98건의 형사 판결이 있었는데, 해당하는 사람들은 모두 징역형 선고를 받았고 그나마도 대부분(88.8%) 집행 유예로 풀려났다. 그 밖의 불법 행위로는 법 왜곡, 선거 조작, 국가 안전부 범죄 행위, 밀고, 구치소나 감옥에서의 가혹 행위, 권력 남용이나 부패, 경제 범죄 등이 있었는데, 이중 기소되어 재판을 받은 사례는 선거 조작범(92건)을 제외하고 20건 안팎으로 미미했으며 그나마 대부분이 집행 유예로 풀려났다. 그 이유는 독일 법원에서 가능한 한 죄형 법정주의의 원칙을 지키고자 노력했기 때문이다. 결론적으로 과거 구동독의 독재와 불법 행위에 대한 통일 독일의 사후 처벌은 심각한 인권 침해 행위에 집중함으로써 전체적으로 치우침이 없는 합리적인 처리에 성공했다는 평가를 받는다. 이토록 원만하면서도 나름 철저한 과거 청산은 서독과의 흡수 통일이라는 특수성 때문에 가능했다. 통일된 독일의 당면 과제는 안 그래도 만연해 있는 서독과 동독 주민 사이의 갈등을 극복하는 일이었기 때문이다. 그런 상황에서는 서로 멸시하고 열등감을 드러내며 반목하기보다는 이해하고 수용하려는 태도를 갖고 물리적 결합을 넘어선 사회적 화합을 이루는 것이 가장 중요했다.

9. 독일의 역사 화해 노력이 우리에게 주는 시사점

그동안 독일이 제2차 세계대전 이후 어떻게 과거를 극복하고 주변국들과 화해해왔는지를 살펴보았다. 먼저 나치 과거의 청산과 극복을 위한 탈나치화 정책 추진 작업은 종전 직후 미군정을 포함한 연합국 군정청에 의해 시작된 이래 서독 및 동독 정부 등이 이어받아 확대된 범위와 규모로 시행했다. 또한 독일 정부는 주변 피해국들과의 관계를 정상화하기 위해 나치가 저지른 불법 행위에 대해 꾸준히 사죄하고 용서를 구하면서 실제적으로 배상과 보상을 하기 위해 노력해왔으며, 국경 분쟁도 최소화하고자 했고, 공동 역사 교과서 제작과 같은 역사 문화 작업을 추진해왔다. 물론 탈나치화 작업의 경우 만행을 저지른 전범이 처벌 없이 사회에 복귀하는 사례가 많아 성과가 미흡했다는 지적도 있었다. 또 나치 피해자나 국가에 대한 배상 및 보상 규모가 너무 작은 것이 아니냐는 비판도 있었다. 하지만 그 성과나 효과를 따지기에 앞서 우리는 독일 정부와 국민이 꾸준히 노력하고 있으며 앞으로도 그런 자세를 취할 가능성이 크다는 사실을 주목해야 한다. 전쟁 범죄나 과오를 따지자면 연합국은 물론이고 폴란드나 체코 같은 피해국들이 독일인들을 추방하는 과정에서 저지른 범죄 행위도 만만치 않았기 때문이다. 역사는 지나간 것이다. 피해자도 가해자도 이제는 대부분이 사망했거나 죽음을 앞두고 있다. 그들의 잘못을 정당화하거나 잊자는 것이 아니다. 우리는 그들이 했던 방식으로 동일하게 그들을 처벌할 수 없을 뿐 아니라, 피해자들도 원래 상태로 되돌릴 수 없다. 죽음은 결코 돈으로 환산되지 않는다. 역사적 과오를 절대로 망각하지 않겠다고 다짐하고, 이를 여러 형태로 지속해서 보여주는 일관된 태도가 중요하다. 이런 결의와 태도 자체가 바로 사과이자 배상이며 화해의 노력이기 때문이다.

독일의 역사 교육학자 보리스(Bodo von Borries)에 따르면, 화해란 "역사적인 적대감과 증오를 경감시키는 일"이다. 그러나 이것은 화해를 위한 최소한의 필요조건이나 출발점이 될 수 있을지언정 화해에 대한 포괄적인 정의가 될 수는 없다. 화해를 미래지향적이고 열린 관점으로 재정의한다면 "갈등 없는 평화적 공존을 넘어 차이를 포용하고 생산적인 경쟁을 통한 공동 협력의 틀을 만들어내는 것"이다. 앞서 폴란드의 가톨릭교회 주교단이 독일 주교단에 편지를 보낸 사례에서 보았듯이, 화해란 반드시 가해자가 먼저 사죄하고 피해자가 용서하는 구도로 이뤄질 필요는 없다. 이런 점을 우리와 일본 간의 관계에도 적용해볼 수 있다. 우리는 그동안 일본을 향해 줄곧 진심으로 사죄하고 개별 피해자들에게 보상하라는 입장만을 취해왔다. 하지만 이제는 거꾸로 우리가 용서할 테니 너희도 우리에게 용서를 구하면서 화해의 손길을 내밀라는 메시지를 보낼 필요가 있다. 과거사 문제에 관해 독일과 상반된 태도를 보여온 일본이 주변 피해국들에게 사죄하고 보상에 나설 가능성은 매우 적다. 그렇다면 이제 남은 일은 동반적 경쟁 성장을 전제로 한 양측의 용서와 화해를 통해 관계를 모색하는 일일 것이다. 그러다 보면 언젠가는, 정말이지 언젠가는 일본이 우리에게 사죄하고 보상할 날이 오지 않을까?

주요 참고문헌

김남국 외, 『유럽의 역사 화해와 지역 협력: 동아시아 평화 공동체 수립에 대한 함의』, 이학사, 2019.

김승렬, 「역사의 국경을 넘다: 독일-프랑스 공동 역사 교과서」, 『역사비평』 82(2008), 432-55.

김승렬·이용재, 『함께 쓰는 역사: 독일과 프랑스의 화해와 역사 교과서 개선 활동』, 동북아역사재단, 2008.

김승렬 외, 『유럽의 영토 분쟁과 역사 분쟁』, 동북아역사재단, 2008.

김유경, 「기억을 둘러싼 갈등과 화해: 독일·프랑스 및 독일·폴란드의 역사 교과서 협의」, 『역사비평』 59(2002), 363-85.

김진호, 「기독교민주당(CDU)의 동방정책과 신동방정책(Die "Neue Ostpolitik")」, 『서양사론』 109(2011), 253-88.

동북아역사재단 편, 『역사 대화로 열어가는 동아시아 역사 화해』, 동북아역사재단, 2009.

박재영, 「교과서 협의를 통한 독일의 과거 극복: 독일-이스라엘 교과서 협의 사례를 중심으로」, 『사회과교육』 45(2006), 61-89.

박진완, 「독일의 기억, 책임 그리고 미래 재단의 설립에 관한 법률을 통한 국가사회주의 시대의 강제 노동자에 대한 배상에 대한 검토」, 『세계헌법연구』 19(2013), 147-77.

박채복, 「독일-폴란드 국경선 분쟁과 역사적 화해: 문화의 융합과 혼종화 그리고 새로운 정체성」, 『한국정치외교사논총』 39(2018), 261-90.

송에스더, 「독일 전후 배상 정책의 평가 및 시사점」, 『법과정책』 27 (2021), 1-30.

송충기, 「독일의 전후 나치 피해 배상」, 『광복 60 새로운 시작 종합학술대회자료집 I』, 광복60년기념사업추진위원회, 37-54.

송충기, 「뉘른베르크 재판과 나치 청산」, 『역사교육』 93(2005), 223-49.

송충기, 「독일의 뒤늦은 과거 청산: 나치하 외국인 강제 노역자에 대한 보상을 중심으로」, 『역사비평』 73(2005), 271-93.

안병직 외, 『세계의 과거사 청산: 역사와 기억』, 푸른역사, 2005.

엘리자베스 콜 편, 김원중 역, 『과거사 청산과 역사교육: 아픈 과거를 어떻게 가르칠 것인가』, 동북아역사재단, 2010.

이동수, 「역사 화해를 위한 조건: 독일-폴란드 역사 화해를 중심으로」, 『서강인문논총』 56(2019), 103-35.

이병택 편, 『역사 화해의 이정표 I: 이론적 기초를 찾아서』, 동북아역사재단, 2020.

이용일, 「독일-폴란드 관계 정상화를 위한 "감정의 정치": 바르샤바조약과 브란트의 크니팔」, 『역사비평』 111(2015), 10-39.

이진모, 「전후 독일의 탈나치화와 과거 청산」, 『독일연구』 5(2003), 59-89.

이진모, 「두 개의 전후(戰後): 서독과 일본의 과거사 극복 재조명」, 『역사와경계』 82(2012), 243-69.

임지현, 「역사 화해와 용서의 정치: 동아시아의 기억 공간에서 폴란드-독일 주교단 편지 다시 읽기」, 『역사학보』 246(2020), 111-52.

중앙사학연구소 편, 『동서양 역사 속의 소통과 화해』, 중앙대학교, 2011.

한운석, 『독일의 역사 화해와 역사 교육』, 신서원, 2008.

한운석 외, 『가해와 피해의 구분을 넘어: 독일·폴란드 역사 화해의 길』, 동북아역사재단, 2008.

황명준, 「전후 처리 관련 중부 유럽의 법적 쟁점: 독일-체코 관계와 그에 유래하는 사례를 중심으로」, 『법학연구』 19(2019), 23-47. 김홍순, 「시간만 나면 끊임없이 반성하는 독일의 과거사 반성: 일본의 "도덕적 배상"을 다시 한 번 촉구한다」, 『개미뉴스』 (2019.09.10), http://www.antnews.co.kr/news/articleView.html?idxno=1510 (검색일: 2022년 1월 29일).

「나치 청산, 끝날 때까지 끝난 게 아니다: 뉘른베르크 전범 재판 종료 75주년 되지만 올해만 4명 기소되는 등 고령자 전범 추적과 재판 이뤄져」, 『한겨레21』 (2021.10.10), https://h21.hani.co.kr/arti/world/world_general/51024.html (검색일: 2022년 1월 29일).

「독일식 과거 청산…96세 나치 전범, 1만1천 명 살인 혐의로 법정에: 6만여 명 숨진 슈투트호프 수용소에서 비서로 행정 사무」, 『매일경제』 (2021.10.20), https://www.mk.co.kr/news/world/view/2021/10/993396/ (검색일: 2022년

1월 29일).

「독일 연방 재무부의 나치 피해 보상액 규모」, https://www.bundesfinanzministerium.
de/Content/DE/Downloads/Broschueren_Bestellservice/2018-03-05-
entschaedigung-ns-unrecht.pdf?__blob=publicationFile&v=16 (검색일:
2022년 1월 29일).

「오데르-나이세선」, 『위키백과: 우리 모두의 백과사전』, https://ko.wikipedia.
org/오데르-나이세선 (검색일: 2022년 1월 29일).

「이스라엘과 나치 희생자 피해보상에 관한 룩셈부르크협정」, https://de.wikipedia.
org/wiki/Luxemburger_Abkommen (검색일: 2022년 1월 29일).

임철현, 「과거사 화해의 조건: 상대방이 좋다고 할 때까지 사과하는 것」, 『글이 작
품이 되는 공간, 브런치』, https://brunch.co.kr/@yumch1905/169 (검색일:
2022년 1월 29일).

「탈나치화」, 『위키백과: 우리 모두의 백과사전』, https://ko.wikipedia.org/wiki/탈
나치화 (검색일: 2022년 1월 29일).

「프랑크푸르트 아우슈비츠 재판」, 『유네스코와 유산』, https://heritage.unesco.
or.kr/프랑크푸르트-아우슈비츠-재판 (검색일: 2022년 1월 29일).

한국과 일본 사이의 역사 갈등과 화해

일본군 위안부 문제를 중심으로

정재정

1. 머리말: 이 글의 주지와 시각

한일 관계가 다중 복합 골절 상태에 빠졌다. 역사 문제를 둘러싼 대립에다가 경제 마찰과 안보 갈등이 겹쳐 양국 관계가 개선하기 어려울 정도로 나빠진 것이다. 경제 측면에서는 일본이 한국에 수출하는 반도체 관련 핵심 소재의 관리 강화를 선언하고(2019.7.1), 한국이 이에 맞서 일본 상품의 구매를 규제하면서 갈등이 증폭되었다. 안보적으로는 한국이 일본과 맺은 군사 정보 보호 협정의 연장을 거부하면서 (2019.8.22) 일본이 이에 반발하고 미국이 개입한 끝에 일단 현재 상황을 유지하기로 한 상황이다. 이런 경제 마찰과 안보 갈등이 한국 대법원의 징용 피해 배상 판결(2018.10.30)에서 비롯되었다는 점을 생각해보면, 한일 관계가 회복하기 어려울 정도로 악화된 근본 원인은 역사 문제에 있다고 할 수 있다.

한국과 일본의 역사 문제란 주로 일본의 한국 지배(1910-45년)에서 기인한 문제들을 의미하는데, 여기에는 일본 정부의 역사 인식, 일본군 위안부, (징용·징병·군속 형태로 이뤄진) 전시 노무 동원, 역사 교과서 기술, 독도 영유권 주장, 일본 주요 정치가의 야스쿠니 신사 참배, 한국 거주 원자 폭탄 피해자의 치료, 사할린 잔류 한국인의 귀국, 일본에 있는 한국 문화재의 반환 등을 둘러싸고 한국과 일본 사이에 발생한 갈등과 대립, 교섭과 타협, 소송과 운동 등과 같은 쟁점이 포함된다.

　　현재 한일 관계를 악화시키고 있는 역사 문제의 핵심은 일본군 위안부와 징용 피해자에 대한 사죄 및 배상을 둘러싼 충돌이다. 그중 이 글에서 다루는 일본군 위안부 문제만 하더라도 지난 10년간 복잡하고 심각한 양상으로 치닫고 있다. 우리나라에서는 구체적으로 헌법 재판소의 일본군 위안부 문제 부작위 판결(2011년, 이명박 정부), 한·일 외교부 장관의 일본군 위안부 문제 합의(2015년, 박근혜 정부), 한일 합의로 설립한 화해·치유 재단의 해산(2019년, 문재인 정부), 일본 정부를 상대로 한 일본군 위안부 소송에 대한 배상 판결(2021년, 문재인 정부)과 같은 사건이 있었는데, 이와 관련된 현 상황을 질병에 비유한다면 지병에다 합병증이 겹쳐 고질이 된 상태라고 말할 수 있다.

　　이런 엄중한 상황에서 일본군 위안부 문제의 해결이나 화해를 이야기하는 일은 무모하거나 부질없는 짓일지도 모른다. 실제로 한국과 일본은 지난 30년 동안 일본군 위안부 문제를 해결하기 위한 방안을 끈질기게 논의하여 실행에 옮겨왔다. 그런데도 이 문제가 여전히 원만한 한일 관계를 저해하는 핵심 요인으로 위력을 발휘하고 있는 까닭은 그런 논의와 실행이 문제를 해결하고 화해를 추동하는 데 부족하거나, 피해자와 그를 지원하는 쪽이 섣부른 관계 봉합을 거부하기 때문이다. 그렇다고 해서 천학비재(淺學菲才)한 필자가 단번에 해결이나 화해를 실현할 수 있는 특효 처방을 제시할 수도 없다. 그저 한일 관계 연구자로서 일본군 위안부 문제를 오래 지켜본 경험을 바탕으로, 뜨뜻미지근한 이야기를 늘어놓는다는 비난을 받을지도 모르지만 양국의 관계가 발전적으로 개선되기를 바라는 마음으로 이 글을 쓴다는 점을 먼저 고백한다.

이 글에서 주로 다룰 내용과 지향점은 다음과 같다. 일본군 위안부 문제를 해결하고 화해를 이루기 위해서는 가장 먼저 피해자가 육체적·정신적 아픔을 치유하고 명예와 존엄을 회복하는 데 있어 한국과 일본이 공동으로 노력할 수 있는 지점을 찾아야 한다. 그 위에서 양국 정부와 국민이 그간 축적해온 적대와 불신을 누그러뜨리고 우호와 신뢰를 쌓다 보면 갈등과 분쟁이 종식되고 궁극적으로 평화와 공존 관계가 구축될 수 있다. 그렇게 되면 문제를 해결하고 화해를 성취했다고 볼 수 있을 것이다. 하지만 양국이 일본군 위안부 문제로 정면 대결하는 상황에서 단도직입적인 방식으로 해결 방안을 들이밀거나 화해를 시도하려고 하면 현실을 무시한 탁상공론에 빠질 가능성이 농후하다. 그렇기 때문에 필자는 일본군 위안부 문제의 "해결이나 화해"를 주창하기보다는 겸손하게 "극복의 방안"을 제시하는 쪽에 무게를 두고자 한다. 이런 지향점을 바탕으로 한국과 일본 정부가 30년 동안 일본군 위안부 문제와 씨름하며 이룩한 성과를 검토한 다음, 그 바탕에서 현재 벌어지는 첨예한 대결을 넘어서는 데 필요하다고 여겨지는 조처에 대해 소견을 피력하려고 한다.

필자가 견지하고 있는 논의의 시각은 이렇다. 일본군 위안부 문제와 화해는 한두 번의 합의나 재판으로 완전히 해결될 수 있는 것이 아니다. 끊임없이 성실하게 논의하고 실천하는 과정에서 서서히 이루어질 것이다. 따라서 한국과 일본은 이 문제를 논의하는 것이 그다지 달갑지 않더라도 용기와 의지를 갖고 대화와 타협을 통해 공동의 미래를 향한 이해와 신뢰를 축적해나가야 한다. 이처럼 평화·공영의 미래 비전을 공유함으로써 다양한 협력 사업을 광범위하고 부단하게 추진하는 가운데 일본군 위안부 문제를 해결하고 화해를 실현할 수 있다.

그런 비전을 현실로 만들기 위해서는 양국이 1990년대 이래 일본군 위안부 문제를 다뤄온 내력을 객관적으로 평가해볼 필요가 있다. 두 나라가 현재 일본군 위안부 문제를 놓고 싸우는 근저에는 공동의 경험과 성취를 무시하고 폄하하는 역사관이 깔려 있다. 필자는 그런 부정적 역사관을 적폐사관(積弊史觀)이라 부른다. 반면 공동의 경험과 성취를 인정하고 호평하는 긍정적 역사관을 성취사관(成就史觀)이라고 한다.

필자는 한국과 일본이 일본군 위안부 문제를 근원적으로 해결하고 화해를 이루기 위해서는 적폐사관이나 성취사관 어느 한쪽에 치우치면 안 된다고 생각한다. 대신 양국이 일본군 위안부 문제를 다뤄온 방식을 정확하게 정리함으로써 무엇을 이룩하고 어떤 과제를 남겼는지 냉철하게 평가한 다음, 그 속에서 해결이나 화해를 끌어낼 수 있는 지혜와 교훈을 찾아야 한다고 여긴다.

한국과 일본이 함께 일본군 위안부 문제를 다뤄온 지도 어언 30년이 지났다. 이제는 그 자체가 하나의 "역사"가 되었다. 따라서 이 시점에서 시시비비의 관점을 갖고 그 "역사"를 엄격하고 공정하게 살펴본 후 그동안 걸어온 길을 수정·보완하는 형태로 해결책과 화해를 모색하는 게 정도라고 본다. 이처럼 엄정하고 균형 잡힌 시각을 바탕으로 과거를 반추하며 미래를 설계하는 역사관을 성찰사관(省察史觀)이라고 칭한다. 필자는 가능한 한 진지하게 이 성찰사관에 기대어 이 글을 쓰겠다. 그리고 이 글을 읽는 분들이 행간에서 필자의 의도와 지향을 조금이라도 감지한다면 감사히 여길 것이다.

2. 한국과 일본은 일본군 위안부 문제를 어떻게 다뤘나?

1) 부상(浮上), 사죄, 조처, 반발, 내연(內燃)

한국과 일본이 일본군 위안부 문제를 다뤄온 내력을 알아보려면 한국 헌법 재판소가 2011년에 내린 "부작위 판결" 이전과 이후를 살펴보는 게 좋다. 이 판결을 계기로 한동안 진정 국면을 맞이하고 있던 일본군 위안부 문제가 다시 양국의 정치·외교 현안으로 부상했기 때문이다. 게다가 일본군 위안부 문제는 이 판결 전후로 각각 한 번씩 해결에 접근한 적이 있다. "여성을 위한 아시아평화국민기금"(약칭 아시아여성기금)과 한일 외무장관 합의가 이에 해당한다. 그렇다면 양국은 어쩌다가 두 번의 소중한 기회를 살리지 못했을까? 이 글을 통해 파행의 이유를 알게 된다면 일본군 위안부 문제를 해결하기 위한 실마리를 찾는 데 도움이 될 것이다.

먼저 "부작위 판결"이 내려지기 전 20년 동안 한국과 일본이 일본군 위안부 문제를 다뤄온 내력을 부상(浮上), 사죄, 조처, 반발, 내연(內燃)의 과정으로 설명해보자.

일본군 위안부 문제는 1990년대에 들어서 갑자기 한일 관계의 현안으로 부상했다. 두 나라에서 민주주의가 실현되고 여성 인권 의식이 높아지면서 수면 아래 잠복해 있던 전시 성폭력 문제가 새롭게 주목받게 된 것이다. 처음에 일본 정부는 민간 업자가 일본군 위안부를 데려간 것이라고 주장하면서 군대의 관여를 부인했다. 그러자 한국과 일본의 여성 단체는 이를 반박하는 성명을 발표했다. 김학순 할머니는 일본군 위안부로 끌려가 인간 이하의 취급을 받으며 "성노예"처럼 생활했음을 증언함으로써 국제 사회의 관심을 불러일으켰다(1991.8.14). 또한 한국 정부는 일본 정부에 진상 규명과 사죄를 요구했으며(1991.12.10), 한국인 피해자 2명은 야마구치 지방 재판소 시모노세키 지부에 일본 정부의 공식 사죄와 보상을 요구하는 소송을 제기했다(1991.12.25). 야마구치 지부는 1심 판결에서 일본의 국가 배상 책임을 인정하고 원고 1인당 30만 엔을 배상하라고 명했지만(1998.4.27), 최고 재판소는 일본 정부의 배상 책임이 없다는 최종 판결을 내렸다(2003.3.26). 도쿄 등지에서 잇달아 제기된 유사 소송 모두 원고 패소 판결을 받았다. 소송 운동이 시작되면서 한국정신대문제대책협의회(약칭 정대협) 등의 민간 단체는 서울 소재 일본 대사관 앞에서 일본 정부의 결단을 촉구하는 수요 집회를 시작했다(1992.1.8). 이런 일련의 사건이 발생한 다음부터 한국과 일본에서 일본군 위안부 문제가 중요한 정치·외교·사회 이슈로 부상했다.

미야자와 기이치 일본 총리는 노태우 대통령과 정상 회담을 하는 자리에서, 일본군 위안부 문제에 대한 사죄와 반성의 뜻을 진지하게 표명했다(1992.1.16-17). 또한 가토 관방장관도 국내외의 요구에 따라 실시한 일본군 위안부 문제 조사 결과를 발표하면서 일본 정부의 관여를 인정하고 사죄와 반성의 뜻을 분명히 밝혔다(1992.7.6). 이에 한국 정부는 사실 조사에 관한 내용을 더 기대한다는 논평을 내놓았으며, 정대협은 "위안부 모집"의 "강제성"을 명백히 제시하라고 항의했다. 한국 정부는 곧 「일제하 군대 위안부 실태 조사 중간 보고서」를 발표하면서 일본군 위안부를 모집하는 과정에 강제성이 있었다고 주장했다(1992.7.31).

김영삼 정부는 일본군 위안부 문제가 국제법상 인도주의 정신에 반하는 중대한 불법 행위이므로, 일본 정부가 법적 책임을 져야 한다는 견해를 밝혔다. 아울러 고조된 여론을 배경으로 일본 정부를 향해 적절한 조처를 하라고 강력히 요구했다. 그렇지만 일본 정부의 법적 책임을 묻기 위해 금전 배상을 요구하면 소모적 논쟁이 될 가능성이 크다고 판단하고, 배상을 요구하지 않는 대신 진상 규명과 책임 인정을 촉구했다(1993.3.13). 이와 더불어 한국 국회는 「일본군 위안부 피해자 생활 안정 지원법」을 제정하고(1993.5.18) 피해자들의 생계·의료·주거 등을 보살피기 시작했다. 김영삼 정부는 명확한 강제성 인정, 일본군 위안부 실태에 대한 대규모 조사 실행, 이를 역사의 교훈으로 삼겠다는 의지 표명 등이 문제 해결의 원칙이 되어야 한다는 의견을 일본 측에 전달했다(1993.6.30).

일본 정부는 원칙적으로 일본군 위안부 문제가 1965년에 맺은 한일 협정(「대한민국과 일본국 간의 재산 및 청구권에 관한 문제의 해결과 경제 협력에 관한 협정」, 약칭 "청구권 협정")을 통해 완전히 해결되었다는 입장을 견지했다. 그러면서도 도의적·인도적 책임을 통감하고 진상 조사를 실행함으로써 사죄 및 보상 등의 조처를 하는 쪽으로 나아갔다. 거기에 중요한 이정표가 된 것이 바로 「위안부 관계 조사 결과 발표에 관한 내각 관방장관 담화」(약칭 "고노 담화", 1993.8.4)였다. "고노 담화"는 위안부 모집과 이송·생활 및 위안소 설치와 관리에 일본군이 간여했으며 그 과정에서 강제성이 있었음을 인정했다. 동시에 일본군 위안부 피해자에게 진심으로 사죄와 반성을 표하고 어떤 방법으로든 그들의 심신을 치유할 수 있는 사업을 하겠다는 뜻을 밝혔다. 나아가 연구·교육을 통해 역사의 진실을 직시하고 과거의 실책을 교훈으로 삼아 같은 잘못을 다시는 되풀이하지 않겠다는 결의를 다졌다. "고노 담화"의 주요 부분을 옮기면 다음과 같다.

위안소는 당시 군 당국의 요청에 따라 설치·운영되었으며, 위안소의 설치, 관리 및 위안부의 이송에 대해서는 구 일본군이 직접 또는 간접적으로 관여했다. 위안부 모집에 대해서는 군의 요청을 받은 업자가 주로 담당했으나, 감언 및 강압에 의해 본인들의 의사에 반하여 모집된 사례가 많으며, 더욱이 관헌 등이 직접 이에 가담한 적도 있었다. 또 위안소에서의 생활은 강제적인 상황에 놓인 참혹한 것이었다.

또한 전지로 이송된 위안부의 출신지에 대해서는 일본을 제외하면 한반도가 큰 비중을 차지하고 있었는데, 당시의 한반도는 일본의 통치

아래 있었기 때문에, 모집, 이송, 관리 등도 감언, 강압 등에 의해 총체적으로 본인들의 의사에 반하여 이루어졌다.

어쨌든 본 건은 당시 군의 관여 아래 수많은 여성의 명예와 존엄에 깊은 상처를 입힌 문제다. 정부는 이번 기회에 다시금 출신지를 불문하고 이른바 종군 위안부로서 헤아릴 수 없는 고통을 겪고 심신에 걸쳐 치유하기 어려운 상처를 입은 모든 분께 마음에서 우러나오는 사죄와 반성의 심정을 말씀드린다. 또한 그와 같은 마음을 우리나라가 어떻게 표시할지에 관해서는 뜻있는 사람들의 의견 등을 모아서 앞으로 진지하게 검토해야 한다고 생각한다.

우리는 이와 같은 역사의 진실을 회피하지 않고, 오히려 이것을 역사의 교훈으로 삼아 직시해나가고자 한다. 우리는 역사 연구 및 교육을 통해 이 문제를 오래 기억에 담아두고 같은 잘못을 결코 되풀이 하지 않겠다는 굳은 결의를 다시 한번 표명한다.

또한 이 문제에 대해서는 국내에서 소송이 제기되어 있는 상황이고 국제적으로도 주목을 받고 있기 때문에 정부로서도 앞으로 민간 연구 진행을 포함한 여러 방식을 통해 충분히 관심을 기울여나가고자 한다.

위안부의 모집, 이송, 관리 과정에서 드러난 강제성을 인정하고 사죄와 함께 역사 교육 등을 통해 기억을 전수하겠다는 "고노 담화"에 대해, 한국 정부는 큰 틀에서 만족한다는 뜻을 표했다. 당시 "양국 간 최대 외교 현안이 사실상 종결되었으며, 더는 외교 문제는 되지 않을 것이다"라는 정부 당국자의 발언이 보도되기도 했다(1993.8.5). 일본군 위안부 문제가 해결될 것 같은 분위기였다. 그렇지만 정대협은 "고노 담화"가 강제성을 명확히 하지 않았다고 비판함으로써 파란을 예고했다.

한편 1995년 무렵 일본 정계는 재편의 회오리에 휩싸였다. 야당 세력이 결집하여 50여 년간 지속된 자민당 정권을 무너뜨린 것이다. 그 와중에 사회당과 자민당의 연립 정권이 탄생했다. 국회는 무라야마 도미이치 사회당 대표를 총리로 선출했다.

"고노 담화"를 실행해야 하는 과제를 떠맡은 무라야마 정부는 위안부 문제 해결 방안에 대해 여러 분야의 의견을 수렴했으며, 그 논의를 바탕으로 "아시아여성기금"을 설치·운용하겠다고 발표했다 (1995.6.14.). 내각 관방장관 담화를 통해 발표된 내용에는 일본군 위안부에 대한 사죄와 반성의 뜻으로 국민의 성금 및 정부 출연금을 모아 기금을 마련하고, 이를 활용하여 국민과 정부의 협력 아래 위안부 생존자들을 위한 의료·복지 사업을 시행하겠다는 방안이 포함되어 있었다.

무라야마 수상은 아시아여성기금의 발족에 맞춰 피해자에게 다음과 같은 취지의 사죄 편지를 전달하겠다고 발표했다(1995.7). 무라야마 총리 뒤에 취임한 하시모토 류타로 총리는 실제로 다음과 같은 내용의 편지를 아시아여성기금 수령자에게 전달했다. 이후 오부치 게이조, 모리 요시로, 고이즈미 준이치로 총리도 유사한 내용의 편지를 보냈다.

이른바 종군 위안부 문제는 당시 군의 관여 아래 다수 여성의 명예와 존엄에 깊은 상처를 입힌 용서받을 수 없는 일이었습니다. 저는 일본의 내각 총리대신으로서 다시 한번 이른바 종군 위안부가 되어 무수한 고통을 경험하고 심신에 걸쳐 치유하기 어려운 상처를 입은 모든 분께 깊은 사죄와 반성의 마음을 전합니다.

우리는 과거의 중요성에서도, 미래의 책임에서도 도망쳐서는 안 됩니다. 우리는 도의적 책임을 통감하면서 사죄와 반성에 입각하여 과거의 역사를 직시하고 올바르게 이것을 후세에 전함과 동시에 까닭 모를 폭력 등 여성의 명예와 존엄에 관련된 모든 문제에 적극적으로 대처해야 한다고 생각합니다.

아시아여성기금은 일본의 책임을 철저히 부정하려는 보수 세력과 그것을 조금이라도 인정하고 행동하려는 진보 세력이 최대한 타협하여 도출한 방안이었다. 따라서 "책임"과 "인도"의 경계선상에서 마련된 고육지책인 셈이다. 하시모토 총리의 사죄 편지는 국회의 결의를 거친 것은 아니었지만 일본군의 관여를 인정하고 과거를 교훈 삼아 후세에 전하겠다는 등의 내용을 담고 있어서 나름대로 진심을 표시한 것으로 볼 수 있다. 당시 한국 정부는 아시아여성기금이 일본의 법적 책임을 회피하려는 꼼수에 불과하다는 일부 여론을 부담스럽게 여기면서도, 일본군 위안부 피해자들의 요구 조건이 어느 정도 반영된 성의 있는 조치로 받아들였다(1995.6.15). 그러나 정대협은 아시아여성기금의 구상 단계부터 반대 집회를 개최하는 등 일찌감치 정면 대결의 자세를 취했다(1995.3.2).

아시아여성기금은 1995년 7월 19일에 설립되어 활동을 개시했다. 일본 정부뿐만 아니라 일반 시민, 정치인, 지식인, 관료 등이 기금 모금에 참여한 결과 2001년 8월까지 5억 7천만 엔이 모였고, 이를 바탕으로 2004년까지 170명의 피해자에게 보상금을 전달했다. 한국, 필리핀, 대만의 위안부 피해자에게는 1인당 200만 엔을 지급했는데, 이와 별도로 일본 정부 차원에서 의료·복지(주택 개선, 간호 서비스, 의약품 보조 등) 명목으로 약 11억 엔을 지출했다. 한국인 피해자에게는 1인당 300만 엔을 지급했다. 국민 성금과 정부 예산을 합치면 한국인 피해자 1인당 500만 엔이 배정되었는데 61명의 한국인 피해자가 이를 받은 것으로 알려졌다. 2002년 당시 한국 정부가 일본군 위안부 피해자로 인정한 사람이 207명이므로, 30% 정도가 일본 정부와 아시아여성기금의 조치를 수락한 셈이다. 아시아여성기금은 2007년 3월에 해산했으나 자원 봉사자들이 해마다 한국인 피해자를 방문하여 치유 활동을 도왔다.

그런데 한국에서 아시아여성기금으로 일본군 위안부 문제를 해결하려는 일본 정부의 처사를 반대하는 움직임이 거세게 일어났다. 그로 인해 문제가 더 복잡해지는 양상으로 변했다. 정대협 등은 일본 정부가 법적 책임을 인정하지 않고 아시아여성기금을 통해 "보상금"을 지급하는 방식에 반대하면서, 한국인 피해자에게 보상금을 받지 말라고 설득·회유했다. 국회의원 191명은 아시아여성기금이 국가의 개인 보상을 반영하지 않은 결과라며 보상금 지급을 중단하라는 성명을 발표했다(1996.6.21). 아시아여성기금 측은 일본군 위안부 피해자에게 지급한 보상금이 "속죄금"(atonement)의 성격을 갖고 있다고 정리했으나, 이에 대한 논란이 끊이지 않고 확산되었다.

정대협은 국내외에서 일본군 위안부 문제를 역사 현안으로 끊임없이 제기해온 강력한 여성·시민 운동 단체다. 정대협의 주장과 활동으로 인해 정부·국회를 비롯해 언론까지 일본군 위안부 문제 해결에 관심을 집중하게 되었다. 핵심 활동가 중 여러 명은 관련 경력을 활용하여 정부 요직에 진출하기도 했다. 정대협은 일본군 위안부 문제와 관련해 일본 정부에 전쟁 범죄 인정, 진상 규명, 공식 사죄, 법적 배상, 전범자 처벌, 역사 교과서 기술, 추모비와 사료관 설립 등을 요구하였다. 이 글을 읽으면서 정대협의 요구가 어느 정도 달성되었는지 생각해보면, 일본군 위안부 문제를 극복하기 위해 어떤 조치가 더 필요한지 가늠하는 데 도움이 될 것이다.

시민 단체를 비롯해 여러 분야에서 아시아여성기금을 반대하는 여론이 많아지자, 한국 정부는 일본 정부의 노력을 긍정적으로 평가하던 시각을 거두고 반대 주장에 동조하는 방향으로 돌아섰다. 정부는 아시아여성기금 측이 "문제의 심각성을 인식하지 못하고 우리 정부와 대다수 피해자의 요구를 외면하면서 일시금 지급 등을 감행한 것을 심히 유감스럽게 생각한다"는 성명을 발표했다(1997.1.12). 그리고 "정부 차원에서 일본 측에 금전적 보상을 요구하지 않겠다고 한 김영삼 대통령의 발언(1993년)이 피해자 개인에 대한 일본 정부의 배상 책임까지 사면해준 것은 아니다"라고 항변했다(1997.1.14). 하시모토 류타로 총리는 김영삼 대통령과 정상 회담을 가진 후 참석한 기자회견에서 아시아여성기금이 일본 정부 및 국민의 마음이 모여 만들어진 것임을 한국 국민이 이해해주기 바란다고 말했다(1997.1.24).

아시아여성기금의 출범을 전후해 일본 역사 교과서에도 일본 군 위안부 문제가 포함되었다. 고등학교 교과서에는 이전부터 일본 군 위안부 문제가 언급되었는데, 1997년부터는 모든 중학교 역사 교과서에 간략하게나마 "여성까지 전장에 끌려가 열악한 환경에서 성적 봉사를 강요당했다"는 취지의 글이 실렸다. (나중에 일본 최장기 집권 총리가 된) 아베 신조 의원을 비롯한 정치인과 지식인들은 중학생에게까지 위안부 문제를 교육할 필요가 있냐고 주장하며 거세게 반발했다. 이들은 일본의 자학사관(自虐史觀)을 비판하는 캠페인을 벌이면서 일본의 자긍심을 고취하는 데 도움이 될 "새 역사 교과서"를 만들어 공급한다(2001.3). 이를 계기로 중학교 역사 교과서는 일본군 위안부 문제를 언급하지 않게 되었다. 그러나 거의 모든 고등학교 역사 교과서는 이를 명백히 기술하고 있다. 우파 정치 단체인 일본회의나 자민당의 우파 세력은 위안부를 강제 동원한 사실이 없었다는 주장을 집요하게 퍼뜨렸다. 아베 정부는 위안부 문제와 관련해 "고노 담화"를 계승한다고 말하면서도, 위안부 강제 연행을 보여주는 직접적 증거(공문서)는 없다는 주장을 각의에서 의결하는 등 이중적 태도를 보였다(2007.3.16).

김대중 정부는 김영삼 정부의 방침을 이어받아 일본 정부 차원의 배상을 요구하지 않는 대신, 일본군 위안부 피해자가 받아들일 수 있는 진정한 사과와 반성을 촉구했다(1998.4). 아울러 아시아여성기금에 대해서도 처음에는 긍정적 반응을 보였다. 그렇지만 정대협 등이 이에 반대하는 여론을 조성하자 결국 아시아여성기금과 같은 방식으로는 피해자 전체의 의사를 반영할 수 없기 때문에 반대한다는 쪽으로 돌아섰다. 김대중 대통령은 일본 언론과 진행한 인터뷰에서, 일본군 위안부 문제는 "일본 정부의 책임이지 일본 국민의 책임이 아니다"라고 말하며 아시아여성기금이 "사실의 본질을 바꾸게 만드는 것"이라고 비판했다(1998.9.7).

　김대중 대통령 재임 시 국회는「일제하 일본군 위안부에 대한 생활 안정 지원법」(동 법률은 2002년 12월「일제하 일본군 위안부 피해자에 대한 생활 안정 지원 및 기념 사업 등에 관한 법률」로 개정됨)을 제정했다. 정부는 이에 따라 별도 예산을 편성하고 심사를 거쳐 확인된 생존 피해자에게 병원비와 생활비 등을 지원했다. 지원 대상자로 선정되면 일시금 4,300만 원과 월 지급금 1백여만 원을 수령할 수 있고 간병인의 간호와 정신적·육체적 치유를 받는다. 그런데 아시아여성기금을 받은 피해자에게는 정부 지원을 해주지 않아 물의를 빚었다. 이는 정대협 등이 정부에 압력을 가한 결과다. 당시 일본군 위안부 피해자 중에 남모르게 양쪽의 지원을 다 받은 사례가 있다는 소문이 떠돌기도 했다. 아무튼 가슴 아픈 이야기다. 여성가족부에서 발표한 통계에 따르면 2014년 5월 기준으로 55명의 피해자가 정부 지원을 받고 있다.

　1990년대 중반에는 국제적으로 발칸 반도에서 일어난 전시 성폭력을 전쟁 범죄로 인정하는 분위기가 지배적이었다. 이에 맞물려 일본군 위안부 문제를 여성 인권 침해 사안으로 이해하고 일본 정부에 적절한 조처를 요구하는 움직임이 나타났다. 한국과 비슷하게 일본군 위안부 문제를 경험한 대만, 중국, 네덜란드, 인도네시아, 필리핀도 일본 정부에 사죄와 배상을 요구했다. 유엔 인권 위원회와 국제 법률가 위원회는 전쟁 중 군대 성노예 문제를 조사하고 일본 정부

의 법적 책임과 보상을 촉구하는 결의안을 잇달아 채택했다(1993.4-
2001.6). 일본군 위안부 문제가 아시아여성기금을 둘러싼 공방의 차
원을 벗어나 민족과 계급, 여성과 인권, 전쟁과 평화, 제국과 식민 등
이 복잡하게 뒤엉킨 전시 성범죄로 인식되기 시작했다. 더불어 민족
과 국경을 넘어 연대하는 사람들이 늘었다. 이렇게 되기까지 한국 정
부는 국제 사회에서 일본 정부의 철저한 진상 조사와 충분한 보상 실
행을 요구하며 전방위적인 활동을 펼쳤다(1993.1.18).

또한 각국 시민·여성 운동 단체는 일본 도쿄에서 전시 중 "성노
예 전범"을 재판하는 민간 "국제 여성 법정"을 열어 일본의 국가 책
임과 천황의 전쟁 책임 등을 추궁했다(2000.12.8-10). 2002년 7월에
는 집단 학살, 전쟁 범죄, 반인도적 범죄를 저지른 개인을 처벌하는
국제 형사 재판소가 네덜란드 헤이그에서 출범했다. 아울러 국제 형
사 재판소의 설립 근거가 되는 로마 규정(1998년)에 2004년 5월 기준
으로 94개국이 가입을 완료했다.

일본군 위안부 문제가 한국과 일본의 주요 이슈로 떠오르자 독
지가와 일반인이 성금을 모아 경기도 광주에 일본군 위안부 피해자
의 생활 공동체인 "나눔의 집"을 지었다. 이곳은 위안부 피해자의 생
활 터전이자 전시 성폭력을 고발하는 역사 교육의 장소다. 일본의 뜻
있는 청년이 이곳을 방문해 자원 봉사 활동을 할 때도 있다. 이런 분
위기 속에서 해당 문제를 주제로 한 여러 전시관이 양국에 설립되었
고 알찬 사업을 전개하고 있다.

노무현 정부는 민간 단체의 제소에 패하자 한일 회담 문서를 전
면 공개했다. 또한 일본군 위안부 문제가 재한 원자 폭탄 피폭자 및

사할린 잔류 한인 문제와 더불어 "청구권 협정"으로 해결되지 않았기 때문에 일본의 법적 책임이 남아 있다는 견해를 발표했다(2005.8). 한국 정부의 이런 견해는 "청구권 협정"으로 모든 문제가 최종적으로 완전히 해결되었다고 주장하는 일본 정부의 견해와 정면으로 배치되어 한일 관계에 파란을 예고했다.

미국 하원은 일본군 위안부 문제와 관련하여, 일본 정부에 공식적이고 분명한 책임 사실 인정과 사과 및 교육 실행을 요구하는 결의안을 만장일치로 채택했다(2007.7.30). 이 결의안은 법적 구속력을 갖고 있지 않지만, 일본군 위안부의 강제 동원을 부인하는 일본 정부 주장의 부당함을 알리는 데 큰 힘을 발휘했다. 네덜란드 하원(2007.11.8)과 유럽 의회(2007.12.12)도 유사한 결의안을 채택했다.

이런 분위기 속에서 일본군 위안부 문제는 국내외적으로 다시 주목을 받았다. 전국 각처에 수백 개의 "소녀상"이 설치되고 "수요 집회"도 계속 열렸다. 그렇지만 노무현 정부는 일본군 위안부 문제를 정식 외교 의제로 제기하지 않았다. 그에 따라 일본군 위안부 문제는 국내외 시민·여성 운동 차원에서 계속 내연(內燃)하는 상황을 맞게 된다.

2) 재연(再燃), 합의, 번복, 대립, 모색(摸索)

2011년 8월 30일, 한국 헌법 재판소는 시민 단체의 헌법 소원에 대해 다음과 같은 요지의 판결을 내렸다. "한국 정부와 일본 정부 사이에 일본군 위안부 문제의 법적 해석을 둘러싸고 의견 차이가 있음에도 불구하고, '청구권 협정'에 규정된 절차에 따라 해결하려고 노력하지 않은 것은 헌법 위반이다"(약칭 "부작위 판결").

한일 정부는 앞서 살펴본 바와 같이, 일본군 위안부 문제에 관해 아무 노력도 하지 않은 건 아니었다. 서로 법적 견해는 달랐으나 도의적·인도적 관점에서 책임을 공감하고 기구를 만들거나 법률을 제정함으로써 피해 당사자에 대한 사죄·치유·보상 등을 나름 진지하게 실행했다. 그런데도 헌법 재판소는 그런 노력을 높이 평가하는 대신 "청구권 협정"의 문구에 얽매여 법적 절차를 이행하라는 판결을 내렸다. 이로 인해 내연하던 일본군 위안부 문제가 사법(司法)의 원호를 받는 현안으로 다시 떠올랐다. 박근혜·아베 정부는 분발·타협하여 일본군 위안부 문제의 해결에 합의하지만, 문재인 정부가 곧 이를 번복함으로써 일본군 위안부 문제는 원점으로 돌아간다.

"부작위 판결" 이후 10년 동안 한국과 일본이 일본군 위안부 문제를 다뤄온 내력을 재연(再燃), 합의, 번복, 대립, 모색(摸索)의 과정으로 설명해보면 다음과 같다.

"부작위 판결"의 부담을 안은 한국 정부는 10여 년 만에 일본군 위안부 문제를 다시 대일 외교의 의제로 내세웠다. 이명박 대통령은 2011년 12월 17-18일 교토에서 열린 한일 정상회담에서 직설적인 화법으로 노다 요시히코 총리에게 일본군 위안부 문제를 해결하라고 촉구했다. 그러자 노다 총리는 이 문제가 한일 조약에서 "완전히 그리고 최종적"으로 해결되었다는 종래의 주장을 되풀이하면서, 오히려 주한 일본 대사관 앞에 설치된 일본군 위안부 기림비인 "소녀상"을 철거하라고 요구했다. 소녀상은 정대협 등의 시민 단체가 수요 집회 1천 회 개최를 기념하여 2011년 12월에 세운 것인데, 설치 당시부터 외교 공관의 안녕과 위엄 유지를 규정한 "비엔나 협약"을 위반하는 행동이라는 의견이 있었다. 일본이 위안부 문제에 성의를 보이지 않으면 제2, 제3의 "소녀상"이 세워질 것이라고 반박하자, 일본 측은 한국의 독도 영유가 불법이라고 되받아쳤다. 결국 한일 정상회담이 험악한 분위기로 끝나면서 역사·영토 갈등이 재연될 조짐이 보였다.

　일본 노다 정부는 자민당에서 민주당으로 정권이 바뀐 뒤 성립된 마지막 정부였다. 민주당은 원래 일본군 위안부 문제의 법적 해결에 의욕을 보임으로써 관련 문제가 해결되리라는 국내외 기대감을 증폭시켰는데, 막상 정권을 잡은 후에는 "군이나 관헌이 일본군 위안부를 조직적으로 연행한 사실을 보여주는 문서는 없다. 이 문제는 한일 청구권 협정으로 완전히 해결되었다"는 쪽으로 방향을 돌렸다 (2011.10.4, 12.14). 이들은 이미 마련한 관련 법안을 국회에 상정조차 하지 않았다. 결국 일본군 위안부 문제에 관한 한 자민당의 판박이가 된 셈이다.

　곧이어 등장한 한국의 박근혜 정부와 일본의 아베 신조 정부는 일본군 위안부 문제를 놓고 더 거센 대립각을 세웠다. 양국 정부 모두 자국의 위신과 존엄을 중시했다. 아베 총리는 국회에서 위안부 "강제 모집"을 부정하고, 박 대통령은 3·1절 기념사에서 일본군 위안부 문제 해결을 촉구했다(2014.3.1). 특히 박근혜 대통령은 유엔 총회에서 처음으로 일본군 위안부 문제를 언급했다(2014.9.24). 반면 아베 총리는 위안부 강제 모집은 없었다고 주장했다. 이러니 외교 당국끼리 아무리 일본군 위안부 문제를 논의해도 해결의 실마리를 찾을 수 없었다.

김영삼 정부 때 제정한 「일제하 일본군 위안부 피해자에 대한 보호·지원 및 기념 사업 등에 관한 법률」은 사안이 불거질 때마다 개정·보완되었다(2002, 2014, 2018년). 이에 따라 피해자 지원금도 점차 늘어나 1인당 매달 300만 원 전후의 금액을 지급하게 되었다. 여성가족부의 자료에 따르면 2001-2015년 동안 생활·의료비 명목으로 1인당 약 2-3억 원을 지원했다.

그런데 아베 정부는 2014년 2월에 "고노 담화 작성 과정 등에 관한 검토팀"을 설치하고 4개월간 조사 작업을 벌인 끝에 「위안부 문제를 둘러싼 한일 간의 의견 교환 경위」라는 보고서를 발표한다(2014.6.20). 이 보고서의 핵심은 "고노 담화"가 역사적 사실에 근거하기보다는 한국의 의견을 수렴하여 만든 문건이라는 것이다. 일본 정부는 고노 담화가 외교적·정치적 타협의 산물이라는 뉘앙스를 풍김으로써 실질적으로 담화의 의미를 훼손했다.

박근혜 정부는 "고노 담화"를 일방적으로 검증한 일본 정부의 처사를 강력히 비난하는 외교부 성명을 발표하고 주한 일본 대사를 불러들여 엄중히 항의했다. 그리고 일본군 위안부 문제에 대해 독자적으로 백서를 만들어 공표하고 국제 사회와 연대하여 일본에 대항하겠다는 방침을 밝혔다. 이처럼 일본 정부의 고노 담화 검증을 계기로 한국과 일본의 상호 불신과 혐오가 더욱 깊어짐에 따라 일본군 위안부 문제의 해결도 더욱 어렵게 되었다.

국제 사회에서는 아베 정부의 수정주의적 역사관을 비판하는 분위기가 지배적이었다. 미국 오바마 정부도 일본군 위안부 문제에 우려를 표명하면서 한일 간의 타협을 권유했다. 한일 정부는 집중적으로 막후 교섭을 전개했다. 그 결과 양국 외교부 장관은 2015년 12월 28일 서울에서 공동 기자회견을 열어 일본군 위안부 문제 해결 합의를 발표했다(이른바 "위안부 합의"). "위안부 합의"에는 "당시 군의 관여 아래 다수 여성의 명예와 존엄에 깊은 상처를 입힌 점에 대해 일본 정부가 책임을 통감하고, 관련된 모든 분께 아베 총리의 이름으로 사죄와 반성을 표명한다. 일본 정부는 한국 정부가 설립하는 재단에 10억 엔의 자금을 출연하여 전 위안부 여러분의 명예와 존엄 회복 및 마음의 상처 치유 사업을 실행한다. 이로써 위안부 문제가 최종적 및 불가역적으로 해결될 것임을 확인하고 양국 정부는 유엔 등 국제 사회에서 서로 비판/비난하는 일을 자제한다. 아울러 한국 정부는 "소녀상" 문제를 관련 단체와 협의하여 적절히 해결하도록 노력한다" 등의 내용이 포함되었다.

이 "위안부 합의"는 아시아여성기금에 비해 두 가지 점에서 크게 진전했다고 볼 수 있다. 하나는 일본 정부의 "책임"에서 "도의적"이라는 수식어를 빼고 그냥 "책임"이라고 표현한 점이다. 일본 측은 "청구권 협정" 등과의 정합성을 고려하여 한국 측이 끈질기게 요구해온 "법적" 책임을 그대로 받아들일 수 없었다. 그렇다고 한국 측이 싫어하는 "도의적 책임"을 고집하지도 않았다. "도의적"이라는 용어를 삭제함으로써 양측의 주장을 절충한 것이다. 정대협도 아시아연대회의 등에서 이런 방식에 동의한 바 있다. 또 하나는 일본 정부의 예산으로 "위안부 합의" 실행비를 지출한 것이다. 민간 모금이 아닌 국가 예산을 쓴다는 것은 "배상"의 성격을 드러내는 행위다. 아시아여성기금이 피해자에게 "속죄금"을 지급할 때는 민간 모금으로, 의료·생활 환경을 개선할 때는 국가 예산으로 집행했다. "위안부 합의"에서는 이것을 모두 국가 예산으로 일원화했다. 물론 법적 해석에 얽매이지 않고 실행 자체를 중시하는 대다수의 일반 국민은 어느 쪽이든 상관없다고 여길 수도 있겠다.

그런데 "위안부 합의"에는 "고노 담화"나 아시아여성기금 등에서 명기한 일본군 위안부 문제에 대한 교육, 기념, 기억 사업 등이 언급되지 않았다. "전 위안부 여러분의 명예와 존엄 회복 및 마음의 상처 치유 사업을 실행한다"라는 문구에 이런 사업이 포함된다고 보기는 어렵다. 이는 모처럼 이루어진 "위안부 합의"가 안고 있는 한계로 평가될 여지가 있다.

양국 언론이나 국민이 벼랑 끝 타결이라는 현실을 제대로 이해했는지 모르지만, 합의 발표 당시 절반 이상이 이를 긍정적으로 평가했다. 한국 외교부의 사전 설명을 들은 정대협도 양해하는 듯한 반응을 보였다. 그러나 시민 단체들은 곧 태도를 바꿔 반대 운동을 전개했다. 박근혜 정부를 격렬하게 비판하는 야권 세력도 반대 운동을 적극 지원했다. 정대협 등은 "일본군 성노예 문제 해결을 위한 정의기억재단"을 만들어 모금 활동을 벌임으로써 박근혜 정부의 후속 조치를 저지하는 운동에 나섰다(2016.6.9). 서울시는 남산 기슭에 자리한 옛 통감·총독 관저 터에 일본군 위안부 피해자 추모 공원인 "기억의 터"를 건립했다(2016.8.29). 이로써 "위안부 합의"는 박근혜 정부를 곤경에 빠트리는 첨예한 정치 문제로 비화되었다.

이런 와중에도 한일 정부는 "위안부 합의"를 이행하기 위한 절차를 진행했다. 박근혜 정부가 2016년 7월 28일에 "화해·치유재단"

을 설립하자마자 아베 정부는 이 재단에 10억 엔을 송금했다. 긍정과 부정, 격려와 비난이 뒤엉킨 가운데 "화해·치유재단"은 위안부 피해자로 인정된 47명 중 36명에게 1인당 1억 원을 지급했다. 유가족 58명에게도 각 2,000만 원을 지급했다. 그러나 정대협 등은 집요하게 사업을 반대했다. 정대협은 정의기억재단을 2018년 7월에 "일본군 성노예제 문제 해결을 위한 정의기억연대"(약칭 정의기억연대)로 개편했다. 정대협 등이 전개한 "화해·치유재단" 반대 운동은 아베 총리가 국회 논전 중에 화해·치유 사업의 후속 조치로 총리가 직접 일본군 위안부 피해자에게 사죄 편지를 써보낼 의향이 있느냐는 질문에 "털끝만큼도 없다"고 답변함으로써(2016.10.3) 더욱 탄력을 받았다. 아베 총리의 발언이 "위안부 합의"의 진정성에 의문을 품는 여론을 조성했기 때문이다.

그런데 한국에서 탄핵이라는 미증유의 사태가 발생함에 따라 일본군 위안부 문제는 또 한 차례 큰 변화를 맞았다. 문재인 정부는 출범 전부터 기본적으로 "위안부 합의"가 "피해자 중심주의"에 반(反)한다고 맹렬히 비난했다. 문 대통령도 취임 직후 아베 총리와 전화 통화를 하면서 "위안부 합의"는 "우리 국민 대다수가 정서적으로 수용하지 못하는 게 현실"이라고 말했다(2017.5.11). 국회는 「일제하 일본군 위안부 피해자에 대한 생활 안정 지원 및 기념 사업 등에 관한 법률 개정안」을 의결하고, 매년 8월 14일을 "일본군 위안부 피해자 기림의 날"로 지정했다(2017.11.23). 정부에 의해 "위안부 합의" 검증 위원회가 설치되어 6개월가량 활동한 끝에 「한·일 일본군 위안부 피해자 문제 합의(2015.12.28) 검토 결과 보고서」(약칭 "검토 보고서")를 발표했다(2017.12.27). 이 보고서의 주요 내용은 피해자의 동의를 받지 못한 "위안부 합의"는 정당성이 없으며 합당한 해결책이 아니라는 것이다. 그러면서도 문재인 정부는 일본에 재협상을 요구하지 않는 이중적 태도를 보였다. "검토 보고서"를 작성한 민간인 중 여러 명은 곧 정부 요직에 취임한다.

문재인 정부는 "화해·치유재단"의 활동을 집요하게 방해하며 해산 절차에 들어갔다. 그리고 2019년 1월 21일 여성부 장관 직권으로 "화해·치유재단"의 허가를 취소해버렸다(등기 말소, 2019.7.3). 문재인 정부는 아베 정부가 출연한 기금의 처리를 유보하고, 그에 상당하는 금액(약 103억 원)을 예비비로 편성했다. 그렇지만 "화해·치유재단"의 잔여 금액이나 정부 출연금의 용도에 대해서는 아무런 설명도 하지 않았다. 심지어는 "화해·치유재단"이 일본군 위안부 피해자에게 지급한 금액조차 분명히 밝히지 않아 이른바 "먹튀"라는 쓸데없는 오해를 불러일으켰다.

아베 정부는 문재인 정부의 "화해·치유재단" 해산이 정부 간 약속을 위반한 것이라고 강력히 항의했다. 그리고 기회 있을 때마다 "합의의 착실한 이행이 국제 사회에 대한 책무"라는 주장을 한국과 미국 등지에 계속 발신했다(2018.12.28). 한국 대법원이 징용 피해자 소송의 대상이 된 일본 기업에 대해 원고에게 1억 원씩 위로금을 지급하라는 판결을 내리자, 일본 정부는 한국이 국제법과 국가 간 약속을 지키지 않는 나라라고 몰아세웠다. 이에 일본군 위안부 문제는 해결은커녕 국민 감정이 정면으로 맞부딪치는 내셔널리즘의 상징이 되었다.

그런데 2020년 5월, 한국에서 일본군 위안부 문제의 향방에 영향을 줄 수 있는 대형 사고가 발생했다. 이른바 "윤미향 사건"이다. 전 일본군 위안부로 알려진 이용수 할머니는 정대협과 정의기억연대의 대표를 역임하고 여당 국회의원이 된 윤미향이 일본군 위안부 피해자를 내세워 받은 모금액과 정부 지원금을 유용·착복했다고 성토했다. 윤미향 의원은 일본군 위안부 문제를 여성·사회·정치·외교 차원으로 확장하고 "위안부 합의" 반대 여론을 조성하는 데 크게 공헌했다. 여권에서 그 실적을 인정하여 비례대표로 국회에 입성시킨 것이다. 가장 헌신적이고 깨끗해야 마땅할 운동가가 일본군 위안부 피해자의 원한 서린 공금을 횡령하는 등의 혐의로 피소되어 재판을 받고 있으니, 황당하고 참담한 일이 아닐 수 없다.

"윤미향 사건"은 일본군 위안부 문제를 여론화시킴으로써 정치와 국제 사회에서 관심을 받게끔 이끌어온 한국 시민운동의 성실성과 도덕성 및 진정성을 근본에서부터 무너뜨렸다는 점에서 특기할 만하다. 이를 계기로 국내외에서 "피해자 중심주의"를 "피해자 이용주의"로 악용했다고 비난하는 여론이 들끓었다. 또 역사 정의의 실천이라는 명분을 내걸고 사리사욕을 채우려 했다는 비판의 소리도 있었다. 이로써 신성불가침한 권위를 자랑하던 "위안부 운동"은 광장으로 끌려 나와 검증의 역풍을 맞게 되었다. "피해자 중심주의"를 입버릇처럼 강조하는 문재인 정부는 윤미향의 긍정적 활동을 옹호하며 의원직을 보장하지만, 야당은 위선적 행위를 규탄하며 의원직을 사퇴하라고 요구한다. "윤미향 사건"은 앞으로 "위안부 운동"의 향방에 적지 않은 영향을 미치리라 생각한다.

게다가 일본군 위안부 문제의 법적 해결에 근본적인 의문을 불러일으킬 만한 일이 법원에서 벌어졌다. 서울중앙지방법원은 일본군 위안부 문제 소송에 대해, 일본 정부가 원고 12명에게 1억 원씩 배상함과 더불어 소송 비용도 부담하라는 판결을 내렸다(2021.1.8). 일본 정부는 이 소송 자체가 국제법상의 "국가(주권) 면제" 원칙에 위반된다고 보고 소송에 아예 참여하지 않았다. 일본 정부가 항고를 포기함으로써 이 판결은 최종 확정되었다. 그러나 일본 정부는 한국 정부에 이 소송과 판결이 국제법상의 "국가(주권) 면제" 원칙을 위반하는 것이라고 강력히 항의했다. "국가(주권) 면제"란 어느 한 나라가 다른 나라에서 재판의 대상이 될 수 없다는 원칙이다. 그런데 서울중앙지방법원은 절대 규범(국제 강행 규범)을 어긴 반인도적인 범죄 행위는 주권적 행위라도 예외적으로 국가 면제를 인정하지 않을 수 있다고 강조하며 손해 배상을 명했다. 이로써 일본 정부를 피고로 한 일본군 위안부 문제 재판이 국제법상 성립할 수 있느냐 없느냐가 또 다른 쟁점으로 떠올랐다.

그런데 서울중앙지방법원은 2021년 3월 29일에 지난 1월 판결을 사실상 부정하는 판결을 내렸다. 즉 일본군 위안부 문제 재판에서 한국에 있는 일본 재산을 압류하여 소송 비용을 징수하라는 판결은 국제법 위반이고, 이를 집행하는 행위는 "헌법의 국가 안보, 질서 유지, 공공 복지와 상반된다"는 것이다. 아울러 일본 정부를 피고로 한 일본군 위안부 문제 소송에 대해서도 "국가(주권) 면제"와 "위안부 합의"의 효력을 인정함으로써 소송을 각하하고, 더불어 원고가 소송 비용을 부담하라고 판결했다.

게다가 서울중앙지방법원은 2021년 4월 21일에 일본군 위안부 피해자 20명이 일본 정부를 상대로 제기한 손해 배상 청구 소송을 진행하면서 국제 관습법과 대법원 판례에 어긋난다며 청구를 각하했다. 같은 해 1월 8일의 판결과 정반대의 판결을 내린 것이다. 그러면서 2021년 6월 9일에는 일본 정부에 대해 한국 내 보유 재산을 명시하라는 소송을 받아들인다고 판결했다. 이는 국제 강행 규범을 위반한 경우에는 "국가(주권) 면제"라는 특권을 몰수할 수 있으며 강제 집행도 적법하다는 뜻이다. 이는 1월 8일 판결을 지지하고, 3월 29일과 4월 21일 판결을 부정한 처사다. 같은 법원 안에서 재판관마다 몇 달 사이에 서로 정반대의 판결을 내리니, 이를 지켜본 모든 사람은 헷갈릴 수밖에 없었다. 도대체 사법의 심판이란 무엇인가?

서울중앙지방법원의 상반된 판결이 상급 법원에서 어떻게 결정될지는 아무도 모른다. 한국 정부는 법원 판결을 존중하고 있는 반면 일본 정부는 국제법 준수를 요구하고 있다. 상황이 이러하니 한국과 일본이 일본군 위안부 문제와 관련된 실무 협의를 계속 진행하더라도 성과를 낼 리가 만무하다. 일본군 위안부 문제는 시간이 지날수록 해결이 요원해 보인다. 사법의 관여가 상황을 더욱 악화시킨 셈이다.

3. 한국과 일본은 일본군 위안부 문제를 어떻게 극복할까?

1) 한일 대결의 원점

지금까지 한국과 일본이 30년 동안 일본군 위안부 문제를 둘러싸고 씨름해온 내력을 살펴봤다. 일본군 위안부 문제는 부상(浮上), 사죄, 조처, 반발, 내연(內燃)의 과정을 거쳐 2011년 한국 헌법 재판소의 "부작위 판결"에 이른 이래 문제 해결이나 화해는커녕 갈등이 심화되고 분쟁이 격화되는 양상으로 발전된다. 현재 상황에서 보면 해결과 화해의 계기가 되었어야 할 사법 판결이 오히려 갈등과 분쟁을 전면적으로 확산시키는 기폭제가 된 것 같아 안타깝고 유감스러울 뿐이다.

지금 단계에서는 일본군 위안부 문제 해결 방법이나 화해 방안을 직설적으로 거론하기 이전에 어떻게 경색된 국면을 타개해나갈지를 논의함으로써 해결 및 화해의 기반을 마련하는 일이 시급하다. 이를 위해서는 일본군 위안부 문제를 다루는 한국과 일본의 태도와 지향을 정확히 인식할 필요가 있다. 일본군 위안부 문제를 다뤄온 내력을 살펴보는 가운데 양국의 공통점과 상이점이 많이 드러났지만, 여기서는 그 요점을 다시 정리함으로써 극복 방안을 모색하는 데 참고 자료로 삼고자 한다.

일본 정부는 시종일관 일본군 위안부 문제가 "청구권 협정"에 따라 완전히 그리고 최종적으로 해결되었다고 주장한다. 그에 따라 한국 정부의 추가 조처 요구나 사법의 판결 이행 추진에 정면으로 반발한다. 그렇지만 실제로는 일본군 위안부 피해자에게 사죄와 반성의 뜻을 표시하고 "속죄금"은 물론 생활·의료 등을 지원했다. "고노 담화", "아시아여성기금", "위안부 합의" 등의 조처가 이에 대한 명백한 사례다.

일본 정부의 기본자세는 일본군 위안부 문제에 대해 국가적·법률적 책임은 인정할 수 없지만 도의적·인도적 책임은 통감한다는 것으로 정리할 수 있다. 그렇지만 "위안부 합의"에서 "도의적·인도적"이라는 수식어를 빼고 그냥 "책임"으로만 표현한 점을 보면 한국 측의 요구에 한 발 더 다가섰다고 평가할 수도 있다. 게다가 화해·치유재단에 일본 국가 예산을 투입했으며 한국 측이 일본군 위안부 피해자에게 "배상"의 성격으로 시행하는 사업을 용인하기도 했다.

물론 일본 정부의 주장이나 태도는 엄밀하게 따지면 모순투성이다. "청구권 협정"으로 모두 해결되었다고 강변하면서 동시에 "청구권 협정"을 수정·보완하는 여러 조처를 실행했기 때문이다. 일본 정부의 이런 행위를 국가적·법률적 책임을 회피하기 위한 꼼수로 볼 것인가? 아니면 나름대로 원칙을 지키며 도의적·인도적 책임을 이행하려는 정성으로 볼 것인가? 나아가 종래 자세를 견지하면서도 실제로는 한국 측의 요구를 최대한 수용한 처사로 받아들일 것인가? 이에 대한 평가는 사람에 따라 달라질 수밖에 없다. 또한 사람이 운영 주체가 되는 한국 정부·사법·정당·언론의 평가도 각자 다른 방향으로 나타날 수밖에 없다.

한편 한국 정부는 기본적으로 일본군 위안부 문제가 "청구권 협정"으로 해결되지 않았다고 주장한다. 노무현 정부의 "민관합동위원회"가 이를 공식 견해로 채택한 2005년 이후부터는 이런 주장이 힘을 얻고 있다.

다만 앞서 살펴본 것처럼 한국 정부가 일본 정부의 조처에 대해 일관성 있게 대응했다고는 볼 수 없다. 정권이 바뀜에 따라, 아니 심지어는 같은 정권 안에서도 일본 정부의 도의적·인도적 조처를 긍정적으로 받아들이다가 부정적으로 돌아서는 일이 더러 있었다. 아시아여성기금이 제안되었을 때 김영삼, 김대중 정부는 어느 정도 양해하는 태도를 보였다. 박근혜 정부는 "위안부 합의"로 인해 일본군 위안부 문제가 "최종적·불가역적으로 해결되었다"라고 말했다. 그런데 문재인 정부는 박근혜 정부가 어렵사리 이룩한 "위안부 합의"를 번복했다. 한국 정부의 이런 처사는 국가의 성실성과 신뢰성을 떨어트리는 행위로 비쳐질 가능성이 있다.

원래 한국 정부는 시민·여성·노동 운동 세력의 주장에 민감하게 반응한다. 게다가 요즘은 사법의 판결에도 신경을 쓴다. 그러다 보니 정부는 일본군 위안부 문제가 "청구권 협정"으로 해결되지 않았다거나 법원의 판결을 존중한다는 등의 언급을 할 수밖에 없다. 일본군 위안부 문제에 관해 강경하거나 선명한 태도를 보이면 여론의 지지를 받는 구조가 형성되었기 때문이다. 여론 주도층의 동향도 대개 이와 같은 궤적을 보인다.

따라서 현재 상황에서 일본군 위안부 문제를 해결하는 방법은 한일 협정의 규정에 따라 제3국에 중재를 의뢰하거나 국제사법재판소에 제소하여 판결을 받아 처리하는 수밖에 없을 것 같다. 한국 헌법 재판소의 "부작위 판결"도 실은 그 초입에 해당하는 절차로 일본과 "외교 교섭"을 시도하라는 권고였다. 그렇지만 일본 정부는 그 "외교 교섭"조차 거부한다. 이유는 앞에서 거듭 지적한 바와 같이 "청구권 협정"으로 모든 것이 완전히 그리고 최종적으로 해결되었다고 보기 때문이다. 이처럼 일본군 위안부 문제는 아직도 원점에서 맴돌고 있다.

2) 타결의 접점

이토록 파란만장한 논의를 매듭지을 수 있는 길은 정녕 없는가? 김빠진 의견이지만 서로가 조금씩 종래의 자세를 바꾸거나 주장을 양보하여 대결을 마무리하는 것이 하나의 대안이 될 수 있다. 문재인 대통령은 2021년 1월 8일에 열린 기자 회견에서 중앙지방법원의 일본군 위안부 문제 판결을 언급하면서 "위안부 합의"를 공식적 합의로 인정하고 그 토대 위에서 원고가 동의할 수 있는 해법을 찾을 수 있도록 일본과 협의하겠다는 뜻을 밝혔다. 그 발언은 사법부 판결을 존중하고 그에 따른 해결을 되풀이 강조해온 문 대통령의 종래 언동과는 배치되어 주목과 의심을 동시에 받았다.

아무튼 한국 정부가 이렇게 융통성을 발휘하겠다고 운을 뗐으니 이번에는 일본 정부가 화답하는 게 마땅하다. "청구권 협정"으로 모든 게 완전히 그리고 최종적으로 끝났다는 주장에서 한발 물러나 협정의 부족한 점을 보완하고 수정하는 자세로 돌아서면 좋겠다. 실제로 일본은 지난 30년 동안 그렇게 해왔다. 도의적·인도적 책임을 인정하고 사죄·반성과 보상·치유에 해당하는 조처를 계속했다. 명분에 사로잡혀 실행한 조처를 부정하거나, 극복할 수 있는 길을 차단하는 것은 득책(得策)이 아니다.

물론 양국 정부가 유연하게 대응할 수 없는 이유는 명백하다. 반일 또는 혐한 민족주의에 물든 여론이 거세기 때문에 각국 정부가 이런 주장을 무시하고 독자적 행동을 하기 어렵다. 게다가 한국에서는 사법부의 판결까지 나온 상태라 정부의 운신 폭이 더욱 좁아졌다. 문재인 정부는 박근혜 정부 때 "징용 소송" 판결이 가져올 국제적 파장

등을 둘러싸고 사법부와 행정부가 의견을 나눈 것을 "사법 농단"이라 규정하고 양승태 전 대법원장을 구속했다(2019.1.24). 이런 마당에 정부가 어떻게 사법의 판결에 이의를 제기할 수 있겠는가? 그저 사법부의 판단을 존중한다고 말할 수밖에 없다. 게다가 민주 정부로서 삼권분립을 준수한다는 그럴듯한 명분이 있지 않은가?

일본이 문재인 정부의 처지를 이해하고 따라주면 고마울 텐데 일본 역시 양보할 수 없는 상황이다. 일본은 법적 책임을 진다는 게 사안의 본질에 맞지 않는다고 여길 뿐 아니라 이를 인정하면 한일 협정은 물론이고 동남아시아 여러 나라와 맺은 조약을 비롯해 앞으로 북한과 맺을지도 모르는 조약에도 영향이 미칠지 모른다고 여긴다. 심지어 일본이 미국 등 48개 연합국과 맺은 샌프란시스코 강화 조약(1951.9.8 체결, 1952.4.28 발효)의 틀에 균열이 생길 수 있음을 우려한다. 샌프란시스코 강화 조약은 일본에 대한 징벌적 배상을 포기한 것으로서, 이에 따라 형성된 국제 관계가 오늘날까지 세계 질서의 골간을 이루고 있다.

상황이 이렇다면 일본군 위안부 문제를 타결하는 방법을 하나 던져보아도 괜찮겠다는 생각이 든다. 바로 한국과 일본 정부가 함께 일본군 위안부 문제를 다뤄온 내력을 성찰하면서 성과는 성과대로 평가하고 과제는 과제대로 적시하여 수정·보완하는 것이다. 실제로 양국은 일본군 위안부 문제의 진상 조사, 책임 인정, 사죄, 반성, 보상 측면에서 상당한 진척을 이루었다. 부족한 부분은 일본군 위안부 문제와 관련된 연구, 교육, 기념 사업 분야다.

종래에도 해당 분야의 사업이 전혀 이루어지지 않은 것은 아니다. 한국 또는 일본에서 해마다 여러 저술이 나오고 교육이 진행되었으며 기념일까지 제정되었다. 자료관, 기념 시설 및 생활관도 여럿 있다. 여기에 추가로 한국과 일본이 공동으로 연구소나 기념관 등을 설립하여 운영하면 더 좋겠다는 뜻이다. "위안부 합의"에는 연구, 교육, 기념 사업이 빠져 있지만 "고노 담화"나 아시아여성기금에는 이런 사업이 언급되어 있다. 일본군 위안부의 강제 동원을 부정하는 아베 정부조차도 "고노 담화"를 계승하겠다고 공언했으므로, 양국이 합의하면 못 할 일도 아니다.

이런 사업은 국민의 신뢰를 받는 민간 기구가 수행하는 것이 바람직하다. 그럴 때는 "윤미향 사건"이 되풀이 되지 않도록 주의를 기울여야 한다. 투명하고 엄정한 운영이 중요하다. 그 기금은 이미 확보되었다고 볼 수 있다. "화해·치유재단"의 잔여금과 한국 정부의 출연금이면 연구소나 기념관을 충분히 만들 수 있다. 이를 위해서는 한일 정부의 합의가 꼭 필요하므로, 가끔 열리는 외교부 국장급 회의에서 이런 방안을 협의하면 좋겠다. 이런 교섭 자체가 일본군 위안부 문제를 넘어서는 첫걸음이 될 수 있으므로 진지하게 검토하고 실행에 옮기기를 바란다.

지금 한국은 일본군 위안부 문제가 법적으로 해결되는 편을 선호한다. 사법부는 일본 정부가 국가 책임을 인정하고 배상하라고 판결했다. 그렇지만 일본 정부는 재판 자체를 인정하지 않는다. 얼마 전에는 한국의 사법부조차 일본 정부의 배상을 부정하는 판결을 내렸다. 사법의 판단을 존중한다는 한국 정부가 어느 판결을 따라야 할지 난처해졌다. 따라서 법을 통한 해결이 점점 더 어려워지고 있다. 현재 일본군 위안부 피해자로 인정된 사람 중 12명이 생존해 있다고 한다. 모두 90세를 훨씬 넘긴 고령이다. 법적 해결로 그분들의 한을 풀어드리기에는 시간이 촉박하다.

일본 정부를 상대로 손해배상청구소송을 낸 이용수 할머니는 울분에 차 국제사법재판소의 판결을 받자고 주장했다(2021.4.21). 국제사법재판소에 사건을 제소하기 위해서는 한일 양국이 합의해야 하는데, 일본이 이에 응할 가능성은 전혀 없다. 그러자 이용수 할머니는 새로 유엔 고문방지위원회에 문제를 회부하자고 촉구했다(2022.1.25). 당사자의 소원이니 한국 정부가 절차와 실효를 검토한 다음 추진해도 좋을 것이라고 생각한다. 일본 정부의 법적 책임을 묻는 방법이 될 수 있기 때문이다.

어쨌든 어떤 방법으로 일본군 위안부 문제를 극복하려고 시도하든 그 돌파구를 열기 위해서는 무엇보다도 양국 정부 사이에 강고하게 자리 잡은 불신과 혐오를 제거해야 한다. 양국 정부가 합심하지 않고는 일단 어떤 방안도 시도할 수 없기 때문이다.

한국과 일본이 상호 신뢰를 회복하려면 먼저 일본군 위안부 문제를 둘러싸고 서로 치열하게 이룩한 성과를 인정하고 존중하는 자세를 갖춰야 한다. 나아가 역대 정부가 고민하며 내린 조처를 계승하여 발전시키겠다는 의지를 공유하고 실천해야 한다. 이는 역사 인식을 재정립하는 일이다. 적폐사관(積弊史觀)을 성찰사관(省察史觀)으로 바꾸는 일이다. 코페르니쿠스적으로 역사관을 전환하지 않으면 일본군 위안부 문제로 인한 갈등을 극복하기 어렵다. 해결이나 화해는 더 말할 나위도 없이 말이다.

4. 맺음말: "법적 해결"에서 "역사적 극복"으로

한일 관계에 있어서 일본군 위안부 문제가 중요하기는 하지만 이것이 양국 관계의 질을 좌우하는 유일무이(唯一無二)한 사안은 아니다. 다른 현안과 함께 풀어가야 할 과제에 불과하다. 양국은 이 문제를 서로 받아들일 만큼 흔쾌히 해결하지는 못했다. 그렇지만 논쟁과 타협을 통해 일정 부분에서 꽤 큰 성과를 거두었다. 아시아여성기금과 "위안부 합의"가 여기에 속하는 대표적인 예다.

정대협(현재 정의기억연대)은 일본군 위안부 문제에 관해 가장 강경하게 대응하는 시민운동 단체다. 정대협은 지난 30년 동안 전쟁 범죄 인정, 진상 규명, 공식 사죄, 법적 배상, 전범자 처벌, 역사 교과서 기술, 추모비와 사료관 설립 등을 일본에 요구해왔다. 일본에서 당사자라 할 수 있는 사람들이 이미 사망한 현실과 국회 입법이 필요한 사안이 있음을 고려하면, 이 요구 가운데 상당 부분은 아시아여성기금과 "위안부 합의" 등을 통해 실현되었다고 볼 수 있다. 물론 평가의 기준을 어디에 두느냐에 따라 달라지겠지만, 아무리 냉정하게 보더라도 중간 이상의 평가는 받을 것이다.

한국과 일본이 일본군 위안부 문제 해결에 이 정도나마 접근한 것은 피해자와 그들을 지원하는 사람들의 끈질긴 요구 덕분이지만, 양국 정부가 일본군 위안부 문제를 외교 현안으로 삼고 함께 풀어가고자 애쓴 점도 무시할 수 없다. 또 일본군 위안부 문제의 본질을 구명(究明)하고 여론을 환기해온 연구자, 교육자, 언론인 등의 역할도 적지 않았다. 따라서 지난 30년 동안 한국과 일본이 함께 일본군 위안부 문제 해결을 위해 씨름해온 경위를 무시하거나 폄하해서는 안 된다. 일본군 위안부 문제가 재연(再燃)됨에 따라 한일 관계가 최악의 상황에 놓인 지금이야말로 그 내력을 점검하고 그 속에서 극복의 실마리를 찾아야 한다.

한국과 일본은 잦은 마찰과 갈등에도 불구하고 국교 정상화 (1965년) 이후 서로 협력하고 경쟁하면서 꽤 양호한 관계를 맺어왔다. 또 두 나라는 민주주의, 시장경제, 법치주의, 인권옹호와 같은 보편적 가치를 공유하는 동질의 국가를 만들어냈다. 아울러 미국의 주요 동맹국으로서 동아시아의 안전과 평화를 유지하는 데 중요한 역할을 했다. 국민의 생활과 문화에서도 선진성과 탁월성을 발휘하고 있는 나라들이다. 최근 양국에서 유행하고 있는 한류(韓流)와 일류(日流)가 그 상징이다.

한국과 일본은 서로 경쟁하고 협력함으로써 이익을 확장할 수 있는 이웃이다. 밉고 싫다고 해서 보지 않을 수 있는 처지가 아니다. 그렇기 때문에 두 나라는 일본군 위안부 문제로 인한 갈등을 극복하지 않으면 안 된다. 재판을 통한 "법적 해결"은 문제 해결에 큰 도움이 되지 못했다. 법원 판결 이후 대결이 더욱 첨예해졌으며 해결의 가능성은 한층 낮아졌다. 그렇다면 이제 "법적 해결"을 넘어 "역사적 극복 방안"을 모색할 필요가 있다. 이를 위해서는 지금까지 양국이 해당 문제를 놓고 함께 씨름해온 내력을 성찰함으로써 거기서 발견된 부족한 부분을 수정, 보완하여 극복 방안을 마련하는 게 좋겠다. 양국 선인(先人)들도 우리들 못지않게 이 문제를 심각하게 고민했으며 나름의 해결 방안을 마련하여 실천해왔다. 그 역사의 발자취 속에서 지혜와 교훈을 얻어야 한다.

인류 역사상 제국주의 침략 국가와 식민지 피지배 국가 사이에 역사적인 화해를 이룩한 선례는 거의 없다. 독일, 프랑스는 번갈아 가며 침공국과 점령국이 되었던 사이이기 때문에 한국, 일본과는 사정이 다르다. 따라서 한국과 일본이 함께 노력하여 역사 화해를 이룩한다면 인류 역사에 새로운 비전을 제시하는 위대한 업적이 될 것이 틀림없다. 역사 화해에 이르는 과정은 지난한 성찰과 양보를 수반하는 험난한 여정이다. 그렇지만 한국과 일본이 뜻을 같이하면 이루지 못할 난제도 아니다. 한국과 일본이 지난 30년 동안 일본군 위안부 문제 해결을 위해 기울인 노력과 성취가 그 가능성을 보여준다.

이제는 과거를 놓고 싸우기보다는 미래를 함께 만들어간다는 신념을 가지고 역사 화해를 위한 공동 프로젝트를 개발하고 실행하는 게 상책(上策)이다. "한일미래재단" 또는 "한일우호재단"을 설립하여 일본군 위안부 문제를 포괄적으로 해결하는 게 좋겠다. 아니면 일본군 위안부 문제에 관한 특정 재단이나 시설을 만들어서 연구, 교육, 기념 사업을 전개해도 무방하다. 그러다 보면 반드시 미래가 과거를 정리한 현실을 목도하게 될 것이다. 일단 한일 국교 정상화 60주년이 되는 2025년을 일본군 위안부 문제 극복의 원년으로 삼자고 제안하고 싶다. 한국과 일본이 역사 화해의 길에 들어서는 것만으로도 세계는 제국과 식민지 관계의 청산에서 새로운 역사를 쓰기 시작했다고 상찬(賞讚)하리라 믿는다.

주요 참고문헌

정재정, 『주제와 쟁점으로 읽는 20세기 한일 관계사』, 역사비평사, 2014.

정재정, 『한일의 역사 갈등과 역사 대화』, 대한민국역사박물관, 2014.

남상구, 2014, 「고노 담화 수정론에 대한 비판적 검토」, 『한일 관계사연구』 제49집.

河野談話作成過程などに関する検討チーム, 2014.6.20, 『慰安婦問題を巡る日韓間のやりとりの経緯~河野談話作成からアジア女性基金まで~』.

외교부, 『고노 담화 검증 결과 발표에 대한 우리 입장』, 2014.6.25.

NEAR 편저, 『한일 관계, 이렇게 풀어라』, 김영사, 2015.

정재정, 『한일 회담·한일 협정, 그 후의 한일 관계』, 동북아역사재단, 2015.

內閣總理大臣 安倍晋三, 『內閣總理大臣談話』, 2015.8.14.

정재정, 「한일 협력과 역사 문제 – 갈등을 넘어 화해로」, 『日本硏究論叢』 제43호 (2016).

와다 하루끼, 정재정 역, 『일본군 위안부 문제의 해결을 위하여』, 역사공간, 2016.

윤미향, 『25년간의 수요일』, 사이행성, 2016.

남상구, 「일본 정부의 일본군 위안부에 대한 정책 변화」, 『한일 관계사연구』 제58집(2017).

한·일 일본군 위안부 피해자 문제 합의 검토 태스크포스, 『한·일 일본군 위안부 피해자 문제 합의(2015.12.28.) 검토 결과 보고서』, 2017.12.27.

조윤수, 『일본군 위안부』, 동북아역사재단, 2019.

박철희 엮음, 한일비전포럼, 『갈등에 휩싸인 한일 관계 : 현안, 리스크, 대응』, 재단법인 한반도평화만들기/한일비전포럼, 2020.

和田春樹, 『慰安婦問題の解決に何が必要か』, 靑灯社, 2020.

김범수 엮음, 『한일 관계 갈등을 넘어 화해로』, 박문사, 2021.

심규선, 『위안부 운동, 성역에서 광장으로』, 나남, 2021.

심규선,「법정으로 번진 남남 갈등인가, 성숙으로 가는 통과 의례인가, 대립하는 8개의 위안부 판결」,『일본비평』25호(2021).

김창록,「한국 법원의 일본군 위안부 판결들」,『일본비평』25호(2021).

신각수 엮음, 한일비전포럼,『복합 대전환기 새로운 한일파트너십을 찾아서』, 재단법인 한반도평화만들기/한일비전포럼, 2021.

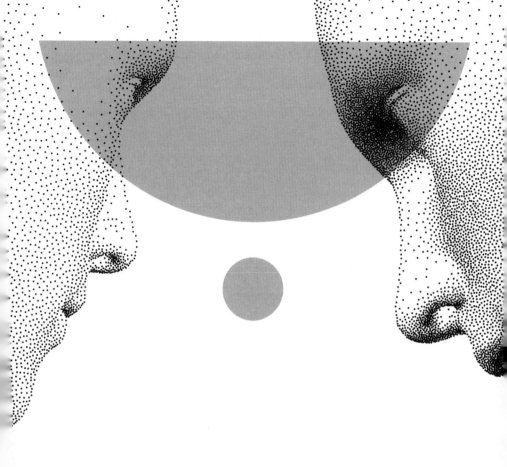

제4부

현실의 갈등 그리고 용서와 화해

서로 인정하고 먼저 다가서기

남과 북이 서로 화해하려면

이찬수

1. 한반도는 왜 갈등하는가?

남한과 북한은 한국전쟁(북한의 표현으로는 조국 해방 전쟁)으로 인한 상처를 해소하지 못한 채 대립해왔다. 한국인은 상처와 대립의 원인이 북한에 있다고 보았고, 북한은 "미제"와 "남조선 괴뢰"에 있다고 주장해왔다. 옳고 그름을 떠나 양측 모두 갈등의 원인을 상대의 탓으로 돌리고 있다.

실제로 특정 인물이나 세력의 말만 듣고는 갈등의 직접적인 원인을 파악하기 어렵다. 저마다 자기중심적인 시각으로 판단한 것을 근거로 제시하기 때문이다. 따라서 우리는 객관적이고 넓은 시각을 확보해야 한다. 그렇게 시각을 확장하면서 한국전쟁의 원인을 찾다 보면 동아시아 전체의 이념적 분단 체제에 관심을 갖게 된다. 20세기 전반 중국 공산당과 국민당이 대립한 끝에 공산당이 승리한 후

1949년에 중화인민공화국이 출범하게 된다. 그때부터 동아시아에서는 반공주의를 지지하는 미국·일본에 맞서 공산주의에 뿌리를 두는 중국의 정치가 대립하는 구도가 형성되었다. 같은 공산주의 국가인 소비에트 연방이 중국과 밀월관계를 맺고 북한이 여기에 동조하면서 1950년에 한국전쟁이 발발했다. 이는 한반도를 점령하고 있는 "미제국주의"로부터 조국을 해방시킨다는 명분하에 북한이 도발에 나서면서 발생한 비극이었다. 이로 인해 오늘날까지도 한국-미국-일본과 북한-중국-러시아가 대립하는 구도가 이어지게 되었다. 동아시아 전체가 이념적으로 분단된 것이다. 정치학자 이삼성 교수는 이를 가리켜 "동아시아 대분단 체제"라고 명명한 바 있다.

물론 더 거슬러 올라가면 일본이 한반도를 식민 지배하고 아시아를 점령하려던 데서 근본적인 원인을 만난다. 일제 강점기를 벗어나는 과정에서 한국의 독립 운동 세력들은 저마다 자유주의 또는 공산주의와 같은 상이한 정치 이념을 추구했으며 해방 후에도 각자 정당성을 주장하면서 남북 간 분단 상태를 고착화시켰는데, 이는 결국 남남갈등의 진원지가 되었다. 이후에도 상황에 따라 정도의 차이는 있지만 여러 원인들이 겹치면서 남북 간 감정의 굴곡이 여전히 계속되고 있다.

이런 상황에서 한반도 갈등의 원인이 어느 특정 세력이나 개인에게 있다고 콕 집어 말하기는 힘들다. 그런 자기중심적 주장들이 지속적 대립을 강화시켰다. 이처럼 대립의 원인을 어느 한쪽에서만 찾으려다가는 갈등이 해소되기는커녕 더 큰 화로 이어지기 쉽다.

갈등을 축소하고 평화로 전환하는 일은 단박에 되지 않는다. 그러기 위해서는 합의와 공감을 통해 갈등의 원인을 밝히고 그것을 해소시키는 과정이 필요하다. 한마디로 갈등을 멈추고 그로 인한 상처를 치유하는 화해의 과정이 필요하다. 이 글은 특히 한반도의 맥락에서 화해를 추구하기 위한 방법을 찾아보고자 한다. 우선 화해가 무엇인지 그 개념을 정리해보자.

2. 화해의 어원적 의미

화해에 해당하는 영어 단어 reconciliation은 "우호 상태(conciliation)의 회복(re)"이라는 어원적인 뜻을 갖고 있다. 우호적이려면 서로 연결되어 있어야 한다. 이 단어의 뿌리가 되는 라틴어 reconciliatio에도 "연합/통합(conciliatio)의 회복(re)"이라는 의미가 들어 있다. 즉 서로 싸운 뒤 감정적 대립이 이어지다가 분열과 대립을 멈추고 서로 연결되었던 이전의 우호적 상태를 회복한다는 뜻이다. 그에 해당하는 우리말이 "화해"다.

화해(和解)는 "풀어서 사이가 좋아진다"는 뜻이다. 그런데 화해에는 "무엇을" 푼다는 것인지 목적어가 드러나지 않는다. "무언가 꼬인 상태"라는 뜻이 함축적으로 담겨 있을 뿐이다. 또한 "우호 상태의 회복"을 의미하는 영어 단어 reconciliation에는 "어떻게" 회복한다는 것인지에 대한 방법론이 나타나지 않는다.

이에 비해 한국의 무속 및 증산 계열 종교에서 화해와 비슷한 의미로 사용하는 "해원"(解冤, 원한을 푼다)이라는 단어에는 목적어가 분명히 제시되어 있다. 이 단어 역시 "어떻게" 푼다는 것인지는 불명확하지만, 원한을 풀면 그로 인한 상처가 치유되고 예전의 우호적인 상태가 회복될 가능성이 높아지는 것은 분명하다. "해원"은 "reconciliation"이나 "화해"와는 다른 구체성을 지니는 언어다.

다만 한국 종교에서 사용하는 "해원"이라는 말은 종교적 사제의 개입을 통해 인간과 신 사이의 관계를 회복한다는 취지에서 다소 제한적으로 사용되는 경향이 있기 때문에, 이 글에서는 "화해"라는 일반적인 용어를 사용하고자 한다.

3. 사과와 용서, 과정과 변화로서의 화해

앞서 말한 대로 화해(reconciliation)한다는 것은 갈등하고 다투던 사태를 해결함으로써 상처를 치유하고 갈등이 없던 상태로 되돌린다는 뜻이다. 즉 갈등하거나 다투던 당사자들이 품고 있는 나쁜 감정을 없애고 개인, 집단, 국가 단위의 다툼을 멈춤으로써 이전의 상태를 회복하기 위한 "과정"을 의미한다.

물론 싸우기 이전의 상태가 온전히 복구되는 것은 아니며 그럴 수도 없다. 모든 대립이 끝나고 상처가 완전히 회복된 완결 상태라는 것도 사실상 존재하지 않는다. 친구끼리 싸운 다음에 화해한다고 해서 싸움의 과정에서 얻게 된 상처가 전혀 없었던 것처럼 사라지지는 않는다. 실제로는 이미 경험한 상처와 아픔이 완전히 사라지지 않을 뿐더러 화해 과정에서 예상치 못한 새로운 변수들이 개입하면서 관계의 일정 부분이 바뀌기도 한다.

화해한 후에도 트라우마가 남아 있을 수 있다. 그러나 화해하고 나면 새로운 상황이 전개되면서 그 트라우마를 견뎌낼 수 있는 힘이 생긴다. 화해는 이런 가능성을 긍정하면서 갈등에 휘말린 사람들이 상처와 아픔을 딛고 그 원인까지 포용할 수 있는 수준으로 승화되는 과정이다. 싸우기 이전의 상처가 없던 상태를 회복하려고 하되, 더 나은 새로운 가능성에 열려 있는 하나의 "과정"이 바로 화해다.

화해의 스펙트럼은 넓다. 한반도에서 남과 북의 화해는 정부나 국가 차원의 정치 행위만 의미하는 것이 아니다. 개인, 집단, 국가 안에서 이뤄지는 화해 행위는 아픔의 원인을 밝히고 상처를 치유하면서 새로운 관계를 맺어가는 일련의 과정이다. 이 과정에 파생되어 나오는 우호적이고 협력적인 태도도 포함된다. 국가 단위에서 보면 이는 모두 화해의 다양한 양상이며 화해의 주체도 그만큼 광범위하다.

그동안 한반도에서는 화해를 대북 정책의 수단 정도로만 보는 경향이 있었다. 하지만 화해는 단순한 수단이 아니다. 때로 수단일 수도 있지만, 그 자체를 목적으로 보아야 한다. 그래야 화해라는 목적으로 가는 과정도 그에 어울릴 가능성이 커진다. 화해의 개념과 과정을 넓게 보아야 화해를 위한 시도 역시 의미를 갖게 되고, 그렇게 사회적 관심이 모이고 담론이 형성되는 가운데 화해가 구체화될 수 있다.

그렇다면 어떻게 앙금을 극복하고 상처를 치유하는가? 그 과정은 서로 상대방을 인정하는 데서부터 시작된다. 다소 종교적이고 철학적인 관점이지만, 우리는 우애와 사랑과 은혜(grátia)에 힘입어 그렇게 할 수 있다. "그라치아" 없는 "리콘칠리아시오"는 불가능하다. 그래서 라틴어에서는 "reconciliatio gratiae"(사랑의 화해)라는 관용어가 사용된다. 어떤 이유로 폭력이 발생함으로써 원한이 생기거나 증폭되었을 때, 이 상황을 해결하기 위해서는 아픔의 원인을 밝혀 해소하고 실제로 당한 아픔을 치유하되 무엇보다도 사랑, 우애, 은혜의 과정을 밟아야 한다는 것이 라틴어를 사용하던 이들의 오랜 지혜다. 사랑, 우애, 은혜의 기본은 상대방을 인정하는 데 있다.

사랑, 우애라는 말은 막연하게 들릴 수도 있고 누군가의 희생만으로 이루어지는 행위인 듯한 느낌을 준다. 하지만 화해는 특정인의 양보나 희생만으로 이루어지는 것이 아니다. 화해는 쌍방의 공감대, 즉 가해자의 사과와 피해자의 용서라는 상호 관계적 바탕 위에서 이루어진다. 그렇게 고백적 사과와 수용적 용서를 통해 정신적 차원의 화해로까지 나아가야 한다. 법적 중재나 타협은 기껏해야 외적 화해를 끌어내는 것이 전부지만, 이런 과정을 거치다 보면 그보다 깊은 내적 화해 또는 정신적 차원의 화해가 이루어진다. 화해는 상대를 인정하고 용서하는 과정이자 그 결과다.

4. 집단적 화해라는 난제, 한일 관계의 경우

그런데 이론과는 달리 현실에서 화해를 이뤄내는 것은 간단치 않다. 그나마 개인 간 갈등과 상처를 회복하는 화해는 어느 정도 가능하다. 이런 경우에는 주체가 비교적 명확하기 때문에 책임 소재를 어느 정도 합의해낼 수 있고 논의의 범주도 상대적으로 분명하다.

하지만 개인이 아닌 집단 또는 국가 단위로 가면 내적 화해나 정신적 화해를 이뤄내는 일이 현실적으로 거의 불가능하다 싶을 정도로 어려워진다. 국가 차원으로 가면 화해의 길로 들어서기 위한 원칙적 타협조차 쉽지 않다. 큰 단위로 갈수록 화해의 주체가 모호해지고 가해와 피해의 이분법적 경계 자체가 흐릿해지기 때문이다. 국가 또는 정부 간 타협을 이끌어내더라도 정작 고통 받는 개인이 소외되는 일도 흔하다.

2015년 12월 29일에 한국과 일본의 외교부 장관이 "일본군 위안부 피해자 문제"를 해결하겠다며 전격적으로 합의문을 발표했던 일이 그 예에 속한다. 사건의 핵심은 "이번 발표를 통해 (일본군 위안부 피해자) 문제가 최종적이고 불가역적으로 해결될 것임을 확인한다"는 표현에 있었다. 화해해야 할 최종 주체는 직접 상처를 입은 "위안부 할머니들"이었음에도 불구하고 피해 당사자들과 의논이나 협의를 거치지 않고 심지어 여론 수렴 과정이나 국회에서의 논의도 없이, 양국 외교부 장관이 대통령과 총리의 요청에 따라 "위안부 피해자 문제"를 "최종적이고 불가역적으로 해결"한다는 합의문을 덜컥 내놓았던 것이다. 또한 피해자 문제를 해결하기 위한 합의라면서 가해로 인한 법적 책임 문제는 거론하지 않은 채로 일본 측에서 피해자 지원금 명목으로 10억 엔을 제공한다는 내용을 언론을 통해 보도했다.

이처럼 피해 당사자를 배제한 합의는 도리어 피해자의 상처만 재차 건드린 꼴이 되고 말았다. 화해로 가기 위한 절차라며 "언어적 합의"를 내놓았으나 당사자가 배제되면서 도리어 나라 안팎으로 갈등의 불씨를 키웠다. 당사자와 무관하게 결정된 "피해자 지원금"이라는 말도 사태를 악화시켰다. 피해와 상처의 직접 주체를 소외시킨 국가/정부 간 화해가 도리어 사람들을 갈등으로 몰아넣은 것이다.

1965년 일본과 맺은 "한일청구권협정"("대한민국과 일본국 간의 재산 및 청구권에 관한 문제의 해결과 경제 협력에 관한 협정")도 비슷한 문제를 지닌다. 일제 강점기에 일본으로부터 수모를 당한 한국인 피해자들이 셀 수 없이 많았고 저마다 상황과 형편에 따라 일본에 대해 다양한 보상이나 배상을 청구할 수 있는 권리가 있었지만, 한국 정부는 일본 정부로부터 5억 달러(3억 달러 무상, 2억 달러 유상)을 지원받고 상업 차관 형태로 3억 달러를 빌려오는 대신 대일청구권 전체를 포기했다. 70년대 중반에 들어서야 징용 피해자 중 신고된 사망자 8,552명에게 총 25억 6,500만 원(일본이 내놓은 지원금의 약 1%, 1인당 약 30만 원)을, 7,496명에게 92억 원가량의 재산 보상금을 지급하는 것으로 국내 보상 절차를 마무리했다.

한국 정부는 일본이 내놓은 지원금의 일부를 경제 재건에 투자함으로써 나름대로는 국익을 확대하고자 했다. 그러나 그것만으로는 강제 징용으로 피해를 입은 개인들의 상처가 치유될 리 없었고 국가 간 화해로 나아갈 수도 없었다. 상처를 입은 국민의 의사와 무관하게 진행된 정부 간 협약은 지금까지도 갈등의 근원으로 작용하고 있다.

이처럼 개인들은 상처의 치유를 바라는데, 국가 단위로 이뤄지는 화해는 잘 진행되지 않는다. 도리어 한일 양국 정부가 개인들 사이의 청구 행위와 화해의 길 자체를 막아버린 셈이다. 단위가 커지면 화해는 왜 더 어려워지는 것일까? 이에 대한 답을 찾기 위해 라인홀드 니버(Reinhold Niebuhr)의 견해를 참조해보자.

니버는 『도덕적 인간과 비도덕적 사회』에서 개인은 어느 정도 도덕적인 반면 개인들의 집합인 사회가 비도덕적인 이유를 분석했다. 그의 입장을 간략히 정리하면 이렇다. 개인은 자기 옆에 있는 지인을 비교적 존중하면서 인격적으로 대할 수 있다. 그 사람에 대해 어느 정도 알고 있으므로 자신의 행동에 상대가 어떤 반응을 할지 예상할 수 있기 때문이다.

하지만 집단이나 사회로 가면 상황이 달라진다. 집단이나 사회의 주체는 불명확하며 그에 따라 책임을 질 주체도 모호하다. 나의 도덕성은 그 모호성에 묻혀 희미해진다. 그러다 보니 잘 모르는 타인을 도덕적으로 대하기가 어려워진다. 상대방이 내가 하는 것만큼 도덕적 태도를 보일지 불확실하기 때문이다. 개인이 상대방에 대해 이런 입장을 취하는 사이에 개인과 집단에 이익이 될 것으로 예상되는 사항에 대한 공유 의식이 커진다. 그렇게 집단적 이익이라는 것이 판단의 기준으로 부각된다. 구성원들은 집단의 공통 지향, 즉 집단 이익을 중시하면서, 집단의 이익 또는 국익을 추구하려는 정치적 판단을 지지한다. 결국 정치는 도덕성이 아닌 힘의 논리에 따라 더 큰 이익을 추구하는 방식을 사용하게 된다.

이는 구체적으로 선거에서 국익을 명분으로 내세우는 이에게 "한 표"를 더 행사하는 형태로 나타난다. 이에 맞춰 개인도 힘의 논리, 경제적 압박, 정치적 강요를 바탕으로 자신의 이기심을 정당화한다. 자신을 좀 더 낮추고 비움을 통해 형성되는 도덕성과 달리, 집단 사이에서는 대체로 힘의 크기에 따라 관계의 양상이 결정된다. 결과적으로 서로를 잘 알고 있는 개인 사이에서 드러나는 모습과 달리 익

명의 거대한 집합체는 자기중심적이고 비도덕적 행위를 하게 된다.

그렇다면 이런 상황에서 집단적 힘들이 충돌함으로써 상처를 입은 사람들 사이의 화해는 과연 가능할 것인가? 이는 우리가 다루는 주제와 관련하여 대단히 중요한 질문이다.

5. 국제적 화해의 단계

이와 관련해 국가 단위에서 화해가 어떤 방식으로 이루어지는지를 살펴보자. 정치학자 천자현의 정리에 따르면 정치·외교적 차원의 화해는 "절차적" 화해, "물질적" 화해, "관념적" 화해의 세 단계로 이루어진다.

절차적 화해는 조약이나 협정 등을 통해 서로를 인정하면서 일그러진 관계를 정상화하는 단계고, 물질적 화해는 배상이나 보상이 이루어지고 경제적 원조나 협력을 하는 단계며, 관념적 화해는 사과와 용서를 하고 상처를 기억하거나 추모하는 등 정신적인 수준에서의 활동이 이뤄지는 단계를 의미한다.

적절한 구분법이기는 하지만 "절차적", "관념적"이라는 말은 너무 광범위하고 "비현실적"인 이미지를 연상시키는 표현으로서 그대로 사용하기에는 모호한 감이 있다. 그런 까닭에 이 글에서는 천자현의 입장을 따르면서도 "절차적" 단계라는 용어 대신 "문자적" 단계, "관념적" 단계 대신에 "정신적" 단계라는 표현을 사용하고자 한다.

물론 어떤 표현을 쓰더라도 화해의 과정을 통틀어 설명하기는 쉽지 않다. 화해가 일부 이루어졌다는 말은 형용모순이다. 화해되지 않은 다른 부분이 기존에 이루어진 화해의 일부를 와해시킬 수도 있기 때문이다. 화해는 성격상 부분에 관련된 개인이나 집단의 부분이 아닌 전체에 적용되어야 한다. 실제로는 문자적이고 물질적인 화해조차도 이루기 쉽지 않으며, "정신적" 화해는 특히 더 어렵다. 정신이라는 것이 주관적인 데다가 미묘하기까지 해서 과연 화해가 된 것인지 아닌지 외적으로 판단하기 힘든 영역이기 때문이다.

정신적 화해의 정도를 판단하려면 좀 더 세부적인 절차와 단계가 필요하다. 굳이 부가하자면 화해를 위한 제도가 얼마나 구축되었는지, 그 제도가 일상에서 얼마나 익숙하게 느껴지는지를 확인함으로써 화해의 내용이 얼마나 문화화되었는지를 살펴봐야 한다.

물론 제도와 문화는 순환적이어야 한다. 위에서 추진력을 부여해 제도를 만들어도 그것이 삶에서 체화되지 않으면 불안정하기는 마찬가지다. 동시에 제도가 없다면 화해의 "객관적" 방향을 설정하기가 어렵다. 그런 점에서 화해의 표현으로서 드러난 제도와 문화적 양태 및 화해를 위한 제도와 문화적 표현들이 병행되고 상호 순환해야 한다.

이때 "문자적 화해"가 화해의 초기 단계라면 "정신적 화해"는 가장 최종적인 단계라고 할 수 있다. 정신적으로 만나지 않으면 손해 배상 같은 물질적 차원의 화해도 위태로워질 수 있기 때문이다. 화해가 이뤄지는 과정에서 제도와 문화 등 정신적 영역에 영향을 주는 요소들도 보살펴야 한다.

남북 간 여러 차례의 정상 회담을 통해 문자적 합의가 이루어졌음에도 불구하고 줄곧 과거의 대립적인 상태로 되돌아갔던 이유도 제도화에서 문화화로 이어지는 정신적 차원의 화해가 성립되지 않았기 때문이다. 정신적 차원의 화해야말로 폭력이 난무하고 구조화된 사회에 사는 사람들이 추구해야 하는 영원한 과제다.

6. 안보라는 이름의 불안

다시 이 글의 서두에서 언급한 문제의식으로 돌아가 한반도 남북 간 대립의 원인은 무엇이며 어떻게 대립의 정도를 축소해갈 것인지를 생각해보자. 앞서 설명한 대로 남과 북은 저마다 상처의 원인을 상대방에게서 찾으려 한 결과 화해보다는 대립을 지속해왔다. 이는 안보 (Security) 영역에서도 마찬가지다. 남이나 북이나 자신을 지킨다는 명목으로 안보를 강조하고 있지만 양측 모두 그렇게 해서 한시도 안전하다고 여겨본 적이 없다. 자국의 안보를 내세워 경쟁적으로 무장을 강화해왔지만 상대방도 동일한 방식을 취하다 보니 둘 다 불안 속에서 70년 이상의 세월을 보내게 되었다. 자국의 안전을 위해 무장을 강화하면 할수록 안보라는 이름의 대립과 불안이 심화되는 모순이 생겨난 것이다. 이른바 "안보 불안"이라는 모순적인 언어도 그렇게 탄생했다. 우리는 안보라는 말의 의미를 다시 물어야 한다.

안보의 사전적인 뜻은 "외부의 위협이나 침략으로부터 국가와 국민의 안전을 지키는 일"이다. 당연히 안보는 국방, 국제 정치, 외교의 주요 과제다. 주요 과제인 만큼 그 의미와 방법 및 목적을 세심하게 생각해야 한다. 본연의 의미를 도외시한 채 표면적으로만 접근하게 되면 안전을 추구하는 것이 도리어 불안의 계기가 되기 때문이다.

신약성서에 이런 말이 있다. "강한 자가 무장을 하고 자기 집을 지킬 때에는 그 소유가 안전하되"(눅 11:21). 여기서 "안전하다"는 말을 그리스어 원문대로 직역하면 "평화 안에 있다"(엔 에이레네)가 된다. 2천 년 전 고대 이스라엘 사람들은 "평화"를 더 큰 힘에 의해 보호받고 있는 상태로 이해했다는 뜻이다. 이때 더 큰 힘에 의해 보호받고 있는 상태는 "안보"의 다른 이름이기도 하다. "힘센 사람이 무장하고 지키는 자신의 소유물"이라는 말을 통해 드러나듯이 안보란 어떤 힘에 의해 무언가가 지켜지고 있는 상태다. 안보라는 개념 자체가 무언가 막아야 하는 외부의 힘이나 폭력적 상황이 있음을 전제로 한다.

안보라는 말이 이런 식으로 쓰이고 있다는 것 자체가 주변과 대치하고 있음을 나타내는 증거가 된다. 그런데 저마다 힘을 이용해 다른 힘을 막으려는 데서부터 문제가 발생한다. 좁은 의미의 안보는 힘으로 나를 지키는 행위다. 그런데 나뿐만 아니라 상대방도 힘으로 자신을 지키려다 보니 서로 충돌하며 갈등할 수밖에 없다. 설상가상으로 갈등을 해소하겠다면서 저마다 더 큰 힘을 추구하려고 한다. 그렇게 군사화가 지속되고 강화된다. 그럴수록 삶의 질에 대한 관심이 뒷전으로 밀리고 불안에 못 이겨 안전을 추구하는 사람만 늘어난다. 서로 군사화를 재촉할수록 불안은 지속되고 더 커진다. 안보에 대한 투자로 인해 역설적으로 "안보 불안"이 가중되는 이른바 "안보 딜레마"가 지속되는 것이다. 안보와 관련된 이런 문제는 화해의 걸림돌 중 하나다.

7. "안보"가 아니라 "안보들"

안보가 걸림돌이 되는 모순은 왜 발생하는가? 다시 말하면 나의 안보만 안보라고 생각하기 때문이다. 그러나 나의 안보와 우리의 안보가 있다면, 남의 안보와 너희의 안보도 있다. 한 걸음 물러선 곳에는 그들의 안보도 있다. 안보는 하나가 아니라 여럿이다. 안보도 사실상 복수다. 하나의 안보(Security)가 있는 것이 아니라 여러 안보들(securities)이 있다.

누구에게나 안보는 중요하다. 자신의 안보만 중요하게 여기면 반드시 다른 안보와 충돌하게 된다. 현실에서 안보는 단수가 아니라 "안보들"과 같은 복수의 형태로 존재한다. 그 "안보들" 하나하나의 성격은 기본적으로 동일하다. 2천 년 전 이스라엘의 상황처럼 나의 소유를 지키고 키우려는 동시에 남이 나의 소유를 뺏어갈지 모른다는 마음의 반영이다.

무장을 통해 나의 소유를 지킨다는 말은 누군가 나의 소유를 탐낸다는 사실을 전제한다. 그런데 나의 소유를 탐낸다고 여겨지는 상대방마저도 내가 그의 소유물을 노린다고 생각한다. 서로 상대방을 경쟁자이자 적으로 여기는 상황, 마치 토머스 홉스가 말한 "만인의 만인에 대한 투쟁"과 비슷한 상황이 지속되는 것이다. 서로 신뢰하지 못하는 상황에서 각자의 안보가 충돌하고 도리어 안보가 불안의 원인이 된다.

이는 나의 안보를 기준으로 삼다 보니 남의 안보를 내 경쟁 상대나 적으로 여기는 데서 벌어지는 일이다. 나의 안보가 중요한 만큼 상대방도 자신의 안보를 중시한다는 사실을 인정해야 한다. 현실에서 안보는 대문자 단수(Security)가 아니라 소문자 복수(securities)다. 나의 안보도 여러 안보들 중 하나(one of securities)이며, 좋든 싫든 여러 안보들을 인정한 다음 수용과 조화를 추구하는 가운데 나와 너의 안보를 모두 담보해야 한다. 말하자면 우산과 같은 상위의 안보를 함께 추구해나가야 한다. 나나 우리만 안전해지는 것이 아닌 모두가 안전해지는 과정으로 들어서야 한다.

그러려면 불편해도 서로를 긍정해야만 한다. 나만 상처를 받은 것이 아니라 나도 너에게 상처를 주었다는 사실을 인정해야 한다. 이것이 정신적으로 성숙한 태도다. 친구, 가족, 부부가 어떤 연유에서든 싸웠다가 화해하려면 일차적인 원인 제공자가 먼저 사과와 용서를 구해야 하지만, 결국 온전한 화해에 이르기 위해서는 상대방 역시 "나도 미안해"라는 마음을 보여주어야 한다. 이처럼 남과 북 간에도 서로의 이질적인 상태를 인정할 수 있는 정신적 역량이 필요하다.

8. 화해, 분명한 사죄와 용서

화해 중에서도 국가 간 화해는 그 자체로 지난한 과정을 밟아야 한다. 그럼에도 불구하고 지구상에서 국가 간 화해를 이룬 사례가 전혀 없는 것은 아니다. 우리는 독일과 폴란드를 통해 그 가능성을 엿볼 수 있다.

제2차 세계대전 전범국이었던 독일은 전쟁이 끝나고 피해국인 폴란드와 화해 협상을 시작했다. 1970년에는 독일(서독) 사회민주당의 빌리 브란트 총리가 폴란드 바르샤바의 게토 영웅 기념비 앞에서 무릎을 꿇고 독일의 가해 행위에 대해 사죄했다. "게토"(ghetto)는 독일 나치에 의한 유대인 강제 격리 지역을 의미한다. 당시 폴란드 유대인들은 제2차 세계대전 최대의 피해자로서 가해자의 만행을 드러내는 상징과도 같았다. 가해국 총리가 자신들의 과거 실책이 적나라하게 드러나는 곳에서 잘못을 인정하는 태도를 취한 것은 죄책을 고백하고 용서를 구하는 행동에서부터 화해가 시작된다는 것을 잘 보여주는 행동이었다. 양국은 이를 계기로 바르샤바 조약을 체결하고 국교를 회복해나갔다. 문자와 언어의 차원에서 화해를 이루기 시작한 것이다.

독일은 경제 협력의 일환으로 폴란드 근로자들에게 연금과 차관을 제공했으며, 폴란드 개인 희생자에 대한 전쟁 피해를 보상하기 위해 "독일연방보상법"(1953)을 실행했다. 문자적, 언어적 화해와 더불어 "물질적 화해"를 시도한 것이다. 독일은 자국을 전범 국가로, 독일군 전몰 장병을 가해자로 규정하면서 전쟁과 폭력의 피해자를 추모했고, 독일의 총리와 대통령이 지속적으로 폴란드에 사과하며 가해의 기억을 이어갔다.

폴란드의 자세도 적극적이었다. 폴란드 가톨릭교회 주교들은 독일의 주교들에게 "우리는 독일을 용서함과 동시에 용서를 구한다"는 편지를 보냈다. 자신들 역시 가해자라는, 피해자로서 하기 힘든 의사를 적극적으로 표명하기도 했다. 피해자였던 폴란드는 그렇게 자신의 트라우마를 치유해갔다. "정신적 화해"를 위한 원칙에 충실한 자세를 보인 것이다.

특히 피해자였던 폴란드 국민 입장에서 정신적 화해가 완결되었다고 할 수는 없지만, 독일 총리는 통일 이후에도 지속적으로 과거의 가해 행위를 반성하는 모습을 보임으로써 정신적 화해를 유지하고자 노력했다. 독일과 폴란드는 양국의 이해관계를 고려하면서도 단호한 사법적 처벌을 진행함으로써 국가 단위에서 이룰 수 있는 최대한의 실리적 화해를 이루었다. 그렇게 국가 단위의 평화를 하나씩 만들어갔다.

9. 평화, 화해의 과정과 결과

국가 차원에서 전쟁과 폭력의 상처를 치유하고 피해자를 위로하는 과정은 한 마디로 평화의 과정이다. "평화"를 간단히 규정하면 "폭력을 줄이는 과정"이다. 흔히 "평화"라는 말이 "전쟁이 끝난 상태"나 "일체의 폭력이 사라진 상태"를 의미한다고 생각하는 경향이 있지만, 전쟁에 대한 위협이나 폭력 자체가 전무했던 적은 없다. 그런 점에서 평화는 "폭력이 없는 상태"라기보다는 "폭력을 줄여가는 과정" 또는 "폭력으로 인한 상처(트라우마)와 갈등을 축소해가는 과정"이라고 할 수 있다.

대표적인 평화학자인 요한 갈퉁은 이런 도식을 제시했다.

$$\text{평화} = \frac{\text{공평} \times \text{조화}}{\text{상처} \times \text{갈등}}$$

이는 분자에 속한 공평과 조화가 커지거나 분모에 있는 상처(트라우마)의 갈등이 줄어들수록 평화가 커진다는 뜻이다. 간명하고 유의미한 도식이라고 할 수 있다.

이 가운데 중요한 것은 분모 부분이다. 분자에 속한 공평과 조화의 정도를 늘이는 것도 평화를 구체화시키는 대단히 중요한 과제지만, 공평과 조화의 확대는 불공평하고 부조화한 현실이 개선되는 형태로만 나타난다. 평화를 "폭력이 없는 상태"보다는 "폭력을 줄이는 과정"으로 보아야 하는 이유가 여기에 있다. 평화가 폭력을 줄이는, 즉 갈퉁의 표현대로 하면 상처와 갈등을 줄이는 과정이듯이, 화해도 상처(트라우마)를 줄이거나 없애는 과정이다. 이 과정에서 상처의 원인을 밝혀 가해자에게 적정한 책임을 묻는 일 역시 필요하다.

하지만 전술했듯이 국가 단위로 가면, 특히 한반도에서는 가해자와 피해자를 일방적으로 특정하기 힘들다. 무엇보다 한반도의 통일을 위해 남과 북이 화해해야 하는 상황에서 그 목표가 남북 간 교류의 확대를 통해 구체화되는 것이라면, 가해자와 피해자를 이분법적으로 나누는 것은 힘들고 위험한 일이 될 수 있다.

통일은 한날한시에 이질적인 정치 체제를 단박에 통합하는 사건이 아니다. 언젠가는 정치 체제가 통합될 수 있고 궁극적으로는 그런 통합을 지향해야 하지만, 한 번에 그렇게 되는 것은 위험하고 사실상 불가능하다. 그런 시도 자체가 도리어 남북 관계를 더 위험에 빠뜨릴 가능성이 크다.

한반도의 구성원은 수천 년 이상 같은 민족으로 살아온 역사적 경험을 심층에서 공유하고 있다. 그렇기 때문에 가해와 피해를 이분법적으로 구분하기 이전에 오랜 역사적 경험에 기반한 공감대를 찾아 확대하려는 노력이 더 필요하다.

통일을 추구하는 과정에서 가해와 피해의 이분법적이고 대립적인 도식이 해체될 수 있다는 점에서 한반도의 통일은 화해의 다른 이름이기도 하다. 이처럼 남과 북의 화해는 통일 과정의 다른 모습이라고 할 수 있다. 한반도의 화해는 일제 강점기 친일 행위자에게 책임을 물었던 방식과는 다르게 진행될 가능성이 크다. 친일은 일본이라는 다른 나라에 이익이 되는 행위였으나, 한반도의 대립적 상황은 서로의 정당성을 주장하는 과정에서 형성된 것으로서 결국 같은 국가와 동일한 국민으로 승화될 가능성이 있는 계기를 제공했기 때문이다.

화해는 상대방을 있는 그대로 긍정하는, 대단히 성숙하고 정신적인 행위다. 상대의 존재를 긍정하는 가운데 통일과 통합으로 옮겨 간다. 통일은 남과 북의 교류가 지속적으로 확장되는 과정이다. 교류가 확장됨으로써 서로가 누릴 편익이 커진다는 사실을 확인해가는 과정이기도 하다.

과정으로서의 통일은 끝없는 노력을 필요로 한다. 끊임없이 노력하면서 더 이상 상처와 갈등이 없는 사회, 즉 종교적인 언어로 이야기하자면 "하나님 나라"나 "불국토" 같은 이상 세계를 이루는 과정이 평화이며, 평화를 이루기 위한 핵심은 화해 곧 상처(트라우마)의 해소와 치유다. 이처럼 화해는 평화의 근간이 된다.

10. 남북 간 화해의 흔적들

앞서 간단히 전술한 것처럼 남과 북은 화해의 첫 단계인 문자적 타협을 여러 차례 시도해왔다. 실제로 남북 공히 "화해"라는 말을 반복해왔다. "남북 사이의 화해와 불가침 및 교류·협력에 관한 합의서"(1991.12.13)가 대표적인 사례다. 이 합의서는 서문에서 남과 북을 "나라와 나라 사이의 관계가 아닌 통일을 지향하는 과정에서 잠정적으로 형성되는 특수 관계"로 규정한 다음 제1장에서 "남북 화해"를 다음과 같이 정의한다.

제1장 남북 화해

제1조, 남과 북은 서로 상대방의 체제를 인정하고 존중한다.

제2조, 남과 북은 상대방의 내부 문제에 간섭하지 아니한다.

제3조, 남과 북은 상대방에 대한 비방·중상을 하지 아니한다.

제4조, 남과 북은 상대방을 파괴 전복하려는 일체 행위를 하지 아니한다.

제5조, 남과 북은 현 정전 상태를 남북 사이의 공고한 평화 상태로 전환시키기 위해 공동으로 노력하며 이런 평화 상태가 이룩될 때까지 현 군사 정전 협정을 준수한다.

제6조, 남과 북은 국제 무대에서 대결과 경쟁을 중지하고 서로 협력하며 민족의 존엄과 이익을 위하여 공동으로 노력한다.

제7조, 남과 북은 서로의 긴밀한 연락과 협의를 위하여 이 합의서 발효 후 3개월 안에 판문점에 남북연락사무소를 설치 운영한다.

제8조, 남과 북은 이 합의서 발효 후 1개월 안에 본 회담 테두리 안에서

남북정치분과위원회를 구성하여 남북 화해에 관한 합의의 이행과 준수를 위한 구체적 대책을 협의한다.

이어 제2장은 상호불가침에 대해, 제3장은 남북 교류 협력에 대해 천명하고 있다. 화해를 통해 평화 및 통일로 나아가는 기본 노선을 적절히 문자화한 합의문이라고 할 수 있다.

특히 "남과 북은 상대방의 체제를 인정하고 존중한다"는 제1장 제1조는 남북 간 화해의 기본 자세를 정의한 부분이다. 다른 체제로 인한 갈등은 각 체제 간의 "차이"를 "차별"로, "다름"을 "틀림"으로 이해한 결과다. 따라서 기존의 차별을 차이로 환원시키고 틀린 것이 아니라 다른 것이라는 사실을 인정하는 행위는 차별로 생긴 상처를 치유하자는 데 서로 동의했다는 뜻이다.

게다가 남과 북을 "통일을 지향하는 과정에서 잠정적으로 형성되는 특수 관계"(서문)로 규정함으로써 남북 간 화해의 법적 가능성과 통일 지향성까지 명시해두었다. 이는 남북 간 화해의 가능성을 한결 분명하게 열어둔 문장이다.

남과 북은 이렇게 "문자적 혹은 언어적 화해"의 길을 제법 오래전부터 걸어왔다. 문재인 정부(2017-2022)가 이를 계승하면서 "남북한 화해 협력과 한반도 비핵화"라는 국정 전략을 구상했던 것도 문자 수준의 화해를 더 공고히 하려는 시도였다.

하지만 유감스럽게도 우리는 정신적 화해의 단계에 이르지 못했다. 거기에는 여러 이유가 있다. 앞서 말했듯이 구조적으로 동아시아 전체가 이념적으로 분단되어 있다시피 한 국제 정치적 상황의 영향이 크다. 대외적으로는 북한-한국-미국 간의 뒤틀린 관계가 제대로 해결되지 못한 탓이 크다. 한·중·일과 북·중·러의 공고한 대립 구도도 영향을 미쳤다. 한편 대내적으로는 남남갈등을 해소하지 못하고 남북 간 민중적 차원의 접점을 더 확보하지 못했기 때문이다.

그렇다고 해서 화해에 이를 가능성 자체가 전혀 없는 것은 아니다. 독일-폴란드의 국교 정상화를 비롯해 세계 곳곳에 이와 비슷한 사례들이 적지 않다. 남아프리카 공화국에서는 체제 전환에 버금가는 정권 교체기에 민주주의를 구현함으로써 "이행기 정의"(transitional justice)를 이뤄내기도 했다. 이는 한반도에서 남과 북이 갈등을 넘어 화해로 나가기 위한 대내적 정책에 적절히 참고할 만한 자료가 된다.

11. "이행기 정의"와 "회복적 정의"

이행기 정의(transitional justice)는 민주주의 정치 체제로 전환되는 과도기에 과거 독재 체제 아래서 발생한 폭력의 피해를 극복하고 정의를 구현하기 위한 종합적인 과정이다. 이 과도기를 제대로 넘기려면 사과와 용서를 통한 "화해"의 길을 걸어야 한다. 이 과정에서 갈등의 원인은 무엇이며 상처가 어떤 경로로 생겼는지 그 "진실을 규명"하고 "책임 소재를 확인"해야 한다. 화해가 곧 "면책"과 연결되지는 않는다는 점에서, 진실 규명과 책임 소재를 파악하는 일은 중요하다.

다만 앞서 지적한 대로 정치적 차원에서는 흔히 잘못에 대해 응징적(punitive) 접근을 취하는 경향이 있지만, 실제로 응징이나 징벌만으로는 화해가 이뤄지지 않는다. 우리는 화해에 어울리는 길을 걸어야 한다. 그리고 그 구체적인 방법 중 하나가 이른바 "회복적 정의"를 추구하는 것이다.

"회복적 정의"(restorative justice)는 기독교의 한 교파인 메노나이트 계열의 평화 운동가들이 주창하면서 활성화된 화해 프로그램으로서, 피해자와 지역 사회는 물론 가해자도 회복 과정에 함께 참여해 폭력에 의한 피해를 바로잡고 범죄를 예방하며 치유를 시도하는 것이다. 그 과정에서 가해자는 자신의 행동이 끼친 의미를 깨닫고 반성하는 시간을 갖게 된다.

물론 가해자의 책임을 묻는 과정이 생략되진 않는다. 엄밀히 말하면 회복적 정의란, 국가가 주도해온 징벌적, 응징적 사법 체계의 한계를 직시하고 인간의 존엄성과 범죄의 사회성을 의식하는 가운데, 지역 사회에서 가해자와 피해자를 다시 통합시킬 수 있는 가능성을 확보하기 위한 시도다.

그런 시도가 이루어짐으로써 피해자와 가해자의 관계 및 피해자의 명예도 회복되어야 한다. 이를 계기로 사회적 정서와 분위기도 긍정적으로 전환된다. 남아프리카 공화국의 인종 차별 정책(아파르트헤이트) 철폐 과정은 이런 노력이 정치 영역에서 적용된 사례 중 하나다.

12. "우분투"와 "홍익인간"

남아프리카 공화국은 1994년에 인권 운동가인 넬슨 만델라가 대통령으로 취임하기 직전까지 이주민 백인에 의한 흑인 차별 정책을 시행하던 나라였다. 당시 백인 정치인은 토착민인 흑인의 오랜 역사와 문화를 잘 이해하지 못했다. 그러다 보니 사회와 역사에 대한 교육도 백인 중심적인 시각으로 이루어졌고 인종 차별 정책을 정당화하는 데 이용되었다. 백인 중심의 정부에 대해 순종적이어야 한다는 식의 교육이 이루어진 것이다. 이렇게 흑인에 대한 차별을 정당화하는 사상을 내면화시키려는 정책이 계속되었다.

하지만 국민들은 이런 시도에 지속적으로 저항하였고, 그 결과 만델라가 집권하면서 지독했던 인종 차별 정책이 철폐되었다. 만델라는 "진실과 화해 위원회"를 설치해 차별 정책을 주도한 사람들에게 책임을 물었다. 그러나 일방적이거나 폭력적인 방식으로 그들을 숙청하지는 않았다. 가능한 한 피를 묻히지 않으면서 흑백의 공존을 지향했다. 정치적 차원에서 이루어진 화해의 전형적인 사례라고 할 수 있다.

여기에는 아프리카의 토착 정서인 "우분투"를 사회화하려는 데스몬드 투투 대주교 같은 종교인의 역할이 컸다. "우분투"는 "우리가 있기에 내가 있다"(I am, because we are)라는 뜻의 반투어다. 반투어는 아프리카 대륙 서북쪽의 카메룬에서 동북쪽의 케냐까지, 사하라 이남의 아프리카인에게 두루 통용되는 거대한 언어군(群)의 하나다. 우분투에는 기본적으로 "인간의 공동체적 뿌리와 상호 의존성"을 강조하는 철학이 담겨 있다. 이는 개체보다는 관계를 중시하는 자세이며 그런 관계성은 상대방의 잘못을 포용하는 화해의 정서 위에서 이루어진다는 의미기도 하다. 남아프리카 공화국에는 우분투 정신에 기반한 공감적 합의가 기저에 깔려 있었기 때문에, 체제 전환기에도 백인 가해자에 대한 보복적 살상이 이뤄지지 않았다. 이런 정신 덕분에 가혹한 응징과 보복이 없이도 흑인 차별 제도를 철폐하고 민주화와 사회 정의를 상당 부분 이룰 수 있었던 것이다.

우분투는 아프리카의 토착 언어이자 근본정신이며 아프리카 종교의 근간이기도 하다. 이런 우분투 정신이 남아프리카 공화국의 화해를 이끄는 동력으로 작용했다. 어떻게 보면 개인 단위에서 시도되는 "회복적 정의"가 국가 단위에서 일정 부분 성공한 사례라고 할 수 있다.

화해가 정신적 차원에 이르기 위해서는 국민 개인의 정서나 집단의 오랜 문화적 감성과 어울려야 한다. 정신적 화해는 화해를 시도하는 주체의 내면에서 작용해온 타자 수용적 가치에 대한 공감대가 있을 때 이루어진다. 특히 피해자가 용서를 통해 가해자를 끌어안을 때 화해의 확실한 길이 열린다. 전쟁 피해자였던 폴란드의 가톨릭 주교가 "우리도 잘못한 게 있다"는 취지로 독일 가톨릭 주교에게 편지를 보낸 일을 생각해보자. 이처럼 잘못을 인정하고 용서를 가능케 하는 심층적 통합력을 확보하는 일이 중요하다.

물론 그런 힘은 오랜 기간에 걸쳐 축적된 문화적이고 정신적인 성숙함의 표현으로서, 단박에 생기지 않는다. 독일과 폴란드의 화해는 가톨릭이라는 공통의 정신세계가 오랫동안 존재했기 때문에 가

능한 일이었다. 수백 년, 수천 년을 함께 살아온 사람들이라면 정도의
차이는 있겠지만 이런 역량을 보유하고 있을 것이다. 심각한 갈등과
그로 인해 생겨난 피해를 극복하고 해소하려면 그런 잠재적 역량을
활성화시킬 필요가 있다. 그럴 때 비로소 정신적 차원의 화해가 이루
어질 수 있다.

13. 한반도의 역사, 남과 북의 공통 역량

한반도에서 남북의 화해는 역사적 공유 의식과 통일에의 지향성을
공통적으로 확대해갈 때 좀 더 자연스럽게 이루어질 수 있다. 특히 남
북이 민족적 동질성과 더불어 민간 영역에서의 문화적 동질성을 느
낄 때 비로소 정신적 화해에 도달할 만한 힘이 생긴다.

　이와 관련하여 "널리 세상/인간을 이롭게 한다"는 "홍익인간"
(弘益人間) 사상은 남한과 북한이 자연스럽게 공유할 수 있는 대안적
가치가 된다. 홍익인간은 고조선의 건국 정신이다. 따라서 이는 단군
릉을 대대적으로 조성함으로써 국가의 기원을 고조선에까지 소급하
고 단군을 민족의 원시조로 교육하고 있는 북한의 사회적 분위기에
도 어느 정도 어울릴 가능성이 있다.

　북한에서 형식적이나마 (천도교) 청우당을 하나의 정당으로 인정
하고 있다는 사실도 동학 농민 혁명의 의의나 천도교인의 독립 정신
을 주요 역사로 교육하고 있는 한국의 상황과 일부 겹친다. 동학 농민
혁명의 보국안민(輔國安民)이나 천도교의 인내천(人乃天) 같은 인간

중심주의 사상과 철학을 북한의 주체사상과 연결시키는 연구가 필요하다. 세 가지 모두 원칙적으로 인간중심주의에 뿌리를 둔 철학이기 때문이다.

또한 민간 영역에서 남북 간 문화적 동질성을 확보하고 확장시키는 일도 중요하다. 성묘와 같은 전통적 효 문화는 북한에서도 자연스럽게 계승되고 있다. "고난의 행군" 이후 북한에서 점술과 같은 오랜 민간 신앙의 영역이 양지로 올라오고 있다는 점도 민간 영역의 공통점을 찾을 때 고려해볼 만하다.

이처럼 남과 북이 역사에 대해 지니고 있는 감각을 살펴보면, 전쟁, 대결, 비난으로 점철된 지난 몇십 년 동안의 대립보다 오랜 시간에 걸쳐 형성된 집단적 사고 방식 및 생활 습관과 같은 민중의 집합적 심성(프랑스 아날학파의 표현을 빌리면 "망탈리테")이 분명히 드러난다. 최치원이 오래전부터 다양성을 포용한 신라인들의 "포함삼교"(包含三敎) 정신을 말한 것이나 원효가 불교 사상 전체를 "일심"(一心)이라는 키워드로 통합해낸 것도 주어진 대상을 있는 그대로 수용하는 한반도 구성원의 오랜 역량을 잘 보여주는 사례다. 북한의 고구려·발해 중심적 역사관과 남한의 신라·백제 중심적 역사관을 서로 교차시켜 그 접점을 더 확대해야 한다.

그리고 남북한의 보통 사람들이 서로 만나 유교 중심의 질서나 점술과 같은 민간 신앙의 영역에 대해 이야기를 나누다 보면 외형적 이질감을 줄일 수 있을 것이다. 남한에서만이라도 남북 간 기층적 상통성에 대한 교육을 실행할 필요가 있다. 이를 통해 남남갈등을 극복하고 북한에 대한 적대성을 줄여갈 수 있기 때문이다.

남아프리카 공화국에서 "우분투" 정신으로 대결이 아닌 상생적 화해의 길을 택했듯이, 한반도에서도 구성원의 문화적 기반을 찾아 공감대를 키워가야 한다. 남과 북이 공동 역사를 기반으로 공통된 정서를 형성할 수 있게 하는 적절한 연구와 교육이 필요한 시점이다.

14. 화해, 실선을 점선으로 바꾸기

이처럼 한반도가 화해로 나아가려면 남북 간의 접점과 공감대를 넓혀나가야 한다. 역사나 문화적 공감대를 확장함으로써 남과 북이 만날 수 있는 현장을 다각도로 조성해나가야 한다.

이런 일은 가능하다면 민간이나 시민 사회의 영역에서 이루어져야 한다. 비록 북한에는 이에 해당하는 세력이 없지만, 남한의 경우에는 남남갈등을 해소하기 위해서라도 민간과 시민이 주도적으로 나서야 한다. 무엇보다도 전쟁으로 인한 희생과 상처를 경험한 주체가 주도하는 화해여야 한다. 이들이 주체가 되어 남과 북이 만나 악수하는 일이 늘다 보면 그동안 양 진영에서 이른바 "빨갱이"와 "반동분자"로 낙인찍혀 고통을 당한 "분단 폭력"의 희생자들이 지닌 아픔도 조속히 해소될 수 있을 것이다.

또한 개성 공단을 다시 가동할 수 있도록 다각도로 노력해야 한다. 개성 공단은 "이미 온 통일"의 생생한 현장이다. 남과 북의 주민이 함께 모여 살았던 개성 공단과 같은 상징적 통일체를 여러 곳으로 더 확대해야 한다.

이와 더불어 남과 북이 경계를 맞대고 있는 "접경지대"를 단절이 아닌 소통을 상징하는 공간으로 만들어가야 한다. 접경지대의 중심인 "비무장 지대"를 말 그대로 비무장화하는 구체적인 방법을 찾아야 한다. 한반도에서 무력적 대립의 사례를 가장 적나라하게 보여주는 곳이 바로 이곳이다. 그 이름과 달리 가장 두텁게 무장된 곳이다. 군사적 대립의 현장이지만 역설적으로 화해의 필요성을 가장 절실히 드러내고 있는 곳이 바로 비무장 지대와 접경지대다.

접경지대에는 민간인의 출입을 통제하는 "민통선"과 상이한 정치 체제들이 군사적으로 대립하는 "군사 분계선"과 같은 온갖 경계가 존재한다. 우리는 이 "실선"들을 "점선"으로 전환해가야 한다. 자동차 도로를 보면 알 수 있듯이 실선만으로는 목적지에 갈 수 없다. 곳곳의 점선을 통해 다른 차선을 이용할 수 있는 융통성과 개방성을 허용해야 목적지에 도달할 수 있다. 실선이 폐쇄적, 대립적 자기중심주의의 표현이라면, 점선은 개방적, 소통적, 포용주의의 표현이다. 우리는 이런 개념을 바탕으로 접경지대의 경계선을 실선에서 점선으로 바꾸어가야 한다.

물론 점선도 경계선이다. 점선도 선인 한 얼마든지 안과 밖을 구분하는 경계선이 될 수 있다. 그렇지만 점선은 타자와 호흡하는 개방적 경계선이다. 비무장 지대를 생태 평화 지대로 변화시킴으로써 실선의 군사 분계선을 개방적 점선으로 만들고 더 나아가 이런 개방적 점선을 확대시킬 수 있다면 궁극적으로 한반도의 화해와 평화를 이룰 수 있을 것이다.

화해는 싸우던 두 주체 사이의 실선을 점선으로 바꾸는 과정이며, 점선을 확대하는 작업이 결국 평화의 모습으로 나타난다. 남과 북은 대립과 분열의 실선을 조화와 평화의 점선으로 전환해가야 한다. 이것은 미지의 실험이 아니다. 전술했듯이 우리는 이미 "문자적"이고 "물질적"인 화해를 일정 부분 시도하고 경험했었다. 한반도 구성원들의 의식의 심층에는 이미 오랜 통합력이 각인되어 있다. 비록 분단된 지 70년 이상의 시간이 지났지만 고려 시대 이후만 쳐도 1,000년 이상을 하나의 민족으로 함께 살아온 유구한 역사는 그 자체로 남과 북이 화해로 나아갈 수 있는 역량을 충분히 증명하고 있다.

경제 분야의 용서와 화해

재벌 범죄의 유전무죄 무전유죄 사례 분석

이창민

1. 서론

한국 사회에서 강자와 약자 사이의 불공정과 불평등을 이야기할 때 많이 회자되는 말 중 하나가 "유전무죄 무전유죄"다. 대한민국 사법부는 유독 경제적 강자인 재벌 총수 일가의 범죄에 관대하다. "유전무죄 무전유죄"의 구체적 사례로 소위 "3·5 법칙"을 들 수 있다. 이는 재벌이 저지른 여러 경제 범죄에 대해 법원이 주로 징역 3년에 집행 유예 5년을 선고한다는 것이다. 여기서 핵심은 실제로 재벌 피고인을 교도소에 보내 실형을 살게 하지 않고 집행 유예로 풀어준다는 데 있다. 재벌 범죄는 그 범위와 규모가 상당히 커서 무죄가 나오는 경우는 거의 없다. 대부분 유죄이기 때문에 연루된 당사자들이 실제로 교도소에 가는지 아니면 집행 유예로 풀려나오는지가 중요하다. 재벌 변호인단의 목적은 집행 유예를 받아내는 것이지 법정에서 유·무죄를 다투는 게 아니다.

전해지는 말로 재벌 총수들은 실형을 사는 것을 가장 두려워한다고 한다. 따라서 감옥에 가는 상황을 피하기 위한 의도로 집행 유예를 받아냄으로써 무죄를 선고받는 것과 동일한 효과를 노리는 것이다. 삼성전자 이재용 부회장은 몇 해 전 국정 농단 사건 최종 판결에서 실형을 받고 수감되었다가 2021년 광복절 가석방을 통해 풀려나왔다. 최종심 담당 재판장이었던 정준형 판사는 회복적 사법이라는 말을 언급하면서 만약 삼성이 실효성 있는 준법감시위원회를 만든다면 이재용 부회장에게 집행 유예를 선고할 수 있다는 여지를 주었고, 그 후 삼성에 많은 변화가 생겼다. 삼성 내부에 준법감시위원회가 생겼을 뿐만 아니라 무노조 경영으로 유명하던 사측에 노조까지 생기는 변화가 일어났다. 이는 당시 삼성이 이재용 부회장의 집행 유예를 받아내는 데 모든 역량을 집중한 결과다.

한국 사회에서는 이런 "유전무죄 무전유죄"라는 인식이 부자와 빈자 사이의 오해와 갈등을 증폭시켜왔다. 따라서 경제 문제로서의 용서와 화해를 다루려면 우리는 이 "유전무죄 무전유죄"에서부터 출발해야 한다. 과연 이 말은 사실인가? 그렇다면 사법부는 왜 강자에게 관대한 판결을 하는 것일까? 이와 관련된 현실을 정확히 파악해야만 한국 사회의 경제적 강자와 약자 사이의 용서와 화해를 이루기 위한 실마리를 잡을 수 있다.

결론적으로 "유전무죄 무전유죄"는 실체가 있는 말이다. 이를 단지 음모론으로 치부해서는 안 된다. 한국 사법부는 재벌이 저지르는 경제 범죄에 관대하다. 그런데 그 이유마저도 매우 부적절하다. 합리적이지 못한 이유로 재벌 총수 일가에 관대한 집행 유예 판결을 내림으로써 부자와 빈자 사이의 사회적 갈등을 증폭시키고 있다. 결국 경제 분야에서 용서와 화해를 이끌어내기 위해서는 재벌 범죄에 대한 사법부의 엄정한 판결과 그로 인한 신뢰 회복이라는 과제를 선결해야 한다. 사법부 내에서도 전통적 용서와 화해라는 회복적 사법의 논의가 없지 않으나, 이는 경제 범죄에 해당되는 방법론이 아니라는 점을 분명히 밝힌다. 전통적 용서와 화해라는 개념을 경제 범죄에 적용하기에는 여러 문제가 있다. 또한 용서와 화해를 논하기에 앞서 피해자의 피해 구제 수단을 보완하는 데 집중해야 한다. 이 문제는 한국 사법부가 경제 범죄를 다루는 데 있어 취약한 부분 중 하나다. 피해자에 대한 보상이 충분히 이뤄지지 않은 상태로 용서와 화해를 말하는 것은 어불성설이다. 용서와 화해의 전제 조건은 피해자에 대한 충분한 물리적, 심리적 보상이기 때문이다.

2. 유전무죄 무전유죄

1) 유전무죄 무전유죄는 실재하는가?

필자는 경북대학교 경제통상학과의 최한수 교수 등과 함께 한국 사회에서 사법부가 재벌 범죄에 대해 실제로 관대한지를 확인해보는 실증 연구를 수행하였다. 그리고 그 결과를 Corporate Governance: An International Review(2016)와 Asia-Pacific Journal of Financial Studies(2018)에 발표하였다. 여기서 말하는 재벌 범죄란 무엇인가?

재벌 소속 총수 일가와 경영진이 저지른 횡령·배임 등을 말하는데, 특히 횡령의 경우에는 회사의 회계 장부를 조작해서 회삿돈을 빼돌리는 것이 대표적이다. 2022년 1월에 발생한 오스템임플란트 사건을 떠올리면 쉽게 이해할 수 있을 것이다. 이는 총수 일가의 범죄는 아니지만 회계 담당 직원이 빼돌린 회삿돈을 주식과 금을 사는 데 개인적으로 사용한 사건이었다. 이재용 부회장이 최순실에게 뇌물을 주기 위해 회삿돈을 사용한 것도 대표적인 횡령의 예에 속한다. 단순히 정리하면 횡령이란 회삿돈을 개인적인 이익을 위해서 쓴 것을 말한다. 배임은 이보다 조금 더 복잡한데, 재벌 총수와 계열 회사 사이의 여러 거래 행위 또는 재벌 계열사들끼리의 거래 행위를 말한다고 보면 된다. 예를 들어 총수가 그룹의 계열 회사로부터 매우 낮은 금리로 돈을 빌리는 것도 배임에 속한다. 구체적으로 시중 금리가 약 4%인데, 총수가 1% 정도의 금리로 회삿돈을 빌리면 회사에 손해를 끼치는 일종의 배임이 성립하는 것이다. 회사는 시중 금리보다 싼 금리로 대출을 해주기 때문에 손해를 보지만, 총수 입장에서는 상대적으로 낮은 금리로 돈을 빌림으로써 이득을 보게 된다. 총수가 회사 소유의 부동산을 시중 가격보다 싸게 사는 경우도 비일비재하다. 반대로 총수가 자기 소유의 부동산을 회사에 임대해주면서 임대료를 비싸게 받는 경우도 있다. 이처럼 총수가 자기 배를 불리면서 회사에 손해를 끼치는 행위를 사익 편취라고 한다.

계열사끼리의 거래도 다양한 방식으로 이뤄진다. 실제로 2020년 8월에 공정거래위원회의 제재를 받은 사례 중에는 계열사들끼리의 부당 금융 거래가 있다. 금호아시아나그룹의 금호산업, 아시아나항공 등 9개 계열사는 자금 사정이 급박해진 금호고속에게 담보 없이 낮은 금리로 총 1,306억 원을 대출해주었다. 또 2021년 10월에 공정거래위원회로부터 제재를 받은 사례를 보면 계열사끼리 일감을 몰아주는 모습이 포착된다. 하림그룹은 국내 최대 양돈용 동물 약품 수요자이자 계열 양돈 농장(팜스코, 팜스코바이오인티, 포크랜드, 선진한마을, 대성축산)의 동물 약품 구매 방식을 각 사에서 알아서 구매하던 방식에서 계열사인 올품을 통해서만 구매하는 방식으로 변경했다. 그 결과 다섯 회사는 2012년 1월부터 2017년 2월까지 올품으로부터 높은 가격으로 약품을 구매하게 되었다. 이는 계열사인 올품으로 일감을 몰아준 사례다.

거래의 외양은 복잡하게 나타나지만, 이런 행위의 본질은 한 계열사의 자원을 다른 계열사로 이전해주는 것이다. 금호아시아나 금융 거래의 피해자는 금호산업과 아시아나항공이 포함된 9개 계열사이며, 하림의 일감 몰아주기의 피해자는 팜스코, 팜스코바이오인티, 포크랜드, 선진한마을, 대성축산이다. 겉보기에는 금호고속과 올품이 수혜자로 드러나지만, 본질적으로는 총수 일가가 사익을 취하고 있다. 금호고속과 올품에 이익이 나면 그 대부분을 총수 일가가 가져가게끔 되어 있는 구조이기 때문이다.

또, 우리가 수행한 실증 연구란 법원의 판결 자료를 가지고 실제로 "유전무죄 무전유죄" 현상이 있는지 증거를 찾는 것을 말한다. 여태껏 한국 사회의 "유전무죄 무전유죄"에 대한 논의는 주로 몇 가지 사례나 대중의 심정적 확신에 기반을 둔 비판 위주로 이뤄졌다. 물론 연구에 따라서는 몇 가지 대표적인 사례에 의존할 수도 있다. 하지만 법원의 재벌 범죄 판결이 100건이 있는데 이 중 10건 미만만 위에서 언급한 3·5 법칙을 적용하고 나머지는 재벌 총수 일가에게 실형을 주고 감옥에 보내는 엄정한 판결을 내렸다면, 법원이 부자에게 관대하다는 주장은 타당성을 잃는다. 그래서 우리는 "유전무죄 무전유죄" 주장의 타당성을 검증하기 위해 가능한 범위 안에서 재벌 범죄 판결을 전수 분석하였다. 전체 사례는 법원의 판결문 검색, 언론 검색 등 다양한 통로를 이용해 수집하였다. 전수 분석을 통해 "유전무죄 무전유죄" 현상이 도출된다면, 이는 단순한 음모론이 아니라 엄밀한 학문적 실증 분석의 검증을 거친 타당한 주장이 되기 때문이다.

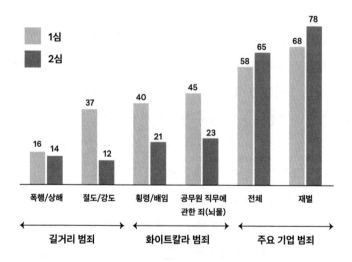

<자료 1> 2000-2014년 범죄 유형별 집행 유예 신고율

(출처: 길거리 범죄 및 화이트칼라 범죄는 「사법연감」, 주요 기업 범죄는 저자 작성)

"유전무죄 무전유죄"를 증명하는 데는 다양한 방법이 사용될 수 있다. 우선 다른 범죄와 재벌 범죄의 집행 유예 확률을 비교해서 "유전무죄 무전유죄"를 보여주는 것이다. 재벌 범죄는 대표적인 경제적 강자가 저지르는 화이트칼라 범죄로서 우리는 이를 길거리 범죄나 블루칼라 범죄의 집행 유예 확률과 비교할 수 있다. 만약 재벌 범죄의 집행 유예 확률이 길거리 범죄의 집행 유예 확률보다 높다면 이는 "유전무죄 무전유죄"의 간접 증거가 될 수 있다. 또 재벌 범죄와 성격이 유사한 다른 화이트칼라 범죄의 집행 유예 확률과 비교해 한국 사법부의 재벌 범죄에 대한 관대함을 보여줄 수도 있다.

위 자료는 최한수가 법경제학연구(2019)에 게재한 "법원은 여전히 재벌(범죄)에 관대한가?"라는 논문에서 가져온 것이다. 대표적인 길거리 범죄인 폭행·상해죄의 집행 유예 선고율은 16%(1심 16%, 2심 14%, 전체 집행 유예 선고율은 16%)였으며, 절도·강도죄의 집행 유예 선고율은 이보다 높은 35% 수준이었다. 우리가 관심 있는 주요 기업 범죄와 가장 유사한 성격의 횡령·배임죄는 36%, "화이트칼라 범죄"의 대표 예인 뇌물죄가 속해 있는 공무원의 직무에 관한 범죄의 집행 유예 선고율은 40%였다. 2000년부터 2014년 사이 벌어진 주요 기업 범죄 사건(재벌과 비재벌 범죄 모두 포함)의 집행 유예 선고율은 62%였다. 재벌 사건으로만 보면 집행 유예 선고율이 72%로 가장 높다. 대표적인 길거리 범죄로 분류되는 폭행·상해죄, 절도·강도죄보다 재벌 범죄의 집행 유예 확률이 훨씬 높다. 또한 재벌 범죄와 비슷한 유형의 화이트칼라 범죄인 횡령·배임죄 및 공무원의 직무에 관한 범죄 집행 유예 선고율보다도 높다.

위의 분석은 한국 사법부가 재벌 기업 범죄에 대해 길거리 범죄보다도 많은 집행 유예 선고를 내리고 있다는 기초적인 사실관계를 보여주지만, 이것만으로 "유전무죄 무전유죄"가 존재한다는 학문적인 주장을 펴기에는 무리가 있다. "유전무죄 무전유죄"는 합리적 이유가 아닌 비상식적 이유로 경제적 강자에게 관대함을 보여주는 행위를 의미하기 때문이다. 예를 들어 재벌에게 높은 비율로 집행 유예를 선고하더라도 그 근거가 합리적이라면 "유전무죄 무전유죄"라고 단순히 규정하기에는 무리가 따른다. 그래서 우리는 우선 2000년부터 2007년까지 법원에서 배임·횡령 등 특정경제범죄가중처벌법 위반으로 유죄 판결을 받은 주요 기업 범죄 사례를 전부 모았다. 이 사건과 연관된 피고인은 총 252명이었는데, 중복된 사건이 포함되어 있다. 예를 들어 재벌 총수가 횡령·배임 등 특정경제범죄가중처벌법 위반으로 재판을 받기 시작하면 1심에 거쳐 대법원에 이르기까지 여러 차례의 재판을 거친다. 우리는 각각의 재판 결과를 분석했기 때문에 이런 경우에는 동일한 피고인이 세 번이나 분석 대상에 포함된다. 우리는 이 252명의 피고인에 대해 일단 법원의 판결문을 통해 정확한 양형 이유(판사들이 경제 범죄의 형량을 결정하는 데 주로 고려하는 판단 근거)를 파악하였다. 한국에서 이런 연구를 수행할 때 판결문의 상세함이 큰 도움을 준다. 일반적으로 모든 양형 이유를 다 밝히지는 않지만, 주요 양형 요인에 대해서는 판결문에 상세하게 서술하는 편이다. 경제 범죄를 판결하는 판사들은 피고인들이 얼마만큼 회사에 피해를 끼쳤으며(피해액) 어떻게 이 피해액을 변제했는지 등을 주요 판단 근거로 삼는다. 피해액이 크면 형량이 올라간다. 또한 피해를 많이 끼칠

수록 집행 유예를 받을 확률이 낮아진다. 반대로 이 피해액을 재판 과정에서 변제했을 경우에는 형량이 줄어들고 집행 유예를 받을 확률이 올라간다. 피고인들의 회사 내 지위도 고려 대상이 된다. 한국 기업은 많은 경우 가족 기업의 형태로 운영되기 때문에 경영의 키를 쥔 사람이 총수 일가인지 아니면 전문 경영인인지를 살핀다. 한국 사법부는 전문 경영인을 일종의 허수아비로 보는 경향이 있다. 즉 총수가 실질적인 의사 결정권을 가지고 있기 때문에 전문 경영인에 대해서는 조금 더 관대한 판결을 내리는 경향이 있다. 대부분의 범죄가 총수 일가의 사익 추구 행위에 의한 것이므로 전문 경영인들은 총수 일가의 명령을 따를 수밖에 없었을 것이라고 보는 것이다. 그래서 전문 경영인들은 집행 유예를 받는 확률이 매우 높았다.

여기까지는 판결문에 명확하게 드러나는 양형 요인 또는 감형 요인이다. 그런데 정말로 궁금한 것은 그 이면에서 벌어지는 일이다. 우리는 재벌 기업 소속 피고인들이 비재벌 기업 소속 피고인들보다 정말로 관대한 판결을 받는 것인지 궁금했다. 그래서 252명의 피고인을 재벌 기업 소속 피고인과 그렇지 않은 피고인으로 분류하였다. 재벌 기업인지 아닌지에 대한 판단은 공정거래위원회의 대기업 집단 분류에 따랐다. 이에 따라 분류한 결과 재벌 기업 소속 피고인은 144명, 비재벌 기업 소속 피고인은 102명이었다. 분석하기 좋은 자료가 만들어진 것이다. 이와 더불어 판결에 영향을 미칠 만한 모든 다른 요인을 다 통제했다.

다른 요인을 다 통제한다는 것이 무엇인지 설명하기 위해 간단한 예를 하나 들겠다. 처음에 재벌 소속 피고인들의 집행 유예 확률이 높다고 이야기하면, 그들이 많은 돈을 써서 선임한 전관 변호사가 판결에 영향을 준 결과가 아니냐는 반응이 많았다. 이건 매우 직관적이고 나름 타당한 가설이다. 이 점을 고려하지 않고 "사법부가 재벌에 관대하다"라고 주장하기에는 무리가 있다. 그래서 우리는 전관 변호사 선임과 관련된 자료도 모았다. 이를 고려하더라도 사법부는 재벌에 관대했다. 전관예우 효과 외에 다른 요소가 분명히 존재한다는 것이다.

결론적으로 판결에 영향을 미칠 만한 다른 요인을 다 고려/통제한 후에 피고인의 소속이 판결에 영향을 주는지를 확인할 수 있었다. 놀랍게도 재벌 기업 소속 피고인들이 비재벌 기업 소속 피고인들에 비해 집행 유예를 받을 확률이 약 10%p 높았다. 실형을 받아 교도소에 가더라도 형량이 19개월 정도 짧았다. "유전무죄 무전유죄"의 실증적 근거가 세상에 드러나는 순간이었다. 최한수 교수는 최근 자료까지 포함하여 유사한 분석을 실시하였는데 결과는 여전히 비슷했다. 그는 2000년부터 2014년까지 주요 기업 범죄 사건으로 기소된 피고인 738명의 판결 결과를 분석하였다. 1심에서 피해액을 변제한 총수 일가가 재벌 계열사 소속일 경우에 집행 유예를 선고받을 확률이 동일한 조건의 비재벌기업 소속 총수 일가보다 약 27%p 올라갔다. 최신 자료를 포함한 이유는 연구의 분석 대상인 횡령·배임 범죄의 경우 2009년 7월부터 강화된 양형 기준(법관들이 판결을 내릴 때 참고하는 것으로서 원칙적으로 구속력은 없으나 양형 기준을 이탈하는 경우 판결문에 양형 이유를 기재해야 하므로 합리적 이유 없이 무시할 수는 없는 것으로 알려져 있다)이 적용되었기 때문이다. 이 강화된 양형 기준이 주로 규율하려고 했던 것이 바로 재벌을 대상으로 집행 유예를 남발하는 3·5 법칙이었다. 일부에서는 강화된 양형 기준이 적용된 다음부터 "유전무죄 무전유죄"가 사라졌을 것이라고 주장했으나, 사법부의 재벌 편향성은 양형 기준 제정 이후에도 여전했다.

2) 사법부는 왜 경제적 강자인 재벌에 관대한가?

사법부가 왜 경제적 강자에게 관대한지를 설명하는 두 가지 논리가 있다. 우선 "대마불옥"(Too big to jail)이라는 논리다. 이는 "대마불사"(Too big to fail)라는 말을 변형하여 적용한 것이다. 대마불사는 상당히 큰 기업이나 금융 기관이 위기에 빠지면 결국 정부가 공적자금을 투입해 죽지 않도록 살려준다는 것이다. 큰 기업이 망할 경우 시장에 시스템적인 위기가 닥칠 가능성이 크기 때문이다. 이는 전 세계적으로 나타나는 현상이다. 2008년에 글로벌 금융 위기가 발생하자 당시 시장 경제 선진국이라 할 수 있는 미국도 금융 기관에 대규모 공적 자금을 투입함으로써 휘청이던 회사들을 살려내었다. 법관들 역시 이와 비슷하게 재벌 기업의 총수를 처벌하면 그룹이 위기에 처함으로써 결국 시장 전체에 큰 영향을 줄 것이라고 여길 가능성이 크다. 한마디로 사법부의 판단으로 인해 시스템 위기가 발생할 수 있음을 우려하는 것이다. 판사들이 재벌을 처벌할 경우에 뒤따를 수 있는 경제 시스템 위기를 걱정해서 이들을 감옥에 보내지 않고 대신 집행 유예로 처벌을 마무리한다는 것이 바로 대마불옥이다. 한국 재벌 총수들이 재판을 받는 내내 온 언론이 나서서 이런 공포 마케팅을 하는 경우가 빈번하다. 총수가 교도소에 가면 그 큰 그룹이 당장이라도 공중분해될 것 같은 분위기를 암시하는 기사를 쏟아낸다. 우리는 이런 시스템 위기가 실제로 존재하는가에 앞서 이런 공포 마케팅이 실제 판결에 영향을 미치는지를 확인하고 싶었다.

누구에게는 놀랍게도 (또는 누구에게는 놀랍지 않게도) 이것이 영향을 미치고 있었다. 우리의 분석에 따르면 대마불옥은 일정 부분 사법부가 재벌에게 관대한 이유로 작용했다. 피고인이 소속된 기업의 규모가 클수록 집행 유예 확률이 높아졌다. 회사 규모가 크다고 피해액이 큰 것도 아니고, 다른 모든 조건이 동일한 상태에서 집행 유예 확률만 올라간다는 것은 비합리적으로 보이는 법률적 판단이다. 그럼에도 분명 그런 효과가 존재했다.

자, 이것이 사법부의 재벌 편향을 다 설명해주는가? 그렇지 않다. 사법부가 재벌에 관대한 이유에 영향을 주는 50%가 대마불옥 논리라면, 나머지 50%은 또 다른 논리였다. 우리는 판결문에 기록된 양형 이유를 자세히 들여다보던 중 매우 흥미로운 지점을 발견했다. 판사들은 재벌 그룹 내 계열사끼리의 부당 거래에 매우 관대한 입장을 취하고 있었다. 예를 들어 총수가 100% 출자한 돈으로 작은 비상장 회사를 하나 세웠다고 하자. 그런 다음 다른 계열사에게 총수가 100% 출자한 개인 회사로 일감을 몰아주거나 저금리로 돈을 빌려주라고 지시한다. 이 개인 회사에서 나오는 모든 이익이 전부 총수에게 돌아가는 구조다. 총수 개인 회사이며 주주가 총수 한 명이니 자연스레 모든 배당금이 총수에게 돌아가는 것이다. 그런데 재벌 피고인들은 법정에 서서 그 회사가 흔들리면 그룹 전체가 흔들리기 때문에 그룹의 안정성을 지키려고 한 행위라고 말하면서 그 부당 지원 행위가 총수 개인의 사익을 추구한 것이 아니라고 방어해왔다. 그리고 실제로 이 주장이 받아들여지는 경우가 매우 많았다. 이는 한국 재벌의 복잡한 소유 구조를 보지 않고서는 쉽게 이해하기 어려운 주장이다.

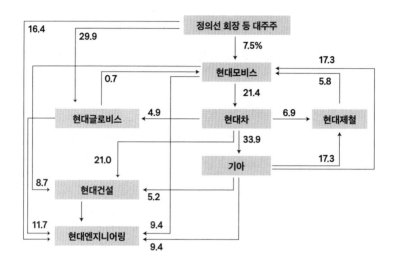

<자료 2> 현대자동차그룹 주요 순환 출자 고리(2021년 3월 기준)

〈자료 2〉는 2021년 3월 기준으로 재계 2위인 현대자동차그룹의 계열사 간 출자 관계를 보여주는 도표다. 여기서 출자 관계란 회사 간의 주식 보유 현황을 의미한다. 간단하게 한 가지를 설명해보겠다. 현대자동차그룹 소유 구조의 핵심은 맨 위의 현대모비스가 현대차 주식을, 현대차가 기아차 주식을, 그리고 기아차가 다시 돌아 현대모비스 주식을 가지고 있는 순환 출자 형태다. 정의선 회장을 포함한 총수 일가가 직접적으로 보유하고 있는 현대차와 기아의 주식의 양은 미미하다. 하지만 이들은 현대글로비스라는 회사의 주식을 많이 보유하고 있다. 결국 현대글로비스에 일감을 몰아주고 부당한 형식으로 금

융을 지원해주는 것은 모두 총수 일가가 현대글로비스를 통해 현대차와 기아차에 대한 부족한 지배력을 확보함으로써 궁극적으로 현대자동차그룹 지배권 유지라는 사적 이익을 추구하기 위한 행위가 된다. 그런데 이런 행위를 현대자동차그룹과 한국 경제를 살리기 위한 구국의 결단으로 포장하고 있는 것이다.

3. 사법부의 재벌 편향은 합리적인가?

그럼 사법부가 경제적 강자에게 관대한 두 가지 이유가 과연 합리적인지를 더 자세히 따져보자. 우선 총수를 교도소에 보내면 한국 경제에 큰일이 발생한다는 대마불옥 근저에 있는 논리를 점검해보자. 다음은 필자가 "총수 처벌이 경제 위기 가져온다는 '공포 마케팅'"이라는 제목으로 프레시안에 기고한 칼럼(2020. 7. 13)의 일부다.

> 한국 사회에서 재벌 총수가 구속되거나 실형을 받고 자리를 비운 사례가 제법 있다. 최근 몇 개만 보자. 2012월 8월, 김승현 한화 회장은 횡령, 배임 등으로 법정 구속되었다. 이듬해 1월에는 최태원 SK 회장이, 7월에는 이재현 CJ 회장이 횡령, 배임 등으로 구속되었다. 이재용 삼성전자 부회장은 2017년 2월 국정 농단 사건으로 구속되어 1년간 수감 생활을 했다. 법적인 문제는 아니지만 이건희 삼성 회장은 2014년 5월에 심장 마비로 쓰러졌다. 이들 중 대부분은 2000년대에도 유사한 혐의로 형사 재판을 받고 유죄를 받았다. 이뿐만이 아니다. 보통 형사 재판은 검찰 수사에서부터 대법원에 이르기까지 3~4년이 걸린다. 더불어 민주당의 양향자 의원은 한 언론과의 인터뷰에서 "좋든 싫든 삼성은 현

재 소유주 중심으로 돌아가고 있는 것이 사실이다. 기업 소유주가 법적 판단을 받는 과정이 길어지다 보면 기업 경쟁력이 떨어지고 국민의 삶에도 악영향을 끼칠 것"이라고 말했다. 이 말과 재계의 논리대로라면 2000년대 이후 한국 재벌은 총수의 부재 또는 재판 과정으로 인해 큰 고통을 받았어야 한다. 그런데 소위 말하는 상위 재벌로의 경제력 집중은 점점 심화되고 있다. 범삼성그룹(삼성, CJ 등 포함)의 자산이 국내 총생산에서 차지하는 비중은 13.36%(2000년 기준)에서 26.18%(2016)로, 자산 순위 1-5위인 그룹(범삼성그룹, 범현대그룹, 범엘지그룹, SK그룹, 롯데그룹)의 자산의 비중은 47.99%(2000년 기준)에서 74.33%(2016년 기준)으로 증가했다. 총수가 고난의 세월(?)을 보내는 동안 재벌이 한국 경제에 차지하는 비중은 과도하게 커졌다. 또 흔치 않은 자연 실험이 있었다. 2017년 삼성전자 이건희 회장과 이재용 부회장이 동시에 자리를 비웠다. 그러나 2017년에도 삼성전자는 흔들림 없이 잘나갔다. 공포 마케팅에 따르면 이때 삼성전자는 쪽박을 차야 하지 않나?

대규모 자료를 통한 실증 연구의 결과도 살펴보자. 경제개혁연구소는 2000년부터 2018년까지 법원에서 유죄 판결을 받은 총수가 지배하는 (중복 포함) 35개 재벌 기업과 319개 계열사를 대상으로 법원의 판결이 기업 가치(엄밀한 개념으로는 판결 전후 특정 기간의 누적비정상주식수익률)에 미치는 영향을 분석했다. 분석 대상은 1심, 2심, 대법원 판결로 하고 기업 총수에는 김승연(한화), 김준기(동부), 박용성(두산), 박용오(두산), 이건희(삼성), 이재용(삼성), 이재현(CJ), 장세주(동국), 정몽구(현대차), 조동만(한솔), 최태원(SK)을 포함하였다.

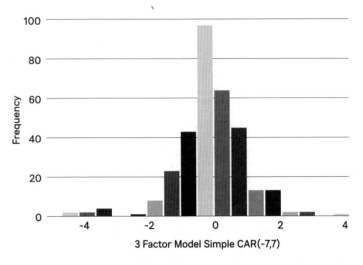

<자료 3> 법원의 유죄 선고에 대한 계열사 주식수익률(누적비정상수익률[CAR]) 분포
(출처: 이창민, 최한수, 재벌 총수에 대한 사법 처리는 기업 가치에 부정적 영향을 미치는가?
경제 개혁 리포트 2020-1호)

이에 대한 결론은 이렇다. 총수에 대한 법원의 유죄 판결 사법 처리
는 주가에 커다란 영향을 미치지 않았다. 즉 총수에 대한 사법 처리
가 경제 및 재벌 그룹에 상당히 부정적인 영향을 미칠 것이라는 공
포 마케팅은 실증적 근거가 없다. 총수에 대한 재판 전후 15일 동안
의 누적비정상수익률, 즉 주가에 미치는 영향은 -1.6%에서 -1.0%로
결코 크다고 볼 수 없다. 또 다른 측면을 보자. 〈자료 3〉은 법원이 총
수에 대해 유죄 선고를 내렸을 경우 관련 계열사의 주식수익률 분포
를 보여준다. 재무 경제학에서 흔히 사용하는 3요소 모형을 통해 주
식수익률을 측정해본 결과, 0%를 중심으로 정규 분포와 유사한 형태
가 나타났다. 구체적으로 개별 계열사의 주가를 살펴보면 긍정적 반
응 41~43%, 부정적 반응 57~59%로 대칭적인 형태가 나타나지 특별

히 한쪽으로 쏠리는 모습은 관찰되지 않았다. 예시를 통해 이를 조금 더 쉽게 풀어보자. 예를 들어 삼성전자 이재용 부회장이 법원에서 실형 3년 판결을 받고 교도소에 간다고 치자. 그럴 때마다 우리는 삼성전자, 삼성생명, 삼성물산과 같은 삼성 계열사들의 주가가 폭락할 것이라고 생각하는 경향이 강했다. 그런데 실제 분석을 해보니 일부 계열사의 주가는 떨어지지만 또 다른 계열사의 주가는 올라서 결과적으로 대략 반반의 비율이 나타났다는 것이다. 이는 주식 시장이 오히려 전략적으로 반응하고 있다는 뜻이다. 여러 가지 해석이 가능하겠지만, 시장에서 이 판결 때문에 향후 삼성의 지배 구조가 개편될 것이라는 예측이 돌기 시작했다고 가정해보자. 그렇게 되면 지금까지 일감 몰아주기를 해주던 계열사 입장에서는 오히려 앞으로 상황이 나아져서 주가가 오르고, 일감 몰아주기의 혜택을 보아왔던 계열사는 오히려 미래 상황이 좋아지지 않아 주가가 떨어질 것이다. 지배 구조 개편으로 인해 후진적인 일감 몰아주기가 줄어들 것이기 때문이다. 한국 재벌 총수의 사적 이익 추구와 관련된 사건이 발생할 때마다 계열사 가운데서 승자와 패자가 발생한다는 사실을 상기해보면 이해가 좀 더 쉬울 것이다. 삼성물산-제일모직 합병에서 삼성물산의 주주가 피해를, 제일모직의 주주가 이득을 보았던 것이 대표적인 사례다.

필자는 최한수 교수와 함께 앞서 언급한 주가 분석 연구를 시행하였다. 이창민·최한수(2020)에서 우리는 과연 재벌 총수에 대한 사법 처리가 그룹 전체에 부정적인 영향을 크게 미치는지 확인해보았다. 결론적으로 우선 재벌 총수에 대한 사법 처리는 그룹 계열사의 주가에 커다란 영향을 주지 않았다. 예를 들어 이재용 부회장에 대한 사법부의 유죄 판결(실형과 집행 유예 모두 포함)이 삼성전자나 삼성생명 같은 삼성그룹 계열사의 주가에 큰 영향을 미치지 않았다. 또한 흥미롭게도 재벌 총수가 실형을 받아 감옥에 가면 주가에 별 영향이 없고, 오히려 집행 유예와 같은 관대한 처벌을 받으면 주식 시장의 부정적인 반응이 감지되었다. 놀랍지 않은가? 총수를 감옥에 보내면 그룹 전체도 모자라 한국 경제에 큰일이 날 것같이 떠든 언론 보도는 전부 실재하지 않는 공포 마케팅에 불과했다. 그렇다면 재벌 총수에게 집행 유예가 선고되었을 때 그룹 계열사의 주가가 떨어지는 것은 어떻게 봐야 하는가? 한국에서는 생소한 현상이지만 외국인 투자자들은 이를 매우 자연스럽게 받아들인다. 경영진에 대한 사법 처리는 도덕적 해이나 주주 이익 침해 등에 대한 최종적 규율 수단으로서, 그런 사건이 발생하더라도 엄정하게 처리되었다는 인상을 주면 향후 기업 지배 구조 개선 행위로 인식되어 주가에 긍정적인 영향을 미치는 경우가 많다. 불투명한 지배 구조 안에서 횡령·배임 등의 범죄가 발생하면 오히려 투자자는 이를 불안정하고 위험한 상황으로 인식하게 된다. 이런 구조와 상황을 강제적으로 바로잡는 것이 사법부의 역할이다. 그러므로 관련 사건이 법적으로 엄정하게 처리된다면 투자자 입장에서는 매우 효과적인 투자자 보호 장치가 작동되고 있음을 확인하게 되는 것이다. 심지어 우리보다 뒤늦게 자본 시장이 발달하기 시작한 중국에서도 이런 현상이 나타난다. 여러 경제 범죄를 저지른 후 규제 당국에 의해 처벌을 받은 기업은 향후 주가가 상승하는 경향이 강하다. 그런데 한국에서는 법적 판결이 이루어지면 반대 현상이 일어난다. 비합리적인 논리로 재벌 범죄에 대해 관대한 처분이 내려지는 것을 본 투자자들은 오히려 위기감을 느껴 주식을 팔고 한국 시장을 떠난다. 일종의 코리아디스카운트가 이렇게 작동한다.

또한 계열사 간의 거래를 총수의 사익 추구로 보지 않는 관점은 타당한가? 이는 학문적으로 볼 때 참으로 이해하기 어려운 논리다. 경제학과 재무학 교과서에서는 계열사를 놓고 부를 이전하는 행위를 "굴파기"(Tunneling)라고 부르며 전형적인 경영진 사익 추구로 가르치고 있는데, 법원이 이를 정면으로 부정하는 것이다. 간단히 말하면 굴파기는 총수가 주식을 많이 가지고 있지 않은 회사와 많이 가지고 있는 회사를 두고 하는 행위다. 두 회사 사이에 굴을 만든 다음 다양한 방식을 동원하여 총수가 주식을 많이 가지고 있지 않은 회사에서 많이 보유한 회사로 자원을 옮기는 것이다. 구체적으로 배당, 주가 상승 등의 다양한 방법을 이용해 총수의 이득을 확대시킨다. 이처럼 고전적이고 널리 알려진 방식의 사익 추구 행위를 보고도 한국 사법부는 엉뚱한 논리를 내세워 재벌 봐주기를 하고 있었던 것이다.

4. 사법부의 재벌 편향이 만들어 낸 결과는?

사법부의 재벌 편향이 만들어낸 결과는 다양하다. 우선 이로 인해 재벌의 경제 범죄가 지속적으로 발생하고 있으며, 재벌로의 경제력 집중 현상이 강화되고 있다. 총수들은 "대마불옥"을 기정사실로 받아들이고 있다. 여기에 더해 최근에 나온 흥미로운 연구 하나를 소개하고자 한다. 2021년 6월 기준으로 삼성전자 이재용 부회장이 보유한 주식의 가치가 약 15.56조 원 정도라고 하는데, 이 부는 어떻게 형성된 것일까? 이은정(2021)은 국내 상위 30위 이내의 대규모 기업 집단 소속 총수 11명의 부의 축적 과정을 분석하였다. 이 11명은 이재용(삼성그룹), 정의선(현대차그룹), 구광모(엘지그룹), 신동빈(롯데그룹), 조원태(한진그룹), 박정원(두산그룹), 조현준(효성그룹), 김동관(한화그룹), 정용진(신세계그룹), 이해욱(대림그룹), 김준영(하림그룹)이다.

연구 결과 전체 부의 52.73%가 정당하지 못한 방법으로 축적되었다라는 결론이 도출되었는데, 그 정당하지 못한 방법은 앞서 언급한 대로 사법부가 매우 관대하게 바라보고 있는 계열사 간 거래와 밀접한 관련이 있다. 즉 사법부의 재벌 편향이 총수 일가의 정당하지 못한 부의 축적을 정당화시켜준 것이다. 정당하지 못한 부의 축적이라는 말은 결국 보유하고 있는 주식에 문제가 있다는 뜻인데, 이은정(2021)은 이를 다음과 같이 설명한다.

문제성 주식은 취득 과정에서 또는 그 가치가 증가하는 과정에서 편법 또는 불법이 있었던 주식을 의미한다. 문제성 주식 가치는 평가 시점의 가치를 의미하는 것으로서 여기에는 불법 등이 확인되지 않은 부분인 문제성 주식 취득 원가가 포함되어 있으므로, 문제성 주식 가치 전체가 불법 등으로 이루어진 부라고 볼 수는 없다. 취득 및 보유 과정 문제가 있다고 판단한 주식은 ① 편법 또는 불법으로 취득한 주식, ② 회사 기회 유용으로 보유한 주식, ③ 일감 몰아주기 수혜 회사인의 주식이다. 참고로 문제성 주식은 과거 경제개혁연구소의 판단 기준에 따라 이루어졌다.

① 편법 또는 불법적인 주식 취득 : 법원 등에서 불법으로 취득한 것이라고 확인한 경우 외에도 과거 편법 취득으로 문제가 있었던 주식

을 포함한다. 따라서 차명으로 보유했던 주식을 실명 전환해서 보유하고 있는 경우, 편법적인 CB 또는 BW 인수를 통해 취득한 주식을 보유하게 된 경우 등이 포함된다.

② 회사 기회 유용으로 주식 보유 및 일감 몰아주기 수혜 회사의 주식 취득: 동일인 및 친족의 지분(직간접 지분을 의미함)이 20% 이상인 회사가 계열 회사의 회사 기회를 유용한 경우 또는 계열 회사와의 거래가 매출액의 20% 이상(일감 몰아주기로 판단)인 경우를 의미한다.

		이재용 (삼성)	정의선 (현대차)	구광모 (엘지)	신동빈 (롯데)	김동관 (한화)
문제성 주식 가치 증가분	직접 취득	57.46	49.89	21.43	(13.64)	82.89
	2차 취득	1.46	21.03	-	-	-
	상속 등	9.08	-	42.36	2.21	-
	계	68.01	70.92	63.79	(11.43)	82.89
기타 보유 가치	문제성 주식 취득 원가					
	직접 취득	0.31	1.15	9.12	0.09	6.61
	2차 취득	0.00	0.16	-	-	-
	상속 등	14.50	-	26.38	2.98	-
	계	14.82	1.31	35.50	3.06	6.61
	기타 주식					
	직접 취득	0.12	5.14	0.21	98.14	5.66
	2차 취득	0.13	22.64	-	-	-
	상속 등	16.91	-	0.51	10.23	4.84
	계	17.17	27.77	0.71	108.36	10.50
	계	31.99	29.08	36.21	111.43	17.11
계		100.00	100.00	100.00	100.00	100.00

<자료 4> 동일인 등 11명이 보유한 계열사 주식 가치의 구성 비중(단위: %)

(출처: 이은정, 동일인 등의 부는 어떻게 만들어지나?:
대규모 기업 집단을 중심으로. 경제개혁리포트, 경제개혁연구소 2021-14, 1-75)

〈자료 4〉는 이은정의 연구(2021)에서 가져온 것이다. 이은정의 정의에 따라 살펴보면, 총수가 보유하고 있는 주식 중 문제성 주식이 차지하는 비중(위 표에서는 문제성 주식 가치증가분을 보면 된다)은 이재용(삼성) 68%, 정의선(현대차) 70.92%, 구광모(엘지) 63.79%, 김동관(한화) 82.89%로 추정되며 신동빈(롯데)은 오히려 마이너스다. 이를 종합해보면 총수 일가가 보유하고 있는 재산 중 적어도 60% 이상이 정당하지 못한 방법으로 인해 축적되었음을 알 수 있다.

그렇다면 이것이 사법부와 무슨 상관이 있는가? 이런 문제성 주식의 핵심인 ① 편법 또는 불법을 이용한 취득, ② 회사 기회 유용으로 보유, ③ 일감 몰아주기 수혜 회사인의 주식 보유는 한국 재벌의 전형적인 사익 편취 행위인데, 이 세 가지에 대해 한국 법원이 매우 관대한 판결을 내리고 있는 것이 문제다. 한마디로 사법부의 재벌 편향성은 단지 재벌 총수 일가가 감옥에 가지 않게 하는 데서 머물지 않고 거기서 더 나아가 그들의 불법적인 재산 축적에 큰 도움을 주는 형태로까지 확장되고 있다.

3. 재벌 범죄와 관련된 용서와 화해

지금까지 한국 경제에서 부자와 빈자 사이의 오해와 갈등을 증폭시키는 "유전무죄 무전유죄"와 이를 가능케 한 사법부 판결의 실체에 대해 이야기했다. 다음은 경제 분야의 용서와 화해에 대한 문제를 살펴보려고 한다. 이에 대한 논의가 전무한 것은 아니다. 최근 이재용 삼성전자 부회장의 국정 농단 최종심 재판장을 맡았던 정준영 판사가 "회복적 사법"을 언급하면서 "용서와 화해"라는 이슈를 들고 나왔다. 그는 저스티스에 게재한 "치유와 책임, 그리고 통합: 우리가 회복적 사법을 만날 때까지"(2013)라는 논문에서 아래와 같은 주장을 폈다.

1970년대 중반부터 북미와 유럽에서 시작된 회복적 사법은 범죄에 대한 대응 방법으로서 형사 사법의 보완 또는 대안으로 제시되고 있다. 형사 사법에서는 국가의 형사 사법 기관이 절차를 주도하지만, 회복적 사법에서는 가해자 및 피해자 또는 범죄와 이해관계가 있는 사람이나 공동체가 주체로서 참여한다. 형사 사법은 가해자에게 범죄에 합당한 처벌이라는 고통을 주는 방법으로 범죄에 대응한다. 반면 회복적 사법의 기본적 대응 방법은 "피해자·가해자 사이의 대화"다. 피해자와 가해자 사이의 대화를 통해 가해자가 죄책감을 가지게 되면 가해자의 감정이나 태도에 변화가 생기고, 이런 가해자의 변화를 통해 피해자는 정신적 상처(트라우마)를 치유받고 변화할 수 있다. 피해자와 가해자가 변화되면 사과, 용서, 화해가 가능하다. 회복적 사법은 기소 전·후, 교정 단계 등 형사 절차의 모든 단계에서 활용될 수 있으며, ① 조정인이 주선하는 조정에 피해자와 가해자가 참여하는 피해자·가해자 조정, ② 공동체 구성원이 참여하는 회합 프로그램, ③ 더 넓은 범위의 공동체 구성원이 참여하는 서클 프로그램으로 분류된다. 회복적 가치가 실현되면 참여자들은 형사 사법 제도 전반에 대해 만족하고 공정하다고 느끼게 된다고 한다. 그러나 회복적 사법은 피해자와 가해자의 자발적인 대화 참여를 전제로 하므로, 전통적 형사 사법을 완전히 대체할 수는 없다. 또한 형사 사법 제도가 공정하게 운영되어야 회복적 사법도 그 기능을 다할 수 있다. 회복적 사법의 원칙과 실무는 범죄뿐 아니라 학교, 직장, 사회에서 발생하는 다양한 형태의 갈등을 다루거나 심각한 정치적 폭력으로 인한 후유증의 국민적 치유를 촉진하기 위해서도 활용할 수 있다. 회복적 사법의 가치에 공감하는 사람이라면 누구라도 자신의 위치에서 회복적 사법의 가치를 실현할 수 있는 실천적 노력을 할 필요가 있다. 우리가 회복적 사법을 만날 때까지.

그는 당시 피고인 이재용 부회장에게 삼성그룹 내 준법감시위원회 설치를 제시했다. 준법감시위원회를 통해 유사한 범죄에 대한 재발 방지 조치를 만들면 집행 유예도 가능하다는 취지였다. 이 발언은 시민 사회 단체의 거센 반발을 불러왔다. 이재용 부회장이 저지른 재벌 범죄는 회복적 사법의 취지와 전혀 맞지 않는다는 것이다. 회복적 사법에서 중요한 것은 가해자와 피해자 사이의 화해와 용서인데, 이런 종류의 범죄는 가해자와 피해자의 관계를 파악하는 것뿐만 아니라 피해자의 범위를 설정하기도 복잡하고 어렵다. 당시 한겨레 김종구 편집인은 "'삼성'과 '정준영 판사'에게 묻는다"라는 칼럼에서 다음과 같은 의견을 제시했다.

정 판사의 논문을 읽으면서 줄곧 머리를 떠나지 않은 것은 치유, 통합, 화해, 대화, 가해자의 반성, 피해자의 용서 등 회복적 사법의 핵심 개념들이 이재용 부회장 사건과는 어떤 연관이 있을까였다. "가해자의 반성과 사과"라는 말부터 그렇다. 기업 범죄에서 가해자·피해자를 확연히 가르기는 사실 복잡하지만, 어쨌든 삼성은 자신이 가해자가 아니라 뇌물 사건의 피해자였다고 주장해왔다. 자신을 "권력으로부터 겁박을 당한 피해자"라고 여기는데 무슨 반성과 사과가 있을 수 있는가. 그래서 삼성은 자신의 위법 행위를 고발한 언론을 증오한다. 한 걸음 나아가 자신을 법정에 세운 "촛불"까지도 원망하는 모습을 보여왔다. 삼성은 반성과 사과는커녕 용서를 해야 할 쪽도, 상처를 치유 받아야 할 쪽도 오히려 자신이라고 여겨왔다. 회복적 사법에서 말하는 "범죄로 훼손된 관계와 질서의 회복"도 마찬가지다. 이 부회장의 형량을 대폭 줄여주면 재벌과 권력 간에 오간 뇌물 청탁과 권력 남용으로 훼손된 국가 질서가 회복되는가. 그리고 이 사건으로 일반 국민이 받은 상처가 "치유"될 수 있을까. 아무리 생각해봐도 회복적 사법의 목표인 화해와 치유, 통합은 애초부터 그른 듯하다.

2020년 12월 23일에는 경제개혁연대, 민변, 민주노총, 참여연대 주최로 "삼성 준법감시위원회의 이재용 파기 환송심 양형 반영, 무엇이 문제인가"라는 주제의 좌담회가 열렸다. 당시 발제자 중 한 명이었던 김종보(민변 변호사)는 다음과 같은 취지로 회복적 사법, 용서와 화해를 반박하였다. 정준영(2013)의 회복적 사법에 따르면 가해자인 이재용 부회장과 피해자인 국가 및 삼성전자가 대화를 시작하고, 가해자 이재용 부회장이 죄책감을 가진 채, 사과하고 피해를 배상하여야 한다. 피해자인 국가와 삼성전자가 정신적 상처를 치유하고, 이재용 부회장을 용서하고 그 결과 이재용 부회장과 국가, 삼성전자가 화해하여 국가, 삼성전자가 회복되는 것이다. 이 흐름에서 보이듯, 이재용 부회장 사건에 회복적 사법을 적용하는 것 자체가 말이 안된다는 것이다. 국가적 법익을 침해한 사람에게 회복적 사법을 적용하는 것은, 반란을 일으키고 무고한 국민들을 살해한 전두환이 국민들과 대화를 시작하고 사과하고 피해를 배상하면 정신적 상처가 치유되므로 피고인 전두환에게 회복적 사법을 적용하여 양자 모두 회복시키겠다는 것과 다를 바가 없다는 것이다.

이를 바탕으로 정리해본 회복적 사법의 기본 방법은 "피해자/가해자 사이의 대화를 통해 가해자가 죄책감을 가지면, 이를 본 피해자가 정신적 상처를 치유 받음으로써 사과, 용서, 화해가 가능하다"는 것으로 보인다. 그런데 삼성이 준법감시위원회를 설치할 당시 이재용 부회장은 피해자와 대화를 하고 있었는가? 피해자들은 정신적 상처를 치유 받고 있는가? 재벌의 경제 범죄 사건이 발생할 때마다 재벌 총수가 기자회견 자리에서 나와 읊는 사과문은 오히려 공분을 불러일으켰다. 그럴 때마다 약속한 것들이 얼마나 허망하게 사라졌는지 국민들은 잘 알 것이다. 그리고 당시 가해자인 이재용 부회장은 피해 당사자가 아닌 준법감시위원회에 소속된 명망가들의 의견을 듣고 아주 가끔 그들과 대화를 나눴다. 무엇보다도 중요한 것은 그런 상황에서 치유는커녕 갈등, 오해, 불신만 증폭되었다는 사실이다.

그리고 정준영 판사도 논문에서 언급했듯이 회복적 사법은 전통적 형사 사법을 대체할 수 없다. 또한 형사 사법 제도가 공정하게 운영되어야 회복적 사법도 그 기능을 다할 수 있다. 만약 삼성이 준법감시위원회를 설치했다는 이유로 이재용 부회장에 대한 판결을 집행유예로 감형한다면, 이건 분명한 대체이며 형사 사법 제도의 공정성을 흔드는 것이다.

4. 경제 분야의 용서와 화해를 위한 선결 과제

1) 엄정한 판결을 통한 사법부의 신뢰 회복

한국의 경제 분야에서 용서와 화해를 논하기 위해 선결되어야 하는 과제는 명확하다. 무엇보다도 사법부는 재벌 범죄 사건에서 보여준 편향성을 극복하고 사회적 신뢰를 회복해야 한다. 신뢰는 왜 중요한 가? 간단한 예를 하나 들어보자. 우리는 주유소에 가서 차량에 기름을 넣을 때마다 기름에 물이 섞이지 않았는가를 확인하지 않는다. 왜 그럴까? 기본적으로 신뢰가 있기 때문이다. 물론 신뢰는 없지만 귀찮아서 굳이 확인하지 않는 사람도 있을 것이다. 하지만 대부분의 사람들은 전자에 속한다. 물을 섞어 팔다가 걸리면 큰 비용을 치를 것이기 때문에 주유소가 굳이 그런 위험을 감수하지 않을 것이라는 암묵적 믿음이 이런 신뢰를 형성해온 것이다. 얼마 전 광주 건설 현장 붕괴 사고로 인해 현대산업개발의 면허 취소가 언급되는 상황도 이와 유사하다. 이런 믿음이 없으면 우리의 일상은 복잡해진다. 서로 의심을 잔뜩 품고 있으면 주유소에 가서 기름 한번 넣는데 엄청난 시간과 에너지가 든다. 이 기름이 진짜냐 가짜냐를 놓고 매번 싸움이 날 것이다. 파는 입장에서는 기름의 질을 증명하기 위해 엄청난 비용을 투입해야 할지도 모른다.

한국 사법부는 스스로 신뢰를 붕괴시켜 왔다. "유전무죄 무전유죄"라는 말이 단지 음모론이 아님이 여러 연구로 증명되었다. 사법부가 재벌에 관대한 근거로 삼아왔던 경제 위기론 같은 논거들도 실증적 정당성을 갖추지 못했음이 드러났다. 이런 상황에서는 재벌 경제 범죄로 피해를 입은 사람들의 마음에 용서와 화해의 감정이 깃들 수 없다. 백번 양보해서 사법부의 처벌이 피해자들을 위로해주지 못했다 하더라도, 동일한 경제 범죄가 다시 일어나지 않게 하는 효과가 있었나? 그렇지도 않다. 2000년대에 등장했던 것과 유사한 형태의 재벌 경제 범죄가 2010년대에도 발생하고 있다. 이런 현실에서는 사법부의 엄정한 판결을 통한 신뢰 회복이 최우선 과제일 수밖에 없다.

2) 전통적 의미의 용서와 화해를 경제 범죄에 적용하지 않을 것

앞서 몇 번 언급했듯이 경제 범죄에서 가해자와 피해자를 명확히 정의하기는 쉽지 않다. 예를 들어 이재용 부회장이 삼성전자의 돈을 횡령하여 뇌물로 사용한 사건에서 가해자는 이재용 부회장으로 명확하지만 피해자의 범위는 모호하다. 아주 좁게는 법인격을 가진 회사인 삼성전자가 피해자라고 볼 수 있지만, 일반적으로는 회사와 주주가 피해자라고 판단한다. 회사의 실체적 주인은 주주라고 보는 것이 보편적인 해석이기 때문이다. 조금 더 넓게 해석하면 회사를 둘러싼 여러 이해관계자(노동자와 협력 업체 등)가 포함된다. 이재용 부회장의 범죄로 인해 회사 자체의 평판에 손상이 갔다면 이는 노동자와 협력 업체의 물질적 손해로 이어질 가능성이 있기 때문이다. 이처럼 불특정 다수의 피해자가 생기는 사건이므로 가해자와 피해자 사이의 직접적인 대화를 통한 용서와 화해는 애초부터 불가능하다. 또 이렇게 생각해보자. 이재용 부회장은 어떤 특정한 주주를 대상으로 범죄를 저지른 것이 아니다. 소액 주주 A씨만을 대상으로 회삿돈을 횡령한 것이 아니다. 자신의 개인적 이익을 추구하다 보니 불특정 다수에게 피해를 끼치게 된 것이다. 이런 상황에서 가해자와 피해자 사이의 일대일 대화가 무슨 의미가 있으며 진정한 화해와 용서가 가능할까?

다른 사례를 하나 살펴보자. 미국 최대의 금융 사기꾼으로 불리는 버나드 메이도프(Bernard Madoff)라는 사람이 있다. 그는 1970년대 초부터 2008년까지 세계 136개국에서 약 3만 7,000명을 상대로 다단계 금융 사기(폰지 사기)를 쳤다. 우선 고수익을 보장한다는 상품을 미끼로 투자자들을 모았다. 당연히 사기이니 수익을 올린 것이 없고, 투자금을 돌려줄 시기가 도래하면 다른 신규 투자자들을 찾아서 또 사기를 친다. 그렇게 모은 돈을 기존 투자자에게 수익금이라고 속여 돌려준다. 이걸 반복하다 보면 규모가 기하급수적으로 커지는데 어느 시점에서 사기꾼이 돈을 들고 잠적해버리면 그게 고스란히 피해 규모가 된다. 이 사건의 피해액은 최대 650억 달러로 추정된다. 미국 법원은 2008년 12월 체포된 그에게 징역 150년 형을 선고하고 1,710억 달러의 재산을 몰수하라고 명령하였다. 그는 결국 수감 중 82세를 일기로 사망했다. 이런 경제 범죄가 발생하면 피해자의 범위를 특정할 수 있는가? 연관된 금융 거래자는 모두 피해자가 되는가? 아니면 가장 최근까지 돈이 물려 있는 투자자여야 피해자인가? 잘못된 투자로 인해 가족이 붕괴되는 경우가 많은데 피해자의 가족도 피해자인가? 이처럼 복잡한 금융 범죄에서 피해자를 정확히 가려내는 일은 거의 불가능에 가깝다. 피해액에 관한 문제도 있다. 피해자의 범위를 특정하기 어려운 상황에서 피해액을 정확히 측정하기란 불가능하다. 피해자의 범위를 특정할 수 있다고 해도 정확한 피해액 산출이 어렵기는 마찬가지다. 메이도프가 운영하는 사기 펀드에 10억을 투자하고 3년이 지나서 5억을 회수했다고 하자. 내가 메이도프의 거짓말에 의해 피해 본 액수는 5억인가? 이 계산에 다양한 요소가 개입될 것이다.

그렇기 때문에 미국 법원은 징역 150년 형이라는 강력한 형량을 선고한 것이다. 메이도프는 판결이 내려진 2008년에 이미 69세의 고령이었기 때문에, 30년 형을 받든 150년 형을 받든 실질적으로는 별 차이가 없다. 그러나 이 사건을 맡은 데니 친(Denny Chin) 맨해튼 연방 지법 판사는 "메이도프가 저지른 범죄는 극도로 사악하다"면서 징역 150년 형을 선고했고 법정에서 피해자들의 환호성이 터져 나왔다. 그는 2020년 말에 신장병 등의 만성 질환을 이유로 석방을 요청하기도 했는데 법원은 "역사상 가장 지독한 금융 범죄의 피해자들이 고생하고 있다"며 이를 기각했다. 경제 범죄에 대한 이런 강력한 형사 처분은 불특정 피해자에 대한 심리적 보상이자 사회에 경종을 울리는 상징적 피해 복구 및 재발 방지 수단이 된다.

3) 다양한 구제 수단 마련

경제 범죄에서 용서와 화해를 이뤄내기 위해 중요한 것은 피해자의 구제 수단을 마련하는 일이다. 경제 범죄가 발생하면 피해자의 범위와 피해액을 정확히 추산하기 어려울뿐더러 피해자가 자신의 피해를 입증하기도 쉽지 않다. 예를 들어 이재용 삼성전자 부회장이 회삿돈을 이용하여 최순실에게 뇌물을 주었을 경우, 뇌물 액수만 피해액으로 잡아야 하는지 아니면 그런 행위로 인한 삼성전자의 잠재적 평판 손실 및 주가 하락도 피해액에 포함해야 하는지와 같은 복잡하고 미묘한 문제가 발생한다. 결국 법원의 피해액 산정은 보수적으로 이루어질 가능성이 높다. 한마디로 피해자들에게 충분한 보상이 이루어지지 않을 가능성이 높아진다는 뜻이다. 이처럼 피해에 대한 충분한 보상이 이루어지지 않는 상황에서 용서와 화해를 언급하는 것은 어불성설이다. 기업이 연관된 경제 범죄로 인한 분쟁은 점점 더 복잡하고 전문화되는 양상을 보인다. 그렇기 때문에 형사 처분이라는 구제 수단만으로는 충분치 않다. 피해자 개인이 기업을 상대로 기업의 불법 행위를 입증하는 것이 쉽지 않고, 설령 소송에서 이기더라도 손해 배상액이 피해액에 미치지 못하는 경우가 많아 소송을 통한 불법 행위 예방 효과도 기대하기 어렵다. 이런 이유로 피해 회복은 물론 불법 행위를 사전에 방지하기 충분할 만큼의 배상 책임을 물을 수 있도록 징벌적 손해 보상이 확대 적용되어야 할 필요가 있다.

공존의 기예

젠더와 세대를 다시 생각한다

김선기

1. 젠더/세대 갈등이 심각하다고요?

최근 우리는 주기적으로 "젠더 갈등"과 "세대 갈등"이 심화되는 현상을 목격하게 된다. 계기는 다름 아닌 선거다. 연령대별, 성별로 정리된 여론 조사 및 출구 조사 결과를 보면서 우리는 세대와 성별에 따라 분화된 여론이 그 갈등의 실체를 드러내고 있음을 확신한다. 단적으로 가장 최근에 진행된 20대 대선 출구 조사를 보면 40대의 60.5%, 50대의 52.4%가 더불어민주당 이재명 후보에게 투표한 것으로, 60대의 64.8%, 70대 이상의 69.9%는 국민의힘 윤석열 당선인에게 표를 몰아준 것으로 예측되었다. 18-29세 남성은 윤석열 당선인에게 58.7%, 18-29세 여성은 이재명 후보에게 58.0% 투표했다는 예상이 나왔는데, 이렇게 동일 연령대 내에서 성별에 따라 투표 경향이 엇갈린 것은 최근에서야 나타나기 시작한 매우 이례적인 일이다.

선거뿐만 아니라 일상에서도 이런 갈등과 차이가 체감된다. 부모와 자녀, 직장 상사와 저(低) 연차 사원, 남녀 관계에서 의견과 생각의 차이가 있는 일은 예사다. 미디어에서는 "20대 개새끼론", "틀딱", "한남충", "김치녀"와 같이 다른 세대와 성별을 비하하는 혐오 표현(hate speech)의 심각성이 연일 보도된다. 직간접적으로 나날이 쌓여가는 이런 경험은 상당한 피로감을 안긴다. 그러다 보면 어쩌다 세상이 이렇게까지 험악해졌나 하는 생각이 절로 들고 도대체 어떻게 하면 이 상황을 개선할 수 있을지 막막하기만 하다.

이 글은 젠더와 성별 및 세대를 둘러싸고 생성되는 수많은 담론을 넘어서 우리가 어떻게 화해와 치유를 경험하고 함께 살아갈 수 있을지에 대한 하나의 답으로 쓰였다. 한마디로 공존의 기예(arts of coexistence)를 모색해보려는 시도다. 다만 이런 공존은 서로 다른 집단들이 조금씩 "양보"함으로써 이루어질 수 있는 그런 것이 아니다. 나는 오히려 일반적인 타자(the other)에 대한 윤리를 발휘하기 위한 조건을 모색하고 그런 태도를 견지하는 것이 최종적이고 유일한 방법이 될 수 있다고 본다. 이미 널리 공유되고 있는 젠더 및 세대에 대한 문제의 틀을 의문시하는 일에서부터 타자를 환대하는 작업을 시작해보려고 한다.

2. 프레임에서 벗어나기 1: 환원론

흔히 말하는 젠더와 세대란 무엇인가? 젠더(gender)를 성별(sex)과 구분하여 "사회적 성"이라고 말하기도 한다. 하지만 주디스 버틀러가 일찍이 이야기했던 것처럼 성별 그 자체가 이미 사회적인 것이므로 젠더와 성별을 구분하는 의의는 크지 않다. 사실상 최근 한국에서 "젠더 갈등"이라고 부르고 있는 현상도 남성과 여성의 인식 차이와 그로 인한 논쟁을 가리키고 있기 때문에 성별을 단순히 젠더로 전치한 것에 지나지 않는다. 오히려 "성별 갈등"이 더 정확한 표현일 수 있다. 젠더는 개인에게 속한 여러 가지 속성 중 하나로, 주로 의학적인 판단과 생물학적 논리에 기반을 둔다. 우리 사회는 성별에 관해 남성 혹은 여성이라는 이분법 안에서 사고하고 있으므로, (젠더 불일치[disorder]가 일어나는 중요한 예외를 제외한다면) 보통 개인이 갖는 젠더는 남성 혹은 여성이 된다.

세대(generation) 역시 개인의 속성 중 하나다. 우리는 태어난 순서에 따라 연속적인 생년월일을 부여받는데 사람들은 그것을 특수한 기준에 따라 구획 지은 후 세대라고 부른다. 한국에서는 나이를 중심으로 청년, 중년, 장년, 노년 세대 등의 이름으로 구분하며, 출생 연도를 기준으로 MZ 세대, 88만 원 세대, IMF 세대, 586 세대, 산업화 세대와 같은 다양한 분류를 적용한다. 특히 세대라는 분류법은 명칭을 만드는 사람의 목적에 따라 임의로 적용되다 보니, 같은 해에 태어난 사람을 일컫는 세대 명칭이 수십 가지 이상 되는 경우도 있다.

이처럼 젠더와 세대라는 범주는 둘 다 개인에게 부여되는 속성

중 하나다. 이 밖에도 가족 배경, 학력, 주거 형태, 출신 지역, 종교, 혈액형, MBTI 등 무한히 많은 범주가 한 사람에게 적용된다. 따라서 특정 개인이 어떤 행동이나 성향을 보이는 이유를 그가 가진 젠더나 세대 속성으로 단순 환원하여 이해할 수는 없다. 예컨대 나에 대해 "전쟁 영화를 좋아하지 않는 30대 남성"이라고 이야기하는 것은 참이지만, 내가 전쟁 영화를 좋아하지 않는 이유가 "30대이기 때문" 혹은 "남성이기 때문"이라고 하는 것은 잘못된 추론이다.

그 역에 대해서도 마찬가지다. 우리는 젠더와 세대 범주를 통해 "30대 남성"이라는 집단을 구획할 수 있다. 그러나 이들은 기준이 된 두 속성에 관해서만 온전한 공통성을 가질 뿐 앞서 언급한 무한한 다른 속성들에 대해서는 무한히 이질적이다. 오늘날 주로 젠더-세대에 의해 "갈라진" 것으로 여겨지는 젠더 의식을 비롯한 사회적 가치관에 대해서도 마찬가지다. 우리는 보통 통계에 등장하는 집단 평균을 해당 집단을 대표하는 값으로 가정하여 쉽게 일반화하곤 한다. 그러나 이는 사회과학 연구 방법론에서 제일 기초 개념으로 배우는 생태학적 오류(ecological fallacy)에 해당한다. 생태학적 오류란 집단을 분석 단위로 삼아 얻은 결과를 개인에게 적용하는 오류를 뜻한다. 예를 들어 어떤 선거에서 A 집단의 60%가 가 후보를 지지하고, B집단의 55%가 나 후보를 지지했다고 하자. 이를 근거로 A 집단에 속한 어떤 사람에게 "너는 가 후보를 찍었지?"라고 묻는 것은 말도 안 된다.

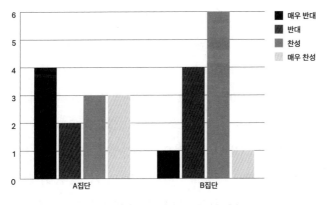

<자료 1> 집단별 설문 조사 응답 예시

우리가 중학교 수학 시간에 배운 통계 기초에 따르면, 평균을 포함한 대푯값 외에도 분산, 표준 편차 등의 산포도(dispersion)가 집단의 특성을 나타낸다. 가상 설문 조사 대한 집단별 응답을 히스토그램으로 정리한 〈자료 1〉을 보자. 해당 질문은 특정한 의견에 관한 찬성 및 반대 여부를 4점 척도로 물었다. A 집단의 평균은 2.42, 표준 편차는 1.240, B 집단의 평균은 2.58, 표준 편차는 0.793이다. 〈자료 1〉을 보면 이 질문과 관련해 "A 집단보다 B 집단이 더 찬성한다"라고 단순하게 말하기 어려움을 알게 된다. A 집단에는 B 집단보다 "매우 찬성"하는 응답이 훨씬 많았기 때문이다. 즉 예시의 질문에 대해 두 집단을 비교하면 평균은 B 집단이 높으나 의견의 이질성은 A 집단 내에서 더 심하게 나타난다고 결론 낼 수 있다.

그러나 성별, 세대라는 집단 범주를 일상 및 미디어 담론에서 활용하는 방식은 대개 가장 조악한 환원론을 따른다. 대표적인 사례로 "청년 세대와 공정성" 담론을 들 수 있다. 문재인 정부 초창기인

2018년 평창 올림픽 당시 여자 아이스하키 남북 단일팀 구성에 관한 사회적 논란이 이런 계열의 담론에 불을 붙였다. 2018년 2월 2일에 발표된 한국 갤럽의 여론 조사 결과를 보면 단일팀 구성을 "잘한 일"이라고 응답한 비율은 40%에 그쳤다. 연령대별로 보면 40대에서만 과반수(58%)가 단일팀에 찬성 의견을 냈고, 20대 28%, 30대 35%, 50대 37%, 60대 이상 38%만이 긍정적으로 평가했다. 20-30대가 다른 세대와 비교해 이 문제에 더욱 많은 반대를 한 이유는 청년 세대 특유의 공정성 인식 때문이라는 주장이 당시 기정사실로 받아들여졌다.

그러나 이 여론 조사 결과를 통계의 기초에 관한 앞의 논의와 함께 다시 살펴보면, 이 "기정 사실"이 논리적 비약임을 알 수 있다. 우리는 "2030 세대"가 공정성을 중시한다는 결론에 이르기까지 다음과 같은 사항들을 점검해보았어야 한다. 20-30대의 단일팀 반대 비율은 50대 이상의 단일팀 반대 비율과 비교하여 통계적으로 유의미한 차이를 나타내는가? 20-30대 내에서 이 사안에 대해 의견이 엇갈리는 정도가 50대 이상에 비해 더 심하지는 않나? 40대가 유일하게 찬성 비율이 높은 점에 주목하여, 40대를 제외하고는 반대 의견이 많다는 선에서 이 결과를 정리해야 하지 않나? 20-30대에서 반대 여론이 많은 것을 공정성 중시 성향이라고 보는데, 왜 50대 이상에 대해서는 그렇게 해석하지 않나? 공정성 중시 성향은 여론 조사 내에서 측정되었는가? 그렇다면 공정성 중시 정도와 단일팀 찬반 사이의 상관 관계가 충분히 확인되는가? 하지만 이런 질문에 대한 논의는 전무했다. 다들 그저 "공정성을 중시하는 청년 세대는 단일팀을 반대한다"는 메시지를 앵무새처럼 반복했을 뿐이다. 그렇게나 많은 설명 가능성을 세대 요인 하나로 단순하게 환원해버렸다.

3. 프레임에서 벗어나기 2: 본질론

"청년 세대와 공정성" 담론은 수많은 허점에도 불구하고 강력한 영향력을 발휘했다. 이에 대해 통일연구원의 박주화 연구위원은 당시 여론에 관한 이런 인식이 "절반의 기억"에 불과하다고 지적한 바 있다.[1] 3주 뒤인 2020년 2월 23일에 발표된 여론 조사 결과에서는 단일팀 구성을 "잘한 일"이라고 평가하는 의견이 늘어나, 전체 50%, 연령대별로는 20대 51%, 30대 46%, 40대 55%, 50대 53%, 60대 이상 45%가 긍정 평가했다. "잘못한 일"이라고 응답한 비율은 20대 34%, 30대 40%, 40대 32%, 50대 38%, 60대 이상 38%으로 나왔다. 박주화 위원은 두 번째 조사 결과가 크게 주목을 받지 못한 이유는 우리 사회의 고정 관념에 부합하지 않았기 때문일 수 있다고 지적했다. 즉 이 결과가 "2030 세대는 공정에 민감하다"라는 선입관을 지지해주지 않는 증거였다는 것이다. 우리가 단체로 기억에서 지워낸 두 번째 여론 조사 결과를 직시한다면, 남북 아이스하키 단일팀 이슈를 오히려 공정성 관념이 어떤 맥락에서 새롭게 변화할 수 있는지를 보여준 사례로 여길 수도 있다. 2030 세대의 능력주의적 공정성 관념을 다시

---

1 박주화, 평창 동계올림픽 여자 아이스하키 단일팀에 대한 (절반의) 기억, 통일연구원 CO 21-30(2021. 10. 20).

한번 확인한 사건이 아니라.

　이같이 많은 젠더 담론과 세대 담론이 현상을 단순화하고 작은 차이를 과장하면서 그 현상의 근본 원인을 젠더와 세대 요인으로 환원시키는 오류를 범하고 있다. 그렇지만 우리는 수치의 차이가 크든 작든 실제로 미디어와 일상을 통해 성별과 세대에 따른 차이를 경험하고 있지 않은가? 남성과 여성, 젊은 세대와 나이 든 세대 사이에 무언가 다른 점이 있다는 사실은 분명하지 않은가? 예컨대 최근 20대 여성 다수가 "페미니즘"을 지지하고 20대 남성 다수가 "반페미니즘" 성향을 보인다는 사실 자체를 거짓된 환원론이라고만 치부하기는 어렵다. 하지만 여기서 중요한 것은 이 차이의 원인을 어디에서 찾을 것인지의 문제다.

　연령대와 성별에 따라 어떤 사안에 대한 의견의 집단 특성이 다르게 나왔다면 이것은 결과다. 그런데 많은 이야기는 결과를 원인으로 둔갑시키는 데서 멈춰버린다. 요약하면 남자와 여자가 다른 이유는 남자와 여자가 다르기 때문이며, 청년과 기성세대가 다른 이유는 청년과 기성세대가 다르기 때문이라는 궤변에 가까운 논리에서 멈추는 것이다. 젠더 및 세대에 관한 특수한 지식을 만고불변의 진리로 둔갑시켜 차이를 설명하려는 시도도 있다. "남성은 이성적이고, 여성은 감성적이다", "남성은 경쟁을 좋아하는 반면 여성은 그렇지 않다", "사람은 젊을 때는 좌파 성향이 있지만 나이가 들면 우파가 된다", "젊은 사람은 경험이 적고 나이 든 사람은 지혜가 있다" 등과 같이 얼핏 들으면 그럴듯하지만 실제로는 근거 없는 가설이 매우 많다. 이런 주장들은 성별과 세대에 특정하고 고정된 본질이 있다고 가정하지만, 우리는 현실에서 수도 없이 많은 반례(논리적인 여성, 경쟁 회피형의 남성, 우파 청년, 철없는 노인 등)를 본다.

본질론의 대척점에는 구성주의(constructivism)가 있다. 우리는 구성주의적 접근을 통해 당연하게 여겨온 어떤 현상이 실제로는 다양한 행위자들의 전략과 실천 속에서 역사적으로 형성되어온 무언가임을 확인할 수 있다. 젠더와 세대 문제도 마찬가지다. 각 범주의 본질을 강조하기보다는 우리 사회가 어떤 젠더와 세대를 생산하고 있는지를 세밀하게 살펴보아야 한다. 이는 언어를 비롯한 기호 체계와 집합적 가치관, 제도와 기관, 사람들의 실천을 포함하는 담론 구성체(discursive formation)를 통해 확인할 수 있다.

그렇다면 현재 이슈가 되는 젠더와 세대에 따른 차이는 어떻게 구성되어 왔는가? 먼저 젠더의 경우를 보자. 같은 연령대에서 남성과 여성이라는 성별에 따라 정치적 가치관과 선거 후보 선택이 이토록 극심한 차이를 보이는 것은 극히 이례적인 일이다. 적어도 한국에서는 최근 불거진 "이대남"(20대 남성)과 "이대녀"(20대 여성) 사이의 인식 격차가 최초의 사례라 할 수 있겠다. 예외적이라는 말은 두 집단의 차이를 본질론적으로 설명하는 것이 얼마나 허무맹랑한 일인지를 재차 드러낸다.

"젠더 갈등"이라고 불리는 현상 앞에서 우리는 우선 아주 오래된 성별 이분법과 성별 분리 문화를 살펴야 한다. 젊은이라고 하면 대체로 과거에 비해 외모와 관련한 젠더 횡단적 실천(짧은 머리 스타일의 여성, 기초 화장을 하는 남성)을 하는 등 남녀 이분법으로부터 자유로울 것 같지만, 이들 또한 강력한 성별 이분법 및 분리 문화 안에서 자란 세대다. 추상적인 차원에서의 젠더 규범("남자다움"과 "여자다움")을 낡은 것으로 여기고 이로부터 거리를 두는 경향과 반대로, 성별 이분법과 분리 문화는 남성성과 여성성에 관한 새로운 사회적 규범을 생산하고 있다.

부모들은 자식이 어릴 때부터 동성 친구로 구성된 또래 문화 안에서 잘 지내는지 신경을 쓴다. 또한 한국 특유의 교육열과 결부되어 남녀공학이 아닌 남학교, 여학교에 대한 선호가 강하다. 진로 지도나 (학교/학급 내 대표자, 청소/조리 등의 가사/돌봄 노동 등) 일상적인 역할의 분배 상황에서 부모와 교사 모두 학생을 성별에 따라 다르게 대하는 경향이 있다. 어린 시절부터 남자아이와 여자아이를 분리하여 교육하고 따로 놀도록 하며 다른 문화적 가치관을 부여함으로써 남자에게는 군대의 의무를, 여자에게는 이등 시민의 자리를 배치하는 제도가 존재해왔다. 이런 상호 작용이 누적된 결과 성별에 따른 차별은 당연하지 않다고 생각하면서도 "남자와 여자는 다르다"는 믿음을 함께 가진 새로운 세대가 재생산되고 있다. 예컨대 개인 단위에서 보면 가사와 양육 노동을 남녀가 공평히 해야 한다고 생각하면서 동시에 생산직에는 여성이 어울리지 않는다고 믿거나, 직장 내 업무 분담이 성별과는 관련 없는 방식으로 평등해야 한다고 생각하면서도 가정 내 돌봄에는 여성이 더 적합하다고 생각하는 등의 모순적인 인식이 일상적으로 관찰된다.

특히 오늘날 성별에 따른 청년의 의식 격차가 가장 확연히 드러나며, 젠더 규범이 가장 극적으로 변화하고 있는 곳은 연애와 결혼을 비롯한 친밀성의 영역이다. 청년기라는 생애 주기에 대한 규범은 오랫동안 성별화된 형태로 개인에게 부과되어왔다. 남성의 이행 목표가 가정의 생계 부양자로서의 능력을 갖추는 것이었다면, 여성의 이행 목표는 가정에서 돌봄을 담당하는 "현모양처"가 되는 것이었다. 이런 전통적 규범은 현대에 이르러 상당히 변화되었는데, 이는 결혼을 하더라도 과거와 같은 성별 분업과 남성 생계 부양자 모델이 작동하기 어려운 형태로 경제 구조가 바뀐 것과 관련이 있다. 그 결과 청년 여성도 남성만큼 생계 수단 마련이 절실해진 상황에서, 잔존하고 있는 과거의 성별 이분법이 청년 여성과 남성 모두를 특정한 방식으로 억압하고 있다.

한편 1990년대 말 PC 통신이 유행하던 시절부터 젠더 문제는 한국 온라인 커뮤니티의 주요 이슈였는데, 격한 논쟁으로 인한 피로감을 느낀 사람들이 비슷한 의견을 가진 사람들끼리 소통을 원하면서 온라인 공간 역시 성별화된 방식으로 분화, 발전되었다. 스포츠, 게임 중심의 남초 커뮤니티와 연예, 뷰티 중심의 여초 커뮤니티는 남녀 이분법을 재생산하는 강력한 경로다. 이제는 특정한 사이트가 "남초"인지 "여초"인지가 온라인 커뮤니티의 성격을 규정하는 주요 요인이 되었다. 카카오톡으로 대표되는 모바일 인스턴트 메신저가 일상화된 후에는 남학생 또는 여학생끼리 구성된 단체 톡방이 청소년은 물론 대학생, 직장인 사이에도 자연스럽게 생겨나고 있다. 이는 여러 사안에 대한 정보 자체가 성별에 따라 다르게 흐르는 성별화된 커뮤니케이션의 기술적 조건으로 작용하고 있다. 이를 단순화하면 남초 커뮤니티의 지배적인 의견은 젊은 남성들끼리 대화를 나누는 메신저 채팅방으로, 여초 커뮤니티의 지배적인 의견은 젊은 여성들끼리 모인 채팅방으로 이어질 개연성이 높고, 이렇게 분화된 커뮤니케이션 경로가 성별 간의 인식 격차나 갈등이라고 할 만한 소동의 기반을 이룬다.

젠더의 구성이 인류의 기초적인 관념과 기술적 기반 위에서 문화적인 방식으로 이루어졌다면, 세대의 구성에는 정당 정치 과정이 큰 역할을 했다. 2000년대 초반부터 이미 세대가 주요한 정치적 균열의 축으로 이해되고 있었기 때문이다. 90년대에 "신세대"와 "X세대" 담론을 통해 문화적으로 동질적 집단이자 소비자 주체로 호명되었던 세대는 2000년대 초반 소위 "노무현 현상" 등을 거치며 정치적으로 유의미한 집단으로 이해되기 시작했다. 특히 "젊은 세대는 진보, 중장년층 이상은 보수"라는 담론에 기반하여 "젊은 층의 투표율이 높으면 민주당이 선거에서 유리하다"라는 승리 공식이 유통되었다. 물론 앞서 살펴본 대로 이와 같은 본질론적 세대 담론에는 명확한 근거가 없다. 그럼에도 불구하고 이런 현실 인식이 각 정치 세력으로 하여금 청년 세대를 자기 편으로 끌어들이기 위한 꾸준한 담론 생산의 기초가 된 것은 확실하다.

세대 문제를 연구하는 사회학자들은 세대에 관한 지식을 경유한 담론 정치에 관한 설명을 제공해왔다. 중앙대학교 신진욱 교수는 세대 담론이 "어떤 실체적 집단을 가리키는 것이 아니라 개인들을 어떤 세대적 집단으로 구성해가는 정체성 정치의 산물"[2]이라고 지적한 바 있다. 서강대학교 전상진 교수는 이런 정체성 정치에 대해 "세대 게임"이라는 개념어를 제시했다. 이는 "사람들이 세대에 주목하도록 판

---

2   신진욱, 『그런 세대는 없다』(개마고원, 2022), 86.

을 짜서 전략적 이익을 얻고자 하는 활동이나 움직임"[3]을 뜻한다.

특히 오늘날 상대적으로 무당층의 비율이 높은 부동층 성향의 청년 세대를 놓고 여러 정치 세력의 담론 정치가 이루어져왔다. 민주와 보수로 단순화해서 보면, 민주 세력에서는 청년 세대의 정치적 성향을 진보로 규정하고 그들의 탈정치성을 비판하면서 5060 세대와의 갈등 전선을 강조하였다. 반면 보수 세력에서는 청년의 성향을 보수로 규정하고 그들의 미성숙성을 비판하면서 86 세대와의 갈등을 부각하였다. 양측이 내세운 담론은 각 절반의 성공을 거두는 데 그쳤다. 청년 세대의 정치 성향이 어느 한쪽으로 완전히, 영원하게 기울지 않았기 때문이다. 전반적으로 민주당 계열이 우세할 때는 청년과 노년 세대의 갈등 전선이, 보수 정당 계열이 우세할 때는 청년과 86 세대의 갈등 전선이 좀 더 활성화되는 것처럼 보인다. 최근 "이대남 현상"으로 대표되는 청년의 일시적 보수화 경향은 후자에 해당한다고 볼 수 있다.

덧붙일 것은 세대에 대한 담론 정치가 이루어지는 과정에서 공통적으로 청년 세대를 사회적 약자 또는 피해자로 묘사하는 경향이 보인다는 점이다. 연금과 일자리를 둘러싼 세대 갈등을 부각함으로써 청년을 피해자화하는 담론 양식은 전 지구적으로 유사하게 나타난다. 그러나 최소한 한국의 경우에는 문제를 다르게 보아야 한다. 실증적으로 볼 때 세대 간 불평등보다 세대 내 불평등이 더 크며, 이 간극은 상류층과 중산층의 부모-자녀 간 세습을 바탕으로 계속해서 증

---

3   전상진, 『세대 게임』(문학과지성사, 2018), 5.

가하고 있기 때문이다. 청년 세대는 물론 50대 이상의 중장년층과 노년 세대 모두 계층 불평등이 크게 나타나고 있는 상황에서, 세대 간 불평등만을 과도하게 강조한다면 이는 계층 불평등의 현실을 세대로 덮어버리는 오류가 될 수 있다.

4. 대화의 조건을 마련하기

지금까지 현재 우리가 경험하고 있는 "젠더 문제"와 "세대 문제" 및 이로부터 파생되는 갈등이 사회 역사적으로 구성된 것임을 확인해보았다. 환원론과 본질론에서 벗어나 이 모든 것이 인간에 의해 만들어졌음을 깨닫는 일은 모든 사회 구성원의 공존을 위해 매우 중요한 작업이다. 만약 우리가 겪는 갈등이 성별과 세대의 본질로부터 파생된 것이라면 기나긴 싸움 끝에 어느 한쪽이 패배해야만 종결될 수 있다. 그러나 이 문제가 인간에 의해 구성된 것이라는 이해는 우리가 이 상황을 바꿀 수 있다는 믿음으로 이어질 수 있다.

공존을 위해 현 상황을 바꾸어나가기 위해서는 결국 소통이 필요하다. 직접적인 대화에서부터 공론 생산을 통한 커뮤니케이션에 이르기까지, 우리는 각자 어떤 입장에 있으며 함께 무엇을 어떻게 바꾸어나갈 수 있을지를 묻는 소통을 계속해야만 한다. 다만 소통은 매우 피곤하고 힘이 많이 드는 실천이라는 점을 기억해야 한다. 우리는 일상에서 함께 생활하는 사람이라도 같은 현상을 다르게 이해할 수 있으며 이런 차이를 맞춰나가기가 얼마나 어려운지를 경험한다. 수

건을 개는 방법이나 책을 꽂는 방식같이 아주 사소해 보이는 일이 갈등을 불러오기도 한다.

다만 소통의 가능성이 아예 없는 상황에서조차 아쉬운 쪽이 소통을 시도해야 한다고 권장한다면, 이는 바위산을 들어 옮기라는 것과 마찬가지다. 실질적인 소통을 위해서는 우선 대화를 위한 적절한 조건이 갖춰져야 한다. 제도적인 공론장이 갖추어야 할 특성을 규명하는 것 또한 중요한 과제지만, 이 글에서는 대화에 임하는 개인이 견지해야 하는 태도를 위주로 이야기해보고자 한다.

첫째, 사람은 바꿀 수 있고 바뀔 수 있다는 점을 믿어야 한다. 바꿀 수 있다는 걸 믿지 않으면서 대화를 하겠다는 것은 위선이고, 내가 바뀔 수 있다는 열린 태도를 지니지 않으면서 상대만 바꾸려고 하는 것은 위악이다. 열린 태도는 상대의 의견에 맞춰가겠다는 의지로서, 서로가 조금씩 굽혀서 중간을 맞추는 방식과는 다르다. 우리는 대화를 나눈 뒤에 자신의 입장을 좀 더 정교화하고 심화하는 방향으로 변할 수도 있다. 나와 다른 상대의 관점을 들으면서 내 의견의 약점과 강점에 대해 생각하게 되기 때문이다. 상대의 이야기를 경청하려는 진지한 의지가 있을 때 비로소 열린 태도를 갖출 수 있다.

둘째, 상대를 집단 정체성으로 환원해서는 안 된다. "네가 여자라서 그렇지", "젊은 애들은 아직 뭘 모른다" 같은 말은 상대의 인격을 공격하는 발언이며 전혀 논리적이지 않은 말로서 대화를 종결시켜버리는 수단이 된다. 이런 발언을 내뱉는 것도 문제가 되지만, 상대를 동등한 대화 상대이자 평등한 시민으로 인정하지 않는 마음을 가졌을 때부터 이미 대화가 불가능해진다는 것을 기억해야 한다. 상대의 주장이 그가 가진 특정한 속성 때문일 것이라고 성급하게 추정해 버리면, 자신이 해당 범주의 집단에 관해 이런 편견을 가지고 있다는 사실만 드러낼 뿐이다.

셋째, 상대가 가진 고유한 경험을 인정하고 해당 문제의 배경에 축적된 역사가 있다는 사실을 존중해야 한다. 인간은 모두 자기 경험을 바탕으로 사유한다. 사람의 수만큼이나 수많은 다른 경험이 존재하고, 그중 어떤 경험은 나에게 익숙하지 않아 쉽게 공감하기 어려울 수도 있다. 하지만 그렇다고 해서 그 경험을 신뢰할 수 없는 것으로 무시하거나, 그 이야기를 하는 사람이 특정 사상에 "세뇌"당했다고 치부해버리면 대화가 진행될 수 없다. 또한 이야기는 각자의 경험뿐만 아니라 해당 주제에 관해 축적된 토론의 역사에서부터 시작될 수도 있다. 그에 대해 찬찬히 살펴보지 않고 구체적인 반박 논리도 없이 전체를 무시하는 사람은 그저 "내 말만 옳다"는 식의 정신 승리를 하는 것이다. 한마디로 "더 나은 대화"에 참여할 준비가 되어 있지 않은 것이다.

『어쩌다 서로에게 괴물이 되었을까?』라는 책의 저자인 사회학자 천선영은 대학생을 대상으로 20여 년간 젠더 수업을 진행해온 경험을 바탕으로 대화의 중요성과 가능성에 관해 이야기한다. 특히 온라인에서 극단을 달리는 키보드 전쟁만 경험했던 많은 학생들이 "오프라인에서 대화를 처음" 나눠보고, "솔직하게, 정확하게, 정중하게"라는 조건을 갖춘 대화가 가능하다는 사실을 깨닫고 기뻐하는 모습이 인상적이다.[4] "젠더 갈등"과 "세대 갈등"이 심각하다는 인식에 매몰된 채 막상 현실에서 이 문제를 다룰 방법을 찾지 못해 당황스러운 사람이 있다면, 대화에 정말 소중한 가능성이 담겨 있다는 사실을 기억해야 한다. 인류는 앞에 놓인 수많은 고난에 맞서 대화라는 방법을 해결책으로 찾아왔고, 우리는 여전히 그 소중한 능력을 보유하고 있다.

5. 괴물의 형상을 걷어내기

인종(人種)은 혈통/피부색(race)을 한국어로 번역한 단어지만, 성별, 계급, 세대, 혈액형, 별자리, 사주, MBTI에 이르기까지 인간을 범주로 분류하는 다양한 실천은 모두 인종론과 호환성을 갖는다. 인종론은 개인을 깔끔하게 집단으로 분류할 수 있다고 믿으며, 이런 분류의 결과로 산출된 범주들 사이에서 우열이나 위계를 가릴 수 있다는 상상으로 나아가는 경우가 많다. 또한 위계의 아랫부분에 배치된 인종은 타자(the other)로서 존재하게 된다. 타자는 자신을 보편으로 인식하는 "평범한 개인"들이 일상에서 쉽게 교류하기 어려운 사회적 배제 상태에 놓이기도 하며, 바로 그 이유로 인해 편견과 공포 및 혐오의 대상이 되기도 한다. 인간은 보통 자신이 잘 알지 못하는 대상에 대해 무서움과 두려움의 정동에 휩싸이기 쉽기 때문이다.

연령주의(ageism)는 특정 연령에 대한 부정적 편견과 고정 관념

---

4   천선영, 『어쩌다 서로에게 괴물이 되었을까?』(정한책방, 2022).

이 존재하는 상황과 정도를 의미하는 개념이다. 서울대학교 연구팀이 진행한 조사 결과를 보면 청년에 해당하는 20-30대에게 "사회를 위해 고민하지 않는다", "타인을 배려하지 않는다", "의존적이다"와 같은 부정적인 고정 관념이 부여되고 있었다.[5] 20-30대 외에 부정적인 편견이 귀속되는 연령대는 60-70대 노년층이었다. 연구진은 자원이 부족한 세대, 즉 이미 타자화되어 있는 세대일수록 부정적 이미지가 강하다는 점을 지적했다. 2019년에 "공정"이라는 키워드를 매개로 소위 "86 세대"에 대한 비판적 담론이 조직화되기 시작한 후에는, 86 세대가 속한 50대 또한 부정적 편견의 대상이 되고 있다. 〈자료 2〉는 KBS에서 2021년에 실시한 세대 인식 집중 조사 결과인데, 50대가 인식하는 자아 이미지와 달리 청년(19-34세)이 보는 50대의 이미지는 자신들보다 "능력이 없는" 쪽으로 기울어 있다.

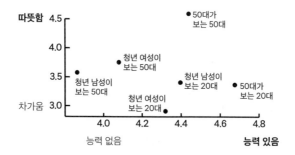

20대가 보는 50대, 50대가 보는 20대

〈자료 2〉 다른 세대에 대한 관념을 다룬 KBS 세대 인식 집중 조사 결과

---

5   박경숙 외, 『세대 갈등의 소용돌이』(다산출판사, 2013).

청년을 주제로 하는 몇몇 단행본의 표지 디자인을 보며 속상함을 느낄 때가 있다. 후드티를 뒤집어쓰거나 공포, 스릴러 영화의 범죄 장면을 연상시키는 포즈의 "까만 인간"이 전면에 묘사되어 있는 경우가 꽤 있기 때문이다. 인물의 구체적인 형상을 지우고 대신 검은색 또는 그림자를 입히는 것은 범죄자나 의뭉스러운 사람을 표현하는 전형적인 방법이다. 단행본 제목이나 부제에 "괴물"이라는 단어를 굳이 사용하는 것 또한 마찬가지다. 이런 "괴물의 형상"이 선정주의적이라는 것이 비판의 지점이지만, 그 이전에 상대를 동등한 대화가 가능한 시민으로 인정하거나 존중하는 마음을 품기 어렵게 만든다는 점이 더욱 중요하다.

특정 연령층이나 성별 앞에서 공포감을 느끼는 문제를 논하자면, 젠더 및 세대론을 비판하는 나도 사실 자유롭지는 않다. 조금 나이가 차면서 어느 정도 편안해지기는 했지만 아직도 어른들을 만나 이야기하는 일이 어렵다. 10-20대의 학생들과 소통할 때는 그들에게 익숙하지 않기 때문에 그들이 나를 어떻게 받아들이고 평가할지가 두렵다. 많은 남학생들이 반페미니즘을 지지하고 좌파를 싫어한다고 하는데 그들이 나를 조롱하지는 않을까? 여학생들은 페미니즘을 강력하게 지지한다고 하는데, 혹시 내가 하는 이야기도 가부장제에 복무하는 그저 그런 "남자" 선생의 말로 받아들여지는 것은 아닐까? 어쩔 수 없이 이런 생각을 해보게 된다.

그러나 막상 그들과 눈을 맞추며 대화를 시도하다 보면, 극히 일부를 제외하고는 대부분이 대화의 조건에 따라 이야기를 나눌 수 있는 잠재적인 역량과 태도를 갖춘, 나와 같은 사람이라는 기본적인 사실을 다시금 깨닫게 된다. 오히려 우리의 대화가 타인에 대한 나의 몰이해로 인해 크게 방해받을 수도 있다는 것을 함께 알게 된다. 미디어 담론에서 등장하는 "괴물의 형상"을 토대로 내가 성급하게 만들어버렸던 그 공포감이 영향을 발휘하는 것이다. 우리는 자기 내부에서 타인을 타자화하는 시선을 영(0)의 상태로 복구시키기 위해, 또 그런 시선을 조장하는 미디어 담론에 개입하기 위해 노력해야 한다. 그럼으로써 괴물의 형상을 함께 걷어내야 한다.[6]

사회학자 신진욱은 같은 맥락에서 "지금 청년들을 무슨 외계인처럼 새롭고 낯선 존재처럼 대하는 것이 진지한 이해의 노력인지 자문해볼 일"이라고 지적한다.[7] 우리는 역사를 통해 드러난 인종주의(racism)의 무식함과 폭력성을 비웃지만, 사실 인종주의도 당시 가장 최전선의 과학 지식을 기반으로 옹호된 상상이었다. 세대별 차이나 세대라는 분류 범주가 당연하게 받아들여지는 상태를 넘어 이제는 인구 사회학적 변수가 포함된 통계적 인간 과학에 의해 뒷받침되는 단계에 이르렀지만, 그렇게 자연스러워 보이는 것일수록 그 너머를

---

6   본문에서 소개하기는 자연스럽지 않지만, 이 맥락에서 아주 소중하게 생각하는 드라마 대사가 있어 소개하고자 한다. 드라마 〈청춘시대〉의 인물 중 하나인 유은재는 서울에 처음 올라와 주변 사람들에게 치이는 경험을 하면서, 착해 빠진 자신만 약아 빠진 사람들에게 괴롭힘을 당한다는 생각에 우울해한다. 그러다가 어떤 계기를 통해 다른 사람들도 은재 자신을 대하기 어려워했던 부분들이 있다는 것을 알게 되고, 다음과 같은 나레이션을 남긴다. "나만 참는 줄 알았다. 나만 불편한 줄 알았다. 나만 눈치 보는 줄 알았다. 말해도 소용없을 거라는 생각. 말하면 미움을 받을 거라는 두려움. 비웃을 거라는 지레짐작. 그리고 보면 나는 사람들이 나와 다르다고 생각했다. 나보다 무례하고, 난폭하고, 무신경할 거라고 생각했다. 나는 오만했다. 나와 같다. 나와 같은 사람이다. 나만큼 불안하고, 나만큼 머뭇대고, 나만큼은 착한 사람!"

7   신진욱, 『그런 세대는 없다』(개마고원, 2022), 86.

바라보고 질문을 던지는 일의 중요성을 놓쳐서는 안 될 것이다.

6. 젠더 및 세대 갈등 프레임의 문제

다른 성별과 세대에 속한 개인들이 함께 공존하기 위한 기예로서 ① 환원론과 본질론이라는 프레임으로부터 벗어나기, ② 대화의 조건을 마련하기, ③ 타인에게 씌워진 괴물의 형상을 걷어내기에 관한 내용을 함께 살펴보았다. 여기 서술한 대안은 오늘날 "젠더 및 세대 갈등"의 구체적인 내용으로 여겨지는 문제를 각각 다루기보다는 "젠더 갈등"과 "세대 갈등"이라는 그 문제의 틀 자체를 극복함으로써 타자에 대한 윤리로 나아가려는 기획에 집중하였다. 따라서 글을 마무리하기 전에 이 문제에 관해 사람들이 흔히 갖고 있는 "젠더 갈등"과 "세대 갈등"이라는 사고 틀에 어떤 문제가 있으며 왜 그것이 극복되어야 하는지에 관한 생각을 제시하려고 한다.

| | 2020 | | | | | | | | |
| | 빈곤층과 중상 | 보수와 진보 | 근로자와 고용주 | 수도권과 지방 | 개발과 환경보존 | 노인층과 절은층 | 남자와 여자 | 종교 간 | 내국인과 외국인 |
	평균(점)	평균(점)	평균(점)	평균(점)	평균(점)	평균(점)	평균(점)	평균(점)	평균(점)
전체 소계	3.0	3.3	2.9	2.7	2.8	2.7	2.5	2.6	2.5
성별 남자	3.0	3.3	2.9	2.8	2.9	2.7	2.5	2.6	2.5
성별 여자	3.0	3.3	2.9	2.7	2.8	2.7	2.5	2.6	2.5
연령별 19~29세	3.0	3.3	2.9	2.7	2.8	2.7	2.6	2.6	2.5
연령별 30~39세	3.0	3.3	2.9	2.8	2.9	2.7	2.6	2.6	2.5
연령별 40~49세	3.0	3.3	2.9	2.8	2.9	2.7	2.6	2.7	2.5
연령별 50~59세	3.0	3.3	2.9	2.8	2.8	2.7	2.5	2.7	2.5
연령별 60세 이상	3.0	3.3	2.9	2.7	2.8	2.7	2.5	2.6	2.5
연령별 65세 이상	3.0	3.3	2.9	2.7	2.8	2.7	2.4	2.6	2.5

<자료 3> 우리 사회 갈등 정도에 관한 인식

(출처: 2020년 사회통합실태조사)

〈자료 3〉은 한국행정연구원에서 매년 실시하는 사회통합실태조사(2020) 결과에서 발췌한 것이다. 영역별로 우리 사회의 갈등 정도가 얼마나 심각한지를 4점 척도로 물은 조사 결과인데, 언론 매체만 보면 젠더와 세대 갈등이 가장 심각한 문제인 것 같지만, 사람들은 대체로 보수와 진보 사이의 정치/이념 갈등(3.3/4점)이 우리 사회의 가장 심각한 갈등이라고 인식하고 있었으며, 반면 세대(2.7/4점)와 성별(2.5/4점)에 따른 갈등 수준은 상대적으로 높지 않다고 평가하고 있다. 2020년은 페미니즘과 관련한 "젠더 갈등" 담론을 비롯해 이를 반영한 중계식의 보도가 한창인 시기였지만, 젊은 층은 성별에 따른 갈등의 심각성을 높게 평가하고 있지 않았다. 이 조사뿐만 아니라 비슷한 종류의 질문이 제시된 조사 대다수에서도 비슷한 결과가 나왔다.

이처럼 젠더나 세대 갈등의 심각성에 대한 체감도는 이 문제에 대한 담론을 만드는 사람들이 다소 과장하는 경향이 있다. 앞서 살펴본 것처럼 아이스하키 단일팀에 대한 비판적 여론이 일면, 이 이슈가 공정성 인식에 따른 세대 차이와 갈등의 문제로 해석되기까지는 많은 시간이 걸리지 않는다. 이 과정은 거의 동시에 일어난다. 결혼을 놓고 고민하는 한 사람의 사연이 온라인에서 화제가 되면, 언론은 이 문제를 젊은 층의 젠더 갈등이 심각하다는 요지로 재현한다. 개별 사안의 복잡성이 "세대 갈등"이나 "젠더 갈등"이라는 일차원적 프레임으로 단순화되는 것이다.[8] 그 담론은 그런 방식으로 권위를 획득하고 영향력을 발휘하게 된다. 복잡한 개별 문제를 남성과 여성, 기성세대와 청년 세대의 싸움으로 환원시킴으로써 우리가 극복해야 하는 환원론과 본질론을 다시 무대로 불러온다. 또한 상대방이 이해와 대화가 불가능한 "괴물"의 형상으로 보이게끔 문화적 상상을 자극한다.

게다가 "젠더 갈등"과 "세대 갈등"이라는 프레임은 이 문제를 실질적으로 해결하는 데 도움이 되지 않는다. 적어도 두 가지 측면에서 그렇다. 우선 이런 양자 갈등론은 갈등의 원인을 잘못짚는 경향이 있다. "갈등"이라는 기표로 논의되는 개별 사안들의 원인을 그런 갈등과 견해 차이가 생산되도록 하는 구조가 아닌 상대에 대한 이해나 배려심 부족과 같은 태도의 문제로 치환시키기 때문이다. 문제의 시시비비를 가려 원인 자체를 해결하려 하기보다는 서로 "좋게 좋게" 넘

---

8   홍찬숙, 『한국사회의 압축적 개인화와 문화변동』(세창출판사, 2022), 232.

어가기를 권하는 방식이라고도 할 수 있겠다. 우리가 "갈등"이라고 부르게 된 사회 현상은 남녀와 각 세대가 서로 이해하도록 유도하는 방식으로는 해결할 수 없다. 기계나 시설물에 결함이 발생했을 때 근본 원인을 찾아 수리하지 않으면 순간적으로 괜찮아진 것처럼 보여도 결국 더 큰 사고로 돌아오는 것처럼 말이다.

둘째, 이런 양자 갈등 프레임은 해당 사회 문제에 영향 받는 당사자를 너무 협소하게 만들어버린다. 여성을 대상화하는 강간 문화나 가부장제 질서, 노동의 성별 분업이나 성별 임금 격차, 권력 구조에서의 여성 배제, 헤게모니 남성성에 의한 남성 지배 등 우리가 "젠더 갈등"이라고 쉽게 분류해버리는 주제들을 비롯해, 노동 시장 변화에 맞는 새로운 분배 체계, 일상에서의 민주적 의사 결정 방식, 정치 참여의 포괄성 등 우리가 "세대 갈등"이라고 환원하여 이해하고 있는 주제들에 반응해야 하는 주체는 우리 사회 전반이어야 한다. 문제의 근본 원인을 찾아 사회 제도의 구조적 재편을 논의할 때 거기에 영향을 받는 당사자는 대체로 우리 사회의 구성원 모두이기 때문이다.

보통 가사 노동과 돌봄 노동은 "여성 의제"로 여겨진다. 그러나 이것은 여성만의 문제가 아니다. 전업주부인 남성도 있으며, 그렇지 않다고 해도 모든 남성은 가족이나 친구 관계 등을 통해 여성인 사회 구성원과 연결되어 있다. 반대로 군인의 처우 개선 과제를 남성만의 문제로 이해하는 것은 좁은 발상이다. 세대 문제도 마찬가지다. 노인의 소득 보장 문제는 노인에 대한 개인 부양 문제로 씨름하는 중장년층이나 청년층에게도 당사자성이 있는 이슈다. 청년의 소득 보장 문제도 예외가 아니다. "청년 정치"라는 기표를 통해 드러난, 선거 기탁

금과 같은 장해물을 낮추는 문제는 어떠한가. "청년 정치"를 위해 정치인이 되는 길의 경제적 문턱을 낮추는 일은 청년뿐만 아니라, 같은 제약으로 어려움을 겪었던 모든 시민에게도 보다 평등한 정치적 삶의 가능성을 열어줄 수 있다.

그런데 젊은 여성을 페미니즘의 주체로, 젊은 남성을 페미니즘의 적으로 특정하는 방식의 "젠더 갈등" 세대론은 부지불식간에 기성세대를 포함한 다른 사회 구성원들이 함께 나누어 져야 할 책임을 담론적으로 삭제시킨다. "세대 갈등"론도 마찬가지다. "청년"이라는 기호를 통해 제기되는 사회적 요구를 청년이 다른 세대와 갈등하는 맥락에서 읽게 되면, 해당 문제에 대해 비-청년인 기성세대가 참여할 권리와 의무가 전혀 없다는 식으로 잘못 이해되기 쉽다. 문제의 해결을 위해 토의하고 노력해야 할 책임과 공동의 이해 관계를 체감하는 사회 구성원이 많을수록 갈등 원인을 찾아 치유할 수 있는 확률이 커진다. 그런데 양자 갈등론은 이런 가능성을 급격하게 줄이는 프레임이다.

사람이 사람을 이해하는 일은 생각보다 쉽지 않다. 특히 현대인은 모두 각자 다른 환경 속에서 다양한 경험을 하면서 개별적인 인간으로 살고 있다. 인간은 자신을 제외한 모든 다른 사람을 대체로 타자로서 경험하게 된다. 그럼에도 불구하고 인간은 타자와 함께 살아가는 "공존의 기예"를 오랜 역사 속에서 배우고 가꾸어왔다. 이 글에서 나는 환원론과 본질론, 대화할 수 없다는 섣부른 판단, 타자에 대한 괴물의 형상, "젠더 갈등"과 "세대 갈등"이라는 단순한 이해 방식 등이 이런 공존의 기예를 파괴하는 데 기여하고 있다고 주장했다. 그런

적에 대응하는 우리의 방식에 따라 사람 사이의 상호 이해와 공존을
가리고 있는 안개가 걷힐 수 있다.

더 읽어보기

한국 사회는 물론 전지구적으로 점점 더 유행하고 있는 세대 담론을 비판적으로 보는 방법에 대해서는 『세대 게임』(전상진, 문학과지성사, 2018), 『청년팔이 사회』(김선기, 오월의봄, 2019), 『그런 세대는 없다』(신진욱, 개마고원, 2022) 등의 단행본을 참조할 수 있다.

최근 "젠더 갈등", "이대남/이대녀" 등의 어휘와 관련하여 나타나고 있는 청년 세대 내 성별 의식 격차에 관한 체계적인 분석을 보려면 『청년 관점의 "젠더 갈등" 진단과 포용국가를 위한 정책적 대응 방안 연구』(마경희 외, 한국여성정책연구원, 2020), 『한국 사회의 압축적 개인화와 문화변동』(홍찬숙, 세창출판사, 2022)을 참고할 수 있다.

"젠더 갈등" 관점을 넘어서서 다른 관점을 가진 사람들과의 소통을 포기하지 않으려 시도한 사례로는 『이만하면 괜찮은 남자는 없다』(박정훈, 한겨레출판사, 2021), 『어쩌다 서로에게 괴물이 되었을까?』(천선영, 정한책방, 2022) 등을 추천한다.

저자 소개(가나다순)

고재백

총신대학교 학사(B.A.), 서울대학교 서양사학과 석사(M.A.), 동 대학원 박사 과
정을 수료했다. 독일 지겐 대학교에서 서양사와 기독교 역사를 공부하고(Dr.
phil.), 현재 국민대학교 교양대학 조교수로 재직하면서 기독인문학연구원과 이
음사회문화연구원의 공동 대표로 활동하고 있다. 서양사와 기독교 역사를 다룬
다수의 저서와 논문을 저술했다.

김병로

성균대학교 사회학과(B.A.), 미국 인디애나 주립대학교(M.A.) 및 럿거스 대학교
(Ph.D.)에서 제3세계 발전론과 남북한 문제를 전공하고, 통일연구원 선임연구
위원 및 북한연구실장, 아신대학교 조교수를 거쳐 현재 서울대학교 통일평화대
학원 HK교수로 재직하고 있다. 북한연구학회 제22대 회장, 국방부·국가정보
원 자문 위원, 민주평통 상임 위원 등을 역임하였으며, 현재 통일부 정책 자문
위원과 민화협 정책 위원으로도 활동하고 있다. 주요 저서로는『북한, 조선으로
다시 읽다』(2016),『다시 통일을 꿈꾸다』(2017),『그루터기』(2020),『한반도발 평
화학』(2021) 등이 있다.

김선기

연세대학교 커뮤니케이션대학원에서 미디어문화연구를 전공하고 있으며, 현재
"장-특정적 세대" 개념에 관한 박사 논문을 작성 중이다. 학교 밖에서는 동료들
과 신촌문화정치연구그룹이라는 연구 단체를 만들어 활동한다. 단독 단행본으
로『청년팔이 사회: 세대론이 지배하는 일상 뒤집기』(2019)가 있으며,「세대 연
구를 다시 생각한다: 세대주의적 경향에 대한 비판적 검토」(2014),「청년-하기
를 이론화하기: 세대 수행성과 세대 연구의 재구성」(2017) 등의 논문을 썼다.

성신형

숭실대학교(B.A.), 총신대학교 신학대학원(M.Div. equi.), 뉴브런스윅 신학교 (M.A.), 드루 대학교(S.T.M.), 게렛 신학교(Ph.D, 기독교윤리학)에서 공부하였다. 현재 숭실대학교 베어드교양대학에서는 기독교 교양 과목을, 기독교학대학원 에서는 기독교철학을 가르치고 있으며, 한국기독교윤리학회, 한국기독교사회 윤리학회, 기독교윤리실천운동에서 임원으로 활동하고 있다. 저서로는 『틸리 히와 레비나스의 윤리적 대화』(2017), Otherness and Ethics(2018), 『동아시아 속 종교와 과학의 만남』(2022) 등이 있고, 역서로는 틸리히의 『사랑·힘 그리고 정 의』(2017), 『함일돈』(2018), 『개화기 조선 선교사의 삶』(2021)등이 있으며, 기독 교윤리학과 기독교 교양 교육에 관한 논문을 발표했다.

오민용

한동대학교 법학부에서 법학을 공부하고, 감리교신학대학교 목회신학대학원에 서 신학(M. Div.)를 공부하였으며, 고려대학교 대학원에서 법철학(M.A./Ph.D.)으 로 법학 석사와 법학 박사 학위를 취득하였다. 박사 학위 논문은 "존 피스의 법 사상 연구: 혼인과 성의 형이상학과 동성혼 금지를 중심으로"다. 한국연구재단 의 지원으로 서울대학교 법학연구소에서 2년 동안 박사 후 과정으로 연구하였 으며, 2021년에는 한국법철학학회가 수여하는 신진학자 논문상을 수상하였다. 고려대학교 법학연구원의 연구원과 전임 연구원, 서울대학교 법학연구소의 선 임 연구원을 거쳐 현재 고려대학교 법학연구원의 전임 연구원, 서울대학교 법 학연구소의 객원 연구원으로 있다. 주 연구 분야는 법철학, 자연법, 법신학, 교 회법, 형사법 등이다. "법과 용서", "법과 우정", "신고전적 자연법 학파의 자연 법 이해" 등 다수의 논문이 있다.

오영희

미국 위스콘신 대학교 교육심리학과에서 "용서의 발달: 친구 사이의 용서를 중심으로"라는 제목으로 박사 학위를 취득하였다. 현재 덕성여대 심리학과 교수로 재직하면서 용서를 일상생활에서 효과적으로 활용할 수 있는 방법에 대해 집중적으로 연구하고 있다. 한국인의 상처와 용서를 조사하고, 부모-자녀 간의 심각한 갈등을 해결하는 방법으로서의 용서에 대해 연구하면서, 우리나라 사람들에게 맞는 다양한 용서 검사와 용서 프로그램들을 개발하고 있다.

오유석

서울대학교 학부 및 대학원에서 철학을 공부했고, 그리스 국립 아테네 대학교에서 철학 박사 학위를 받았다. 백석대학교를 거쳐 현재 공주교육대학교 윤리교육과에 재직 중이다. 『쾌락(에피쿠로스 단편집)』, 『피론주의 개요』, 『크세노폰의 소크라테스 회상』, 『(알렉산드리아의 클레멘스의) 헬라인들에 대한 권면』 등을 번역했다.

이병욱

한양대학교에서 정치외교학을 공부하고, 고려대학교 대학원 철학과에서 석사와 박사 학위를 받았다. 박사 논문은 「천태지의(天台智顗) 철학사상논구」다. 주로 천태사상을 포함한 동아시아 불교 사상을 연구하고 있고, 최근에는 조금 더 범위를 넓혀서 불교의 사회 사상까지 공부하고 있다. 현재 고려대학교, 한국외국어대학교, 중앙승가대학에서 불교 철학을 포함한 동양 철학을 주로 강의하고 있으며, 보조사상연구원 부원장으로 활동하고 있다. 저서로는 『천태사상 연구』, 『고려시대의 불교 사상』, 『에세이 불교 철학』, 『인도철학사』, 『천태사상』, 『한국 불교 사상의 전개』, 『한 권으로 만나는 인도』, 『불교 사회 사상의 이해』 등이 있다.

이찬수

서강대학교 화학과를 거쳐 같은 대학원 종교학과에서 불교와 기독교를 비교하여 박사 학위를 취득했다. 강남대학교 교수, 서울대학교 통일평화연구원 HK 연구교수, 보훈교육연구원 원장, (일본)코세이가쿠린 객원교수, (일본)중앙학술연구소 객원 연구원, 대화문화아카데미 연구 위원, 한국문화신학회 회장 등을 지냈다. 그동안 종교학과 평화학 관련 단행본 80여 권(공저 및 역서 포함)과 논문 90여 편을 저술했다.

이창민

서울대학교 경제학부(B.A.), 미국 인디애나 주립대학교에서 경제학(M.A., Ph.D.)을 공부했다. 지금은 한양대학교 경영대학 교수로 재직하고 있으며, 경제개혁연구소 부소장, 한국법경제학연구 편집위원장, 한국금융학회 산하 금융산업조직연구회 회장을 맡고 있다. 주요 연구 분야는 기업 재무, 기업 지배 구조, 금융, 규제 및 정치 경제 등이다.

정재정

서울대학교와 도쿄 대학교에서 학부와 대학원을 마쳤다(문학박사). 서울시립대학교 인문대학장·대학원장, 동북아역사재단 이사장, 광주과학기술원 초빙 석학교수 등을 역임했고, 한일역사공동연구위원회 간사, 대한민국역사박물관 운영자문위원장, 국사편찬위원회 위원 등을 지냈다. 주요 저서로 『일제 침략과 한국 철도(1892-1945)』, 『한국의 논리: 전환기의 역사 교육과 일본 인식』, 『일본의 논리: 전환기의 역사 교육과 한국 인식』, 『한일 교류의 역사』, 『주제와 쟁점으로 읽는 20세기 한일 관계사』, 『한일의 역사 갈등과 역사 대화』, 『한일 회담, 한일 협정, 그 후의 한일 관계』 등 다수가 있다.

진구섭

고려대학교 사회학과(B.A.)를 졸업한 뒤, 도미하여 KBS America(당시 KTE)의 기자로 근무했다. 이후 캘리포니아 주립대학교 어바인 캠퍼스에서 인종 관계를 연구하였고(Ph.D.), 존스홉킨스 대학교 사회학과와 비교미국문화 프로그램 및 미시간 대학교 사회학과에서 초빙 조교수로 재직한 바 있다. 지금은 맥퍼슨 대학교 사회과학부 교수로 근무하면서 미국의 인종 문제와 사회 불평등, 이민과 초국가주의를 가르치는 일에 매진하고 있다. 저서로는 『누가 백인인가? 미국의 인종 감별 잔혹사』(2020)가 있다.

최성철

서강대학교에서 국문학(B.A.)과 동 대학원 사학과에서 서양사(M.A.)를, 독일 베를린 자유대학교(FU Berlin) 역사문화학부에서 서양근대사, 서양사학사, 서양지성사 등을 공부했다(Ph.D.). 지금은 홍익대학교 교양과 부교수로 재직하면서 한국사학사학회 부회장 겸 편집위원장, 독일사학회 및 서강대학교 인문과학연구소의 편집 위원으로 일하고 있다. 『부르크하르트: 문화사의 새로운 신화를 만들다』, 『과거의 파괴: 19세기 유럽의 반역사적 사상』, 『역사와 우연』, 『폭력의 역사학』 등의 저서 외 다수의 공동 저서와 논문을 발표했다.

고재백

총신대학교 학사(B.A.), 서울대학교 서양사학과 석사(M.A.), 동 대학원 박사 과정을 수료했다. 독일 지겐 대학교에서 서양사와 기독교 역사를 공부하고(Dr. phil.), 현재 국민대학교 교양대학 조교수로 재직하면서 기독인문학연구원과 이음사회문화연구원의 공동 대표로 활동하고 있다. 서양사와 기독교 역사를 다룬 다수의 저서와 논문을 저술했다.

오유석

서울대학교 학부 및 대학원에서 철학을 공부했고, 그리스 국립 아테네 대학교에서 철학 박사 학위를 받았다. 백석대학교를 거쳐 현재 공주교육대학교 윤리교육과에 재직 중이다. 『쾌락(에피쿠로스 단편집)』, 『피론주의 개요』, 『크세노폰의 소크라테스 회상』, 『(알렉산드리아의 클레멘스의) 헬라인들에 대한 권면』 등을 번역했다.

허고광

연세대학교 경제학과(B.A.), 미국 롱아일랜드 대학교 대학원(M.A.), 필리핀 산토 토마스 대학교 대학원(Ph.D.)에서 경제학을 공부했고, 백석대학교 대학원(Ph.D.)에서 기독교철학을 공부했다. 산토 토마스 대학원에서 강의했고, 연세대학교 경제대학원 겸임 교수로 재직했다. 한국금융학회 이사, 아시아개발은행 Economist, 한국은행 국제부장, 경제연구소장, 한국외환은행 감사위원을 역임했고, 현재 에이치투그룹주식회사 회장으로 미래사회연구원을 이끌고 있다. 『새로운 금융 시장』(2008)을 저술했고, 『새로운 경제 정의』를 출간할 예정이다.

용서와 화해 그리고 치유

Copyright © 이음사회문화연구원·미래사회연구원 **2022**

1쇄 발행 2022년 10월 28일

지은이 고재백 김병로 김선기 성신형 오민용 오영희 오유석
이병욱 이찬수 이창민 정재정 진구섭 최성철 허고광
펴낸이 김요한
펴낸곳 새물결플러스

편 집 왕희광 정인철 노재현 정혜인 이형일 나유영 노동래
디자인 박인미 황진주
마케팅 박성민 이원혁
총 무 김명화 이성순
영 상 최정호 곽상원
아카데미 차상희

홈페이지 www.holywaveplus.com
이메일 hwpbooks@hwpbooks.com
출판등록 2008년 8월 21일 제2008-24호
주 소 (우) 04118 서울시 마포구 마포대로19길 33
전 화 02) 2652-3161
팩 스 02) 2652-3191

ISBN 979-11-6129-243-4 03300

책값은 뒤표지에 있습니다.